普通高等教育"十二五"规划教材·公共基础课系列

管 理 学

贺小刚　主编

上海财经大学出版社

图书在版编目(CIP)数据

管理学/贺小刚主编. —上海:上海财经大学出版社,2013.8
(普通高等教育"十二五"规划教材·公共基础课系列)
ISBN 978-7-5642-1634-4/F·1634

Ⅰ.①管…　Ⅱ.①贺…　Ⅲ.①管理学-高等学校-教材
Ⅳ.①C93

中国版本图书馆 CIP 数据核字(2013)第 091315 号

□ 责任编辑　施春杰
□ 封面设计　钱宇辰
□ 责任校对　卓　妍　胡　芸

GUAN LI XUE

管 理 学

贺小刚　主编

上海财经大学出版社出版发行
(上海市武东路 321 号乙　邮编 200434)
网　　址:http://www.sufep.com
电子邮箱:webmaster @ sufep.com
全国新华书店经销
上海华业装潢印刷厂印刷装订
2013 年 8 月第 1 版　2013 年 8 月第 1 次印刷

787mm×1092mm　1/16　23.75 印张　608 千字
印数:0 001—4 000　定价:45.00 元

总　序

近年来,我国的经济、金融领域发展迅猛,规模迅速扩大,创新步伐加快,广度和深度也不断地得到拓展。建立一套内容新颖、结构合理、体系科学、切合实际的经济管理类专业系列本科教材,既是当前经济发展的必然要求,也是培养经济管理类专业人才所必需的。

上海财经大学浙江学院由上海财经大学和浙中教育集团合作举办,是一所按新机制和新模式运作的具有独立法人资格、举办全日制本科学历教育的大学。学院依托上海财经大学在经济管理学科领域的深厚积淀和财经人才培养方面的丰富经验,紧贴长三角、浙中城市群经济和社会发展的需要,培养能够融入国际社会、参与区域竞争和国际竞争的应用型、开拓型、外向型优秀人才。学院将紧密切合社会发展需要和市场需求,拓展交叉学科,发展综合性学科。专业设置以经济学、管理学为主,兼顾理学、文学和法学等专业。

上海财经大学浙江学院以全面提高办学质量、办学效益和办学声誉为目标,树立"质量兴院、特色强院"的思想观念,以提高人才培养质量为核心,构建完善的人才培养体系,加强师资队伍建设,强化教学管理,抓好学科建设、专业建设、课程建设,积极引进国内外优质教学资源,提高教学和科研水平,坚持内涵建设和外延发展相协调、规范的制度体系与灵活的办学机制相协调、夯实内部管理基础与外联开放办学相结合。目前,学院主要学科负责人、专业核心课程教师由上海财经大学委派的富有深厚科研能力、良好教学经验的教授担任,贯彻"质量兴院、特色强院"的办学理念,采用先进的教育方法、教育手段,配置优良的教育资源,努力建设一批具有领先水平的特色专业。学院秉承上海财经大学重视基础课程教学的理念建设优质的经济管理类平台课程;另外,与上海财经大学相比,在重视基础理论的同时,更加强调实用性和可操作性。经过几年的摸索,2011年起,学院开始建设符合自己特色的院级精品课程,首批院级精品课程有会计学、基础会计、管理学、统计学、高等数学、计算机应用和英语听力7门。本套教材就是我院精品课建设过程中选取优秀的讲义纳入教材编写系列,由上海财经大学出版社负责出版,双方共同打造的符合上海财经大学浙江学院品牌定位和人才培养目标的系列精品教材。

在这套教材的编写中,希望能够体现以下特点:

◇ 在教材的选择上,主要考虑面向经济管理类本科专业,同时也要考虑其他各类专业的需求,力求选材能够"精"和"新"。

◇ 每本教材的内容选择上,注意广泛收集国内外优秀教材的成果,尤其注意吸收国外较新的优秀教材,力求在完整介绍基本理论、基本内容的基础上,能够介绍一些新的成熟内容,并且强调实用性和可操作性。

◇ 在教材的编写中注重计算机的应用,提高学生运用经济管理理论与方法和计算机技术解决实际问题的能力。在具体操作中,将根据教材的需要选择使用相应的软件。

在本套系列教材的酝酿和编写过程中,自始至终得到上海财经大学浙江学院和浙中教育集团的全力支持。上海财经大学浙江学院理事会理事长应恩民先生一直关心精品课程的建设进展,上海财经大学浙江学院院长陈晓教授对于精品课程建设和教材编写给予了大力的资助,使得我们的首批教材得以顺利完成。在上海财经大学出版社的热情帮助下,编写大纲和书稿都经过教材编写委员会的多次反复论证、认真讨论。感谢参与论证和编写的各位同行,希望我们辛勤的劳动成果能够得到国内外同行们的认可,获得同学们的欢迎。

王黎明
2012 年 8 月
上海财经大学浙江学院

前　言

《管理学》作为经济管理类的学科基础课程,其理论基础仍旧处于发展之中。本教材以那些经典的、相对成熟的理论作为基础框架,构建了十八个章节的内容。初看起来,这些内容与其他的教材并没有根本的差异,但本教材仍旧存在一些自己的特色:第一,本教材强调了学生要确定学习目标的重要性。我们对于每一个章节都提出了相应的学习目标,这对于刚刚入门学习管理学基础知识的学生而言至关重要,否则很容易迷失方向。第二,对于每个章节我们都提出了相应的学习要点,这样便于学生在学习过程中能够明白管理学中的一些基本的概念,掌握管理学中的专业术语,提高他们在毕业之后与管理者进行对话的能力。第三,本教材在每一个章节都安排了一个案例导读,通过讲故事的方式展现该章节要讲述的主要内容。管理学不是单纯的理论学科,它源于实践并指导实践,单个或者多个故事的阐述往往能够揭示出管理中的规律,对于启发学生的思考具有重要的意义。第四,本教材对每一个章节都进行了总结并在此基础上布置了一些练习题,如简答题、案例分析题,便于学生在学习之后进行回顾与思考。第五,在整个教材的编写过程中,考虑到管理学作为一门基础性的学科,许多刚刚入门的学生还都是"门外汉",我们尽可能地做到言简意赅、通俗易懂、形象生动,便于学生能够尽快地进入角色,对管理学产生浓厚的学习兴趣。

本教材是上海财经大学浙江学院的精品课程之一,在编写过程中,本人作为主编承担了双重责任:一是要确定好教材的提纲与主要内容、教材的结构布置等,并对教材进行修改、审核和统纂以确保教材的质量;二是要根据学院的要求在编写教材的过程中培养年轻教师,提高他们的科学研究能力、教学能力。经过各位青年教师一年多的努力,这份书稿的主要内容基本完成了。本教材各章节的撰写分工如下:曾鸣晔撰写第一章(管理与组织导论)、第十二章(人力资源管理)、第十四章(行为的基础、群体与团队);陈秋兰撰写第二章(管理思想史)、第七章(计划的基础)、第十三章(变革与创新管理);胡蓓撰写第三章(组织文化与环境)、第五章(社会责任与管理伦理)、第十六章(领导);吕斐斐撰写第四章(全球环境中的管理)、第六章(决策制定)、第十章(组织的结构与设计);李玫昌撰写第八章(计划工作的常用技术工具)、第九章(战略管理)、第十七章(控制);叶剑苏撰写第十一章(沟通)、第十五章(激励);缪文清撰写第十八章(运营与价值链管理)。

在编写本教材的过程中,上海财经大学浙江学院的陈晓院长、王黎明副院长给予了很大的支持。上海财经大学浙江学院的方晓芬、刘丽君教师参与了教材的校对工作。本教材参考并采纳了很多学者的观点,也引用了一些知名网站的资料。在此一并表示感谢! 由于编者水平有限,书中难免存在错讹之处,恳请同行及读者批评指正。

贺小刚

2013 年 5 月 27 日于浙江金华

C 目 录
CONTENTS

第一章

管理与组织导论

学完本章后,你应该能够:

1. 了解组织是什么以及组织结构的变化。
2. 掌握管理的定义。
3. 区分管理的效率和效果。
4. 描述管理的基本职能。
5. 阐释管理者是什么。
6. 解释管理者履行的角色和行为。
7. 描述管理者所需的基本技能。

要点概述

1. 为什么要学习组织与管理

什么是组织,组织的特征以及组织存在的根本原因;管理的普遍性和重要性。

2. 什么是管理

管理的含义;管理的四项基本职能。

3. 谁是管理者

管理者的定义;按照组织层次分类,管理者包括基层管理人员、中层管理人员和高层管理人员。

4. 管理者的工作与能力结构

管理者在履行职能时扮演的三种角色:人际角色(代表人、领导者和联络者)、信息角色(监督者、传播者和发言人)和决策角色(企业家、混乱驾驭者、资源分配者和谈判者)。管理者所需的三种素质或技能:技术技能、人际技能和思想技能。处于不同组织层次的管理者对这三种技能的需求各有侧重。

案例导读

没有管不到的地方

曹国伟,中国杰出 CFO,由 CFO 转身为 CEO 的代表人物,国内网络界著名的"财神",2012 年 8 月 31 日担任新浪董事长兼 CEO。2011 年,新浪微博推出两年后,终于引爆了中国互联网的潮流,新浪的股价上涨到 100 美元以上。《时代》称,2009 年,新浪 CEO 曹国伟在形势并不是十分有利的情况下抓住了机会,也成就了自己。在曹国伟就任新浪 CEO 之前,新浪内部就已经有"没有曹国伟管不到的地方"的说法。之后,曹国伟坦言,"没有管不到的地方"恰恰是 CFO 与 CEO 的重大差别。

关于"CFO 是否会成为 CEO,是由很多客观因素决定的,CFO 自己不会想着把 CEO'干掉'取而代之。如果机会来临时,你是否为此做好了准备?如何能胜任 CEO 角色?"曹国伟的答案是,"CFO 要先在思维方式上做准备,具备相应的职业素养就应该在工作的时候跳出财务的框架,掌握全局观和战略眼光"。"其实 CFO 的职责也是用自己专业的方式和手段为公司实现战略目标,前提是 CFO 必须很懂业务。"曹国伟说,"但之所以有些公司不重视 CFO 的意见,也是因为有些 CFO 没有时间,也没有意愿去全面了解公司的业务、产品和战略,而就是陷在财务内。"关于 CFO 的权威,"我觉得自己不算一个特别'典型'的例子,因为新浪股权比较分散,CEO、CFO 的权力、权威比较大,这种模式比较接近于英美公司,而大家普遍理解的'中国式'CFO,职责基本都是记账,听命于总经理,有点类似于财务总监,这两类公司对 CFO 工作性质、职务范围的理解是不同的"。

就任 CEO 期间,说话温文尔雅的曹国伟就被公认为"强势"人物,其风格从来都是迎着矛盾上、直截了当,这也是其讲求严谨、有错必究的专业思维所致,"原则问题不能含糊,太混淆的问题绕来绕去也没意义"。另一方面,曹国伟的"强势"也表现为 CFO 的严密性和职业习惯带给对方的压力,即使是他手下的财务人员,有时也会被批评为"不专业",而新浪其他部门的员工,面对这位几乎对数字过目不忘的老板,汇报工作时更"不做什么"。"对一个现金流充沛的公司,好像很多事情都可以去做,如果有 CFO 的眼光、经验,对 CEO 决策会是一种帮助。但与此同时,作为 CEO 也不能一味省钱,也要考虑公司未来的发展。"

资料来源:曹国伟:《没有管不到的地方》,《新理财》2011 年第 11 期,第 60~61 页(根据该资料整理)。

第一节 为什么要学习组织与管理

人类是最具有群体性的动物,大到国家组织,小到一个家庭,组织是我们社会中最常见、最普遍的现象,每个人每天都生活在各种组织中。学院是一个组织,政府部门、社会团体、各种类型的公司以及家附近的商场等都是组织。了解组织如何运作显然十分必要,组织若要经营成功,有效的管理是必不可少的。

一、什么是组织

回顾人类历史,人的自然能力弱于许多动物。人类力大不如牛,速快不如马,望远不如鹰,潜身不如鱼,在进攻方面远不是大型猫科动物的对手,甚至在防御方面也未必比某些食草动物强。然而,人类的祖先要在恶劣的自然环境中生存下去,就必须实现"自然中最伟大的进步"。正如恩格斯所说的,必须"以群的联合力量和集体行动来弥补个体能力的不足"。因此,群体组织在人类生活中绝不能瓦解。

人类发展到现在,组织类型日益丰富,其规模和复杂性也在不断增加。中国古代"组织"一词原指丝麻织成布帛。《辽史·食货志上》有"饬国人树桑麻,习组织"之说。有关组织活动的论述则更为古老,如《孙子兵法·势篇》有"凡治众如治寡,分数是也","斗众如斗寡,形名是也"。"众"、"寡"指组织形式,"治"、"斗"则体现组织方法。①

人类对组织进行有系统的研究始于20世纪初。随着社会分工日益复杂,组织种类愈加繁多,如工商企业组织、行政组织、文化教育组织等。那么,我们应该如何定义组织呢?组织与管理相辅相成,没有组织就没有管理。

组织是一种由具备不同技能的人员组成的、具有明确的和系统性结构的实体,以实现单靠个人无法实现的特定目标。构成一个组织有三个基本要素:一是目标。每个组织都有明确的目标,不同性质的组织目标会有所不同。例如,学校、医院、企业、政府或军队都有各自的组织目标。二是人员。每个组织都是由一定数量的人员构成的,在组织中组织成员扬长避短、发挥优势,共同完成组织目标。三是结构。每个组织都发展出适合自己的、精细的结构,以便使组织成员的关系明确化。组织结构形式的具体内容将在后续章节进行阐述。

当今社会环境变化迅速,全球竞争、伦理问题、技术和沟通方式的改变引发了一系列社会重大变革,组织也随之发生重大变化。表1—1反映了组织从现代范式向后现代范式的转变。

表1—1 　　　　　　　　　　　　　　　　组织的转变

现　代	后现代
稳定	混乱
货币、建筑物、机器	信息
例行性	非例行性
大	小到中
成长、效率性	学习、有效性
雇员接受命令	授权雇员
刚性和集权化,边界明显	弹性和分权化,边界发散
独裁	服务式领导
正式,书面	非正式、口头
官僚制的	分权化,自我控制
管理人员	每个人
家长制	人人平等

资料来源:Rechard L. Daft, *Organiazation Theory and Design*, 5th ed. West Publishing Company, 1995, pp. 22—23。

---

① http://baike.baidu.com/view/46944.htm.

工业革命之前,大多数组织与农业和手工业相关,这些组织规模较小,结构简单。现代工业时代,出现了新的组织模式,职能部门与组织之间的界限变得分明,组织的内部结构更加复杂化、纵向化和官僚化,成长为成功的主要标准,组织变得巨大而复杂,这时的环境相对稳定。后现代社会的今天,组织认识到了世界的混乱和不可预测性,管理者不适宜用传统的方式去衡量、预测和控制组织内部或外部显露出来的事物,组织需要一个新的模式来应付这种混乱。组织趋向于采取灵活的和注重横向合作的分权化结构,组织之间的界限变得越来越模糊。在这种背景下,员工经常被赋予过去只有管理者才拥有的决策权,强调员工应具有较强的愿景和使命感去帮助组织,保证决策达到组织的最主要的目的。

二、管理的普遍性和重要性

管理的历史由来已久。中石器时代,人类有了氏族和部落,相应也出现了萌芽状态的管理工作。大约在公元前 5000 年,苏美尔人创建了一种管理机构,用来统一管理庙宇,实现了把宗教礼仪活动与世俗活动分开,并且各由一名高级祭司负责的双头控制制度。[①] 公元 15 世纪,威尼斯是主要的经济贸易中心,当时就已经有了一种早期的企业雏形,其中从事的很多活动与今天组织中的活动相同。威尼斯人有仓库和库存系统,以用来监控材料和零部件,设置了人事职能来管理劳动力,其会计系统则用于追踪收入和成本记录。[②] 还有埃及金字塔和中国长城的建造等工程无不显示了科学管理的重要性。

为什么要学习管理?花时间学习管理有助于我们的职业发展吗?首先,我们每天的生活中都要与各种各样的组织(学校、公交公司、超市、自来水公司等)打交道。我们使用的每件产品都是由组织提供的,我们采取的每个行动都受组织的影响,而这些组织都需要管理者。再者,我们从学校毕业踏入社会开始职业生涯的那一刻起,要么是管理者要么是被管理者。作为管理者,学习管理学可以获得基础知识,有利于你成为有效的管理者。同时,学习管理学可以更好地领悟上司的行为方式和组织的内部运作方式,拓展工作事业视野,对我们未来的职业发展有非常重要的指导作用。

第二节　什么是管理

一、如何定义管理

在我们的词典里,管理被定义为主持或负责某项工作;经管,料理;约束,照管。而学者们也从不同的视角给出了自己的定义。"科学管理之父"泰罗对管理的解释是,"确切地知道你要别人去干什么,并使他用最好的方法去干"。西蒙认为,"管理就是决策"。罗宾斯将管理定义为,"一个协调工作活动的过程,以便能够有效率和有效果地同别人一起或通过别人实现组织的目标"。我们将给管理下这样一个定义:管理是在特定的环境下,为了有效地实现组织的目标,以人为中心对所能支配的各种资源进行的协调活动。

管理的定义包括如下几层含义:(1)由谁来管?即管理的主体是管理者。(2)管理什么?即管理的客体是各种资源,如人、财、物、信息、时间等。(3)为何而管?即管理的目的是为了实

---

① 周健临:《管理学教程》,上海财经大学出版社 2011 年版,第 20 页。
② 斯蒂芬·P.罗宾斯:《管理学》,中国人民大学出版社 2004 年版,第 30 页。

现一定的目标,而且是有效地实现目标。"有效地"是指既有效率又有效果。效率体现在做事的方式上,即用尽可能少的投入获得尽可能多的产出,如通过流程改造削减不必要的环节来降低成本并同时取得同样的产出,事半功倍。效果即达到组织的目标,但方向要正确,所做的事都要有利于组织目标的达成。

二、管理的职能

管理职能是指管理承担的功能。法国工业家亨利·法约尔在 20 世纪早期把管理的基本职能分为计划、组织、指挥、协调和控制。20 世纪 50 年代中期,管理学者哈罗德·孔茨和西里尔·奥唐内尔提出管理职能应包括计划、组织、人员配备、指导和控制。还有学者认为人员配备、领导、激励、创新等也属于管理的职能。

现在最为广泛接受的是将管理分为四项基本职能(见图 1—1)。

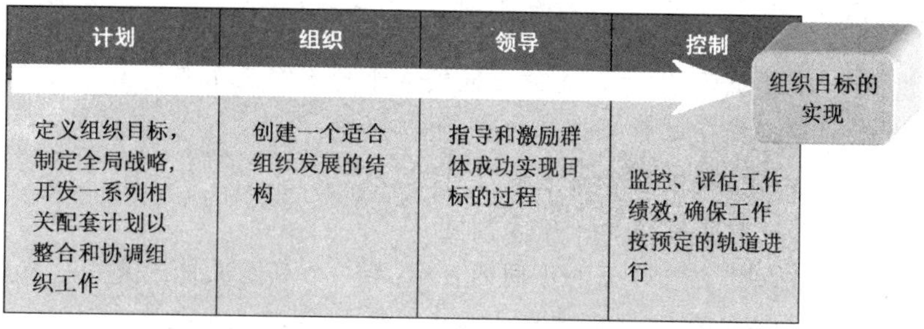

计划	组织	领导	控制
定义组织目标,制定全局战略,开发一系列相关配套计划以整合和协调组织工作	创建一个适合组织发展的结构	指导和激励群体成功实现目标的过程	监控、评估工作绩效,确保工作按预定的轨道进行

组织目标的实现

图 1—1　管理的职能

计划:计划工作既关系结果(达到的目标),又与手段和过程相关,也就是怎么做的问题。计划有正式计划和非正式计划之分,在本书中提到计划这个概念时,指的是正式的计划工作。计划是各级管理者的首要职能,为其他管理职能奠定了基础。

组织:决定需要做什么、怎么做、由谁去做以及谁向谁报告。并不是所有的组织都以相同的方式来构架,只有 50 名员工的企业与拥有几万名员工的企业的组织结构相差很大,即使类似规模的两个组织,因其性质不同,结构也会不一样。组织工作的目的就是要通过组织设计,建立一个有利于组织成员相互作用、发挥各自才能的良好环境,使组织成员都能在各自的岗位上为组织目标的实现做出应有的贡献。

领导:管理当局的职责就是通过他人或者与他人一起实现组织目标。组织运用影响力激励员工、选择有效的沟通渠道处理下属问题时,它履行的就是领导职能。同时,领导也意味着创造共同的文化和价值观念,在整个组织范围内与员工沟通组织目标和鼓舞员工树立起追求卓越表现的愿望。此外,领导也包括对所有部门、职能机构、直接与管理者一起工作的员工进行激励。

控制:对员工的活动进行监督,判定组织是否正朝着既定的目标健康地向前发展,并在必要的时候及时采取矫正措施。管理当局的一个重要职责是使工作绩效回到正常的轨道上来,而控制是管理者了解组织目标是否实现的唯一办法。

第三节　谁是管理者

一、如何定义管理者

综观经济社会的发展历史,在负责计划、组织、领导、控制活动的管理人员的指挥下所作的组织性的努力已经存在了几千年。金字塔就是一个特别有趣的例子,埃及每一座金字塔的建造都要占用多达 10 万工、20 年的工作时间,这么一项庞大恢弘的工程是如何完成的? 工人如何有序施工,每一个建筑步骤该做什么? 如何确保足够的材料? 这一切都离不开管理者的运筹帷幄。

> **哪个人的回答是管理者应有的?**
> **——石匠的故事**
>
> 有个人经过一个建筑工地,问那里的石匠们在干什么? 三个石匠有三种不同的回答:
> 第一个石匠回答:"我在做养家糊口的事,混口饭吃。"
> 第二个石匠回答:"我在做整个国家最出色的石匠工作。"
> 第三个石匠回答:"我正在建造一座大教堂。"
> 点评:三个石匠的回答给出了三种不同的目标:第一个石匠说自己做石匠是为了养家糊口,这是一个短期目标导向的人,只考虑自己的生理需求,没有大的抱负;第二个石匠说自己做石匠是为了成为全国最出色的匠人,这是一个职能思维导向的人,做工作时只考虑本职工作,只考虑自己要成为什么样的人,很少考虑组织的要求;而第三个石匠的回答说出了目标的真谛,这是一个经营思维导向的人,这样的人思考目标的时候会把自己的工作与组织的目标相关联,从组织价值的角度看待自己的发展,这样的员工才会获得更大的发展。
>
> 德鲁克说,第三个石匠才是一个管理者,因为他用自己的工作影响着组织的绩效,他在做石匠工作的时候看到了自己的工作与建设大楼的关系,这种人的想法难能可贵!

世界各国都有管理者在从事着管理工作,我们可以在政府部门及各种规模的企业、学校、医院等营利和非营利组织中看到他们的身影。那么,管理者到底是什么样的人呢?

管理者(managers)充分运用自身的聪明才智和有限的资源为整个组织服务,通过协调他人的活动,或与他人合作实现组织目标。一个公司对职业经理的要求就在于需要通过其去管理员工。管理七八人的是带头干;管理二三十人是走着干;管理七八十人的关键是找几个能干的部门经理。

二、管理人员的分类

简单地讲,一个组织中的人员可分为两类:一类是管理人员,一类是作业人员。我们在日常生活中接触到的很多人就是作业人员,比如,肯德基的服务员、超市结账台前的收银员、商场里的售货员等,他们直接在一个岗位上提供服务而对他人不负有监督责任。相反,管理人员则要指挥他人的行动,如一家餐厅的经理、专卖店的店长、一家公司的CEO等。组织中通常有许多管理人员,他们在不同的岗位、不同的组织层次上行使着职责。我们通常按照组织层次把管理者由上至下分为高层管理者、中层管理者和基层管理者(见图1—2)。

图 1—2　管理层次

高层管理者处于或接近组织的顶层,包括公司的总裁、董事长、首席执行官等,政府部门市长以上的官员,学校的校长等领导阶层。他们所关心的是组织整体的绩效和经济结果,确定组织朝哪个方向发展,制定战略,时刻关注外部环境状况,对影响整个组织的问题进行决策。高层管理者的使命是追求企业使命,思考组织结构和组织设计,他们努力与外界维持良好的关系,参加组织内外的各种仪式和典礼。

中层管理者是处于基层管理者和高层管理者之间的管理人员,他们负责制订具体的计划及有关细节和程序,以及贯彻执行高层管理者做出的决策和计划。大公司的地区经理、分部负责人、生产主管、学院的系主任等都属于中层管理人员。中层管理者的身份比较复杂,在上级面前,他们是命令的执行者,在下级面前则是企业形象的代表。他们受上司的委托管理某个部门,并与其他部门经理相互配合以完成组织目标。在企业决策方面,中层管理者是信息的提供者和支持者,他们在企业文化的建立和传播中发挥着重要作用。

基层管理者又称一线管理人员,他们直接与作业人员接触,传达上级计划、指示,分配每一位作业人员的工作任务,随时协调下属的活动,控制工作进度,解答下属提出的问题,反映下属的要求。他们可能是工厂里的班组长、小组长,酒店领班等。如果把中层管理者比作球场上的教练,那么基层管理者就是球队的队长,不但要在场上指挥队友团结一致进攻,更要身先士卒地冲锋陷阵。"队长"一般都具有非常强的组织能力,由技术精湛或德高望重的队员担任。他们工作的好坏直接关系组织计划能否落实、目标能否实现。基层管理者虽然是管理人员,但由于本身所处的位置,他们需要更多地发挥自己的领导力而非行政赋予的权力,让一线作业人员心服口服地在其领导下工作,为顾客提供更好的产品或者更优质的服务。

由此,不同层次的管理者在各项职能上所花时间的分布是不一样的,如图 1—3 所示。

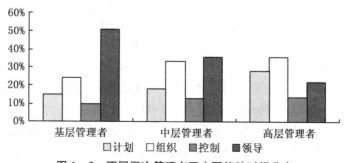

图 1—3　不同层次管理者四大职能的时间分布

除此之外,我们还可以按照管理者所处的不同领域将其分为生产与经营管理人员、人事管理人员、行政管理人员、市场营销管理人员、财务管理人员,以及其他类型管理人员,如公共关系人员、研究开发人员等。

管理信息

　　管理人员的工资是大家经常询问的一个话题。良好的管理技能是组织珍视的资产，报偿专页提供了这方面的典型内容。作为管理者，学生希望得到什么样的工资？对这一问题的回答有赖于组织中的层次、个人教育水平与工作经历、组织所在的业务类型、社会工资标准以及个人的管理效果。你可以在下列网址中查到管理的报偿信息。

　　美国薪酬协会——http://www.ahrm.org/aca/aca.htm

　　债券与交易委员会——http://www.sec.gov

　　管理人员工资观察——http://www.paywatch.org

　　商业周刊——http://www.businessweek.com

　　Bud Crystal 管理人员工资报告——http://www.crystalreport.com

　　许多出版物，如《财富》、《商业周刊》、《华尔街日报》等会在封面文章、首页报道时下公司的管理者。你可以找到一位公司管理者的文章，口头阅读这篇文章，或以书面报告形式叙述这位管理者行使管理职能的情况。

第四节　管理者的工作与能力结构

一、管理角色

　　不同的组织中，管理者的工作是不一致的。即使在同一个组织中，由于分工的不同，所处的领域不同，管理者扮演了不同的管理角色。那么，我们到底应该怎么描述管理者的工作呢？能不能从纷繁的工作中提取管理者们的工作框架呢？

　　对管理者所从事的工作的研究，一个被广泛采用的分类框架是通过管理者在履行管理职能时所扮演的角色来描述的。"管理者角色"（the role of the manager）这一概念是由美国著名管理学家彼得·F.德鲁克（Peter F. Drucker）于 20 世纪 50 年代中期提出的，德鲁克认为，管理者扮演的角色大体上分为三类：一是管理一个组织。管理者必须确定该组织的使命和目标是什么，如何采取积极的措施实现目标，如何谋取组织的最大效益，如何为社会服务和创造顾客价值。二是管理管理者。组织有上、中、下三个层次，人人都是管理者，同时人人又都是被管理者。因此，管理者必须培养团队协作精神，培训下级，确保下级努力朝着共同的目标前进，并建立合适、健全的组织结构。三是管理作业人员和工作。在管理"人"方面，关注个体的差异，员工不同的需求层次对工作的开展有重要意义；工作的性质既有体力劳动又有脑力劳动，而且在知识经济环境中，脑力劳动的比例会越来越大。这些都需要管理者在实施管理时予以关注。

　　对管理角色做出具体描述的是经理角色学派的创始人亨利·明茨伯格，他在《管理工作的本质》一书中这样解释："角色这一概念是行为科学从舞台术语中借用过来的。角色就是属于一定职责或者地位的一套有条理的行为。"明茨伯格对五位 CEO（这五个人分别来自大型咨询公司、高科技公司、教学医院、学校和日用消费品制造商）的活动进行了观察和研究，将管理者的工作分为 10 种角色。这 10 种角色又进一步归纳为人际角色、信息角色和决策角色。[1]

---

[1]　H. Mintzberg, *The Nature of Managerial Work*, New York: Harper&Row, 1973, pp. 93—94.

（一）人际角色

管理者在处理与组织成员和其他利益相关者的关系时，他们所扮演的就是人际角色。人际角色包括代表人角色、领导者角色和联络者角色。

（1）代表人角色。作为所在单位的首脑，管理者必须行使一些具有礼仪性质的职责。例如，签署法律文件、接待重要的访客、参加某些职员的婚礼、与重要客户共进午餐、参加社会活动等。

（2）领导者角色。管理者的角色不仅是对所拥有的资源进行计划、组织、控制、协调，更关键的在于发挥影响力。在一个组织中，员工需要被领导。俗话说："兵熊熊一个，将熊熊一窝"，领导者的气质决定了整个团队的气质，管理人员要把下属凝聚成一支有战斗力的团队，激励和指导下属，帮助下属提升能力。

（3）联络者角色。通过对每种管理工作的研究发现，管理者花在同事和单位之外的其他人身上的时间与花在自己下属身上的时间一样多。管理者通过扮演联络者的角色来维护自身发展起来的外部关联和信息来源，从中得到帮助和信息。① 这样的联络通常都是通过参加外部的各种会议、参加各种公共活动和社会事业来实现的。很多时候，这种联络是非正式的、私人的，但却能为组织带来可贵的资源。

（二）信息角色

在信息角色中，管理者负责确保足够的信息来源，从而能够顺利完成工作。由管理责任的性质所决定，管理者既是所在单位的信息传递中心，也是组织内其他工作小组的信息传递渠道。整个组织的人依赖于管理结构和管理者以获取或传递必要的信息，以便完成工作。信息角色具体包括监督者、传播者、发言人三种角色。

（1）监督者角色。管理者持续关注组织内外环境的变化以获取对组织有用的信息，以便透彻地理解组织与环境。管理者通过阅读期刊和报告、接触下属来收集信息，并且从个人关系网中获取对方主动提供的信息。根据这种信息，管理者可以识别组织的潜在机会和威胁。

（2）传播者角色。管理者通过举行交流会议或者打电话的方式把他们从各种渠道得来的信息传递给组织中的其他成员。

（3）发言人角色。管理者通过召开董事会、媒体见面会等形式向组织的利益相关者及时发布组织的政策、业绩和计划。

（三）决策角色

如果信息不用于组织的决策，就会失去其应有的价值。决策角色具体包括企业家、混乱驾驭者、资源分配者、谈判者四种角色。

（1）企业家角色。管理者密切关注组织内外环境的变化和事态的发展，寻求组织环境中的机会，当出现一个好项目、好主意时应及时作出开发或改进决策。

（2）混乱驾驭者角色。管理者必须善于处理冲突或解决问题，如平息客户的怒气，同不合作的供应商进行谈判，或者对员工之间的争端进行调解等。

（3）资源分配者角色。在扮演这一角色时，管理者调度、授权、开展预算活动，安排下属工作，并决定组织资源用于哪些项目。

（4）谈判者角色。组织经常要进行各种正式、非正式的谈判，管理者把大量时间花费在谈判上，在主要的谈判中作为组织的代表。管理者的谈判对象包括员工、供应商、客户和其他工

① 斯蒂芬·P.罗宾斯：《管理学》，中国人民大学出版社2004年版，第10页。

作小组,谈判活动如与工会的合同谈判、与供应商的价格谈判等。

由于管理者在组织内所处的层次不同,其扮演的角色的侧重点也不同,这就是管理者角色的变动。如高层管理者更多地扮演代表人、谈判者、联络者和发言人等的角色,而领导者的角色在基层管理者的身上表现得更多。不同层次管理者的角色分配如图1—4所示。

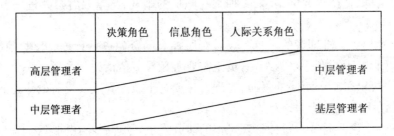

	决策角色	信息角色	人际关系角色	
高层管理者				中层管理者
中层管理者				基层管理者

图1—4 不同层次管理者的角色分配

二、管理人员的技能

为有效地行使管理职能,管理人员需具备一定的知识、技能、态度和积极性。那么,在组织中,管理者需要哪些基本技能呢?管理学者罗伯特·李·卡茨(Robert L. Katz)列举了管理者所需的三种素质或技能。[①]

(一)技术技能

技术技能是指从事本行业工作所需的专业知识,包括基本技术和具体方法。例如,一个企业的总经理要对与企业生产的相关产品、竞争对手、科学技术等了如指掌;教师必须熟练掌握本专业的教学内容和方法;物流总监必须掌握物流领域的各种知识;人力资源经理必须具备人力资源规划管理和人力资源管理手册设计的能力,职位分析和绩效考核管理能力,薪酬与福利管理能力,人力资源开发、培训能力和人事制度管理能力等。

(二)人际技能

管理者的人际技能是指管理者为完成组织目标,理解、动员、激励他人的能力,能够在他所领导的小组中建立努力合作的协作精神和团队精神,创造一种良好的工作环境,使员工能够充分发挥他们的能力。"世事洞明皆学问,人情练达即文章。"一个好的管理者必须能够协调上下级的关系,协调同级的关系以及与组织外部利益相关者的关系。其中,沟通是实现人际技能的重要方式,在人际交往中起着桥梁与纽带的作用。

(三)思想技能

思想技能是把企业看成一个整体,能够总揽全局,判断关键因素并了解这些因素之间关系的能力,即洞察组织与环境之间相互影响及其复杂性的能力。值得注意的是,在社会化大生产不断发展、知识经济已见端倪的今天,管理者能否创造新的适应环境的管理模式和机制,已成为衡量其思想技能高低的重要标志,而创新能力也成为思想技能的集中体现。海尔神话的缔造者、海尔集团董事局主席张瑞敏之所以能将海尔从名不见经传的小厂推向世界,关键就在于他根据不同的时代寻找创新的商业模式,身体力行打造出一套海尔的管理"圣经"。

---

① R. L. Katz, Skills of an Effective Administrator, *Harvard Business Review*, September-October 1974, pp. 99—102.

管理人物

2011 年 6 月 17 日,张瑞敏荣膺全球睿智领袖精英奖,在发表获奖感言的同时分享了自己的管理心得。张瑞敏表示,很多全球知名的企业不能成为百年老店,关键是没能成为一个那个时代的企业。而要成为这样的企业,就得根据不同的时代寻找创新的商业模式。张瑞敏指出,商业模式对于一个企业尤为重要,而中国企业到现在为止还没有属于自己的管理模式,都是学习西方的,也在一直不断地探索。张瑞敏称,不管如何,都要找到适合自己的商业模式,因为只要找对路,就不会怕路远。

以下是张瑞敏演讲实录摘选:

商业模式能不能真正成功,能不能持续创新,主要在于员工。所以,在我们的设计中,员工成为创新的主体。我们集团有一句话叫"我的用户我创造,我的增值我分享"。也就是说,每一个员工,都有他的用户,都要给用户创造价值,为用户创造价值的增值部分可以分享。

很多西方的企业都有一句口号,叫"股东第一",但是我不太认可这个概念,我认为"股东第一"应该是企业经营的结果,但不应该成为目的。企业经营的目的,就是创造客户价值。为了能够创造客户价值,就必须为员工提供更好的创新空间,只有为员工提供这个创新空间之后,他才能保证用户价值的实现。

如果说,员工与用户结合在一起能够创造价值,那么股东的利益就是必然的结果。其实我们自己就是这样,我们在上海和香港各有一个上市公司,我们进行模式创新之后,公司利润增长得很好,受到股民的认可。其实,股民是看中了你的商业模式对赢利能力的提升。

我们目前正在加快探索(商业模式)的力度,但是遇到的困难非常多。

从内部来讲,中国企业到现在为止,还没有属于自己的管理模式,都是学习西方的。但是在学习西方的时候,大多是学习西方的管理工具。比如说,刚刚改革开放的时候,我们主要学习日本的全面质量管理,后来又学习六西格玛管理等很多管理工具,但是真正从理论上来指导中国企业怎么做的,没有。

从外部来讲,我们也想学习国外在互联网时代非常成功的管理模式,并进行了很多探讨,但现在还很难找到一个成熟的互联网时代的管理模式。所以,我们主要靠自己来摸索。

从我自己来说,我的出国学习交流也经历过三个不同的阶段。20 世纪 80 年代到 90 年代,主要是到国外引进先进的技术和设备。90 年代之后的一段时间,主要是到海外建立工厂,把产品出口到国外。可以说,第一阶段是引进来,第二阶段是走出去。现在,对企业来说,这些工作还一直在做;但就我本人而言,已不再做这些了,而主要是研究管理模式。

我现在出国主要是到美国等发达国家,与国际上一些大企业家、管理学者进行探讨。2011 年,我还到美国的一个超市进行了交流,他们在自主经营这方面也做得不错,包括亚马逊,都是在互联网时代做得很好的企业。但是,他们也认为,在互联网时代,大型企业进行组织改革会面临很多挑战。

虽然困难不少,但是我们自己认定了这个方向是一定要做下去的,而且到现在为止,也达到了初步的效果。2011 年,欧洲的一个统计机构把海尔评为"全球白色家电第一品牌"。我们的战略绩效也有了很大变化,2011 年海尔的营业收入增长了 9.2%,但是利润增长了 77.7%,利润增幅是收入增幅的 8 倍。为什么利润会大幅度增长呢?就是因为一部分自主经营体变成利润中心,为了实现更高的利润,不断地创造更多的用户资源。

比利润增幅更重要的指标是现金流。海尔现在的营运资金周转天数可以达到负的10天,中国制造业企业中达到负数的还不多,这方面曾经做得最好的企业是美国的戴尔,它最高的时候可以达到负的30多天,这也是模式创新带来的积极变化。

由于时间关系,我不能详细地陈述。总而言之,朝着这个方向,我们还要继续努力下去,坚定不移地去探索,坚持不懈地去探索。因为只要找到路,就不怕路远!

资料来源:中国企业家网,http://www. sina. com. cn,2012 年 4 月 17 日。

这三种基本技能对于不同管理层次的管理者的相对重要性是不同的。一般情况下,基层管理者主要需要的是技术技能和人际技能,思想技能的要求相对较弱。处于较高层次的管理者,更多地需要人际技能和概念技能,也就是说,对于中层管理者来说,对技术技能的要求下降,而对思想技能的要求上升,同时具备人际技能仍然很重要。对于高层管理者而言,尤其需要较强的思想技能(见图1-5)。但在小企业中,即使是高层管理人员,技术技能也仍然是非常重要的。

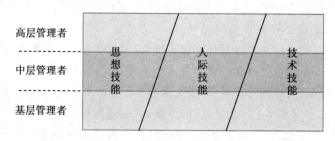

图1-5 不同层次的管理者对各管理技能的侧重程度

本章小结

1. 组织是我们社会中最常见、最普遍的现象,每个人每天都生活在各种组织中。组织是一种由具备不同技能的人员组成的、具有明确的和系统性结构的实体,以实现单靠个人无法实现的特定目标。组织具有三个基本特征:明确的目的、精细的结构、一定数量的人员。

2. 管理是在特定的环境下为了有效地实现组织的目标,以人为中心对所能支配的各种资源进行的协调活动。任何历史时期的任何组织,管理都是绝对必要的。

3. "有效"是指既有效率又有效果。效率体现在做事的方式上,即用尽可能少的投入获得尽可能多的产出,如通过流程改造削减不必要的环节来降低成本并同时取得同样的产出,事半功倍。效果即达到组织的目标,但方向要正确,所做的事都要有利于组织目标的达成。

4. 计划工作既关系到结果(达到的目标),又关系到手段,也就是怎么做。计划工作包括定义组织目标,制订全局战略,开发一系列相关配套计划以整合和协调组织工作。组织工作的目的就是要通过组织设计,建立一个有利于组织成员相互作用、发挥各自才能的良好环境,使组织成员都能在各自的岗位上为组织目标的实现做出应有的贡献。领导即运用影响力激励员工,选择有效的沟通渠道处理下属问题,也包括对所有部门、职能机构、直接与管理者一起工作的员工进行激励。控制是指对员工的活动进行监督,判定组织是否正朝着既定的目标健康地向前发展,并在必要的时候及时采取矫正措施。

5. 管理者是这样的人，他（她）充分运用他的聪明才智和有限的资源为整个组织服务，通过协调其他人的活动达到与别人一起或者通过别人实现组织目标的目的。我们通常按照组织层次把管理者由上至下分为高层管理者、中层管理者和基层管理者。

6. "管理者角色"这一概念是由美国著名管理学家彼得·F.德鲁克（Peter F. Drucker）于20世纪50年代中期提出的，德鲁克认为，管理者扮演的角色大体上分为三类：一是管理一个组织，二是管理管理者，三是管理作业人员和工作。

7. 明茨伯格将管理者的工作分为10种角色。这10种角色又进一步归纳为人际角色（代表人、领导者和联络者）、信息角色（监督者、传播者和发言人）和决策角色（企业家、混乱驾驭者、资源分配者和谈判者）。

8. 管理学者罗伯特·李·卡茨（Robert L. Katz）列举了管理者所需的三种素质或技能：技术技能、人际技能和思想技能。处于不同组织层次的管理者对这三种技能的需求各有侧重。

练习题

一、简答题

1. 解释效果和效率对管理的重要性。

2. 管理的主要职能是什么？请简要描述。

3. 组织的三个基本特征是什么？

4. 你认为一个优秀的职业经理人应具备哪些素质？

5. 描述明茨伯格的10种管理角色。拜访一位管理者，并试着描述这位管理者在日常工作中扮演的角色。

6. 描述管理的三种基本技能。你认为这些技能对今天的管理者同样重要吗？

7. 你认为在未来的发展中管理者的工作将会发生什么变化？

二、案例分析

三星董事长李健熙的经营管理之道

三星电子不仅是韩国公认的销售额和净利润第一的企业，而且在国际上的地位也持续升高，成为全球瞩目的对象。三星能有今天，是与工程师出身的董事长李健熙分不开的。以下是李健熙自认为成功的经营管理之道。

1. 根植技术经营

三星董事长李健熙曾说："三星能有今天，我想是因为有技术作为后盾。虽然今天我们和世界一流企业之间都共同开发技术也共同行销，但是在早期，别说是技术指导，就连花钱买技术都很不容易。再加上当时的韩国经营者总认为技术工作者只是工匠，并不怎么放在眼里，我只好站出来，就像对待客户一样，诚恳地向日本或美国的技术工作者一点一点地请教。幸好，我从小就对新事物充满好奇，喜欢追根究底，所以一直很期待新的技术、好的技术。只要一有空，我就会到先进的国家学习，向技术人员请教，再传授给我们的技术人员。"

根植技术经营不仅是他一贯提倡的，也是他自担任董事长以来一直坚持做的。他认为，作为经营者光重视技术是不够的，还要重视"根植技术经营"理念的实际操作。也就是说，技术人员不仅要精通技术，还要了解经营，这样才能根植技术经营的理念。正因为这样，三星公司在历经十多年之后,上至经营者下至现场员工才总算了解技术的重要性,进而自动自发地努力研究开发,似乎也拥有了可以追赶一流水准的技术能力。

2. 经营的好坏关键在于用人

李健熙自上任之初就不断地思考:5到10年后要靠什么发展,为迎接未来需要及早做好哪些准备?因为未来最需要的就是人和技术,三星要想快速地走向世界,就要想方设法从研究开发到行销等各个领域,极力延揽不同国籍和领域的优秀人才,这样才能开发出真正尖端的技术,引领世界潮流。

李健熙认为,作为一个大公司的首席执行官,在必备素质上至少要有"知、行、用、训、评"5项特质。知,即要相当了解自己工作的"业"的概念、基础技术、必要的人才与事业的核心力量;行,即不止于知,对于自己所知率先示范,不断地付诸行动;用,即要懂得把工作分派给下属;训,即要懂得如何指导下属;评,即要懂得如何正确地评判最后的成果。

在用人策略上,他引用了中国的一句俗语:"疑人勿用,用人勿疑。"如果你无法信任这个人的话,就不要将重任交付给他;一旦决定用这个人,就要信任他,全权交给他。李健熙曾自信地说:"三星的首席执行官的能力或资质,比任何先进企业的首席执行官还要优秀。所以,我只管提出未来策略方向等经营的大方向,至于一般经营,各公司具备专业能力的总经理会自动、自发地完成。一个董事长分内要做的事,不就是从背后给予他们支持,让他们拥有责任与权限来实现经营理念吗?"

3. 分配的差异性

三星公司在经历金融危机之后,公司的理念也发生了很大的变化。以前曾出现的"有福同享,有难同当"被认为是理所当然的,现在多做事的人、会做事的人,得到了更多的奖励,这似乎已经变得很普遍,也已被大家所认同。三星刚开始推动年薪制的时候,也有一些反映,不过很快就为大家所接受,并且产生了激励作用。

另外,在公司实行两年的成果分配制度,刚开始的情况也一样,有人会觉得在同一家公司里,为什么谁要多拿一些,谁要少拿一些。但是从2001年开始,气氛完全不一样了,大家无不雄心壮志地想着"这次轮到我们要努力成为第一"。这种制度对三星同仁的工作动机与自我启发有所帮助,也能提高企业或个人的竞争力。

4. 把企业当作自己的身体来看待

李健熙的惊人之处还在于,他学会了将企业当作自己的身体来看待。他说:"每次作结构调整的时候,就像从自己的身上把肉挖掉,非常痛苦。尽管如此,为了应对时时刻刻都在变化的外部环境,提高竞争力,不得不继续调整组织。过去,同仁对公司盲目忠心,公司也回报一个终身雇用的保障,这是很平常的。但现在,这样的公司无法发展,同仁也不愿意做这样的事。每个人各自尽全力得到自己所该得的,公司则创造一个可以让同仁充分发挥各自能力的工作环境,这样双赢的关系才能相互促进和提高。"

案例思考题:

1. 你觉得首席执行官应该具备哪些特质?
2. 对于李健熙来说,你觉得哪种管理技能是最重要的,为什么?
3. 为什么要把企业当作自己的身体来看待?

第二章

管理思想史

学习目标

学完本章后,你应该能够:

1. 描述管理思想发展的逻辑思路。

2. 描述早期管理思想的主要贡献。

3. 描述古典管理理论代表人物的主要思想和贡献。

4. 阐释梅奥的人际关系理论的主要内容和产生背景。

5. 区分现代管理理论的基本流派。

6. 描述管理理论的新发展。

要点概述

1. 早期的管理思想

中国古代的管理思想;西方古代的管理思想;中世纪的管理思想;资本主义早期的管理思想。

2. 古典管理理论

科学管理理论;组织管理理论。

3. 行为管理理论

行为管理理论的先驱;人际关系理论;主要的行为管理理论。

4. 现代管理理论

现代管理理论概述;现代管理理论的主要学派。

5. 管理理论的新发展

知识管理;企业流程再造理论;学习型组织理论;虚拟企业;核心竞争力理论。

案例导读

威尼斯造船厂的管理经验

威尼斯为了保护它日益增长的海上贸易,在1436年建立了政府的造船厂以改变私人造船厂的状况。到16世纪时,威尼斯的兵工厂成为当时最大的工厂,占有陆地和水面面积60英亩,雇佣工人2 000名左右。

兵工厂设有一位正厂长和两位副厂长,威尼斯元老院除了有时直接过问兵工厂的事以外,还派了一名特派员作为与兵工厂的联系人。兵工厂内部分成多个巨大的作业部门,由工长和技术人员领导。正副厂长和特派员主要从事财务管理、采购等职能,生产和技术问题则由各作业部门的工长和技术人员负责。在兵工厂的领导工作中,较好地体现了互相制约和平衡的原则。

兵工厂的任务不只是造船,而是有着三重任务:制造军舰和武器装备;储存装备,以备急用;装备和整修储备中的船只。为了接到通知后立即可以安装舰船,兵工厂必须储备必需的船具和索具。例如,仓库中必须经常备有以下部件:500块坐板,100个舵,100根桅杆,200根园材,5 000副足带,500~1 500根桨,再加上相应的索具支架、沥青、铁制品等。把这些部件都编上号码,并储存在指定的地方,这样有助于实行装配线作业和精确计算存货。木料的储存,初期没有次序,以致一个工人需要一块木料时要在大堆木料中寻找,所花的费用达木料本身价值的3倍,所以后来就把木料加以分类并有次序地安放,因而提高了效率。

兵工厂在安装舰船时采用了类似于现代装配线生产的制度,各种部件和备品仓库都安排在运河的两岸,并按舰船的安装顺序排列。当舰船在运河中被拖引着经过各个仓库时,各种部件和武器等从各个仓库窗口传送出来进行装配。兵工厂中的职员也是按部件和装备的种类安排在各个部门的,如一个工长负责木器,另一个工长负责桅杆,第三个工长负责捻船缝,第四个工长则负责船桨,等等。

为了既能提高生产效率,又降低成本,兵工厂计划委员会发布的政策规定:所有的弓应制造得使所有的箭都能适用;所有的船尾柱应按同一设计建造,以便每一个舵无需特别改装即可适用于船尾柱;所有的索具和甲板用具应该统一,不允许每个工人师傅按自己的设计生产,以免在制造中造成浪费并使舰只不统一。

西班牙的一位旅行者曾参观过兵工厂,并对其装配线生产作了如下描述:“人们一走进大门就会看到一条运河。运河的两边都是从兵工厂的房子里开出的窗口。当舰只由一艘船拖着经过这些窗口时,从一个窗口传出索具,另一个窗口传出武器,再一个窗口传出弩炮和白炮。这样,从各个窗口中传出所需的各种东西,当舰只到达运河的另一端时,所有的水手连同木桨都已在舰上了,整个舰只便装备完毕。这样,在数个小时内,就安装好了10条全副武装的舰船。”当法国的亨利三世于1574年参观兵工厂时,看到兵工厂在一个小时内就安装并下水了一条全副武装的舰船。1570年1月,得知土耳其人准备进攻塞浦路斯岛时,威尼斯元老院命令在3月中旬左右安装好100艘舰船,结果在3月初就完成了。

资料来源:郭咸纲:《西方管理思想史》,世界图书出版公司2010年版,第19页(根据该资料整理)。

管理实践的历史源远流长,管理的智慧无处不在。早期的管理活动蕴含着丰富的管理思想,经过长期的经验积累和总结,人们不断地深化对于管理实践的认识和理解,逐步形成了管理思想;随着人类社会的不断发展和进步,人们对管理思想进行归纳、提炼和演绎,发展了管理的基本理论,从而产生了当今的管理学。在指导管理实践的同时,管理理论也不断得到检验、完善和发展。

综观管理思想的发展历史,掌握一定的管理智慧是十分必要的。

第一节 早期的管理思想

一、中国古代的管理思想

中国是拥有 5 000 多年悠久历史的文明古国,涌现出了许多至今看来仍不失其价值的管理实践和管理思想,可供现代人学习和借鉴。

战国时期的"商鞅变法"是通过变法来提高国家管理水平的一个范例;举世闻名的万里长城的修建,充分体现了工程指挥者所具有的高度管理智慧,反映了当时测量、规划设计、建筑和工程管理等的高超水平;隋唐时期开凿的世界上规模最大、流程最长的人工大运河,显示了我国古代工程建设和组织管理的高超水平。还有许多令人惊叹的管理实践都体现出古代中国的高超的管理智慧。

中国古代的管理思想博大精深,成为滋养中华民族蓬勃发展的智慧源泉,同时被世界各国有识之士所开发和利用。其中,老子、孔子、商鞅、孟子、孙子、管子的管理思想最具有代表性。许多古代的经典著作,例如《论语》、《道德经》、《孙子兵法》等,都充分展现了我国古代成功的管理思想。

二、西方古代的管理思想

(一)古埃及的管理思想

古埃及大约在公元前 5000 年到公元前 5 年间修建了大批金字塔,成为人类历史上不可思议的壮举,反映了古埃及在管理方面的重大成就。建造埃及大金字塔花费了 10 万人次 20 年以上的劳动量,这表明埃及人已经具有分工和协作的思想,体现了较严密的组织制度。

(二)古巴比伦的管理思想

巴比伦重新统一两河流域以后,建立了古代巴比伦王国。国王汉谟拉比(公元前 1792～前 1750 年在位)执政期间,总揽国家全部司法、行政和军事权力,任命各种官吏,管辖着各城市和各地区的行政、税收和水利灌溉。为了巩固其统治,汉谟拉比编制了《法典》,作为国家行为的准绳。法典共分为三部分,即引言、法典本文和结语。法典本文共 282 条,内容涉及财产、借贷、租赁、转让、抵押、遗产等各个方面,对各种职业、各个层面的人员的责权利关系予以明确的规定。

(三)古希腊的管理思想

古希腊是欧洲文明的摇篮。古希腊人崇尚民主管理,构建了一种复杂的民主政府,并形成了科学的管理方法。受到先进文化和先进生产力的影响,古希腊出现了许多改革家、思想家,对后世产生了重大的影响,主要的代表人物有:苏格拉底、色诺芬、柏拉图、亚里士多德。

1. 苏格拉底的管理思想

苏格拉底(Socrates,公元前 469～前 399)是古希腊著名的思想家、哲学家、教育家。他认为,管理具有普遍性,管理私人事务和管理公共事务仅仅是在量上的不同,一个人不能管理他的私人事务,则肯定也不能管理公共事务。因为,公共事务的管理技术与私人事务的管理技术应该是可以相互通用的。但苏格拉底忽视了管理的特殊性,即管理是一项专业性极强的工作,结果致使雅典人按照苏格拉底的主张,频繁地轮换其

苏格拉底

军队的领导人和市政府的领导人,在面对马其顿腓力二世(公元前359～前336)精良军队的密集、纵深的"马其顿方阵"时束手无策。

2. 色诺芬的管理思想

色诺芬(Xenophon,约公元前430～前350)出生于雅典的一个富人家庭,是苏格拉底的门生。他根据自己亲自经营和管理庄园的实践经验,写成的《家庭管理》(又称《经济论》)是专门论述经济问题的第一部著作。该著作在管理思想上的主要贡献是[1]:(1)首先提出了经济管理的研究对象。他认为"家庭管理"研究的是优秀的主人如何管理好自己财产的问题。(2)首先提出了管理水平优劣的判别标准问题。他认为,检验管理水平高低的标准是财富是否得到增加,管理的中心任务是得到更多的财富。(3)首先认识到了管理的中心任务是加强人的管理。(4)色诺芬分析了分工的重要性。因为一个人不可能精通一切技艺,所以劳动分

色诺芬

工是必要的,他认为分工可以提高产品的质量。

3. 柏拉图的管理思想

柏拉图(Plato,公元前427～前342),出生于雅典的一个贵族家庭,是苏格拉底的著名弟子,古希腊著名的唯心主义哲学家、思想家。他在其名著《理想国》(又译《国家篇》)中,通过研究国家范围内的分工来体现其独特的管理思想,首先提出了经济科学中的专业化和劳动分工的原理。

柏拉图认为,如果一个人根据自己的天生才能,在适当的时间内不做别的工作,只做一件事,那么他就能做得更多、更出色、更容易。由此,他得出的结论是,"每个人必须在国家中执行一种最适合于他天性的

柏拉图

职务"。

4. 亚里士多德的管理思想

亚里士多德(Aristotle,公元前384～前322)是古希腊最伟大的思想家之一,柏拉图的弟子。亚里士多德在其著作《政治学》中,提出了许多关于管理和组织的见解[2]:(1)劳动的专业化。他认为劳动者的注意力专注于工作,各种工作便可做得更好。(2)论部门的分工,即每一办公室都应当具有特定职能。(3)论分权、集权及代表制。(4)论协作,及整体当然高于部分。(5)论领导。他认为,未曾学会服从者,不可能成为更好的指挥者。

(四)古罗马的管理思想

亚里士多德

古罗马人继承和发扬了古希腊的管理思想。正如詹姆斯·D.穆尼(James D. Mooney,1884～1957)所说:"罗马人伟大的真正秘密是他们的组织天才。"

从宏观层面看,古罗马拥有一套较完整的行政集权体制。当时的统治阶级为了统治庞大的帝国,采取了集权和分权相结合的统治方式。在罗马帝国建立过程的不同阶段,罗马人建立了相应的管理机构和政治体制。最著名的是戴克利先国王在公元284年上台执政后实行的一

---

① 郭咸纲:《西方管理思想史》,世界图书出版公司2010年版,第8～9页。
② 韩娜:《管理学基础》,中国经济出版社2012年版,第48页。

种"连续授权制"的行政制度。所谓连续授权制①,是把罗马帝国划分成大区、区、省等行政区域,国王授权给大区首脑,大区首脑又授权给区总督,区总督再授权给省长……当时罗马被划分成 19 个省份,分归 13 个区领导,13 个区又归并为 4 个大区,戴克利先国王兼任一个大区首脑,把另外三大区的领导权授给了 3 个助手。古罗马人利用等级原理和委派、授权办法,把罗马城扩展为一个前所未有的、组织效率极高的罗马帝国。

在微观层面,古罗马的奴隶主思想家贾图、瓦洛等对管理人员的选择标准的论述,进一步丰富了古代经济管理思想。

贾图(Marcus Porcius Cato,公元前 234～前 149)是古罗马奴隶主思想家,他在著作《论农业》中,提出挑选管家的九条守则②:(1)维护纪律;(2)尊重别人的权利;(3)负责调解奴隶的纠纷,对有错一方应予惩罚;(4)监工举止应当谦恭有礼;(5)保证使农场奴隶整天忙于工作;(6)重视农奴主推荐的奴隶,同时注意同两三个其他的农场保持联系,必要时交换必需物品;(7)认真同农场主核对账目;(8)对爱护牲口的奴隶应当奖励;(9)事先要用充分的时间安排各项工作。

三、中世纪的管理思想

欧洲的中世纪延续了大约 1 000 年,被称为"西方黑暗的世纪"。然而,在管理思想史的长河中,管理思想的发展绝不是"历史真空",并没有裹足不前。中世纪拥有丰富的管理实践及对管理独有的理解和认识,涌现出一批像托马斯·阿奎那、尼古拉·马基雅维利和托马斯·莫尔为代表的管理思想家。

(一)托马斯·阿奎那的管理思想

意大利的托马斯·阿奎那(Thomas Aquinas,1226～1274)是西欧中世纪经院哲学的哲学家和神学家,被中世纪奉为"神学之父"。

阿奎那的思想对于后来管理思想的发展,具有以下几个方面的启示性影响③:

他对一系列经济问题进行了论述,其中包括消费的适可原则、生产的二因素论——劳动和徒弟、经济活动的干预主义、公平价格论、货币论、利息论、商业论等,都显示出其宗教伦理思想。

他的宗教伦理思想在某种程度上影响管理思想中的某些关于社会和人的地位的基本理解,并构成了后来的管理思想中关于人性的某些假设中的伦理学基础。

托马斯·阿奎那

(二)尼古拉·马基雅维利的管理思想

尼古拉·马基雅维利(Niccolò Machiavilli,1469～1527)是意大利文艺复兴时期的政治思想家和历史学家。其著作《君主论》对于管理思想方面的贡献令人瞩目。他是较早认识到"物质利益"在管理中的重要性的思想家,他在对政治体制的研究中认识到人民在国家生活中具有重要

尼古拉·马基雅维利

---

①　周健临:《管理学教程》,上海财经大学出版社 2011 年版,第 21 页。
②　郭咸纲:《西方管理思想史》,世界图书出版公司 2010 年版,第 13 页。
③　郭咸纲:《西方管理思想史》,世界图书出版公司 2010 年版,第 18 页。

作用,在国家生活中公开强调人民的作用①。

马基雅维利在《君主论》中,全面、系统地论述了国家管理的原理和原则,即管理四原则。他提出的管理原则是为了使君主能成功地管理一个国家,但同样适用于管理其他组织,对后来的管理思想产生了巨大的影响。

(1)群众认可原则。马基雅维利认为,所有的政府,其持续存在都依赖于群众的支持,即权力是自下而上的,而不是自上而下的。君主可能通过武力或继承而登上王位,但要牢固地控制国家,还必须得到群众的支持。

(2)内聚力原则。要使国家能持续存在,必须要有内聚力。组织内聚力的一个关键因素是使人民确信他们可以信赖自己的君主,知道君主期望于他们的是什么。如果没有固定的法律而只有多变的政策,很快就会使整个国家陷入混乱。

(3)领导能力原则。君主在掌权之后必须具备领导能力,才能得以维持。马基雅维利认为领导者(或管理者)有两种:一种是自然或天生型,另一种是后天获得领导技术的类型。

(4)危机原则。任何组织的主要目标之一是使自己存在下去,管理者要"居安思危",经常保持警惕的状态,以便及时扑灭混乱。

托马斯·莫尔

(三)托马斯·莫尔的管理思想

托马斯·莫尔(Thomas More,1478～1535)是欧洲早期空想社会主义学说的创始人,以《乌托邦》一书而名垂史册。莫尔的管理思想主要是通过他在《乌托邦》中对英国现实的批判和未来社会的设想而表现出来的,书中的管理思想主要是②:(1)私有制是一切罪恶的根源;(2)乌托邦岛已十分注意生产的布局和生产的组织;(3)在国家管理方式上,莫尔主张用民主的方式选拔政府官员,按民主的方式治理国家;(4)在经济管理方式上,他设想整个社会经济应是按照一定的统一原则管理的。莫尔天才地预言,按需分配的更高一级的社会组织形式,是以产品的极大丰富和人们的道德水准的普遍提高为前提的,这一点对企业组织内部分配原则有着重要的启发意义。

四、资本主义早期的管理思想

(一)亚当·斯密的管理思想

亚当·斯密

亚当·斯密(Adam Smith,1723～1790)是英国资产阶级古典经济学家。他在1776年发表的著作《国富论》,对管理思想的发展具有重要的贡献。亚当·斯密在《国富论》一书中以制针业为例,说明了劳动分工给制造业带来的变化。书中写道:如果一名工人没有受过专门的训练,恐怕工作一天也难以制造出一枚针来。如果把制针程序划分为若干项目,每个工人只分工负责其中一项,则平均一个工人每天可以生产48 000枚针。

斯密认为,劳动是国民财富的源泉,劳动生产力的改良和增进是国民财富增长的基本原因;他特别强调了分工的作用并分析了劳动分工的

① 郭咸纲:《西方管理思想史》,世界图书出版公司2010年版,第20页。
② 郭咸纲:《西方管理思想史》,世界图书出版公司2010年版,第21页。

经济效益,提出了"生产合理化"的概念;同时,他还提出了"经济人"观点,后来成为整个资本主义管理的理论基础。斯密的这些观点对西方管理的实践和理论,都具有重要的影响。

（二）罗伯特·欧文的管理思想

罗伯特·欧文(Robert Owen,1771～1858)是19世纪初英国著名的空想社会主义者,被后人尊称为"人事管理之父"。

欧文最早注意到管理中人的因素对提高劳动生产率的重要性,反对将人视为机器,强调人和机器的根本区别在于人是有需要的有机体,他的理论和实践对以后的管理特别是人事管理具有重大的影响。欧文的管理思想集中体现于他在苏格兰新拉纳克纺织厂的改良措施中,包括①:(1)改善工厂的条件,使生产设备布局合理化,缩短劳动时间;(2)提高雇佣童工的最低年龄限制;(3)提高工资,在厂内免费为工人提供膳食,开设工厂商店,设立幼儿园和模范学校,创办互助储金会和医院,发放抚恤金;(4)与工人接触,了解工人的生产、生活情况。

罗伯特·欧文

（三）查尔斯·巴贝奇的管理思想

在产业革命后期,英国的数学家、科学家和作家查尔斯·巴贝奇(Charles Babbage,1792～1871)是对管理思想贡献最大的主要人物。他于1832年出版的《论机器和制造业的经济》是管理学上一本重要的文献,论述了专业分工、工作方法、机器与工具的使用和成本记录等。巴贝奇通过时间研究和成本分析,进一步分析了劳动分工使生产率提高的原因,他的解释比亚当·斯密更全面和细致;同时指出了脑力劳动同体力劳动一样,也可以进行劳动分工的道理;提出了要提高效率必须细致研究工作方法和以专业技能作为工资与奖金基础的原理。巴贝奇还重视人的作用,主张实行有益的建议制度,鼓励工人提建议,重视运用管理技术等。

查尔斯·巴贝奇

由此可见,巴贝奇早在泰勒发表《科学管理原理》前80多年,就已经把科学方法应用于管理,并加以理论化。

五、早期管理思想的主要特点

在早期管理阶段,西方管理思想尚未形成系统的理论,管理主要凭个人经验,靠饥饿政策迫使工人工作。但是,在管理思想、生产管理、工资奖励、成本核算、人事管理、领导方式、组织结构等方面,特别是在劳动组织问题上,对于西方管理理论的发展具有重要的影响。

第二节　古典管理理论

19世纪末20世纪初,科学技术和社会经济出现了巨大的变化,对企业管理提出了新的要求,使得单凭个人经验和技艺的传统管理思想和方法已不能适应新形势的发展需要。而以往管理经验的积累、管理思想的萌芽,为新的管理方法和管理理论的产生提供了有利条件。古典管理理论正是在这种背景下应运而生的。古典管理理论主要由泰勒的科学管理理论、法约尔的一般管理理论和韦伯的理想的行政组织体系理论构成。19世纪末20世纪初创建的古典管

---

①　郭咸纲:《西方管理思想史》,世界图书出版公司2010年版,第52页。

理理论奠定了现代管理学的理论基础。

一、科学管理理论

泰勒

(一)泰勒的科学管理理论

弗里德里克·温斯洛·泰勒(Frederick Winslow Taylor，1856～1915)是美国著名的管理学家，科学管理理论的创始人。

泰勒出生于美国费城一个富裕的律师家庭，19岁时因故停学进入一家小机械厂当学徒工。22岁进入费城米德瓦尔钢铁厂当机械工人并在夜校学习，获得工程学位后提升为总工程师。1898～1901年间受雇于伯利恒钢铁公司，并继续从事管理方面的研究。1901年以后，他用大部分时间从事写作、讲演，宣传其"科学管理"思想。

在1895～1911年期间，泰勒相继出版了著作《计件工资制》、《工厂管理》和《科学管理原理》，其中1911年发表的《科学管理原理》标志着科学管理理论的正式形成，泰勒也因此被西方管理学界尊称为"科学管理之父"。

1. 泰勒科学管理理论的主要内容[①]

(1)泰勒的科学管理理论的核心是提高劳动生产率。雇主关心的是降低成本，工人关心的是提高工资。泰勒认为，关键是要使双方认识到提高劳动生产率对双方都是有利的，科学管理

---

① 周三多、陈传明：《管理学》，高等教育出版社2000年版，第20～21页。

的关键是工人和雇主都必须进行一场精神革命,要相互协作,努力提高生产效率。科学管理的两个绝对需要具备的要素是:劳资双方合作,尽到生产最大盈利的责任;用科学知识来代替个人的经验知识。

(2)工作定额原理。泰勒认为,科学管理的中心问题是提高劳动生产率。为了发掘工人劳动生产率的潜力,他通过对工人的动作和时间的研究,制定出所谓标准的作业方法,据此制定出工人"合理的日工作量"。泰勒在实验中的具体做法是:用马表测定工人作业的每道工序、每个动作的时间,并分析研究,去掉多余的和不合理的部分,从而制定出效率更高的"标准操作法",据此对全体工人进行训练,制定较高的定额。

(3)标准化原理。使工人掌握标准化的操作方法,使用标准化的工具、机器和材料,并使作业环境标准化。泰勒认为,要想用科学知识代替个人经验,必须消除各种不合理的因素,把各种最好的因素结合起来形成一种最好的标准化方法,从操作方法到材料、工具、设备和作业环境都要实施标准管理。

(4)计划职能与执行职能相分离。泰勒认为,应该用科学的工作方法取代经验工作方法;由专门的计划部门承担计划职能,由所有的工人和部分工长承担执行职能。

(5)能力与工作相适应。泰勒认为,为了提高劳动生产率,必须根据工人的能力和天赋把他们分配到相应的工作岗位上,为工作挑选第一流的工人。第一流的工人包括两个方面:一方面是该工人的能力最适合做这种工作;另一方面是该工人愿意做这种工作。

(6)差别计件工资制度。泰勒认为,原有的付酬制度不合理,要在科学地制定劳动定额的前提下,采用差别计件工资制来提高工人的积极性。差别计件工资制,就是按照工人工作质量和出力程度的不同情况分别计算报酬,计件工资率随完成标准的工作定额的程度上下浮动,从而刺激每个工人发挥最大的智慧和积极性,克服工人"磨洋工"的现象。

2.对泰勒科学管理理论的评价

(1)贡献。

①泰勒科学管理理论的最大贡献在于,泰勒所提倡的在管理中运用科学方法和他本人的科学实践精神。他的科学管理强调的是一种与传统的经验方法相区别的科学方法,用精确的调查研究和科学知识来代替个人的判断、意见和经验。

②泰勒及其同事创造和发展了一系列有助于提高生产效率的技术和方法,成为现代合理组织生产的基础。

(2)局限。

①由于长期的生产第一线的经历,使得泰勒仅关注个别具体工作的作业效率问题,而没有解决企业作为一个整体如何经营和管理的问题。

②泰勒的科学管理只重视技术的因素,而忽视了人群社会的因素。他关于专业分工、作业科学化和严格的监督、管理与执行分离等的主张,加剧了劳资之间以及管理者与工人之间的矛盾。

③泰勒对工人的看法是错误的。他把人看成为"经济人",认为工人只有单独劳动才能好好干,而忽视了集体的鼓励。

(二)科学管理理论的追随者

泰勒制创建之后,有许多科学管理理论的追随者进行了大量的实验研究,扩充和发展了泰勒的科学管理理论。其中,比较著名的人物有:

1.卡尔·乔治·巴思

美籍数学家卡尔·乔治·巴思(Carl George Barth,1860~1939)是泰勒最早、最亲密的合作者,为科学管理理论做出了重要的贡献。他研究的范围集中在劳动作业的技术过程方面,其提出的许多数学方法和公式为泰勒的工时研究、动作研究、金属切削试验等工作提供了理论依据。

2.吉尔布雷斯夫妇

美国工业管理家吉尔布雷斯夫妇(Frank and Lillian Gilbreth)是从事时间研究和动作研究的先驱者,在动作研究和工作简化方面做出了特殊贡献。

与泰勒相比,吉尔布雷斯夫妇在工作中开始注意到人的因素,试图把效率与人的关系结合起来,其研究成果主要反映在1911年出版的《动作研究》一书中。吉尔布雷斯夫妇在进行动作研究的过程中,已考虑到工作环境、动作本身、行为变化等因素对工人的影响。

3.亨利·甘特

亨利·甘特(Henry L. Gantt,1861~1919)是美国管理学家、机械工程师,是泰勒在创建和推广科学管理时的亲密合作者。

甘特最重要的贡献是创建了"甘特图"。"甘特图"是一种生产计划进度控制表,是当时计划和控制生产的有效工具,并为当今现代化方法PERT(计划评审技术)奠定了基石。他还设计了"计件奖励工资制",即除支付日工资外,对超额部分给予奖励;完不成定额的人可以得到原定日工资。这种制度是对泰勒"差别计件工资制"的补充和发展。此外,甘特很重视管理中人的因素,强调"工业民主",强调劳动者与管理者之间应"协调合作",对后来的人际关系理论产生了很大的影响。

二、组织管理理论

(一)法约尔的组织管理理论

亨利·法约尔(Henry Fayol,1841~1925)是法国著名管理思想家。法约尔与泰勒的经历不同,他从1866年开始一直担任高级管理职务,因此,研究管理的着眼点与泰勒的极为不同,他是把企业作为一个整体进行研究的。1916年,他出版了《工业管理和一般管理》一书,认为管理理论是一个由原则、标准、方法、程序等构成的体系,是经过检验、得到证明、得到普遍承认的体系。有关管理的理论和方法既适用于公私企业,又适用于军政机关和社会团体。法约尔的一般管理理论的形成,对管理

亨利·法约尔

学的发展产生了重要的影响,他也成为现代管理理论的实际创始人,被誉为"现代经营管理理论之父"。

1.经营活动的类型

法约尔认为,无论一个企业是大是小、简单还是复杂,都存在着六项基本活动,而管理只是其中之一。这六项基本活动是:

(1)技术活动:生产、制造、加工等活动。

(2)商业活动:购买、销售、交换等活动。

(3)财务活动:资金的筹措和最恰当的运用。

(4)安全活动:财产和人身的保护。

(5)会计活动:货物盘点、成本统计和核算等活动。

(6)管理活动:计划、组织、指挥、协调和控制。

资料来源:哈罗德·孔茨、海因茨·韦里克:《管理学》(第 10 版),经济科学出版社 1998 年版,第 23 页。

图 2-1 工业企业中的各种活动

法约尔认为,企业组织中各级人员不同程度地从事着六项经营活动,只是由于企业大小和职位高低的不同而侧重点有所不同。在六项基本活动中,管理活动处于核心地位。

2. 管理职能

法约尔指出,管理是有效地对各种资源进行配置,为实现企业的目的而实施的一个过程。它包括五大基本职能:

(1)计划职能。计划就是探索未来和制订行动方案。要预测未来事件,并且为企业确定未来最有效的活动。

(2)组织职能。组织就是建立企业的物质和社会的双重结构。要为企业提供必要的原料、设备、资本和人员。

(3)指挥职能。指挥就是使其人员发挥作用。要对下属人员提供指导,使组织的各项活动相互协调和相互配合。

(4)协调职能。协调就是连接、联合、调和所有的活动和力量。要使企业的一切工作和谐地配合,让事情和行动都有合适的比例,促使企业经营能够顺利进行。

(5)控制职能。控制就是注意是否一切都按已制定的规章和下达的命令进行,要证实企业的各项工作是否与计划相符。控制的目的在于指出工作中的缺点和错误,及时纠正并避免重犯。

3. 管理的一般原则

法约尔认为,管理原则是灵活的,不是绝对的,无论条件如何变化和特殊,均是适用的。他在《工业管理与一般管理》一书中,提出了一般管理的 14 条原则[①]:

(1)劳动分工。实行劳动的专业化分工可以提高效率。这种分工既适用于技术工作,又适用于管理工作。但专业化分工要适度,并非分得越细越好。

(2)权力与责任。法约尔将管理人员职位权力和个人权力划出了明确的界限。职位权力由个人的职位高低而产生。个人权力是由个人的智慧、博学、经验、领导才干等个人品质和素质所形成的。凡是有权力的地方就有责任,权力与责任必须对等。优秀的管理者必须兼有职位权力和个人权力,并以个人权力补充职位权力。

(3)纪律。雇员必须服从和尊重组织的规定;要维持纪律,领导人要以身作则,尽可能有明

---

① 哈罗德·孔茨、海因茨·韦里克:《管理学》(第 10 版),经济科学出版社 1998 年版,第 24 页。

确而又公平的协定,并实行公正的奖惩。

(4)统一指挥。一个雇员只应接受一个上级的命令。

(5)统一领导。对于力求达到同一目的的全部活动,只能在一位管理者和一个计划的指导下进行。

(6)个人利益服从整体利益。法约尔认为,任何雇员个人或群体的利益不能超越组织整体的利益。管理者必须经常监督又要以身作则,才能缓和两者的矛盾,促使其一致起来。

(7)人员的报酬。报酬和支付方法应当是公平的,对工作成绩和工作效率优良者给予奖励,但奖励应有一个限度。

(8)集权。这是权力集中或分散程度的问题,即下级参与决策的程度。集权的程度取决于管理者的个性、道德品质,下属的可靠性及企业的条件等因素。

(9)等级链。等级链是从最高级别到最低级别的"管理人员序列"。应建立关系明确的等级链系统,使信息按等级链传递;但在特殊情况下,应该减少层次,或允许越级报告和横向沟通。据此,法约尔提出了直接沟通的原则,即"法约尔桥"。

(10)秩序。法约尔认为,秩序是人与物各就其位、各得其所。因此,需要按规定进行有序化的组织管理。

(11)公平。管理者应当友善和公正地对待下属,从而唤起下属对组织的忠诚。

(12)人员的稳定。法约尔认为,人员的不必要流动是管理不良的原因和结果,对工作情绪和效率有害。除必要的流动外,应保证人员的相对稳定性,以利于效率的提高。

(13)首创精神。首创精神是指人们在工作中的主动性和积极性。管理者不仅要有首创精神,而且要鼓励员工发表意见和主动地开展工作。

(14)团结精神。鼓励团结精神将会在企业内部建立起团结、协作和融洽的氛围。

总而言之,与泰勒的管理思想相比,法约尔管理思想的系统性和理论性更强,他对管理职能的分析为管理科学提供了一套科学的理论构架,提出的管理原则基本是正确的。其不足之处在于:管理原则过于僵硬,以至于有时难以遵守;仍将人视为"经济人"、"机器人";忽视外界环境对管理的影响。

马克斯·韦伯

(二)韦伯理想的行政组织体系理论

马克斯·韦伯(Max Weber,1864~1920)是德国社会学家、政治经济学家。他对管理理论的主要贡献是提出了"理想的行政组织体系"理论,集中反映在其代表作《社会和经济组织理论》中。因此,他被誉为"组织理论之父"。

韦伯指出,等级、权威和行政制(包括明确的规则、确定的工作任务和纪律)是一切社会组织的基础,并从三个方面阐述了他的理论:

1.理想组织形态的权力类型

任何一种组织都必须以某种形式的权力为基础,从而变混乱为有序,实现组织的目标。韦伯把权力分为三种类型:理性的、法定的权力;传统的权力;超凡的权力。韦伯认为,只有理性的、法定的权力才能成为行政组织的基础,因为这种权力能保证经营管理的连续性和合理性,依照才干来选拔人才,并按照法定的程序来行使权力。

2.理想组织形态的组织结构

韦伯将理想组织形态的结构分为三个层次:最高领导层、普通行政官员、一般工作人员。

3.理想组织形态的管理制度

韦伯通过对理想组织形态的管理制度进行系统分析,提出了十条准则:

(1)官员在人身上是自由的,只是在与人身无关的官方职责方面从属于上级的权力。

(2)官员们按明确规定的职务等级序列组织起来。

(3)每一职务都有明确规定的法律意义上的职权范围。

(4)职务由自由契约关系来确定。

(5)候选人是以技术条件为依据来挑选的。在最合乎理性的情况下,他们是通过考试获得证书以确认专业业务资格的,他们是被任命而不是被选举的。

(6)官员有固定的薪金作为报酬,绝大多数有权享受养老金,雇佣当局只有在某些情况下(特别在私营组织中)才有权解雇官员,但官员始终有辞职的自由。

(7)每一职务是任职者唯一的,或至少是主要的工作。

(8)职务已形成一种职业,存在着一种按年资或成就或两者兼而有之的升迁制度。升迁由上级的判断来决定。

(9)官员没有组织财产所有权,完全同行政管理物资分开,并且不能滥用其职权。

(10)官员在履行职务时受到严格而系统的纪律约束和监督。

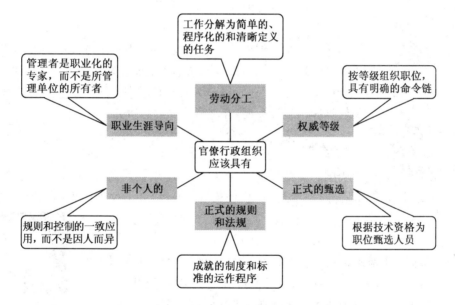

资料来源:斯蒂芬·P.罗宾斯:《管理学》(第7版),中国人民大学出版社2003年版,第35页。

图2-2　韦伯理想的官僚行政组织

韦伯认为,理想的行政组织体系从纯技术的观点来看是最符合理性原则、效率最高的,在精确性、稳定性、纪律性和可靠性方面都优于其他组织形式。韦伯的理想的行政组织体系理论是对泰勒、法约尔理论的重要补充,对后来的管理学家,尤其是组织理论学家产生了重大的影响。

第三节　行为管理理论

行为管理理论始于20世纪20年代,早期被称为人际关系学说,后来发展为组织行为理论。行为管理理论的出现,是对古典管理理论的一个重要的补充。行为管理理论的许多主张和做法,不仅没有被当代西方的管理学者所抛弃,反而被更多管理学者所研究和应用。

一、行为管理理论的先驱

行为管理理论的三位先驱者是：

（一）雨果·闵斯特伯格

雨果·闵斯特伯格（Hugo Munsterberg，1863～1916）是工业心理学的主要创始人，被尊称为"工业心理学之父"。1892年，闵斯特伯格受聘于哈佛大学，建立了心理学实验室并担任主任，通过实验他发现运用心理学去挑选和激励雇员对于经理人员而言是非常重要的。

（二）玛丽·帕克·福莱特

玛丽·帕克·福莱特（Mary Parker Follett，1868～1933）在管理学界提出了独具特色的新型理论。有人认为，福莱特的思想超前了半个世纪甚至80年。当代的大师德鲁克把她称为"管理学的先知"，甚至有人把她与"科学管理之父"并列称为"管理理论之母"。

福莱特特别注意研究对成年人的教育和指导，认为一个组织应该给予管理者和职工更多的民主。

玛丽·帕克·福莱特

（三）莉莲·吉尔布雷斯

莉莲·吉尔布雷斯（Lillian Moller Gilbreth，1878～1972）是美国早期闻名的管理学家、心理学家，有着"管理学第一夫人"的美称。她注重研究个体行为，把管理风格分为传统的管理风格、过渡的管理风格和科学的管理风格三种类型，并进行了仔细的研究。

莉莲·吉尔布雷斯

二、人际关系理论

美国著名的管理学家乔治·埃尔顿·梅奥（George Elton Mayo，1880～1949）是人际关系理论的创始人，他于1933年出版了《工业文明中人的问题》一书，奠定了人际关系理论的基础。

（一）霍桑实验

人际关系理论的观点源于著名的霍桑实验。霍桑实验是从1924年到1932年在美国芝加哥郊外的西方电气公司的霍桑工厂进行的一系列的实验。霍桑工厂拥有较完善的娱乐设施、医疗制度和养老金制度，但是工人们的不满情绪非常强烈，生产效率很低。

梅奥

为了探究原因，1924年美国国家研究委员会组织了一个包括多方面专家的研究小组，围绕工作条件与生产效率的关系问题，进驻霍桑工厂，开始进行实验。1927～1932年，梅奥率领哈佛大学研究小组参与了这次实验，整个实验过程长达8年，经过了以下四个阶段的实验：

1. 照明实验（1924～1927年）

当时研究者们提出的实验假设是，"提高照明度有助于减少疲劳，提高生产效率"。可是经过两年多的实验发现，照明度的改变对生产效率并无影响。具体结果是：当实验组照明度增大时，实验组和控制组都增产；当实验组照明度减弱时，两组依然都增产。研究人员面对此结果感到茫然，失去了信心。

从1927年起，以梅奥教授为首的一批哈佛大学心理学工作者将实验工作接管下来，继续进行。

2.继电器装配室实验(1927 年 8 月～1928 年 4 月)

该实验目的是查明福利待遇的变化与生产效率的关系。但经过两年多的实验发现,不管福利待遇如何改变,都不影响产量的持续上升,甚至工人自己对生产效率提高的原因也说不清楚。

3.大规模访谈实验(1928～1931 年)

研究者们在工厂中开始了访谈计划。最初想法是要工人就管理当局的规划和政策、工头的态度和工作条件等问题作出回答,但这种规定好的访谈计划在进行过程中大出意料之外,得到了意想不到的效果。工人想就工作提纲以外的事情进行交谈,访谈者于是及时把访谈计划改为事先不规定内容,每次访谈的平均时间从 30 分钟延长到 1～1.5 个小时,详细记录工人的不满和意见。访谈计划持续了两年多,工人的产量大幅提高。

4.继电器绕线机组的工作室实验(1931～1932 年)

梅奥等人选择了 14 名男工人在单独的房间里从事绕线、焊接和检验工作,并对这个班组实行特殊的计件工资制度。

实验原来设想,实行这套奖励办法会使工人更加努力工作,以便得到更多的报酬。但观察的结果发现,产量只保持在中等水平上,每个工人的日产量平均都差不多,而且工人并不如实地报告产量。深入的调查发现,这个班组为了维护他们群体的利益,自发地形成了一些规范。他们约定,谁也不能干得太多,突出自己;谁也不能干得太少,影响全组的产量,并且约法三章,不准向管理当局告密。由此,梅奥提出了"非正式群体"的概念,认为在正式的组织中存在着自发形成的非正式群体,这种群体有自己的特殊的行为规范,对人的行为起着调节和控制作用,同时加强了内部的协作关系。

(二)人际关系理论的主要内容

根据霍桑实验的研究成果,梅奥于 1933 年出版了《工业文明中人的问题》一书,提出了与古典管理理论不同的理论观点——人际关系理论的基础。该理论主要包括以下一些内容:

1.工人是"社会人"而不是"经济人"

梅奥认为,工人不仅追求金钱收入,而且具有社会方面、心理方面的需求,即追求人与人之间的友情、安全感、归属感和受人尊重等。因此,不能单纯地从技术和物质方面的因素着眼,还必须注重从社会心理方面来鼓励工人提高生产率。

2.企业中存在着非正式组织

梅奥认为,在正式组织中,存在着各种"非正式组织",非正式组织与正式组织存在重大差别。在正式组织中,以效率逻辑作为行为规范;而在非正式组织中,则以感情逻辑作为行为规范。管理者不能只根据效率逻辑来管理,而忽略工人的感情逻辑,否则必然会引起冲突,影响企业生产率的提高和目标的实现。

3.新的管理能力在于提高工人的士气

梅奥认为,生产效率的高低主要取决于工人的士气,工人的士气取决于对各种需要的满足程度。新型的管理者应该认真分析工人的需要,保持正式组织的经济需求与非正式组织的社会需求之间的平衡。

梅奥等人创立的人际关系理论,弥补了古典管理理论的不足,开辟了管理理论的一个新领域。

三、主要的行为管理理论

（一）行为管理理论产生的背景

梅奥的人际关系理论是行为管理理论发展的第一阶段。20 世纪 50 年代以后,行为管理理论获得新的发展,20 世纪 60 年代以后被称作组织行为学。大批受过专业的社会科学训练的研究者将社会学、心理学、人类学等学科知识引进企业管理领域,系统地研究工人在生产中的行为和行为产生的原因,以便提高生产效率。

（二）现代行为管理理论的主要领域

现代行为管理理论的发展主要集中在四个领域:

1. 人的需要、动机和激励的问题

美国心理学家马斯洛(Abraham H. Maslow)在 1943 年发表的《人类动机的理论》(*A Theory of Human Motivation Psychological Review*)一书中提出了需要层次论。马斯洛提出需要的五个层次如下:(1)生理需要,是个人生存的基本需要;(2)安全需要,包括心理上与物质上的安全保障;(3)社交需要,人需要友谊和群体的归属感、需要彼此同情互助和赞许;(4)尊重需要,包括要求受到别人的尊重和自己具有内在的自尊心;(5)自我实现需要,指通过自己的努力,实现自己对人生的期望。

美国行为科学家弗雷德里克·赫茨伯格(Frederick Herzberg)提出"双因素理论"。他认为,激发人的动机的因素有两种:一种叫保健因素,即工作环境、工作关系的因素;另一种叫激励因素,即属于工作本身、工作内容的因素。

美国心理学家和行为科学家斯金纳(B. F. Skinner)等人提出"强化理论"。该理论是以学习的强化原则为基础的、关于理解和修正人的行为的一种学说。所谓强化,从其最基本的形式来讲,指的是对一种行为的肯定或否定的后果(报酬或惩罚),它至少在一定程度上会决定这种行为在今后是否会重复发生。

美国著名心理学家和行为科学家维克托·弗鲁姆(Victor H. Vroom)于 1964 年提出"期望理论"。该理论根据三个因素反映需要与目标之间的关系:(1)工作能提供给员工真正需要的东西;(2)员工欲求的东西是与绩效联系在一起的;(3)只要努力工作就能提高员工的绩效。斯金纳的强化理论和弗鲁姆的期望理论都强调行为同其后果之间关系的重要性,但弗鲁姆的期望理论较多地涉及主观判断等内部心理过程,而强化理论只讨论刺激与行为的关系。

2. "人性"问题

道格拉斯·麦格雷戈(Douglas M. McGregor,1906～1964)是美国著名的行为科学家,他在 1957 年 11 月号的美国《管理评论》杂志上发表了《企业的人性方面》一文,提出了有名的"X 理论—Y 理论"。这是一对基于两种完全相反假设的理论,X 理论认为人们有消极的工作源动力,而 Y 理论认为人们有积极的工作源动力。

美国著名行为学家阿吉里斯(Chris Argyris)在 1957 年发表了《个性与组织:互相协调的几个问题》一文,文中集中体现了"不成熟—成熟理论"。该理论认为,组织行为是由个人和正式组织融合而成的,组织中的个人作为一个健康的有机体,不可避免地要经历从不成熟到成熟的成长过程。

3. 非正式组织以及人与人的关系问题

德国心理学家卢因(Kurt Lewin)于 1944 年提出"团体力学理论"。团体力学所研究的团体指非正式组织同正式组织一样。团体力学是现代行为科学的一个分支,主要研究对象是团体内聚力的行为。行为科学所指的内聚力是指一个团体对其每个成员的吸引程度,它是维系团体存在和使之发挥整体效力的纽带。

美国行为科学家布雷福德(Leland Bradford)提出了"敏感度训练理论"。敏感度训练的目的就是通过用心理学干预技术唤醒自我意识,寻找人生的目的、意义和价值,使人学会保持健康心理,学会自我调节,从内心深处认识自己,学会怎样与人相处,建立和谐人际关系。

4. 领导方式的问题

1945年,美国学者斯特格第(Ralph M. Stogdill)和沙特尔(Carroll L. Shartle)等人提出领导方式"双因素理论"。该理论认为领导方式就是领导者领导群体去实现目标的行为,领导行为包括主动结构和体贴下属两种因素。

美国行为学家布莱克(Robert R. Blake)和穆顿(Jane S. Mouton)在1964年出版的《管理方格》一书中提出"管理方格理论",该理论来源于领导方式双因素理论。管理方格理论倡导用方格图表示和研究领导方式。管理方格图的提出改变了以往各种理论中"非此即彼"式(要么以生产为中心,要么以人为中心)的绝对化观点,指出在对生产关心和对人关心的两种领导方式之间可以进行不同程度的互相结合。

美国管理学家坦南鲍姆(Robert Tannenbaum)和施米特(Warreu H. Schmidt)提出"领导方式的连续统一体理论"。该理论认为,领导方式是一个连续的变量,从"独裁式"到极度民主化的"放任式"的领导方式之间存在着多种方式,领导方式的好与不好取决于各种客观因素。

美国心理学家利克特(Rensis Likert)提出以人际关系为中心的领导方式理论。该理论把领导方式分为四类:专权命令式、温和命令式、协商式、参与式。在四种类型的领导方式中,参与式是效率最高的一种。

第四节　现代管理理论

一、现代管理理论概述

20世纪50年代以来,学者们从不同的层面和角度,运用不同的方法和手段,对现代管理过程中的问题进行研究,形成了许多新的管理理论和学说,被称为"管理理论丛林"现象。

1960年,美国管理学家哈罗德·孔茨(Harold Koontz)发表了著名的论文《管理理论丛林》,概括出管理理论的6个主要学派:管理过程学派、经验学派、人类行为学派、社会系统学派、决策理论学派和数量学派。1980年,孔茨发表《再论管理理论丛林》一文,将西方的管理理论划分为11个学派。各具代表性的学说和理论的产生和发展,对现代管理的发展具有重大的影响。

(一)现代管理理论出现的背景

管理理论丛林的出现,具有深刻的社会背景和历史渊源。以下主要从三个方面进行阐述:

1. 从第二次世界大战后的社会环境来看

第二次世界大战之后,经济重建的步伐加快,科学技术迅猛发展,生产社会化程度日益提高,从而深化了管理者和理论家对于人的行为和人性的认识,促进了管理方法和管理手段的信息化和现代化,进一步推动了管理理论的向前发展,给管理理论各流派带来了实践领域和发展条件。

2. 从管理领域的复杂性和研究者之间的差异性来看

影响管理的因素很多,学术界和实践家们各树一帜,从各自的角度运用不同的方法进行研究,从而形成不同的观点与派别,促使管理理论呈现出流派纷呈的局面。

3. 从理论发展的规律来看

理论科学的发展通常要经过简单统一到复杂分化,然后趋向综合更新的过程。管理学的发展也不例外。

当古典管理理论奠定了管理学的全面基础后,管理学必然转入分门别类的研究。第二次世界大战后,多种学科发展的交叉与融合,成为现代管理思想和管理理论的科学基础,使分门别类的研究成为了可能,使管理理论的发展呈现出流派纷呈的局面。

(二)现代管理理论的特点

现代管理理论各学派的特点具体可以概括如下:

(1)强调系统化。现代管理理论运用系统思想和系统分析方法来指导管理的实践活动,解决管理的实际问题。系统化要求人们要认识到一个组织既是一个系统,又是另一个更大系统中的子系统;要从整体的角度认识问题,防止片面性。

(2)重视人的因素。管理的主要内容是管人。重视人的因素,就是要注意人的社会性,研究和探索人的需要。在一定的环境条件下,尽最大可能满足人们的需要,从而保证全体成员同心协力、自觉自愿地实现组织目标。

(3)重视"非正式组织"的作用。非正式组织是人们以感情为基础而结成的集体,在不违背组织原则的前提下,充分发挥非正式群体在组织中的积极作用,从而有助于实现组织目标。

(4)重视理论联系实际。现代管理理论来自众多的人们的实践,通过对实践的归纳总结,找出规律性的东西,从而形成新的理论,促进管理学的发展,并在管理实践过程中继续深化。

(5)广泛地运用先进的管理理论和方法。在管理中,先进的科学技术和方法的运用越来越重要,可以有利于管理者提高管理水平。

(6)强调不断创新。现代管理理论认为,管理者应当积极地利用一切可能的机会进行变革,从而使组织更加适应社会环境的变化。管理就是创新。

二、现代管理理论的主要学派

现将影响较大的学派分别作简要介绍:

(一)管理过程学派

哈罗德·孔茨

1. 管理过程学派的发展

管理过程学派是西方继古典管理理论学派和行为科学学派之后影响最大、历史最悠久的一个学派。法约尔是该学派的创始人,法约尔将管理分为计划、组织、指挥、协调、控制 5 种职能,使该学派开阔了视野,迅速成长。后来经美国管理学家哈罗德·孔茨(Harold Koonts)和西里尔·奥唐奈(Cyril O'Donnell)等人发扬光大,成为现代管理理论丛林中的一个主流学派。

2. 管理过程学派的基本思想和基本方法

(1)管理是一个过程。管理的研究对象是管理的过程和职能,可以通过分析管理者的职能,从理论上很好地剖析管理。

(2)管理存在共同的基本原理。根据在各种企业中长期从事管理的经验所总结出的一些基本的管理原理,对于认识和改进管理工作具有说明启示作用;可以围绕这些基本原理开展有益的研究,以确定其实际效用;只要这些基本原理没有被证明不正确或被修正,就可以为形成一种有用的管理理论提供若干要素;管理是一种可以依靠原理的启示而加以改进的技能;管理中的某些基本原理是可靠的,正如生物学和物理学中的基本原理一样。

(3)管理有明确的职能和方法。

(4)管理拥有自己的基本方法。

(5)管理者的环境和任务受到文化、物理、生物等多方面因素的影响,管理者也从其他学科中汲取相关的知识。

(二)社会系统学派

切斯特·巴纳德(C. I. Barnard,1886～1961)是社会系统学派的创始人,被誉为"现代管理理论之父"。社会系统学派是从社会学的角度来分析各类组织,将组织看作一种人与人相互关联的社会协作体系,受到社会环境各方面因素的影响。

1. 巴纳德的管理思想

巴纳德对社会系统学派有很大的影响,其管理思想主要包括:

(1)协作对系统的意义。社会的各级组织都是一个协作系统,该系统能否继续生存,取决于协作的效果、协作的效率和协作目标能否适应环境。

巴纳德

(2)正式组织存在的三个基本要素:协作的意愿、共同的目标和信息联系。在正式组织内部存在着非正式组织,对正式组织具有很重要的作用。

(3)关于权威的新概念。权威不是表现为服从,而是表现为接受;权威的来源不在于"权威者"或者发布命令的人,而在于下级是否接受权威。

(4)关于经理的职能。经理人员在组织中最重要的任务是维持组织的协调,在信息沟通系统中作为相互联系的中心,通过一个协调的信息交流系统来协调组织成员的协作活动,从而保证组织的正常运转,实现组织的共同目标。

2. 怀特·贝克的管理思想

怀特·贝克(White Bake)从社会学角度提出"组织结合力"的概念,对管理理论的发展具有重要的意义。企业中的组织结合力包括职能规范系统、职位系统、沟通联络系统、奖惩制度和组织规程。

(三)决策理论学派

决策理论学派是在社会系统学派的基础上,吸收行为科学、系统理论、运筹学和计算机程序等学科的内容而发展起来的。决策理论学派的代表人物是美国卡内基—梅隆大学的教授赫伯特·西蒙(H. A. Simon)和马奇(J. G. March)等人。西蒙由于在决策理论方面的贡献,荣获1978年的诺贝尔经济学奖。

决策理论学派认为管理的关键在于决策,必须采用一套制定决策的科学方法,要研究科学的决策方法和合理的决策程序。

西蒙

决策理论的观点主要体现在以下几个方面:

1. 决策是一个复杂的过程

决策理论学派认为,决策不是在一瞬间就能完成的一种活动,决策的过程在大的方面至少应该分成四个阶段:

(1)情报活动。搜集和分析反映决策条件的信息,提出制定决策的理由。

(2)设计活动。在确定目标的基础上,根据所搜集到的信息,尽可能找出所有可能的行动方案。

(3)抉择活动。在诸行动方案中选择一个最满意的行动方案。

(4)审查活动。对选定的方案进行评价。

2. 管理就是决策

组织活动的中心就是决策,决策贯穿于管理的全过程,管理就是决策。西蒙认为,组织的活动分为例行活动和非例行活动,据此把决策分为程序化决策和非程序化决策。非程序化决策是指从未出现过的,或确切的性质和结构还不很清楚或相当复杂的决策。程序化决策与非程序化决策的划分并非严格的,随着人们认识的不断深化,许多非程序化决策将转变为程序化决策。

3. 决策的原则

西蒙从"决策人"和"有限理性"的观点出发,提出"令人满意"的准则。即:人们在制定决策时,出于经济方面的考虑和现实的原因,很难求得最佳方案,往往只能满足于"足够好的"或"令人满意的"决策。

(四)系统管理学派

1. 系统管理学派及其代表人物

系统管理学派是 20 世纪 60 年代前后在西方盛行的管理理论派别。系统管理理论主张把一般系统理论应用于管理,对企业和其他组织的结构、管理活动和过程进行系统的分析,从而认识各种组织进行活动的范围,了解各种活动之间的相互关系,以提高组织的效率。该学派的主要代表人物有卡斯特(F. E. Kast)、罗森茨韦克(J. E. Rosenzweig)等人。

2. 系统管理理论及其意义

系统管理理论的要点有:

(1)组织是一个开放的系统,是更为广阔的环境超系统中的一个子系统。组织与环境不断地进行着物质、能量、信息的交流和变换,不断地进行自我调节,与环境保持动态的平衡。组织的管理者必须了解外部环境的变化,考虑这种变化将对组织内部环境产生的影响。

(2)组织内部是一个由许多相互联系的要素(分系统)构成的复杂系统。任何一个要素的变化都会影响到其他要素。系统管理理论试图给人们提供一个从整体出发思考组织管理问题的理论框架。

系统管理理论为管理者提供了一种新的思考问题的方法,有助于管理者深刻认识到组织的内部活动的关联性,把握组织与环境的联系,找准自身在组织中的地位和作用,从而提高组织的整体效率。

(五)经验主义学派

经验主义学派主要从管理者的实际管理经验(通常是案例)方面来研究管理,为各级管理人员提供在类似的情况下如何有效管理的策略和技能。

经验主义学派最主要的代表人物有欧内斯特·戴尔(Ernest Dale)、彼德·德鲁克(Peter F. Drucker)、威廉·纽曼(William Newman)、艾尔弗雷德·斯隆(Alfred P. Sloan)、亨利·福特(Henry Ford)。

该学派认为成功的组织管理者的经验是最值得借鉴的,应该从企业管理的实际出发,以大企业的管理经验为主要研究对象,通过研究各种各样成功和失败的管理案例,找出成功经验中具有共性的东西,然后建立一套完整的理论和技术,据此向管理者提供实际的建议,从而给管理者提供重要的指导。

经验主义学派研究的内容较为庞杂,其优点在于注意理论与实践的结合,但过分偏重经验,使理论的发展受到限制。由于管理环境处在不断的变化中,仅依赖过去的经验是难以完全解决现在和将来出现的管理问题的。

（六）权变理论学派

权变理论学派在20世纪70年代的西方风行一时。所谓权变,就是权宜应变。权变理论继承了各种管理思想,尤其强调了在各种不同情况下要找到适用的理论和方法。该学派的代表人物有杰伊·洛希(Jay W. Lorsch)、保罗·劳伦斯(Paul R. Lawrence)、弗雷德·卢桑斯(Fred Luthans)、罗伯特·豪斯(Rober J. House)、伍德沃德(Joan Woodward)等人。洛希等人在1974年发表的《超Y理论》、卢桑斯在1976年出版的《管理的权变理论:走出丛林之路》等著作,较为系统地阐明了权变管理理论。

权变理论认为,组织和组织成员的行为是复杂的,环境的复杂性和持续变化,使得普遍适用的有效管理方法难以存在。没有一种一成不变、普遍适用的最佳管理理论和方法。管理者在管理过程中,要根据环境和自身的内外条件随机应变,选用合适的管理方法。因此,要进行大量的调查研究,把组织的情况进行分类,建立不同的模式,再选用合适的管理方式。

（七）管理科学学派

管理科学学派又被称为管理数量学派、定量科学学派、运筹学派等。该学派最早起源于第二次世界大战期间。该学派的代表人物和著作主要有:拉塞尔·阿可夫(Russell L. Ackoff)等人所著的《运筹学入门》、埃尔伍德·伯法(Elwood S. Buffa)的《生产管理基础》、萨缪尔·里奇曼(Samuel B. Richmond)的《用于管理决策的运筹学》。

管理科学学派认为,管理就是制定和运用数学模型与程序的系统,用数学符号和公式来编制表示计划、组织、控制、决策等合乎逻辑的程序,从而求出最优的答案,达到企业的目标。

管理科学学派的贡献在于,为管理者的决策提供一个定量思维的框架,使决策有可能做到精确化。但是,管理科学学派一般只研究生产的物质过程,注重先进的工具和方法的应用,从而容易导致对人的因素的忽视。一些批评者认为,管理和决策是非常复杂的过程,恐怕不是严格地按照某一模式就能解决得了的问题。

第五节　管理理论的新发展

自20世纪90年代以来,企业生存的外部环境变得愈加复杂多变,人类社会正经历着一场从工业经济时代向知识经济时代转变的革命。工业经济时代的企业管理理念和管理模式日益不合时宜,企业管理需要新的管理理念、方法和手段。一场新的变革的来临,促使西方的企业管理理论出现了众多新思想、新观点。

随着时代新形势的发展,新的管理思想和理论还将不断涌现。

一、知识管理理论

在信息时代里,知识已成为最主要的财富来源。管理学者彼得·杜拉克早在1965年即预言:"知识将取代土地、劳动、资本与机器设备,成为最重要的生产因素。"1998年4月23日,美国《福布斯》杂志发表了一篇题为"迎接知识经济"的文章,提出知识管理(Knowledge Management, KM)是通过知识共享,运用集体的智慧提高应变和创新能力。具体而言,它是协助组织或个人,借助信息技术来实现知识的创造、存储、分离、应用、更新,并在组织、个人、战略等方面形成知识优势和产生价值的过程。

知识是企业的一种特殊资源,是个人和组织的智力资本,是企业生存和发展的精神财富。知识管理是未来企业提高工作效率和增加竞争力的关键。

实行知识管理,就要求企业必须有效地管理和利用知识资源,创造和建立一个有利于知识资源能动地发挥作用的良好环境,以便成员能够最大限度地在企业内部共享显性知识和隐性知识,从而达到提高企业创造财富能力的目的。

二、企业再造理论

进入20世纪80年代,随着人们受教育水平的日益提高,信息技术越来越多地被应用于企业管理,但是三四十年代形成的企业组织越发不能适应新的、竞争日益激烈的环境。因此,管理学界提出要在企业管理的制度、流程、组织、文化等方面进行创新。美国企业从80年代起掀起了大规模的"企业重组革命",日本企业于90年代开始进行"第二次管理革命"。

迈克尔·哈默

企业再造理论的最终构架由美国管理学家迈克尔·哈默(Michael Hammer)和詹姆斯·钱皮(James Champy)完成,1993年他们合作出版了《再造企业——企业管理革命的宣言》一书,阐述了"企业再造理论",企业再造理论是关于企业经营管理方式的一种全新的理论方法。

企业再造,指的是以工作流程为中心,重新设计企业的经营、管理和运作方式。其本质特征主要体现在两个方面:追求根本改变和彻底变革,追求远大目标和流程再造。

企业再造理论受到了高度重视,被认为是继全面质量管理运动后的第二次管理革命,"企业再造"、"流程再造"在管理理论和实践领域盛行一时。

三、学习型组织理论

1990年,彼得·圣吉(Peter M. Senge)所著的《第五项修炼》在美国出版,该书于1992年荣获世界企业学会最高荣誉的开拓者奖,圣吉本人也于同年被美国《商业周刊》推崇为当代最杰出的新管理大师之一。该书的主要内容旨在说明,企业唯一持久的竞争优势源于比竞争对手学得更快更好的能力,学习型组织正是人们从工作中获得生命意义、实现共同愿望和获取竞争优势的组织蓝图;要想建立学习型组织,系统思考是必不可少的"修炼"。

在阿里·德赫斯(Arie deGeus)所著的《长寿公司》一书中,作者通过考察40家国际长寿公司,得出的结论是"成功的公司是能够有效学习的公司"。

(一)学习型组织与传统组织的比较

不同的人可以从不同的角度去理解学习型组织。学习型组织是一个具有持续创新能力、能不断创造未来的组织。由于学习型组织具有发展持续学习和适应变革的能力,因此,与传统组织存在着许多方面的明显的差异(见表3—1)。

表 3—1	学习型组织与传统组织的比较	
	传统组织	学习型组织
对变革的态度	只要事情还能运转，就不要改变它	如果不能改变它，则运转不了多久
对新思想的态度	如果不能付诸实践，就不要理它	如果一再为实践所证明，就算不上什么新思想
谁对创新负责	研究与开发部门	组织中的每一个人
主要的担心	犯错误	不学习、不改进
竞争优势	产品和服务	学习能力、知识和专业技能
管理者的职责	控制其他人	推动和支持其他人

（二）五项修炼

彼得·圣吉认为，要建立成功的学习型组织，必须持之以恒地进行五项修炼：

1. 自我超越（personal mastery）

"自我超越"的修炼是学习型组织的精神基础，能够不断理清个人的真实愿望，集中精力、培养耐心，并客观地观察现实。它强调自我向极限挑战，实现人们内心深处最想实现的愿望。

"自我超越"的重要方法是保持创造性张力，应当根据不断变化的情况，调整愿望，使愿望与现状之间始终保持一定的差距，从而激发员工不断创造与超越，进行真正的"终身"学习。

2. 改善心智模式（improving mental models）

心智模式是看待旧事物形成的特定的思维定势。如果心智模式有缺陷的话，个人和企业都会受到损害。

改善心智模式，就是要不断适应内外环境的变化，改善自己的思维方式及其决定的心理和行为转换方式。

3. 建立共同愿景（building shared vision）

共同愿景指的是组织中人们所共同持有的意象或愿望，主要包括三个要素，即共同的目标、价值观和使命感。

共同愿景为学习提供了焦点和能量，在缺乏共同愿景的前提下，学习只能是"适应性学习"，只有全体员工内心渴望实现共同愿景时，才会产生"创造性的学习"，企业的任务就是将个人愿景整合为共同愿景。

4. 团队学习（team learning）

团队学习是学习型组织最基本的学习形式，它是发展成员整体搭配与实现共同目标能力的过程。

团队学习的修炼从"深度汇谈"开始，使团队所有成员都能亮出自己心中的全部假设，自由交流各自的想法，从而获得真正一起思考的能力。通过团队学习，可以充分发挥集体智能，提高组织思考和行动的能力。

5. 系统思考（systems thinking）

系统思考是五项修炼的核心与基石，要求人们用系统的观点对待组织的发展。系统思考的精髓在于转换思考方式，让人们能够熟悉和掌握并运用"系统基模"，形成系统观察和系统思考的能力，据此观察世界，从而决定正确的行动。

四、虚拟组织理论

虚拟组织的概念最早出现在 1990 年。当时,《哈佛商业评论》第 6 期发表文章《公司核心能力》,作者建议公司将经营的焦点放在不易被抄袭的核心能力上,由此引发了虚拟组织的研究热潮。1993 年,《商业周刊》在其封面报道中第一次对"虚拟组织"进行了明确的定义。所谓虚拟组织,是指两个或两个以上的独立实体,为迅速向市场提供产品和服务,在一定时间内结成的动态联盟。

现代信息技术的发展为企业创造了一种可以超越时间、地域的交流方式,改变了企业内部以及企业之间的业务联系方式,为虚拟组织的产生提供了技术基础。高度的柔性、灵活性和强竞争力是虚拟组织的根本特征。它通过外部合作联盟关系而不是通过内部增长来实现经营价值的提高,成员可以遍布世界各地,以跨企业、跨行业、跨地区、跨国界的方式来实现资源的最佳配置,从而充分发挥每个企业单元的长处和优势,降低成本,分散经营风险,广泛地拓展市场,快捷、灵敏地满足市场需求。例如,世界知名的耐克公司、可口可乐公司、康柏电脑公司正是运用虚拟企业这种组织结构而获得了巨大的成功。

五、核心竞争力理论

美国密歇根大学商学院教授 C. K. 普拉哈拉德(C. K. Prahalad)和伦敦商学院教授加里·哈默尔(G. Hamel)于 1990 年提出了"核心竞争力"的概念,成为战略管理中非常重要的概念。企业核心竞争力是指企业独具的、支撑企业可持续性竞争优势的核心能力。它可更详细地表述为,企业核心竞争力是企业长时期形成的,蕴涵于企业内质中的,企业独具的,支撑企业过去、现在和未来竞争优势,并使企业长时间内在竞争环境中能取得主动的核心能力。

C. K. 普拉哈拉德

哈默尔和普拉哈拉德核心竞争力理论的中心思想是:核心技术是决定企业经营成败的根本,企业应该围绕核心技术的获得、应用和发展去设计发展战略,而不是只盯着短期的利润目标。根据哈默尔和普拉哈拉德的观点,核心竞争力最明显的两个特征是:市场定位对准客户需求,难以被竞争对手所模仿。即对外要迎合客户的需求,对内要拥有自身的优势。

他们认为"90 年代 CEO 的能力将要用他们是否能够识别、培养和开发企业核心竞争力来衡量",把企业持续竞争优势的根源归结为"能够协调、集中和整合公司内的所有知识、技能和技术等资源形成优势,从而使各项经营能快速适应变化的环境和机遇的管理能力"。

加里·哈默尔

如今,核心竞争力已成为衡量企业发展与否的代名词,无论在理论界还是实践界都炙手可热。

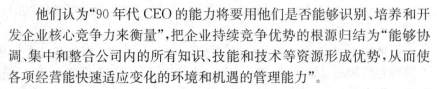

本章小结

1.早期的管理思想包括中外古代社会、中世纪和资本主义早期的主要管理思想。在早期管理阶段,西方管理思想尚未形成系统的理论,管理主要凭个人经验,靠饥饿政策迫使工人工作。但是,在管理思想、生产管理、工资奖励、成本核算、人事管理、领导方式、组织结构等方面,特别是在劳动组织问题上,对于西方管理理论的发展具有重要的影响。

2.19世纪末20世纪初创建的古典管理理论包括:泰勒的科学管理理论、法约尔的一般管理理论、韦伯的理想的行政组织体系理论。古典管理理论确立了管理学是一门科学。

3.行为管理理论阶段主要阐述行为管理理论产生的历史背景、先驱人物的主要贡献、霍桑实验与人际关系理论的内容、一些代表性的行为管理理论。

4.现代管理理论阶段主要阐述现代管理理论产生的背景、主要特征和代表性的学派(管理过程学派、社会系统学派、决策理论学派、系统管理学派、管理科学学派、权变理论学派、经验主义学派)的具体内容。

5.当代管理思想的发展趋势主要阐述在20世纪80年代以后管理思想呈现出的新的发展趋势:知识管理、企业流程再造理论、学习型组织理论、虚拟企业、核心竞争力理论。

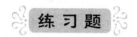

一、简答题

1.描述西方管理思想发展的历史脉络。

2.西方早期管理思想主要代表人物的主要观点各是什么?

3.泰勒的科学管理的主要内容有哪些?怎样认识科学管理理论的主要贡献和局限性?

4.法约尔一般管理理论主要包括哪些内容?法约尔一般管理思想的贡献与不足是什么?

5.何谓霍桑实验?怎样评价梅奥的人际关系理论?

6.简述现代管理思想有代表性的管理学派的主要内容。

7.列举当代管理思想几种最新的管理理论及其主要内容。

二、案例分析

台塑集团的用人法宝

提起台湾华人王永庆,几乎无人不晓,他把台湾塑胶集团推进到世界化工工业的前50名。台塑集团取得如此辉煌的成就,是与王永庆善于用人分不开的。他从多年的经营管理实践中,创造了一套科学用人之道,其中最为精辟的是"压力管理"和"奖励管理"两大法宝。

王永庆始终坚信"一勤天下无难事",他一贯认为承受适度的压力,甚至主动迎接挑战,更能充分表现一个人的生命力。

王永庆的生活阅历,使他对这一问题的感受比一般人更为深刻。他在总结台塑企业的发展过程时说:"如果台湾不是幅员如此狭窄,发展经济深为缺乏资源所苦,台塑企业可以不必这样辛苦地致力于谋求合理化经营就能求得生存及发展的话,我们是否能做到今天的PVC塑胶粉粒及其他二次加工均达世界第一,不能不说是一个疑问。台塑企业能发展至年营业额逾千亿元的规模,可以说就是在这种压力逼迫下,一步一步艰苦走出来的。"他又说:"研究经济发展的人都知道,为什么工业革命和经济先进国家会发源于温带国家,主要是由于这些国家气候条件较差,生活条件较难,不得不求取一条生路,这就是压力条件之一。日本工业发展得很好,也是在地瘠民困之下产生的,这也是压力所促成的;今日台湾工业的发展,也可说是在'退此一步即无死所'的压力条件下产生的。"

事实的确如此。台塑企业如果当初不存在产品滞销、在台湾没有市场的问题的话,王永庆就不会想出扩大生产、开辟国际市场的高招;没有台湾塑胶粉粒资源贫乏的严酷事实,他就不会有在美国购下那14家PVC塑胶粉粒工厂之举。当然,台塑公司也不会有今天的规模。

王永庆深刻地研究了这一问题,把它用于企业管理中,创立了"压力管理"的方法。压力管理,顾名思义,就是在人为压力逼迫下的管理。具体地说,就是人为地造成企业整体有压迫感和让台塑的所有从业人员有压迫感。

首先是企业发展的压力。随着时间的推移,台塑企业的规模越来越大,生产PVC塑胶粉粒的原料来源将是一个越来越严峻的问题。尽管台塑在美国有14家大工厂,但美国的尖端科技与电脑是领先世界各国的。台塑与这样的对手竞争,压力是十分巨大的。他们必须去开辟更多的原料基地,企业才会出现第二个春天。这既是企业的压力,也是王永庆的压力。

再是全体从业人员的压力。台塑的主管人员最怕"午餐汇报"。王永庆每天中午都在公司里吃一盒便饭,用餐后便在会议室里召见各事业部门的主管,先听他们的报告,然后会提出很多犀利而又细微的问题逼问他们。主管人员为应付这个"午餐汇报",每周工作时间不少于70小时,他们必须对自己所管辖部门的大事小事十分清楚,对出现的问题做过真正的分析研究,才能够过关。由于压力太大,工作又十分紧张,台塑的很多主管人员都患有胃病,医生们戏称是午餐汇报后的"台塑后遗症"。

王永庆呢?他每周的工作时间在100小时以上。由于他追根究底、巨细无遗,整个庞大的企业都在他的掌握之中,他对企业运作的每一个细节也都了如指掌。由于他每天坚持锻炼,尽管年逾古稀,但身体状况仍然很好,而且精力十分充沛。

随着企业规模的扩大,人多事杂,单靠一个人的管理是不够的,必须依靠组织的力量来推动。台塑在1968年就成立了专业管理机构,具体包括总经理室及采购部、财政部、营建部、法律事务室、秘书室、电脑处。总经理室下设营业、生产、财务、人事、资材、工程、经营分析、电脑8个组。这有如一个金刚石的分子结构,只要自顶端施加一种压力,自上而下的各个层次便都会产生压迫感。

自1982年起,台塑又全面实施了电脑化作业,大大提高了经济效益。

"压力"是必要的,但合理的激励机制同样是不可缺少的。王永庆对员工的要求虽近乎苛刻,但对部属的奖励却极为慷慨。台塑的激励方式有两类:一类是物质的,即金钱;一类是精神的。有关台塑的金钱奖励以年终奖金与改善奖金最有名。王永庆私下发给干部的奖金称为"另一包"(因为是公开奖金之外的奖金)。这个"另一包"又分为两种:一种是台塑内部通称的黑包;另一种是给特殊有功人员的杠上开包。1986年黑包发放的情形是:课长、专员级新台币10万~20万;处长、高专级20万~30万;经理级100万。另外,还给予特殊有功人员200万~400万的杠上开包。当红的经理们每年薪水加红利可达四五百万元,少的也有七八十万元。此外,还设有成果奖金。对于一般职员,则采取"创造利润,分享员工"的做法。员工们都知道自己的努力是会有回报的,因此他们都拼命地工作。台塑的绩效奖金制度造成了"1+1=3"的效果。

资料来源:徐国良、王进:《企业管理案例精选精析》(第四版),经济管理出版社2009年版,第156页(根据该资料改编)。

案例思考题:

1. 台塑集团老总王永庆的两大用人法宝体现了什么管理思想?

2. 王永庆的压力管理的环境是什么?是不是适合所有企业?

第三章

组织文化与环境

学习目标

学完本章后,你应该能够:

1. 理解并区分管理的万能论和象征论。

2. 区别一般环境与具体环境。

3. 了解具体环境每一个构成要素如何影响组织。

4. 了解一般环境每一个构成要素如何影响组织。

5. 理解外部环境的不确定性。

6. 说明环境是如何约束管理者行为的。

7. 定义组织文化。

8. 识别构成组织文化的 10 个特征。

9. 解释文化是如何约束管理者行为的。

要点概述

1. 为什么要研究组织环境和组织文化

管理的万能论和象征论;组织环境和组织文化对管理者的影响。

2. 组织环境

管理环境的含义;组织环境的构成;一般环境和具体环境的构成;外部环境的不确定性;内部环境的构成要素。

3. 组织文化

组织文化的含义;评价组织文化的 10 个特征;强文化和弱文化;文化的来源;如何创建和维持文化;文化对管理实践的影响。

案例导读

百胜"中国化"的成功

百胜集团的成功之路反映了快餐公司是如何适应全球各地消费者的。经营西式快餐起家的百胜集团是在中国推行本土化策略的急先锋,成功地把肯德基和必胜客欢乐餐厅等品牌引入中国,还创立了必胜宅急送这个专业外送品牌,现在又大张旗鼓地将其研发的中式快餐品牌向全中国甚至是全球推广,这点更是意味深长。

一、百胜在中国的地盘做中餐

"东方既白"的母公司百胜餐饮集团是一个纯美国的跨国企业。自从 1987 年在北京开设第一家肯德基餐厅以来,百胜已成为中国市场上最成功的美国餐饮企业之一。2007 年,百胜全球 1/3 的利润来自中国。由于成功地把肯德基和必胜客欢乐餐厅等品牌引入中国并取得傲视竞争对手的佳绩,百胜中国事业部总裁苏敬轼今年 3 月晋升为百胜全球餐饮集团董事会副主席。让许多同行最为叹服其在创新和本土化上的魄力的是,苏敬轼 4 年前从零开始创建了"东方既白"。"中国人还是喜欢吃中餐的,"苏敬轼 1989 年加入肯德基时就这样认为。在他的坚持下,百胜全球同意他创立一个中式快餐品牌,供应中式饭菜——在中国的地盘上。

二、用工业化的手段实现标准化

东方既白的名字出自苏轼的《前赤壁赋》,在很多方面跟肯德基都很像,店里供应用标准程序制作的面条、米饭、豆浆、油条、酸梅汤等中式食品。中式餐饮连锁店最困难的问题是如何通过机械化、工业化的手段实现标准化。即便是相同的面条、相同的牛肉甚至相同分量的调料,也可能因下面条的人不同而导致味道不同,而这是标准化西式快餐的大忌。苏敬轼相信他与他的本土化团队能做到,因为他们拥有西式快餐的经营理念,又是吃着白米饭长大的。百胜中国的研发人员为此确定了一碗面中需要多少克肉、来自牛的哪个部位、烹制方法及耗时等标准。他们在产品开发上也下了极大的工夫,要求所有不同餐期(早、中、晚餐)的点心、小吃、冰点等,甚至儿童专用餐都得有几个硬底子的招牌产品;还把中国人爱吃的饭、面、包子、豆浆、酸梅汤等包括在内。东方既白还依靠百胜强大的供货链和物流配送网,保证了每家店卖出的青菜都是当天送达、当天烹制,无需冷餐。

三、东方既白移植肯德基的成功基因

目前,东方既白在广州推出的食品有 60 种,从早餐到晚餐,从甜品到冷饮,从小吃到主食,完全是中国人日常吃的东西。东方既白品牌总经理王齐接受记者采访时说,东方既白在产品研发、营运、品质控制等多个方面都从肯德基身上学到了很多东西。"东方既白有一支专门的产品研发队伍,队伍规模与肯德基的团队不相上下,每年开发的新产品有二三十种。"东方既白的一些食品与肯德基的同类食品"有异曲同工之妙",东方既白的服务标准也是比照肯德基的。人们像光顾肯德基那样光顾东方既白,在服务台的菜单上选择食物、付钱,工作人员从半透明的后厨取出食物放入餐盘,等候时间不超出 90 秒。记者还了解到,东方既白在广州的第一批核心员工,大多在广州当地录取送往上海培训之后再回广州,其中相当多的人还曾经是肯德基的骨干员工。对于东方既白的竞争优势,王齐总结为"KFC 标准的中华美食以及快速"。

四、百胜越来越"中国化"

百胜集团其实很善于进行跨国经营。它于 1997 年从百事公司剥离出来后,就迅速并彻底地改革了自己的海外业务。10 年前,其海外店铺的盈利还不足总利润的 20%,但现在这个份额是 50%。2007 年,百胜中国总营业额达到 215 亿元人民币,营业利润实现了 30% 的增长。

在中国,百胜已最大限度地实现本土化。肯德基能超越竞争对手,其制胜之道正是成功的本土化策略。据业内人士介绍,从第一家肯德基餐厅开始,肯德基100%采用国内鸡原料。截至2006年底,肯德基共有550多家国内原料供应商,订购了从鸡肉、蔬菜、面包到包装箱、建筑材料等原料,占中国肯德基采购总额的90%。同时,肯德基也坚持员工100%本地化的做法。如今,百胜创立完全中国化的"东方既白"品牌,足见其本土化之旅渐行渐远。专家指出,重要的是,这是一个跨国餐饮企业首次在中国创立的一个完全本土化的全新品牌,而不像之前还基本是将国外一些成功、成熟的品牌移植到中国。所以,从肯德基到东方既白,说明百胜越来越"中国化"。这将是本土业者非常可怕的对手。

百胜希望东方既白能成为中国最大的中式快餐连锁店。百胜还将在更多方面有所创新。

资料来源:《经理日报》2008年9月6日。

第一节　为什么要研究组织环境和组织文化

西方的权变理论突出地强调:世界上根本不存在适用于一切情况的管理的"最好方式",管理的形式和方法必须根据组织的内外部情况来灵活选用,并随着情况的变化而变化。

中国有句老话是这么说的,"成也萧何,败也萧何"。而在管理学理论以及社会中,有一个类似的占主导地位的观念:管理者对组织的成败负有直接责任。我们将此观念称为管理万能论。与之相对应的,也有一些观察家认为,组织成败在很大程度上归因于管理者无法控制的外部力量。这种观点则被称为管理象征论。

管理万能论将管理者视为组织的中流砥柱,认为他们能够克服任何障碍去实现组织的目标,这是对管理者的一种典型描述。管理万能论认为,不管什么原因,当组织运行不良时,必须有人承担责任。这也是为什么它常被用来解释大学体育教练的流动率如此之高的原因。因为大学体育教练在管理队伍时,有权决定队员的更换、队员的加入,挑选教练助理,教授队员技术方法,以及选择比赛战术打法。在比赛中,负多于胜的教练被认为是没有成效的,他们会被解雇并由新的教练来取代其位置,人们习惯上认为,换新的教练将会改善不良的绩效。

管理象征论认为,管理者影响结果的能力受外部因素的制约和约束。由此看来,期望管理者对一个组织的绩效有重大影响是不合情理的;相反,一个组织的成效受管理者当局无法控制的因素影响。这些影响因素包括经济状况、顾客、政府政策、竞争者行为、行业环境、专利技术监管以及前任管理者的决策等。

管理象征论建立在"管理者象征着控制和影响"这个观念的基础之上。按照象征论的观点,管理当局对实际的组织成果的影响是极其有限的。管理当局真正能够影响的大部分是象征性的成果。管理当局的作用被看作是对随机性、混淆性及模糊性中的内在含义做出判断,管理当局很容易给股东、顾客、雇员及公众造成他们在控制着事态的错觉。当事情进行得顺利时,人们需要有人受到赞扬,这一角色由管理当局来扮演。类似地,当事情进行得糟糕时,人们便需要一个"替罪羊",这一角色同样由管理当局来承担。按照象征论的观点,在组织成功与失败中,管理当局所起的实际作用是很小的。[①]

而现实往往是两种观点的综合。每一个组织都存在着限制管理者决策的内部约束力量和外部约束力量。内部约束力量源于组织的文化,外部约束力量来自组织所处的环境。

---

① 罗宾斯:《管理学》,中国人民大学出版社2004年版,第47页。

组织并不能自给自足,它们要同环境发生相互作用,并受环境的影响。组织依赖其环境作为投入的来源和产出的接受者。组织还须遵守国家的法律并对向组织行为挑战的集团做出反应。正因为如此,供应商、顾客、政府机构、公众压力集团及类似的机构才能对组织施加影响。

尽管组织文化与环境对管理者构成压力,并制约着他们的选择,但管理者对这些约束也并非无能为力。在一个相当大的范围里,管理者能够对组织的绩效施加重大的影响,而影响的程度则取决于管理者的能力是否优秀。我们不应当把这些约束力量看作是在任何情况下的固定因素。对某些组织来说,在某些情况下,是有可能改变并影响它们的文化与环境的,这也是为什么管理学要研究组织环境和组织文化的原因。

第二节　组织环境

一、管理环境的含义

任何组织都是在一定环境中从事活动的;任何管理也都要在一定的环境中进行,这个环境就是管理环境。管理环境的特点制约和影响管理活动的内容和进行。管理环境的变化要求管理的内容、手段、方式、方法等随之调整,以利用机会,趋利避害,更好地实施管理。

斯蒂芬·P. 罗宾斯将环境定义为对组织绩效起着潜在影响的外部机构或力量。[①] 管理的环境是组织生存发展的物质条件的综合体,它存在于组织界限之外,并可能对管理当局的行为产生直接或间接影响。

二、管理环境的构成

组织面对的环境非常复杂而且难以理解和预测,因此,研究者们往往将环境区分成不同的部分,便于组织识别和进行环境预测。一般来说,所有管理者的工作主要受到两种环境的影响:外部环境和内部环境。

（一）外部环境

最先提出组织的外部环境问题并强调其重要性的是西方的系统学派。这个学派按照系统论的观点,将一切社会组织都看作开放系统,即总是存在于比它们更大的系统即外部环境中,而且同外部环境进行着物质、能量和信息的交换。没有这样的交换,组织将无法生存和发展。对组织来说,外部环境是它不可能控制的,因此,它必须适应外部环境的要求来开展活动和进行管理,才能保证自身的生存和发展。

组织外部环境所包含的因素或力量较多,通常可以划分为一般环境和具体环境。

1. 一般环境

一般环境（general environment）又称宏观环境（macro-environment）,是指在国家或地区范围内对一切产业部门和企业都将产生影响的各种因素或力量,它们是企业无力控制而只能去适应的;但在某些情况下,企业也可以施加一定的影响,但影响通常比具体环境小一些。一般环境可以分为政治法律、经济、社会文化、技术、自然等因素。

（1）政治法律因素。

政治法律因素是指一个国家或地区的政治制度、体制、方针政策、法律法规等方面。这些

---

① 罗宾斯:《管理学》,中国人民大学出版社2004年版,第53页。

因素常常制约、影响企业的经营行为,尤其是影响企业较长期的投资行为。不同的国家有着不同的社会制度,不同的社会制度对组织活动有着不同的限制和要求,其政府的方针特点、政策倾向对组织活动的态度和影响也是不断变化的。

组织必须通过对政治环境的研究,了解国家和政府目前禁止什么、允许什么、鼓励什么,从而使组织活动符合社会利益,受到政府的保护和支持。企业可以通过政治环境分析发现产业中将要出现的法律以及政府调控的变化,并可以事先阻止、影响或者修改该法律(Paul Baines & Chris Fill,2008)。有时,在政府有所行动前感觉出趋势并及时采取正确的措施往往可以避免管制(小查尔斯·W.兰姆,2010)。正确地展开企业与政府的关系,现在也被认为是一个稳定而有竞争力的资源优势(Paul Baines & Chris Fill,2008)。

(2)经济因素。

经济因素包括国民经济发展速度、财政收入、金融运行、国际贸易和国际收支、劳动就业、物价水平等多种宏观经济因素,它们同上述政治法律因素紧密联系,对产业和企业的影响更为直接。罗宾斯认为利率、通货膨胀、可支配收入变动、股市波动以及一般经济周期所处的阶段,是一般环境中能够影响组织管理实践的一些因素。

一般来说,一个国家的经济状况影响到几乎所有在该国从事商业的组织。自2008年世界经济衰退以来,消费者用于消费的钱较少,购买和销售的产品数量也相对较少,因而经济衰退使得企业的增长变得更加困难。由于经济影响诸如是否雇用更多的员工、是否扩大生产、是否贷款购买设备之类的基本企业决策,管理者通过审视环境来发现重大变化的前兆。

(3)社会文化因素。

社会文化因素主要包括人口统计方面的因素和文化方面的因素。前者有人口自然增长率,平均寿命测算,人口的年龄结构、性别结构、教育程度结构、民族结构、地域结构等。后者有人们的价值观念、工作态度、消费倾向、风俗习惯、伦理道德等。

管理者必须使其经营适应所在社会变化中的社会预期。正如价值观、风俗和品位在变化一样,管理也必须变化,也就是说,组织提供的产品和服务,以及它们的内部政策都必须作相应的改变。例如,我国已进入"老龄化"国家行列,可以预料,迎合这种中老年人需要的组织必将有广阔的市场,为老年人服务的消费品市场和相关产业将会有较大的增长。我国人口大部分仍在农村,国家正采取多项措施提高农民的收入水平,因此,注意研究农民需求的生产资料和消费品,努力开拓农村市场,是经济发展的新的增长点。

(4)技术因素。

当代社会的科学技术日新月异,新产品、新技术层出不穷。它们主要从两方面影响产业和企业:一是产业的更新换代速度空前提高,某种新产品问世可能立即淘汰另一种产品而使某些企业破产;二是新技术的开发和利用,使企业的产量增长、质量提高、材料节约、成本下降,从而赢得竞争优势。正由于此,许多成功的企业都非常重视科技的研究开发,其中有些企业的研究开发经费竟占到消费额的10%左右。

我们生活在一个技术时代中,在过去的20多年中,最迅速的变化也许是发生在技术领域中。现在,我们有自动化的办公室、制造过程中的机器人、激光、集成电路、缩微照片、微处理器以及合成燃料。像苹果计算机公司、3M公司及通用电气公司那样的高技术公司都极为昌盛。同样,技术领先的医院、大学、机场、警察局,甚至军事组织,比那些没有采用先进技术的同类组织具有更强的竞争力。

(5)自然因素。

这是指企业所在地方的自然因素,主要包括地理位置、地形地貌、气候条件、大气质量、水资源条件、交通运输条件等。这些因素对企业生产发展和职工生活都有很大的影响,是企业在选择厂址时应该考虑的问题,而在厂址定下来后,企业就有加以改善和保护的责任,不应让它受到污染或者破坏。

这个因素的最大特点就是比较稳定,不像其他四个因素那样复杂多变。但变化缓慢不等于没有变化,随着国家生产建设的发展,环境保护政策和可持续发展战略的实施,企业周围和邻近地区的自然环境也在不断地发生变化,所以还是应当加以研究。

在分述了以上一般环境的五个因素之后,还需进一步地对其进行理解。这些因素之间有着相互的联系,且对于不同类型的组织而言,这些因素的重要性是有所不同的。而且,同一因素对于不同的产业而言,其重要性有所不同。因为这些因素影响着产业和企业,所以,站在企业的角度,就必须把一般环境的研究同下面将介绍的特定环境的研究结合起来,进行综合分析,以便做出必要的管理决策。

2. 具体环境

具体环境(specific environment)是与实现组织目标直接相关的那部分环境。它是由对组织绩效产生积极或消极影响的关键顾客群或要素组成的。具体环境对每一个组织而言都是不同的,并随条件的改变而变化,最常见的具体环境包括供应商、消费者、竞争者、政府机构及公共压力集团。

(1)供应商。

这是指企业生产所需物质资源(包括原材料和机器设备、工具仪表等)的供应者。他们供应给企业物资的质量、价格如何以及能否稳定供应,对企业生产经营活动能否顺利进行及其经营绩效有着直接影响。因此,企业常设有专职采购部门,慎选供应商,订好供应合同,与供应商保持良好关系,甚至为较小的供应商提供一些技术上的帮助。

说到一个组织的供应商,我们通常会想起为组织供应原材料和设备的公司。对一个建筑承包商来说,其供应商包括出售和出租推土机和卡车的公司、办公用品公司、储木场、五金供应商及砖和混凝土的分销商。但"供应商"一词还包括财政及劳动投入的供给者。例如,组织需要股东、银行、保险公司、福利基金会及其他类似的机构来保证技术的资本供给。

(2)消费者。

组织是为满足消费者需要而存在的。消费者购买产品和服务,没有消费者的支持企业就无法生存。对于政府组织也是如此,政府组织的存在是为了向公众提供服务,尤其在选举期间,群众以投票的方式表明他们对政府感到满意的程度,这实际上就与消费者一样。

对于一个组织,消费者代表着潜在的不确定性。消费者的口味会改变,他们会对组织的产品或服务感到不满。当然,一些组织更是由于消费者而不是别的因素,使其面临着更多的不确定性。

(3)竞争者。

所有组织,甚至垄断组织,都有一个或更多的竞争者。例如,百事可乐公司与可口可乐公司,通用汽车公司与丰田汽车公司,牛津大学与剑桥大学。竞争者是指正在提供或是极有可能提供与本企业相同(或可相互替代)的产品或服务的其他组织。它们同本企业争夺同一产品市场,对企业形成直接威胁,因而成为特定环境中的一个重要因素。

任何组织的管理当局都不能忽视自己的竞争者,否则,他们会付出惨重的代价。例如,早年铁路公司遇到的许多问题,都是由于没有认识到其竞争者而造成的。他们自认为从事的是铁路事业,而事实上他们从事的是运输事业;他们没有认识到卡车运输、船运、空运、公共汽车和私人汽车运输,都是铁路运输的竞争对手。

(4)政府机构。

各国政府为调控宏观经济、规范市场经济的发展,除了制定方针政策、法律规定之外,还专设一些机构对企业进行指导、服务检查和监督,这就是企业特定环境中的政府机构。在我国,这些机构主要有工商行政管理、质量技术监督、税务、劳动、公安、卫生、海关等部门。企业必须按照国家有关规定,接受政府机构的指导、检查和监督,搞好同政府机构的关系,争取政府机构提供服务。

(5)公共压力集团。

这里的公共压力集团包括报纸、电视台、广播电台等新闻单位和工会、妇联、环境保护组织、野生动物保护组织等群众组织。它们是社会舆论的传播者和鼓动者,可以为企业服务,也可以给企业带来压力。舆论监督已成为现代社会一支重要的监督力量。例如,现在在网络媒体和微博的监督下,政府财政"三公"支出的公开也开始逐渐走上了日程。

管理者应意识到特殊利益集团在试图影响组织的行为。就像社会及政治运动的变化一样,压力集团的力量也在改变。例如,绿色和平组织经过不懈努力,不仅在捕鲸业、金枪鱼捕捞业及海豹皮制品业方面做出了显著的改变,而且提高了公众对环境问题的关注。管理者应当意识到这些集团影响他们决策的力量。

3. 组织外部环境的不确定性

组织对其外部环境进行调研时,由于环境力量大多数是动态的,因此经常遇到的困难就是外部环境的不确定性(uncertainty)。例如,顾客的品位及偏好改变了,新的法律出台,供应商不能按合同规定的交货日期交货,竞争对手引进了新的技术、产品及服务。在某种程度上,这些环境的不确定性是不可预料的,它们迫使管理者以其不大情愿的方式做出反应。一个组织面临的环境不确定性越大,环境对管理者的选择和决定自身命运的自由的限制就越大。

所谓不确定性,是指外部环境未来的发展变化及其对组织的影响不可能准确地加以预测和评估。不确定性意味着风险。各类组织面临的外部环境,其不确定性的程度是不同的。不确定性的程度取决于三个主要因素:复杂性、变化性和稀缺性。

(1)复杂性。

环境复杂性(environmental complexity)是指影响组织环境中的外部因素的数量和强度。简单环境(simple environments)只有几个环境因素,而复杂环境(complex environments)有多个环境因素。① 乳制品行业是外部环境相对简单的典型。即使在牛奶处理以及自动挤奶机方面数十年来一直有进步,但今天生产牛奶的方式与100年前没有差异。尽管制造商每年都会研究数十种新的奶制品,但每年的产量却没有增长很多。

而相对应的,唱片行业则处在了非常复杂的环境中。唱片业诞生的第一个世纪非常简单:在唱片、8轨磁带、录音带或光盘上刻录下来,然后将那些录音出售给零售商,最后再卖给消费者。然而,随着P2P网络的发展,环境变得复杂起来,消费者开始通过网络非法下载分享歌曲,而不再花钱购买唱片,这使得唱片行业受到极大的打击。直到苹果公司建立iTunes网站,使得人们可以合法地在网上以低价购买下载音乐,从此扭转了唱片行业的传播和盈利方式。

(2)变化性。

---

① 查克•威廉姆斯:《管理学》,机械工业出版社2011年版,第39页。

环境变化性(environmental changes)是指企业一般环境和具体环境的变化速度。在稳定的环境(stable environments)中,环境变化的速度比较慢。① 而且在稳定的环境中,或许没有新的竞争者,或许现有竞争对手没有新的技术突破,公共压力集团极少有影响组织的活动。例如,除了烤箱更有效率之外,与10年前类似,每天新鲜的面包被烘烤、包装、运送到店里。尽管一些新式面包大受欢迎,20年前消费者喜欢的白面包和全麦面包依旧畅销。

相应地,在动态的环境(dynamic environments)中,组织环境的变化速度太快。例如,美国的汽车制造商自20世纪70年代中起,就面对着一个动态的环境。在20世纪50年代及60年代,他们能非常准确地预测每年的销售额和利润。后来,随着政府安全规章和排气法令的日益严格,以及外国竞争者的加入,加上逐渐上升的石油价格,使得美国汽车工业的管理者们猛然发现自己正处于一个变化着的环境中。

当我们谈到变化程度时,所指的是不可预见的变化。如果变化能够精确地预期,它就不是管理者必须应付的那种不确定性。而对于可预测的快速变化则是另一种情况。例如,零售百货商店一般在12月份创造一年中1/4或1/3的营业额;12月末到次年1月,销售额便急剧下降。而这种可预见的消费需求变化并没有使百货商店的环境具有动态性。

(3)稀缺性。

环境稀缺性(resource scarcity)指的是组织外部环境中关键组织资源是否丰裕的程度。② 例如,由于没有足够的能满足需求的液晶显示器生产厂商,画面逼真的平板液晶电视要比普通电视贵6倍,比背投电视贵2倍,比等离子电视贵25%。如果这种情况继续下去,液晶电视将持续高价。由于液晶显示器生成成本高,厂商管理难度大,因此生产厂商是稀缺资源。而由于液晶电视的需求量大,厂商之间为了在这一新兴市场上占有一席之地而进行的竞争诱使企业扩大现有工厂的产量、建设新厂。这样一来,为应对外部环境变化,资源的稀缺性下降了。

(二)内部环境

组织内部环境(internal environment)是指组织内部的物质、文化环境的总和,包括组织资源、组织文化等因素,是组织内部的一种共享价值体系。内部环境是组织内部与战略有重要关联的因素,是制定战略的出发点、依据和条件,是竞争取胜的根本。它同组织的外部环境一样,都是对管理者的一种约束力量;但它又与外部环境不同,由于诸因素存在于组织内部,所以是组织能够控制的。

组织内部环境包含哪些因素?迄今为止尚无统一看法。根据查克·威廉姆斯的定义,内部环境由影响管理、雇员以及组织文化的内部形势和事件组成。由于影响到人们的思考、感受以及做事的方式,内部环境很重要。

结合内部环境的定义,在此将对管理者起约束作用的组织内部环境因素归纳为使命、资源和文化。

首先是使命,即组织对社会承担的责任、任务以及自愿为社会做出的贡献。使命决定了组织存在的价值,又是划分组织类别的依据。人们为什么要聚合在一起,从事劳动协作?这是为了共同的目标。如果没有共同目标,人们便不需要聚合;即便勉强聚合,也是一盘散沙。而共同的目标却是从组织的使命衍生出来的,是其使命的延伸和具体表现。例如:中国移动的企业使命是"创无限通信世界,做信息社会栋梁";微软的企业使命是"计算机进入家庭,放在每一张桌子上,使用微软的软件";波士顿咨询公司的企业使命是"协助客户创造并保持竞争优势,以提高客户的业绩";福特的企业使命则是"汽车要进入家庭"。

其次是资源。首先是人力资源,即组成组织的人员。这些人要从事协作劳动以完成共同目标,除此之外还需要物力、财力、技术、信息等资源。组织的活动过程也就是人力资源去获取和利用其他各种资源的过程,利用的效果如何,就直接决定共同目标能否实现。

最后是文化。组织文化是指组织内部全体成员共有的价值观、信念和行为标准的体系,它是在 20 世纪 80 年代才开始受到重视的。组织要使其成员有协作的意愿,认同组织的共同目标,自觉将个人目标同组织目标协调起来,固然需要做许多工作,而其中塑造和落实组织文化是非常重要的。关于组织文化的具体内容将在第三节进行展开。

上述三种因素对组织的管理者都是有力的约束力量,管理者在选择管理形式和方法时,必须考虑它们的影响。在这三者中,使命和文化是相对稳定和持久的,资源状况则经常在变化,所以管理者在做目标、计划、战略等方面的决策时,除了要对外部环境进行调研外,还需要对资源状况做调研,并同竞争对手相比较,发现组织自身的优势和劣势。

第三节 组织文化

大家都知道,每个人都具有某些心理学家所说的"个性"。一个人的个性是由一套相对持久和稳定的特征组成的。当我们说一个人热情、富有创新精神、轻松活泼或保守时,我们正在描述他的性格特征。一个组织也同样有自己的个性,这种个性我们称之为组织的文化。

一、什么是组织文化

(一)组织文化的含义

什么是组织文化? 对此众说纷纭,尚无定论。例如,美国学者约翰·科特和詹姆斯·赫斯克特认为,企业文化是指一个企业中各个部门,至少是企业高层管理者们所共同拥有的那些企业价值观念和经营实践。特雷斯·迪尔和阿伦·肯尼迪认为,企业文化是价值观,英雄人物、习俗仪式、文化网络、企业环境。威廉·大内则认为,企业文化是"进取、守势、灵活性"即确定活动、意见和行为模式的价值观。

企业文化有广义和狭义两种理解。广义的企业文化是指企业所创造的具有自身特点的物质文化和精神文化;狭义的企业文化是企业所形成的具有自身个性的经营宗旨、价值观念和道德行为准则的综合。

本书将组织文化定义为,组织成员共同的价值观、行为准则、传统习俗和做事的方式,它影响了组织成员的行为方式。在多数组织中,这些重要的共有价值观和惯例会随着时间而演变,在很大程度上决定了员工对组织经历的认知及他们在组织中的行为方式。组织文化,即我们做事的方式,将影响员工的行为,并会影响他们如何看待、定义、分析和解决问题。

我们对文化的定义有以下三方面的含义:首先,文化是一种感知。个人基于在组织中所见、所闻、所经历的一切来感受组织文化。其次,尽管个人具有不同的背景或处于不同的等级,他们仍往往采用相似的术语来描述组织的文化。这就是文化的共有方面。最后,组织文化是一个描述性术语。它与成员如何看待组织有关,而无论他们是否喜欢其组织。它是描述而不是评价。

(二)从特征识别组织文化

尽管现在我们没有规范性的方法来测量组织的文化,但前期的研究却表明:文化可以通过评价一个组织具有的 10 个特征的程度来加以识别。这 10 个特征分别是：

(1)成员的同一性。指雇员与作为一个整体的组织保持一致的程度,而不是只体现出他们的工作类型或专业领域的特征。

(2)团体的重要性。指工作活动围绕团队组织而不是围绕个人组织的程度。

(3)对人的关注。指管理决策要考虑结果对组织中的人的影响程度。

(4)单位的一体化。指鼓励组织中各单位以协作或相互依存的方式运作的程度。

(5)控制。指用于监督和控制雇员行为的规章、制度及直接监督的程度。

(6)风险承受度。指鼓励雇员进取、革新及冒风险的程度。

(7)报酬标准。指同资历、偏爱或其他非绩效因素相比,依雇员绩效决定工资增长和晋升等报酬的程度。

(8)冲突的宽容度。指鼓励雇员自由争辩及公开批评的程度。

(9)手段—结果倾向性。指管理更注意结果或成果,而不是取得这些成果的技术和过程的程度。

(10)系统的开放性。指组织掌握外界环境变化并及时对这些变化做出反应的程度。

二、强文化和弱文化

虽然所有的组织都有文化,但并非所有的文化对雇员都有相同程度的影响。强文化(strong cultures)(强烈拥有并广泛共享基本价值观的组织)比弱文化对员工的影响更大。雇员对组织的基本价值观的接受程度和承诺越大,文化就越强。

一个组织文化的强弱或居于其间与否,取决于组织的规模、历史、雇员的流动程度及文化起源的强烈程度。有一些组织分不清什么是重要的,什么是不重要的(这是弱文化的一个特征),在这样的组织中,文化对管理者的影响很小。然而,大多数组织都已向强文化转变,它们对什么是重要的、什么是正确的雇员行为、什么推动了组织的前进等问题取得了共识。我们有理由相信当组织文化变得更强时,它将会对管理人员的所作所为产生越来越大的影响。

苹果公司的精英人才文化

在人才的使用上,乔布斯极力强调"精"和"简"。乔布斯曾创立并管理的 Pixar 公司倡导的是没有"B 团队",每个电影都是集合最聪明的漫画家、作家和技术人员的最佳努力而成。"质量比数量更加重要。"乔布斯表示从若干年前看到 Stephen G. Wozniak 为制造第一台苹果机而显示出的超凡工程学技能的那些日子开始,乔布斯就相信由顶尖人才所组成的一个小团队能够运转巨大的轮盘,仅仅是拥有较少的这样的顶尖团队就够了。为此,他花费大量精力和时间打电话,用于寻找那些他耳闻过的最优秀人员,以及那些他认为对于苹果各个职位最适合的人选。

乔布斯还在 2000 年苹果的一度停滞期喊出了"Think Different"(另类思考)的广告语,他希望这个斥资上亿美元宣传的广告不仅让消费者重新认识苹果,更重要的是,唤醒公司内员工的工作激情。而乔布斯本人也将一个企业家的能量贡献于众多别的 CEO 认为是自己不需要亲自做的事情中,不论是校对合作协议,还是给记者打电话讲述一个他认为非常重要的故事,他都会去做。而同时,与很多 CEO 不同的是,他很少参加华尔街分析家研讨会,倾向于做一些自己的事情。在员工的眼中,乔布斯承担了很多责任,但在很多富于创造性的层面上他又非常舍得放手而不参与。

　　前苹果产品营销主管 Mike Evangelist 离职后在他的博客中透露,乔布斯每一场讲演都需要几个星期的预先准备和上百人的协同工作,经过精确的细节控制和若干次秘密彩排之后,乔布斯总是以激情四射的演讲者面目出现在现场。当乔布斯邀请百事可乐总裁约翰·斯高利加盟苹果时,他这样说:"难道你想一辈子都卖汽水,不想有机会改变世界吗?"

　　在这样的个人化文化指引下,乔布斯以用户个人化引导产品和服务,以员工个人化来塑造公司文化和创新能力,以自身个人化获得一种自由和惬意的人生。以曾经由乔布斯掌控的 Pixar 为例,Pixar 最著名的企业文化就是"以下犯上",娱乐和自由的工作环境,我行我素、稀奇古怪的员工,随时随地随便提出的新主意,都构成了一种职业文化中的高度个人化的元素。"什么中层、部门、领导,这些词我们统统没有,这就是我们独一无二的地方。"这是 Pixar 员工的描述。

　　资料来源:百度百科"苹果公司企业文化"。

三、文化的来源

　　组织现行的习惯、传统以及通常的做事方式,在很大程度上归因于组织过去的行为以及这些努力所取得的成功程度。组织文化的最初来源通常反映了组织创始人的愿景或使命。他们可能专注于积极进取,或是像对待家人一样关爱员工。创始人通过描述组织应该是什么样子的方式来建立早期的文化。他们不为已有的习惯或意识所束缚。而且,大多数新成立的组织规模较小,这就有助于创始人向组织的全体成员灌输他的愿景。

　　例如,美国希尔顿饭店(Hilton Hotel)创立于1919年,在不到90年的时间里,从一家饭店扩展到100多家,遍布世界五大洲的各大城市,成为全球最大规模的饭店之一。80多年来,希尔顿饭店生意如此之好、财富增长如此之快,其成功的秘诀是牢牢确立自己的企业理念并把这个理念贯彻到每一个员工的思想和行为之中,饭店创造"宾至如归"的氛围,注重企业员工礼仪的培养,并通过服务人员的"微笑服务"体现出来。他写的许多书中有一本叫做《宾至如归》,时至今日,这本书已成了每个希尔顿饭店工作人员的"圣经"。

四、如何创建并持续组织文化

　　组织文化的主要来源之一是企业的创始人。像比尔·盖茨(微软)这样的创始人用自己的形象创立了组织,并将他的信念、态度和价值观灌输到组织中去。微软的员工共享创始人比尔·盖茨的决心,以领先于软件业的竞争对手。一位微软副总裁说:"不管你的产品多么优秀,你离失败只有 18 个月的距离。"

　　尽管创始人在组织文化的创建过程中发挥了重要作用,但创始人不在时,要如何在组织文化中维持他们的价值观、态度、信念?就比如没有了乔布斯的苹果公司,要如何维持它的辉煌?

　　最常见的维持组织文化的方法是:故事、英雄。

　　组织成员讲述组织故事,以了解组织中的事件、变化,以及强调设想、决策、行动、文化上面的持续性。例如,在沃尔玛(Wal-Mart)公司,到处流传着公司创始人山姆·沃尔顿(Sam Walton)节俭的故事。沃尔顿致力于使沃尔玛成为像今天的沃尔玛这样的低成本零售商,而他的节俭精神一直影响着今天的沃尔玛。又如,新东方教育科技集团董事长俞敏洪的传奇创业故事是所有新东方的员工耳熟能详的,并且不断传递给前来培训的学生们。"追求卓越,挑战极限,从绝望中寻找希望,人生终将辉煌!"成为新东方所有人的信念。

维持组织文化的第二种方式是表彰、赞扬英雄。就含义而言,组织英雄指的是组织中因其品质和成就而受到敬仰的人。例如,新中国诞生不久,为了甩掉贫油落后的帽子,为了让国家站起来,以铁人王进喜为代表的老一代石油工人发挥了"没有条件,创造条件也得上"的精神。而这不怕苦、不怕死,不为钱、不为名,一心为国家、一切为革命的"铁人精神"到现在仍在大庆油田广为流传。

文化一旦形成,一些组织惯例就会维持它。例如,在员工甄选的过程中,管理者通常根据工作要求和对组织的适应度来评估应聘者。同时,应聘者也会获得关于组织的信息并确定他们是否与周围环境相处融洽。

高层管理者的行为对组织文化也有重大影响。例如,新东方教育科技集团董事长俞敏洪常对学生说:"绝望是大山,希望是石头。但是,只要你能从绝望的大山上砍下一块希望的石头,你就有了希望。"这句话就是新东方精神的写照,在新东方最困难的时候,是新东方精神一直鼓励着俞敏洪把学校办下去;而后,这一精神逐渐发展成为新东方的企业文化,一直鼓励着每一个在这里学习和工作的人;优秀的管理理念、切实的让利行为又让每一个新东方人找到了自己的价值,踏实工作。从新东方的身上,可以看到文化的力量,看到企业精神对企业的深远影响。

马云:企业文化和价值观是阿里巴巴稳健发展的关键

"外界看我们,是阿里巴巴网站,是淘宝,但只有我们自己知道,我们的核心竞争力是我们的价值观。"日前,在阿里巴巴 2007 年的年会上,对外界一直好奇的是什么支撑阿里巴巴不断地发展壮大问题作了阐述。马云表示,企业文化和价值观正是阿里巴巴保持快速稳健发展的关键因素。

一、培养"侠客文化"

"对阿里巴巴来讲,有共同价值观和企业文化的员工是最大的财富。"马云对记者说。

据了解,为了最大限度地挖掘这一"最大财富"的价值,阿里巴巴的"锄头"运用得零碎且执著。据介绍,在以"侠客文化"为特点的氛围中,阿里巴巴有一种学校才有的轻松氛围,这又以人均年龄 26 岁的淘宝网最为独特。在淘宝,所有员工都自冠有"郭靖"、"乔峰"、"一刀"等金庸系小说人物的名号,谓之"花名",如外企的"英文名"互称一样。比如,在论坛里面偶尔出没指点的"风清扬"正是马云,而在任何场合,你大可以"肆无忌惮"地称呼淘宝掌门孙彤宇为"财神",而不是"孙总"。不光称谓,这种"侠气"几乎蔓延到了公司的日常运营中。平时开会、会客的地方成了"光明顶"、"桃花岛",淘宝周年庆活动被冠名为"武林大会"。每逢盛会,所有员工则是根据自己的花名加入不同帮派,争夺"天下第一帮"称号。在帮派里,更是完全打乱了原来的层级关系,让所有的"店小二"忘记自己是领导还是属下,一些基层员工经常一跃成为帮主、副帮主,统领原来的上司。

二、重视统一团队价值观

在尊重多样和包容的同时,在公司扩张过程的文化整合上,马云更加重视集团统一价值观的建设,甚至将其写入了企业"法规"中。据了解,阿里巴巴的企业价值观被具化为一个金字塔形,"诚信"、"激情"和"敬业"是员工首先要具备的素质;而"团队合作"、"拥抱变化"则是第二层基石,最终达到"客户第一"。这一表述,更加被熟知的表述是"六字真言",也是阿里巴巴绝对不可违背的"帮规"。

因此,公司不仅在录用员工的时候,遵照这个标准,而且在每个季度对员工进行考核的时候,价值观绩效也占到50%,与个人业绩重要性同等。据介绍,从2007年开始,这一标准由总监以下级别进一步扩展到包括总监、副总裁级别的所有员工中。

正是基于对这一"六字真言"的普遍认同,阿里巴巴的18位创始人没有一个离开公司。也同样基于这一价值观的驱动,每一个阿里人和产品都成了天然的"布道者",对外向企业客户们用户渗透和传递,用户在增进体验的同时,也在不同程度地融入这一价值体系。在统一价值观这一"虚幻"因素之外,阿里巴巴还通过实实在在的激励措施来保障员工的归属感。据了解,为了激励老员工,在阿里巴巴工作满五年的"老阿里"被称作"五年陈",并赠与一枚白金戒指。在支付宝工作刚满一年的员工还会在公司大堂两侧墙壁上留下"星光大道"式的手印,成为公司一道独特的风景线。

资料来源:《信息时报》,作者:陆俊,http://tech.163.com/07/0710/01/3JOKHN66-0009158F.html。

最后,组织必须帮助员工通过社会化过程来适应组织的文化,这个过程也有很多益处。社会化帮助新员工学习组织做事的方式。例如,作为全球专营咖啡的连锁店,星巴克的所有新员工都要经历24小时的培训。这些课程为新员工提供了成为咖啡调制顾问所需的一切必要知识。他们学习星巴克的经营理念、公司的行话,甚至学习如何帮助顾客做出有关咖啡豆、研磨及咖啡机的决策。于是,面对顾客的都是那些了解星巴克文化的员工,他们表现得热情而又知识渊博。这也说明了社会化的另一个好处是,它使不熟悉组织文化的新员工摧毁正确信念和习惯的可能性降至最低。

五、文化对管理实践的影响

因为组织文化确立了对人们应做什么、不应做什么的约束,所以它与管理者尤其相关。这些约束很少是清晰的,也没有用文字写下来,甚至很少听到有人谈论它们,但它们确实存在,而且组织中所有的管理者很快就会领会"该知道什么和不该知道什么"。例如,你将会发现下述价值观并没有明文规定,但每一种价值观确实来自于一个真正的组织。

1. 即使你不忙,也要看上去很忙。
2. 如果你承担风险并失败了,你将为此付出昂贵的代价。
3. 在你做决策前,要经过你的老板同意,以使他不感到惊讶。
4. 我们的产品质量水平只需达到竞争迫使我们达到的程度。
5. 过去使我们成功的因素,将会促进我们未来的成功。
6. 如果你想取得优异的成绩,你必须是团队中的一员。

这些价值观与管理行为间的联系是相当直观的。如果一个工商企业的文化支持这样的观点——削减费用能带来利润的增加,以及低速平稳增长的季度收入,能给公司带来最佳利益的话,那么在这种情况下,管理者不可能追求创新的、有风险的、长期的或扩张的计划。如果一个组织的文化是以对雇员的不信任为基础的话,管理者更可能采用独裁式的领导方式,而不是民主的方式。原因何在呢? 因为文化把什么是恰当的行为传递给了管理者。举个例子,霍尼韦尔信息系统公司(Honeywell Information Systems)的总裁在努力使他的管理者减少独裁作风的过程中,认识到文化正扮演着约束的角色。他指出,如果公司想在市场上取胜,那么组织文化必须变得更民主。他解释道,信奉独裁式管理的管理者,在某种程度上使得他们喜欢将信息"藏在贴身的内衣里",结果致使人们无法获得他们所需的全部数据来做出适宜的决策。

　　一个组织的文化,尤其是强文化,会制约一个管理者的涉及所有管理职能的决策选择。如表3—1所示,管理者任务的主要领域受到他所处的文化的影响。

表3—1　　　　　　　　　　　　　　　　文化影响管理决策的例子

计划	计划应包含的风险度 计划应由个人还是群体制订 管理者参与环境扫描的程度
组织	雇员工作中应有的自主权程度 任务应由个人还是小组来完成 部门经理间的相互联系程度
领导	管理者关心雇员日益增长的工作满意度的程度 哪种领导方式更为适宜 是否所有的分歧(甚至是建设性的分歧)都应当消除
控制	是允许雇员控制自己的行为还是施加外部控制 雇员绩效评价中应强调哪些标准 个人预算超支将会产生什么反响

资料来源:罗宾斯:《管理学》,中国人民大学出版社2004年版,第53页。

本章小结

　　1. 万能论在管理学理论和社会中占主导地位,它认为管理者对组织的成败负有直接责任;相反,象征论指出,管理者对实质性的组织成果仅发挥着极为有限的作用,因为大量的因素是管理者所不能控制的,管理者在很大程度上影响着象征性的成果。

　　2. 斯蒂芬·P.罗宾斯将环境定义为对组织绩效起着潜在影响的外部机构或力量。管理的环境是组织生存发展的物质条件的综合体,它存在于组织界限之外,并可能对管理当局的行为产生直接或间接影响。

　　3. 一般环境包含那些对组织有潜在影响,但其相互关系尚不清晰的力量。这些力量主要有:经济、政治、社会和技术因素。

　　4. 具体环境(specific environment)是与实现组织目标直接相关的那部分环境。它是由对组织绩效产生积极或消极影响的关键顾客群或要素组成的。具体环境对每一组织而言都是不同的,并随条件的改变而变化,最常见的具体环境包括供应商、消费者、竞争者、政府机构及公共压力集团。

　　5. 环境的不确定性取决于环境的变化程度和复杂程度。稳定的和简单的环境是相当确定的,而越是动荡和复杂的环境,其不确定性越大。

　　6. 组织文化是组织内部的一种共享价值观体系,它在很大程度上决定了雇员的行为。

　　7. 组织文化由10个特征组成:成员的同一性;团体的重要性;对人的关注;单位的一体化;控制;风险承受度;报酬标准;冲突的宽容度;手段—结果倾向性;系统的开放性。

　　8. 虽然所有的组织都有文化,但并非所有的文化对雇员都有同等程度的影响。强文化

(强烈拥有并广泛共享基本价值观的组织)比弱文化对员工的影响更大。

9.一个组织的文化,尤其是强文化,会制约一个管理者的涉及所有管理职能的决策选择。

一、简答题

1.为什么管理万能论主导着管理理论?

2.环境可以分为哪几类? 它们之间相互的关系是什么?

3.一般环境包含了哪些内容? 请举例说明它们对组织的影响。

4.对比强文化和弱文化,哪种文化对管理者的影响更大? 为什么?

5.一般来说,谁对组织文化的影响更大:公司的创始人还是现在的管理者? 为什么?

6.为什么管理者力图将环境的不确定性降至最低程度?

二、案例分析

苹果公司企业文化

作为苹果公司的联合创始人,乔布斯曾在1985年被当时外聘的CEO扫地出门。那时,他还被很多人认为是一个喜怒无常的微观管理者,他曾经倡导的花哨的创新变革及他所坚持的全面控制也带来诸多枝节问题。1997年,乔布斯又重新掌管苹果。10年后,苹果的股票已从每股7美元飙升至74美元,市场价值620亿美元。随后,迪士尼以74亿美元收购Pixar动画工作室的股票,由于乔布斯是Pixar的主席兼执行总裁,并持有其50.6%的股份,作为交易的一部分,乔布斯拥有了迪士尼集团约7%的股份,从而成为该集团最大的个人股东。至此,乔布斯大步迈入一个集音乐、电影和科技于一体的梦幻王国。

所有这些成绩的取得就在于乔布斯将他的旧式战略真正贯彻于新的数字世界中,采用的是高度聚焦的产品战略、严格的过程控制、突破式的创新和持续的市场营销。

第一,重回苹果后的乔布斯采取的第一步骤就是削减苹果的产品线,把正在开发的15种产品缩减到4种,并且裁掉一部分人员,节省了营运费用。之后,苹果远离那些用低端产品满足市场份额的要求,也不向公司不能占据领导地位的邻近市场扩张。

第二,发扬苹果的特色。苹果素以消费市场作为目标,所以乔布斯要使苹果成为电脑界的索尼。1998年6月上市的iMac拥有半透明的、果冻般圆润的蓝色机身,迅速成为一种时尚象征。在之后3年内,它一共售出了500万台。而如果摆脱掉外形设计的魅力,这款利润率达到23%的产品的所有配置都与此前一代苹果电脑如出一辙。

第三,开拓销售渠道,让美国领先的技术产品与服务零售商和经销商之一的CompUSA成为苹果在美国的专卖商,使Mac机销量大增。

第四,调整结盟力量。同宿敌微软和解,取得微软对它的1.5亿美元投资,并继续为苹果机器开发软件。同时,收回了对兼容厂家的技术使用许可,使它们不能再靠苹果的技术赚钱。总之,乔布斯真正的秘密武器是他具有一种敏锐的感觉和能力,能将技术转化为普通消费者所渴望的东西,并通过各种市场营销手段刺激消费者成为苹果"酷玩产品"俱乐部的一员。

第五,面对个人电脑业务的严峻形势,乔布斯毅然决定将苹果从单一的电脑硬件厂商向数字音乐领域多元化出击,于2001年推出了个人数字音乐播放器iPod。到2005年下半年,苹果公司已经销售出去 2 200 万枚 iPod 数字音乐播放器。在 iPod 推出后不到一年半,苹果的 iTunes 音乐店也于 2003 年 4 月开张,通过 iTunes 音乐店销售的音乐数量高达 5 亿首。在美国所有的合法音乐下载服务当中,苹果公司的 iTunes 音乐下载服务占据了其中的 82%。与此同时,苹果也推出适合 Windows 个人电脑的 iTunes 版本,将 iPod 和 iTunes 音乐店的潜在市场扩大到整个世界。通过 iPod 和 iTunes 音乐店,苹果改写了 PC、消费电子、音乐这 3 个产业的游戏规则。尽管已经从最初对技术的一无所知变成今天的亿万富翁,但乔布斯做事情的热情始终未变,他对创新的热情就如他最喜欢的《全球概览》停刊前的告别辞中所写:Stay Hungry, Stay Foolish.(求知若渴,大智若愚。)

第六,每当有重要产品即将宣告完成时,苹果都会退回最本源的思考,并要求将产品推倒重来。以至于有人认为这是一种病态的品质、完美主义控制狂的标志。波士顿咨询服务公司共调查了全球各行业的 940 名高管,其中有 25% 的人认为苹果是全球最具创新精神的企业。"在苹果公司,我们遇到任何事情都会问:它对用户来讲是不是很方便?它对用户来讲是不是很棒?每个人都在大谈特谈'噢,用户至上',但其他人都没有像我们这样真正做到这一点。"乔布斯骄傲地说。

案例思考题:

1.结合案例分析苹果企业的外部环境,并说明这些外部环境对乔布斯管理的影响。

2.结合案例说明乔布斯的强文化对苹果公司文化的影响,并说明组织文化对管理者的作用。

第四章

全球环境中的管理

学习目标

学完本章后,你应该能够:

1. 理解全球化的趋势、动因及其战略选择。
2. 识别对待全球经营的三种不同态度。
3. 描述欧盟现状,详述世界贸易组织的职能。
4. 描述组织走向全球化的不同方式。
5. 定义全球外购、进口、出口、许可经营和特许经营。
6. 描述全球战略联盟、合资企业和外国子公司。
7. 详述霍夫斯泰德评价民族文化的四个维度。
8. 解释并评价民族文化的 GLOBE 的九个维度。

要点概述

1. 全球观的概念

全球化的发展;定义狭隘主义;全球经营的三种态度:民族中心论、多国中心论、全球中心论。

2. 理解全球环境

欧盟现状;北美自由贸易协定;东南亚国家联盟;世界贸易组织的职能。

3. 全球化经营

不同类型的全球组织:多国公司、全球公司;组织走向全球化的三大发展阶段。

4. 在全球化环境中进行管理

全球法律、政治、经济、文化环境;霍夫斯泰德文化评估框架;GLOBE 九个维度评价;民族文化;波特国家优势理论。

案例导读

世界汽车制造厂成了"组装车间"

为了降低成本和提高竞争力,世界各国的车商正在加紧调整战略部署,以适应新形势的需要。

进入 20 世纪 90 年代,最显著的特点是汽车制造企业的对外承包协作业务不断扩大,尤其是 90 年代中期后,零部件外包日益成为汽车业革新经营的重要战略步骤。一项调查报告显示,10 年间,工业化国家汽车业零部件外包按合同金额计,年均增长 17.25%。美国三大汽车制造企业近 3 年的零部件外包金额年均增长 19%,仅 2000 年就达到 1 350 亿美元,而且还未计入技术开发等软性承包业务。令人关注的是,近几年国际汽车业界接二连三的兼并行动使外包业务规模更大。例如,美国克莱斯勒与德国奔驰合并后,1999 年外包业务规模扩大了 10%,2000 年外包业务再提高 16.5%。

汽车制造企业正将竞争的目标放在对企业经营有举足轻重影响的零部件生产、供应方面,并引发国际车坛此起彼伏的"压缩、精简"浪潮。调查证实,近 10 年来汽车业不仅大兴组装风,而且组装厂的生产成本直线下降。业界预测,到 2003 年组装成本将降至占总成本的 10% 或更低。

现实情况是,目前汽车制造商与零部件供应商之间的关系空前密切,相互合作得十分默契和有效。许多零部件厂商将工厂、生产线建在组装厂的附近,即便在海外主机厂商也按照这种格局投资建厂和物色合作伙伴。

实践证明,汽车业扩大外协承包,有以下优越性:一、可以最大限度地利用全球化经济带来的好处,在广阔的空间寻找最佳合作伙伴,实现预期的利润指标;二、适应高科技时代产品技术、加工技术变化快的特点,主机厂不仅可以节省投资,缩短新产品投放市场的时间,而且大大降低了风险;三、在当今市场呈现潮流化、个性化趋势,外包协作更能满足汽车业界向多品种、小批量发展的需要。此外,主机厂无法拥有包罗万象的技术人才,而多方面的外协承包,可以做到跨界利用人才。

应该提及的是,一些工业化国家是从战略高度将发展汽车外包业务列为变革本国经济结构、产业结构的重要措施的。英国 20 世纪 90 年代中期后汽车业迅速恢复生机,生产能力在欧洲已仅次于德国,而且出口大量增加,这在很大程度上要归功于零部件生产、供应模式的变革。去年,英国车商已将 70% 的零部件生产业务外包出去。

业内人士认为,进入 21 世纪后,汽车业外包协作将进一步扩大,因为这不仅可以大幅降低成本,而且是车商们求生存、图发展的战略手段。宝马(BMW)是德国公司,却在美国南加州设有汽车制造分厂。埃克森(Exxon)是一家美国大型石油公司,而公司超过 3/4 的利润来自美国本土以外的地方。面临着全球市场所带来的机遇和挑战,国界正失去意义,企业管理者需要发现和利用全球市场中的机会。

资料来源:http://wenku.baidu.com/view/02736a2658fb770bf78a5545.html。

第一节 全球观的概念

当今世界,虽然"全球化"已成为世人皆知、耳熟能详的名词,但一个被普遍接受的、有确定内涵的"全球化"概念却暂付阙如。全球化很难说是某一个领域或学科的专有名称,把它视为一个跨学科的、多方位的概念更为适宜。"全球化"一词的由来,可以追溯到1943年。而该词成为一个"常见新词"是在1972年之后,丹尼斯·米都斯(Dennis Meadows)等人合著了《发展的极限:罗马俱乐部关于人类困境的课题报告》一书,该书呼吁人们注意因生态危机产生的全球挑战。该书发表后,"全球化"成为了常见词。关于"全球化"一词,可以从不同的着眼点对它进行界定。在国外,有学者认为,"全球化是没有时间和空间区别的互相依存"。[1] 国际货币基金组织对"全球化"所下的定义为:"全球化是跨国商品与服务交易及国际资本流动规模和形式的增加,以及技术的广泛迅速传播使世界各国经济的相互依赖性增强。"[2]全球化的根本特征是各国经济与社会联系的普遍化与密切融合。对此,国内学者的看法也有类似之处。有学者认为,全球化就是人类不断地跨越空间障碍和制度、文化等社会障碍,在全球范围内实现(物质的和信息的)充分沟通的过程,是达成更多共识与共同行动的过程。[3] 在管理学范畴,企业"全球化"成为了不可避免的发展趋势。

然而,每一个国家都有自己的社会文化。民族文化是一个国家的居民共有的价值观,这些价值观塑造了国民的行为方式和认知世界的方式。受到根深蒂固的传统文化的影响,有些企业管理者固守一隅而放弃全面、客观、公正的视角去看待全球化,习惯性地从一个角度、一个方面、一个层次看问题,又下意识地遮蔽了其他角度、方面和层次,遭受狭隘主义(parochialism)的影响,从而错过了企业国际化发展的良机。狭隘主义指的是仅仅用自己的眼光和观点来看世界,是一种自私、狭隘的世界观。具有狭隘偏见的人认识不到人们有着不同的生活和工作方式,狭隘已经成为许多在全球环境中工作的管理者的一大障碍。

根据哈佛大学商学院黄亚声教授提供的资料,中国最大的私人企业集团是四川的刘氏兄弟创办的希望集团,1999年,希望集团的年销售额约为6亿美元。而印度最大的私人企业——塔塔集团(Tata Group),在1995年的年销售额就达到了72亿美元,仅茶叶这一项,每年的销售额就有1.6亿美元。在制药行业,印度最大的制药企业之一——兰巴可西公司(Ranbaxy),在1995年的年销售额为22.7亿美元。相比之下,尽管中国的药品市场3倍于印度,但是作为中国最大的制药企业,三九集团的年销售额仅有6.7亿美元。印度的私人企业走出了国门,中国的私人企业固守国内市场。

"中国企业'走出去',参加矿产资源的优化配置,加入并购整合,是历史必然,也是企业必然。"2009年9月16日,英国伦敦"博鳌亚洲论坛全球资本峰会"上,中国铝业公司(下称"中铝公司")总经理熊维平语气坚定。随着越来越多的跨国企业进入中国市场,国内企业正在承受着前所未有的国际化经营的压力,这些压力一方面来自国内激烈的竞争环境和日渐饱和的市场,另一方面来自企业生存和发展的需要。树立企业管理者正确的全球观,是企业实施全球战略、打造跨国公司、参与全球化竞争的第一步。管理者在看待全球业务时,可能是下列三种观念中的一种:民族中心论(母国取向)、多国中心论(东道国取向)、全球中心论(全球取向)。表4-1总结了三种全球观念的优点和缺点。

---

①　Anthony Giddens, *The Consequences of Modernity*, Stanford University Press, 1990, p. 64.
②　国际货币基金组织:《世界经济展望:1997年5月》,中国金融出版社1997年版,第45页。
③　根据杨雪冬、王列:《关于全球化与中国研究的对话》,载《当代世界与社会主义》1998年第3期,第4~11页相关内容整理。

表 4—1 三种全球观念的主要内容

	民族中心论	多国中心论	全球中心论
取向	母国取向	东道国取向	全球取向
优点	结构简单;控制严密	广泛了解了国外市场和工作环境	熟悉全球事务的动力
		东道国政府更多的支持	当地目标和全球目标的平衡
		鼓舞当地管理者的士气	选用最优秀的人才和最佳工作方式,而不受国籍限制
缺陷	管理比较无效	重复性工作	很难实现
	缺乏灵活性	低效率	管理者必须同时具备当地知识和全球知识
	社会和政治力量的强烈反对	因过于关注当地传统而难以维护全球目标	

资料来源:罗宾斯,库尔特:《管理学》,中国人民大学出版社 2008 年版,第 88 页。

民族中心论(ethnocentric attitude)是一种狭隘的观念,认为母国(公司总部所在国)的工作方式和惯例是最好的。持民族中心论的管理者认为,外国国民不像本国国民那样具备制定最优经营决策所必需的技能、专业技术、知识或经验。他们不放心让外国雇员掌握关键的决策权和技术。

多国中心论(polycentric attitude)认为,东道国(组织在母国之外经营业务的国家)的管理人员知道经营业务的最佳工作方式和惯例。持多国中心论的管理者认为,国外的每一个运营单位都是不同的,也是难以了解的。因此,这些管理者很可能给予这些国外机构独立经营的权力,并由外国雇员掌握决策权。

全球中心论(geocentric attitude)的核心是,在世界范围内选用最佳方式和最优秀的人才。持这种观念的管理者认为,在母国的组织总部和各国的工作机构都具有全球观念是很重要的。比如,Home Decor(化名)是一家快速成长的家庭用品制造商,其 CEO 是中国移民。他把公司战略描述为"将日本的质量、欧洲的设计、美国的营销和中国的成本结合起来"。根据全球中心论,应不受国界的限制来寻找最佳方式和人选,从而实现用全球观考虑重大问题和决策。

民族文化和企业文化哪一个对员工的影响更大? 研究表明,民族文化对员工的影响大于企业文化对员工的影响。麦当劳是世界上最大的牛肉使用者,但在进军印度市场时,遇到了前所未有的挑战。在印度文化中牛是受人尊崇的,印度教信徒们认为牛是上帝恩赐的礼物。除了牛肉之外,印度有 1.4 亿穆斯林是禁食猪肉的。麦当劳应对印度的食物文化困境,发明了印度版的巨无霸——邦主汉堡(Ma-haraia Mac),这是一种用羊肉做的汉堡。从这个意义上说,企业管理者必须深入地了解东道国当地的文化,并以尊重、包容的态度融入当地的社会文化环境中。成功的全球管理要求对民族习俗和管理有高度的敏感性。

第二节 理解全球环境

国际社会没有统一的凌驾于各国之上的立法机构,规范国际关系的原则、规则和制度的条约化、法典化是一定意义上的国际立法形式。而国际法的编纂、国际公约的订立,基本上都是由普遍性国际组织来完成的。国际组织实际上承担着全球性法律原则、规则和制度的创造者的角色。普遍性国际组织的基本文件本身通常就包含着适用广泛的国际法原则、规则和制度。

联合国宪章的例证自不待说,以第二次世界大战结束之初达成的关贸总协定(GATT)为例,其多边条约《关税及贸易总协定》规定了一系列重要的贸易自由化原则,其中的削减关税和非关税壁垒、非歧视待遇原则等,构成了经济全球化的基础。没有 GATT 的这些原则,便不可能出现目前这样的经济全球化发展趋势。全球环境是什么样的呢? 全球贸易是一个重要的特征,国家和组织之间的贸易进行了好几个世纪。区域性贸易联盟和世界贸易组织达成的协议是引导全球贸易的两股强大力量。

一、区域性贸易联盟的发展和作用

仅在几年前,国际竞争还被描绘成国家对国家的形式——美国与日本、法国与德国、墨西哥与加拿大。现在,由于产生了区域性贸易和合作协议,全球竞争已经发生了变化。这些协议包括欧盟(EU)、北美自由贸易协定(NAFTA)和东南亚国家联盟(ASEAN)等。

（一）欧洲联盟

欧洲联盟(European Union),简称欧盟(EU),总部设在比利时首都布鲁塞尔,是由欧洲共同体(European Community)发展而来的,主要经历了三个阶段:荷兰、卢森堡、比利时三国经济联盟,欧洲共同体,欧盟。欧盟是一个集政治实体和经济实体于一身,在世界上具有重要影响的区域一体化组织。欧盟的宗旨是"通过建立无内部边界的空间,加强经济、社会的协调发展和建立最终实行统一货币的经济货币联盟,促进成员国经济和社会的均衡发展","通过实行共同外交和安全政策,在国际舞台上弘扬联盟的个性"。

1992 年 2 月签署的《马斯特里赫特条约》(Maastricht Treaty,以条约的签署地荷兰的马斯特里赫特市命名)宣告欧盟成立。该条约联合了 12 个国家——比利时、丹麦、法国、希腊、爱尔兰、意大利、卢森堡、荷兰、葡萄牙、西班牙、英国和德国——作为一个统一的经济贸易实体。这些欧洲国家联盟的主要动因是针对美国和日本的实力,以此来重新确立自己的经济地位。按照互设壁垒的单个国家的机制运行,欧洲工业不可能实现美国和日本企业的效率。但随着欧洲其他一些国家相继加入欧盟,欧盟所代表的经济实力越来越雄厚。现在,欧盟成员国的人口数达到 4.5 亿,欧洲委员会(欧盟位于布鲁塞尔的执行机构)的报告表明,联盟促进了联盟内部生产总值的增长,并从 1993 年以来增加了 250 万个就业岗位。欧盟向完全统一迈出了一大步,12 个国家加入了 EMU——负责欧洲单一货币欧元(euro)发展的正式体制。

2005 年 5 月,法国和荷兰的居民投票反对接受新的欧盟宪法,这给欧盟以沉重打击。但随着欧盟的发展,它可以凭借世界上最富有的一个市场而保持其经济实力。欧洲企业将继续在全球市场上发挥重要作用。例如,英国的联合利华公司是消费品市场一股不可忽视的力量,德国的戴姆勒—克莱斯勒公司是汽车工业强有力的竞争者,而芬兰的诺基亚在无线电技术方面居于主导地位。2009 年 11 月 19 日,欧盟 27 国(见表 4-2)领导人在布鲁塞尔召开特别峰会,选举比利时首相赫尔曼·范龙佩为首位欧洲理事会常任主席,英国的欧盟贸易委员凯瑟琳·阿什顿为欧盟外交和安全政策高级代表。欧洲理事会常任主席和欧盟外交与安全政策高级代表是按照 2009 年 11 月 3 日通过的《里斯本条约》设立的。根据职务特点和内容,这两个职务还被形象地称为"欧盟总统"和"欧盟外长"。

表4—2　　　　　　　　　　　　　　欧盟成员国

1	Austria	奥地利	15	Latvia	拉脱维亚
2	Belgium	比利时	16	Lithuania	立陶宛
3	Bulgaria	保加利亚	17	Luxembourg	卢森堡
4	Cyprus	塞浦路斯	18	Malta	马耳他
5	Czech Republic	捷克共和国	19	Netherlands	荷兰
6	Denmark	丹麦	20	Poland	波兰
7	Estonia	爱沙尼亚	21	Portugal	葡萄牙
8	Finland	芬兰	22	Romania	罗马尼亚
9	France	法国	23	Slovakia	斯洛伐克
10	Germany	德国	24	Slovenia	斯洛文尼亚
11	Greece	希腊	25	Spain	西班牙
12	Hungary	匈牙利	26	Sweden	瑞典
13	Ireland	爱尔兰	27	United Kingdom	英国
14	Italy	意大利			

（二）北美自由贸易协定

1989年,美国和加拿大两国签署了《美加自由贸易协定》(North American Free Trade Agreement, NAFTA)。1991年2月5日,美、加、墨三国总统同时宣布,三国政府代表从同年6月开始就一项三边自由贸易协定正式展开谈判。1992年8月12日,墨西哥、加拿大和美国三国政府就北美自由贸易协定的关键性问题达成一致意见,一个巨大的经济集团诞生了。从1994年起,NAFTA正式生效。到2003年,加拿大出口增长了62%,墨西哥增长了106%。加拿大再次成为美国最大的贸易伙伴,墨西哥位列第三(第二位是中国)。消除自由贸易壁垒(关税、进口许可证、海关服务费)的最终结果是三国经济实力的增强。其他拉美国家也正努力加入自由贸易集团。其中,哥伦比亚、墨西哥和委内瑞拉三国政府于1994年就消除进口税和关税签署了一项条约,首先迈出了一步。2005年7月底,美国众议院以极其微弱的优势通过了《美国与中美洲自由贸易协定》(CAFTA),这个协定促进了美国与其他5个中美洲国家(哥斯达黎加、萨尔瓦多、危地马拉、洪都拉斯和尼加拉瓜)之间的贸易自由化。但是,只有萨尔瓦多准备加入这个协定,其他4个国家还需要修改法律以符合协定的要求。此外,美国还同哥伦比亚做成了一笔交易,这是自NAFTA签署以来华盛顿与拉美国家达成的最大一笔贸易。同样,来自西半球34个国家的谈判者在继续进行美洲自由贸易区贸易协议的谈判工作,协议于2005年前实行。但是,在2005年9月的峰会上,34个国家的领导人并没有达成任何协议,这使得美洲自由贸易区的前景扑朔迷离。已经建立起来的另一个自由贸易集团是南锥体共同市场,它由5个南美国家组成,成立于1991年。但是,这个集团正面临着严峻的问题,因为大多数参与国希望成为规模更大、实力更强的美洲自由贸易区的成员。北美自由贸易协定的主要内容包括:①关税相互减免;②取消进口限制;③坚持产地规定;④政府采购协定;⑤鼓励投资;⑥扩大相互金融服务;⑦发展相互自由运输;⑧鼓励保护知识产权;⑨协商争端解决机制等。

（三）东南亚国家联盟

东南亚国家联盟（Association of Southeast Asian Nations），简称东盟（ASEAN）。东盟的前身是马来亚（现马来西亚）、菲律宾和泰国于 1961 年 7 月 31 日在曼谷成立的东南亚联盟。1967 年 8 月 7 日至 8 日，印度尼西亚、泰国、新加坡、菲律宾四国外长和马来西亚副总理在曼谷举行会议，并发表了《东南亚国家联盟成立宣言》，即《曼谷宣言》，正式宣告东盟成立，成为政府间、区域性、一般性的国家组织。1967 年 8 月 28～29 日，马、泰、菲三国在吉隆坡举行部长级会议，决定由东南亚国家联盟取代东南亚联盟。① 东盟地区的人口约为 5 亿，总的国内生产总值是 7 370 亿美元。在未来几年，亚洲尤其是东南亚地区，有望成为世界上经济发展最快的地区。东盟也将成为日益重要的区域性经济和政治联盟，其影响力最终有可能与北美自由贸易协定和欧盟相抗衡。

图 4—1 为 10 个东盟成员国的地理方位图。

资料来源：http://baike.baidu.com/"东南亚国家联盟"。

图 4—1　10 个东盟成员国地理方位图

（四）其他贸易联盟

全球其他地区也在继续发展区域性贸易联盟。例如，由 53 个国家组成的非洲联盟（AU），成立于 2002 年 7 月，它的目标是建立一个协调、繁荣、和平的非洲。联盟成员打算制定经济发展规划，致力于达成非洲国家之间更广泛的团结。这些国家像其他贸易联盟的成员一样，也希望从联盟中获取经济、社会、文化和贸易等方面的利益。

南亚地区合作联盟（SAARC）由 7 个国家（印度、巴基斯坦、斯里兰卡、孟加拉国、不丹、尼泊尔和马尔代夫）组成，它从 2006 年 1 月 1 日开始取消关税，它的目标是实现产品和服务的自由流通。

---

① 此内容根据 http://baike.baidu.com/"东南亚国家联盟"修改而成。

二、世界贸易组织

1994 年 4 月 15 日,在摩洛哥的马拉喀什市举行的关贸总协定乌拉圭回合部长会议决定成立更具全球性的世界贸易组织,简称"世贸组织"(World Trade Organization,WTO),以取代成立于 1947 年的关贸总协定(GATT)。世贸组织是一个独立于联合国的永久性国际组织,于 1995 年 1 月 1 日正式开始运作。该组织负责管理世界经济和贸易秩序,其基本原则是通过实施市场开放、非歧视和公平贸易等原则,来实现世界贸易自由化的目标。世贸组织成员分为四类:发达成员、发展中成员、转轨经济体成员和最不发达成员。

第三节 全球化经营

一、由来已久的全球经营

全球经营由来已久,在两次世界大战期间,跨国公司在数量上和规模上都有所发展。二战后,跨国公司得到迅速发展。全世界的新技术、新生产工艺、新产品,基本上都掌握在跨国公司手中,这是跨国公司能够几十年不衰反而不断发展壮大的根本原因之一。通常跨国公司都投入大量资本开发新技术、新产品。例如,20 世纪 80 年代中后期,美国电话电报公司研究与开发中心平均每年的研究经费高达 19 亿美元,聘用了 1.5 万名科研人员,其中 2 100 人获博士学位,4 人曾先后获得 4 项诺贝尔物理奖。

改革开放以后,中国的企业也开始走向世界,开始国际化的经营来实现资源优化配置,开拓海外市场。青岛海尔集团从 1998 年开始重点实施国际化发展战略,目前海尔在全球建立了21 个工业园,5 个研发中心,19 个海外贸易公司,全球员工超过 8 万。深圳康佳集团是中国改革开放后诞生的第一家中外合资电子企业。它在印度投资 900 万美元组建合资企业,并相继在墨西哥和印度尼西亚投资建厂。广东 TCL 集团已在越南投资 1 000 万美元建立彩电生产工厂,有 50 万台年生产能力,占越南 10%的市场份额。此外还在印度合资建厂,占当地 7%的市场份额。

二、不同类型的全球组织

国际管理问题的研究主要集中在国际企业在东道国中的经营,主要涉及人员、产品与资本流动的管理问题,主要研究在跨越国界的情况下如何更好地管理企业。很多国内外企业实现了多国经营,全球化经营是不可阻挡的发展趋势。尽管全球化经营公司已经相当普遍,但是没有准确地为全球化公司进行分类,不同的学者对于各种全球经营公司有着不同的叫法。跨国公司(multinational corporation,MNC)是一个广泛的总称,代表了任一或所有类型的、在多国维持经营的国际性公司。20 世纪 70 年代初,联合国经济及社会理事会组成了由知名人士参加的小组,较为全面地考察了跨国公司的各种准则和定义后,于 1974 年作出决议,决定联合国统一采用"跨国公司"这一名称。图 4—2 描述了公司名词之间的关系。

多国公司(multidomestic company)是指在多个国家中拥有重要的运营单位,但以母国为基地进行管理,其特征表现为民族中心论的跨国公司,主张把管理权和决策权下放给东道国。这种类型的公司并没有复制本国的成功管理经验去运营国外的单位,而是在每个国家雇用当地的人员来经营,并针对该国特征制定相对应的营销策略。全球公司(global company)是把

图4—2　公司名词之间的关系

管理权和其他决策权都集中在母国公司中的跨国公司。全球公司把整个世界看成是一个整体,关注实现全球化的效率,其主要的管理决策都由母公司制定并下达。索尼、德意志银行和美林都是典型的全球公司。

三、组织如何走向全球化

在组织走向全球化的过程中,它们根据开展全球业务所处的阶段选择不同的方式。组织全球化分为三大阶段:组织被动反应的第一阶段、组织明显主动进入国际市场的第二阶段和建立国际性公司的第三阶段(见图4—3)。

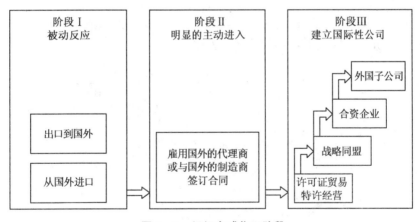

图4—3　组织全球化三阶段

在第一阶段,一个组织也可以采用进口的方式来走向全球化,也就是说,把国外制造的产品销往国内。在全球化的初始阶段,管理者多半采用将产品出口到国外或者从国外进口的方式进入国际市场,因为其所涉及的投资和风险都是最小的。大多数组织都是这样开始全球业务的,尤其是小企业,继续通过进出口业务的方式实现全球经营。

在第二阶段,组织开始主动到外国销售自己的产品或在国外工厂制造产品,令投资增加,但仍没有在国外正式派驻人员。销售方面是定期派遣公司雇员到国外与客户见面,或雇用外国的代理商或中间商来代理产品。许可证贸易、特许经营,是指通过一次性支付或按销售提取一定费用,从而给予其组织商标、技术或产品的使用权。

第三阶段是组织的管理当局最为积极地寻求全球市场的时期,这里我们将介绍组织在建立国际企业时的三种有效途径,包括建立战略同盟、建立合资企业和建立外国子公司。

(一)战略同盟

战略同盟(strategic alliance)是指一个组织与外国公司建立的伙伴关系,双方在开发新产品或组建生产机构时共享资源和知识,同盟双方相互合作、共担风险、共享收益。大多数合资项目中,海外企业拥有产品和技术,本国企业具有当地用户、政策性资源以及对于本地文化的把握。战略同盟可能有文化冲突、目标冲突,可能不能理解或协调伙伴企业的战略意图,不同的目标利益间形成冲突。企业在联盟项目内共担风险、共享资源,如美国IBM、日本东芝和德国西门子结成伙伴关系以开发新一代的计算机芯片。

(二)合资企业

合资企业(joint venture)是指企业双方为了某个企业目标,一致同意成立一个自主经营、独立的组织,一般指中外合资经营企业。例如,惠普公司在全球范围内与各种供货商组建了大量的合资公司,从而为计算器设备开发出不同的零部件。相对于独资企业来说,这种关系为公司全球竞争提供了一种快速、低成本的方式。目前,合资企业不能发行股票,只能采取股权形式,按合资企业各方的投资比例分担盈亏。

(三)外国子公司

外国子公司(foreign subsidiary)是自主经营而又独立的生产机构或办事处,在国外直接投资,可以按照多国公司(国内控制)、跨国公司(国外控制)或无国界组织(全球控制)的方式进行管理。采用这种形式可获得最大程度的控制,包括对技术、营销和分销的控制。如果在外国建立子公司成功,则潜在利润可观。这种形式投入的资源最多、风险最大,在进入模式选择中是最昂贵和复杂的。

图4—4描绘了组织走向全球化时,国外经营产权与国外经营成本之间的关系,同时也概括了企业在不同的阶段,实施的不同的全球化战略。

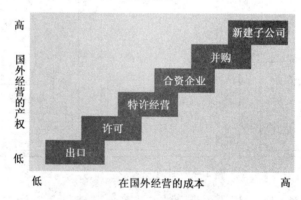

图4—4 组织全球化战略选择

对大公司而言,只在不同的国家经营还不够,像埃克森石油公司和通用汽车公司那样,在一些国家建立生产制造厂也不足以使这些公司具备国际市场上的竞争力。转变的趋势会朝着全球化公司或跨国公司的方向发展,这种公司将整个世界视作一个大市场,这也意味着这些公司必须适应国家市场甚至当地市场的需求。

对很多企业而言,国内的市场空间变得狭小了。如果开发一种新药或新技术可能要花数亿美元或很多年的时间,这种高昂的成本只有在国际市场上出售药物或新技术才能得到补偿。尽管许多公司都要全球化,但至今只有为数不多的公司做到了这一点。全球化公司要面向世界来开发产品,特别是面向北美、亚洲和西欧市场,战略决策也需要考虑到整个世界的情况,具体策略的实施还要受到全球环境的影响，受到国别和当地文化的影响。

第四节 在全球化环境中进行管理

一、政治法律环境

政治法律环境(political and legal environment)是指一个国家或地区的政治制度、体制、方针政策、法律法规等。这些因素常常制约、影响企业的经营行为，尤其是影响企业较长期的投资行为。不同的国家具有不同的政治环境，有一些国家的政府在相当长的历史时期内都是不稳定的，如阿富汗、波斯尼亚和黑塞哥维那、莫桑比克及尼日利亚等。当企业的管理者想打开这些国家的市场时，将面临着高度不确定性的挑战。由于政治环境对企业的影响具有直接性、难以预测性和不可逆转性的特点，企业管理者得慎重考虑政治环境的影响。

政治环境对企业营销活动的影响主要表现为，国家政府所制定的方针政策，包括人口政策、能源政策、物价政策、财政政策、货币政策等。例如，国家通过降低利率来刺激消费的增长；通过征收个人收入所得税调节消费者收入的差异，从而影响人们的购买能力和水平；通过增加产品税，如对香烟、酒及奢侈品的增税来抑制人们的消费需求。在国际贸易中，不同的国家也会制定一些相应的政策来干预外国企业在本国的营销活动，如进口限制、税收政策、价格管制、外汇管制和国有化政策等。①

政治对企业监管、消费能力以及其他与企业有关的活动会产生十分重大的影响。当组织想进军国际市场，必须思考一些问题：目标国家政治环境是否稳定？ 国家政策是否会改变从而增强对企业的监管并收取更多的赋税？ 该政府所持的市场道德标准是什么？ 该国政府的经济政策是什么？ 以及当地政府是否关注文化与宗教？ 政府是否与其他组织签订过贸易协定，如欧盟(EU)、北美自由贸易区(NAFTA)、东盟(ASEAN)等？ 事实上，对于中国企业来说，区分其他国家的法律或政治体系与中国的差异才是最重要的。管理者假如希望了解在别国经营中的约束以及存在的机会，就必须对这些差异有准确的认识。

二、国际管理：文化和国家差异

了解各国管理做法上的差异是有益的。格利特·霍夫斯泰德(Geert Hofstede)提出了很有价值的、研究各国文化差异的框架。我们将重点讨论几个选定的国家，以具有普遍性的内容为基础，帮助理解民族文化之间的差异。我们必须牢记，在任何一个国家，管理人员之间都存在很大的差别，社会也不是静态的，环境时刻在发生变化。

格利特·霍夫斯泰德

(一)霍夫斯泰德评估文化框架

荷兰籍研究人员格利特·霍夫斯泰德的研究表明，一个国家的文化会对其人民的行为产生影响。管理者和员工在民族文化的五个维度表现不同，这五个维度是：个人主义与集体主义；权力距离；不确定容忍与不确定规避；男性化与女性化(事业成功与生活质量)；短期导向与长期导向性。表4-3归纳了这五种维度下的行为表现。

---

① 此内容基于 http://baike.baidu.com/"政治法律环境"修改而成。

表 4—3	五种维度下的行为表现
个人主义 关心自己的事件和比较接近的同事,工作任务比关系更重要	集体主义 强调群体作用,希望得到群众的支持,关系比工作任务更重要
大的权力距离 社会认可权力的不平等分配,尊重职权,强调职位和级别,下属希望被告知做什么,强调集权	小的权力距离 社会不太认可权力,员工倾向于与上司商讨建议,不太强调职权、职位和级别,最大限度地降低不平等,强调分权
不确定容忍 人们认可不确定性,接受风险,并愿意承担风险	不确定规避 惧怕含糊不清和不确定性,倾向于结构和正式规章制度
男性化 颇有进取心和自信心,强调物质利益、成功和金钱	女性化 呈关系型风格,注重生活质量,关心别人的幸福,关心他人,强调谦虚
长期导向 表现为努力工作、执著,呈节约型风格	短期导向 不太强调努力工作和持之以恒,呈消遣型风格

表 4—4 总结了霍夫斯泰德研究中的 12 个国家的例子,包括澳大利亚、加拿大、英国、法国、希腊、意大利、日本、墨西哥、新加坡、瑞典、美国和委内瑞拉。由于有些国家的长期导向分数并没有记录,所以长期导向变量并没有列入表格中。

表 4—4		各国文化差异		
国家	个人主义/集体主义	权力距离	不确定规避	生活的质量/数量[a]
澳大利亚	个人主义	小	中等	强
加拿大	个人主义	中等	低	中等
英国	个人主义	小	中等	强
法国	个人主义	大	高	弱
希腊	集体主义	大	高	中等
意大利	个人主义	中等	高	强
日本	集体主义	中等	高	强
墨西哥	集体主义	大	高	强
新加坡	集体主义	大	低	中等
瑞典	个人主义	小	低	弱
美国	个人主义	小	低	强
委内瑞拉	集体主义	大	高	强

资料来源:Based on G. Hofstede, Motivation Leadership, and Organization:Do American Theories Apply Abroad? *Organizational Dynamics*, Summer 1980, pp. 42—63。

注:a 表示弱的生活的数量相当于高的生活的质量。

(二)评价民族文化的 GLOBE 框架

1. GLOBE 框架的九个维度

从 1993 年开始,用于民族文化评估的"全球领导与组织行为有效性"(Global Leadership and Organizational Behavior Effectiveness,GLOBE)的研究项目一直进行着有关领导与民族文化的跨文化调查。数据来自 62 个国家和地区,共 825 个组织。针对民族文化的差异,GLOBE 工作团队区分了九个维度(表 4－5 中的每个维度下都对一些国家和地区的文化进行了新的评价)。

表 4－5 GLOBE 框架

维度	评估分低的国家(地区)	评估分中等的国家(地区)	评估分高的国家(地区)
决断性	瑞典、新西兰、瑞士	埃及、爱尔兰、菲律宾	西班牙、美国、希腊
未来取向	俄罗斯、阿根廷、波兰	斯洛文尼亚、埃及、爱尔兰	丹麦、加拿大、荷兰
性别差异	瑞典、丹麦、斯洛文尼亚	意大利、巴西、阿根廷	韩国、埃及、摩洛哥
不确定性规避	俄罗斯、匈牙利、玻利维亚	以色列、美国、墨西哥	澳大利亚、丹麦、德国
权力距离	丹麦、芬兰、南非	英国、法国、巴西	俄罗斯、西班牙、泰国
个人主义/集体主义	丹麦、新加坡、日本	中国香港、美国、埃及	希腊、匈牙利、德国
组内集体主义	丹麦、瑞典、新西兰	日本、以色列、卡塔尔	埃及、中国大陆、摩洛哥
绩效取向	俄罗斯、阿根廷、希腊	瑞典、以色列、西班牙	美国、中国台湾、新西兰
人本取向	德国、西班牙、法国	中国香港、瑞典、中国大陆	印度尼西亚、埃及、马来西亚

资料来源:M. Jauidan and R. J. House, Cultural Acumen for the Global Manager: Lessons from Project GLOBE, Organizational Dynamics, Spring 2001, pp. 289－305. Copyright © 2001. Reprinted with Permission from Elsevier.

(1)决断性。一个社会鼓励人们竞争、对抗、不妥协、自我肯定,而不是谦虚、平和的程度。这一维度与霍夫斯泰德的生活数量维度相对应。

(2)未来取向。一个社会鼓励和奖励未来取向行为(如做出规划、投资未来、延迟满足)的程度。这一维度与霍夫斯泰德的长/短期取向相对应。

(3)性别差异。一个社会最大化性别角色差异的程度。这与霍夫斯泰德的男女性气质相同,可通过女性地位的高低及其承担的决策权大小来判定。

(4)不确定性规避。与霍夫斯泰德的界定相同,GLOBE 团队把这一概念界定为一个社会对社会规范和程序的依赖,以降低对未来事件的不可预知性。

(5)权力距离。与霍夫斯泰德一样,GLOBE 团队把它界定为:一个社会中,成员接受权力分配的不平等程度。

(6)个人主义/集体主义。这一概念如同霍夫斯泰德的界定,即个体受到社会公共机构的鼓励而融入组织与社会群体中的程度。

(7)组内集体主义。它不关注社会公共机构,这一维度包括社会成员对于小群体(诸如家庭、亲密朋友圈、他们所在的组织)成员身份的自豪程度。

(8)绩效取向。这是指一个社会对群体成员的绩效提高或绩效优异给予鼓励和奖赏的程度。

(9)人本取向。这是指一个社会对于公正、利他、宽容、关怀、对他人友善的个体给予鼓舞和奖励的程度。

2.GLOBE 维度的优点

通过对 GLOBE 维度与霍夫斯泰德的维度进行对比,我们发现,前者的观点扩展了后者的内容,并证实了霍夫斯泰德的五个维度依然有效。并且,GLOBE 框架还加入了其他一些维度,给我们提供了每个国家在各个维度上的最新测量数据。随着人类的进步及移民运动的持续,国家的文化价值观是可以改变的。例如,GLOBE 调查显示,这些年来,美国的个人主义已比从前降低了。我们可以预期,未来针对人类行为和组织活动进行的跨文化研究,会越来越多地使用 GLOBE 维度来评估国家之间的差异。①

(三)波特国家竞争优势理论

迈克尔·波特

迈克尔·波特(Michael E. Porter,1947～)是哈佛商学院的教授,他对比较优势经济理论提出了质疑,认为四组因素影响一个国家的实力:第一组是要素因素,如一个国家的自然资源、劳动力成本,以及人们的技能和接受教育的程度;第二组是一个国家的需求条件,如市场规模、产品做广告的方式以及消费者的成熟程度;第三组是供应商因素,即当提供各项支持的公司都位于本地时,公司会兴旺起来;第四组包括公司的战略、结构以及与竞争对手之间的竞争状况。这四组因素组合在一起就构成了竞争优势。一方面,当只有两组因素有利时,竞争优势很难保持;另一方面,资源的可供性也未必总是一个必要的条件,比如日本,缺乏自然资源但经济却很繁荣。

三、经济环境

管理人员除了了解管理方式上的文化差异、不同国家的法律政治环境之外,还应该理解其他国家的经济环境。

首先,我们要了解所在国家的经济体制类型是属于计划经济(command economy)还是市场经济(market economy)。在市场经济中,资源主要是由私营企业所掌握和控制的。在计划经济中,经济政策是由中央政府决定的。例如,英国和美国都倡导市场经济,政府的参与度不高;越南和朝鲜的经济基本以控制为主。

其次,我们要观察企业经济环境主要的组成因素:社会经济结构、经济发展水平、经济体制、宏观经济政策、当前经济状况以及其他一般经济条件。社会经济结构,指的是国民经济中不同的经济成分、不同的产业部门及社会再生产各方面在组成国民经济整体时相互的适应性、量的比例以及排列关联的状况。社会经济结构主要包括:产业结构、分配结构、交换结构、消费结构和技术结构。其中,最重要的是产业结构。经济发展水平,是指一个国家经济发展的规模、速度和所达到的水平。反映一个国家经济发展水平的常用指标有:国内生产总值、国民收入、人均国民收入和经济增长速度。经济体制,是指国家经济组织的形式,它规定了国家与企业、企业与企业、企业与各经济部门之间的关系,并通过一定的管理手段和方法来调控或影响社会经济流动的范围、内容和方式等。宏观经济政策,是指实现国家经济发展目标的战略与策略,它包括综合性的全国发展战略和产业政策、国民收入分配政策、价格政策、物资流通政策等。当前经济状况会影响一个企业的财务业绩。经济的增长率取决于商品和服务需求的总体

---

① 基于网站 http://www.ic98.com/ Service/ baike/250.html 修改而成。

变化。其他经济影响因素包括税收水平、通货膨胀率、贸易差额和汇率、失业率、利率、信贷投放以及政府补助等。其他一般经济条件和趋势对于一个企业的成功也很重要。工资、供应商及竞争对手的价格变化以及政府政策,会影响产品的生产成本和服务的提供成本以及它们被出售的市场的情况。这些经济因素可能会导致行业内产生竞争,或将公司从市场中淘汰出去,也可能会延长产品寿命、鼓励企业用自动化取代人工、促进外商投资或引入本土投资、使强劲的市场变弱或使安全的市场变得具有风险。

评价经济环境的因素具体可以参考经济增长率、经济发展所处的阶段、人均国民收入、财政金融政策、利率、通货膨胀率、国际收支平衡状况、汇率和失业率等。

本章小结

1. 全球化是跨国商品与服务交易及国际资本流动规模和形式的增加,以及技术的广泛迅速传播使世界各国经济的相互依赖性增强。

2. 全球公司(global company)是把管理权和其他决策权都集中在母国公司中的跨国公司。全球公司把整个世界看成是一个整体,关注实现全球化的效率,主要的管理决策都由母公司制定并下达。

3. 合资企业是一种特殊的战略同盟,即双方为了某个企业目标,一致同意成立一个自主经营、独立的组织。

4. 外国子公司是自主经营而又独立的生产机构或办事处,在国外直接投资,可以按照多国公司(国内控制)、跨国公司(国外控制)或无国界组织(全球控制)的方式进行管理,获得最大程度的控制,包括对技术、营销和分销的控制。如果在外国建立子公司成功,潜在利润可观。这种形式投入的资源是最多的,风险也是最大的。

5. 战略同盟是一个组织与外国公司建立的伙伴关系,双方在开发新产品或组建生产机构时共享资源和知识,同盟双方共担风险、共享收益。

6. 影响全球化环境管理的因素:政治法律环境;经济环境;文化影响力量等。其中,掌握用于文化评估的 GLOBE 框架和波特国家优势理论。针对民族文化的差异,GLOBE 工作团队确认了九个维度,包括决断性、未来取向、性别差异、不确定性规避、权力距离、个人主义和集体主义、组内集体主义、绩效取向和人本取向。国家优势理论认为四组因素影响一个国家的实力:第一组是要素因素;第二组因素是一个国家的需求条件;第三组是供应商因素;第四组包括公司的战略、结构以及竞争对手之间的竞争状况。这四组因素组合在一起就构成了竞争优势。

练习题

一、简答题

1.以你所熟悉的国家为例,探讨教育环境中的因素如何影响企业的管理。

2.本章所述的霍夫斯泰德结构框架,能用于指导泰国一家医院或者委内瑞拉的一个机构的管理者吗?

3.比较组织走向全球化的各种方式的优缺点。

4.一位从墨西哥调往美国位于亚利桑那州的一家制造工厂的管理者,可能遇到哪些挑战?

对于一位从美国派往墨西哥瓜达拉哈拉市的管理者来说,是否会遇到相同的挑战?

5. 你认为全球化环境已经在哪些方面改变了组织甄选和培训管理者的方式?互联网对此有何影响?

6. 当公司为员工制定合适的文化意识培训时,政治、法律和经济因素的差异会对此有影响吗?请解释。

7. 你会给予一个没有什么全球化经验的管理者什么建议?

8. 比较多国公司、跨国组织和无国界组织。

9. 中国与西方发达国家的民族文化差异主要体现在哪些方面?

二、案例分析

"中国企业为何难以成为世界级的品牌?"六年未见之后,我们最初的谈话竟是从这个命题开始的。

1819 年的新加坡、1841 年的中国香港、1842 年的上海曾是东方与西方的交汇之地,都曾期待自己成为远东的贸易中心。它们各自的命运在过去的一个半世纪里,像是你追我赶的赛跑游戏,结局充满了意外的戏剧性,它们喜欢用"双城记"来形容彼此的关系。上海与香港构成的是沿海中国走廊,直到 1949 年之前,是中国新观念、新风尚、商业利润的中心。而 1950 年之后,新加坡与香港则是另一个"双城记",两个亚洲的殖民城市,身处强大邻居影响的焦虑中,资源匮乏,却在短暂的三十年的时间里,跻身全球最富有的城市。1970 年 2 月,李光耀在香港大学的演讲中说:"作为现代化进程的先驱,香港和新加坡可以充当催化剂,协调周遭的传统农业社会加快蜕变的步伐……它们会成为集散地,不光是集散发达国家制造的精细产品,更重要的是也能传播社会价值观、纪律、技术和专门知识。"10 年后,马来西亚、印度尼西亚学习新加坡经验,而香港则是中国改革最重要的资金与观念的来源。

"中国没有世界级的品牌"的讨论似乎轻易地就与中国人的行为方式牵扯到了一起。中国游客在新加坡的声誉不佳,一年前的《海峡时报》创造了"丑陋的中国游客"一词,因为经济奇迹而涌来的中国游客的一些习惯令本地人难以忍受,他们随地吐痰、在公共场合嗓门大、不守秩序、卫生习惯不佳……

于是,我们三个在新加坡河旁的话题似乎又回到了 100 年前的年轻知识分子争论不休的老问题上:中国人如何变得更富组织性,如何创造一个健康的社会?作为单独的个人,中国人可以成为杰出人物,夸耀自己是最聪明的人,但中国人却很少能够缔造具有扩张性和生命力的组织,商业公司不过是诸多组织形态中的一种。

新加坡是一个好的榜样吗?19 世纪,那些为了躲避清帝国的崩溃而带来的社会动荡的福建人与广东人逃到此地,他们的后代构成了今日新加坡人的主体,创造了今日的经济奇迹,李光耀正是客家人的后代。这的确是世界上最干净、最有秩序的城市之一,夜晚从市场到市区,在柔和的光线下,新加坡像是个漂亮的盆景。但谁知道,新加坡人进行了一场浮士德式的交易。直到几年之前,在这里买一包口香糖仍不是一件容易的事,政治权力与它的物质成就不相匹配,李光耀甚至说,如果世上有保姆国家,我们很高兴是其中之一。在漫长的繁荣岁月里,香港也是如此,权力交给英国人,华人专心赚取利润。

前往新加坡之前,我正在上海。上海既缺乏新加坡的高效、清廉的行政力量,又没有香港商业环境中自由竞争的能量。今天的中国人,在进行着那场浮士德式的交易。他们常抱怨的是,即使他们已经接受了这笔交易,却仍没有一个稳定环境来安心完成这笔交易,不断有人赤裸裸地窃取他们的成果。"没有权力和关系,生意实在太难做了",管沣抱怨说,他在国内的创业故事没有成为纳斯达克的中国概念股,他越来越不相信斯蒂夫•乔布斯式的传奇会发生在中国,他喜欢新加坡,即使这里生活沉闷,充满规矩和禁忌,但是,他觉得这里安全,一切可以预期。

资料来源:http://news. xinhuanet. com/forum/2006-09/content-5098482. htm。

案例思考题:

1.这段文字所表达的含义是什么?

2.试用中西文化解释中国企业和西方企业之间的差异。

3.中国企业要成为世界级品牌,应该从哪些方面加以改进?

第五章

社会责任与管理伦理

学习目标

学完本章后,你应该能够:

1. 阐述社会责任的古典观和社会经济观。

2. 阐述公司的社会责任与经济效益间的联系。

3. 理解管理伦理的含义。

4. 理解并比较四种伦理观。

5. 了解管理者最常面临的伦理问题的类型。

6. 分析管理者将伦理因素纳入制定决策过程中的原因和做法。

7. 识别重要的利益相关者。

8. 理解不同的利益相关者对组织的影响。

要点概述

1. 组织的社会责任

社会责任的内涵;社会责任的古典观和社会经济观;企业为什么要承担社会责任;社会责任的内容。

2. 组织的伦理

伦理的内涵;伦理观;伦理观的比较;伦理在管理中的应用。

3. 组织的利益相关者

组织与利益相关者;管理组织的利益相关者。

案例导读

丰田不能"选择性遗忘"社会责任

丰田因质量问题频出而引发的召回事件从2008年末延续到了新的一年。多年来尤其是近期,接连不断的质量问题和召回事件正在使丰田品牌蒙受信誉损失,引发诚信危机。

丰田的召回"前科"有多严重?以国家质检总局的数据为例,在2006年中国汽车召回的27起案件中,有5起来自丰田品牌的企业,召回次数居国内汽车企业之首。甚至曾有报道指出,2005年,丰田在美国市场上召回的汽车数量竟然超过了其销售数量。伴随着"悠久光辉"的召回史,丰田汽车驶入了2009年,可产品质量却"此去经年","问题依旧"。

有人将丰田召回事件频出归结于急速扩张市场、推出新车速度过快等而忽视了产品质量。这无疑是一种讽刺,曾几何时,丰田创造了享誉业界的现代生产方式——TPS,包括准时化生产、全面质量管理、团队工作法、并行工程等生产管理技术与方法体系。曾经以管理严谨著称、以重视产品质量知名的品牌如今却在产品质量上丑闻频出,不禁让人唏嘘。

可气的是,丰田不仅在投放市场的车辆上采取双重技术标准,也在汽车召回上采取双重标准。对于某些出现质量问题的车型,只召回本土和欧美市场的汽车,中国市场上的"问题汽车"却几乎成了"弃儿"。《新闻晨报》就曾报道,在面对一些汽车出现"方向盘被突然锁死"的质量问题时,丰田方面"轻描淡写"地说是"移车入位时方向盘有故障",且有关负责人说并不召回汽车。丰田虽志在扩张中国市场,却将这个市场上的客户当成"二等消费者",斥资购车的车主们情何以堪?事实上,无视客户利益也会被市场鄙视,丰田锐志曾发生漏油问题,当时丰田否认质量问题,并未召回,结果丰田锐志在中国市场上表现平平,未达预期。

眼下金融危机横扫世界市场,企业倒闭、兼并、重组现象层出不穷,"幸存"企业间的竞争更是达到白热化状态。而目前,丰田在北美市场难挽下滑趋势,中国市场也就成为其市场布局的重镇,此时,丰田应该狠把质量关,重视售后服务,展示一个著名品牌的质量档次和服务魅力。即便出现质量问题,也应该果断地进行"危机公关",召回汽车、安抚客户、挽救品牌形象,而不是对中外市场采取双重标准,对质量问题视而不见,对客户呼声置之不理。面对中国这样一个"地盘"不断扩张的市场,却用频出质量问题的产品"打天下",丰田之失,失在短视,失在企业诚信的缺失,失在对企业社会责任的"选择性遗忘"。

实际上,企业的社会责任不仅包括员工福利、慈善捐赠、环境保护等传统方面的内容,一个负责任的企业还应该努力使客户乃至社会不遭受自己的运营活动、产品及服务的消极影响,为行业生态和人类幸福尽心尽力。也就是说,一个企业,不能只想着为自己谋利,还应该顾及他人,包括自己的客户。在丰田汽车召回事件中,对消费者的"消极影响"显而易见,这反过来也影响了自己的品牌形象,此事对丰田的"消极影响"也是一目了然。英国《经济学家》杂志的一项调查显示,74%的受调查者认为,企业履行社会责任有助于提高利润。当然,如果企业像丰田这样忽视社会责任,则会削低利润水平。

市场扩张导致的质量松懈问题向来是企业发展大忌,"久经沙场"的丰田不会不知,也不会不防,可积年的产品召回事件所显示的企业社会责任缺失,乃是丰田迫切需要补上的一课。金融危机之下,企业生存举步维艰,怎么壮大实力,赢得客户,丰田的例子无疑具有警示意义,也是绝佳的反面教材。

资料来源:四川新闻网,2009年2月6日,作者:薛之问。

在20世纪60年代以前,公司的社会责任问题并没引起多大关注,只有那时的积极分子运动开始引起了对工商企业单一经济目标的疑问。伴随着时代的进步,管理者经常遇到需要考虑社会责任的决策,如慈善事业,定价问题,雇员关系,资源保护,以及产品质量等都是极为明显的社会责任问题。为了帮助管理者做出这样的决策,让我们首先来了解一下什么是社会责任。

第一节　组织的社会责任

一、社会责任的内涵

对于一个组织而言,承担社会责任意味着什么? 有两种不同的观点主导着这个思想:一种是古典或纯粹的经济学观点,另一种是社会经济学观点。

(一)古典观点

古典观点(classical view)主张,管理当局唯一的社会责任就是利润最大化。这一观点的支持者是经济学家和诺贝尔殊荣的获得者米尔顿·弗里德曼(Milton Friedman)。他认为,管理者的主要责任就是从股东的最佳利益出发来从事经营活动。[①] 弗里德曼并不是说组织不应当承担社会责任,他支持组织承担社会责任,但这种责任仅限于为股东实现组织利润的最大化。

(二)社会经济学观点

社会经济学观点(socioeconomic view)认为,管理当局的社会责任不只是创造利润,还包括保护和增进社会福利。社会经济学观点的支持者们认为企业必须要对社会负责。社会通过各种法律法规认可了公司的建立,并通过购买产品及服务对其提供支持。因此,企业应积极参与社会的、政治的和法律的事务。

> 大约 50 年前,曼维尔公司的高层管理者发现,其产品——石棉会引起致命的肺病。作为一项政策,管理当局决定隐瞒由此而受到影响的雇员的情况。原因何在? 利润! 一位律师在法庭上作证时,回忆起 20 世纪 40 年代中期,他是如何询问曼维尔公司的辩护人有关公司对雇员隐瞒 X 光胸透结果的政策的。这位律师问:"你们是否打算告诉我,你们将会让他们一直下去,直到他们倒下呢?"回答说:"是的,因为这样我们可以节省一大笔钱。"从短期看,也许是这样的,但从长期来看,肯定事与愿违。
>
> 果然,1982 年该公司被迫申请破产,以避免成千件潜伏着的与石棉有关的诉讼。在1988 年,该公司重整旗鼓,但却背上了与石棉案有关的沉重债务。为了补偿受害者,曼维尔公司同意设立个人伤害安置信托基金,以现金、债券及公司直到 2015 年的 20% 的年利润,建立了一项 26 亿美元的基金。当管理当局目光短浅时,就会发生本例的情况。结果造成许多工人过早死亡,股东们损失巨款,一家主要的公司被迫重组。
>
> 资料来源:斯蒂芬·P. 罗宾斯:《管理学》(第七版),2004 年。

比较以上两种观点,如果考虑到管理者是对谁负责的,我们就可以更容易地理解社会责任的关键问题。古典主义者可能认为,只有股东或所有者才是他们应当关心的人;革新主义者则可能会认为,管理者应对任何受组织决策和行动影响的群体即利益相关群体负责。

[①]　斯蒂芬·P. 罗宾斯:《管理学》(第九版),中国人民大学出版社 2010 年版,第 114 页。

图5—1描绘了组织社会责任扩展的一个四阶段模型。

更小←———	社会责任		———→更大
阶段1	阶段2	阶段3	阶段4
所有者与管理层	雇员	具体环境中的各种构成	更广阔的社会

资料来源:斯蒂芬·P.罗宾斯:《管理学》(第七版),2004年。

图5—1 组织社会责任扩展

在阶段1,管理者在关注股东利益时,不仅遵循了社会责任的古典观点,也遵守了所有的法律法规。

在阶段2,管理者将社会责任扩展至一个重要的利益相关群体——雇员。处于阶段2的管理者努力改善工作条件、扩大雇员权力、增加工作保障,并集中注意力于人力资源管理,以吸引、保留和激励优秀的员工。

在阶段3,管理者将社会责任扩展到具体环境中的其他利益相关群体,即顾客和供应商。在此阶段,管理者的社会责任目标包括公平的价格、高质量的产品和服务、安全的产品、良好的供应商关系以及其他类似的举措。他们认为,只有满足具体环境中其他各种构成的需要,才能实现他们对股东的责任。

最后,阶段4同社会责任的严格意义上的社会经济定义一致。在这一阶段,管理者感到他们对社会整体负有责任。他们经营的事业被看作公众财产,他们对提高公众利益负有责任。承担这样的责任意味着,管理者正在积极促进社会公正、保护环境、支持社会活动和文化活动,哪怕这样的活动对利润会产生消极影响。

如图5—1所示,每一阶段都伴随着管理者自由决定权的程度的提高。当管理者的自由决定权沿着图5—1的连续谱向右端移动时,他们必须做出更多的判断。在第4阶段上,需要将他们对社会行为的是非准则应用于社会。例如,一件产品什么时候会对社会有害?当KFC销售汉堡时,对社会而言,它做"对"了吗?或许生产的汉堡含太多卡路里也是错的吗?当一些烟草店出售香烟时,它做"错"了吗?公用事业部门运行核能工厂是对社会不负责任吗?一家公司利用税收制度的各种漏洞,这意味着上亿元的利润只纳极少的税或不纳税,这是错误的吗?

本书将社会责任(social responsibility)定义为,管理者在决策制定过程中考虑某些社会标准的一种责任感。只要是社会主义,就应固有一般意义上的责任。责任是分内应该做好的事情,也就是承担应当承担的责任,完成应当完成的使命。责任是和谐社会的"生态链",每个人都是这个"生态链"上的一环。

对个体而言,社会责任指的是在一个特定的社会中,每个人在心里和感觉上对其他人的伦理关怀和义务。

在管理过程中,社会责任指的是一个组织对有利于社会的长远目标的追求。它要求组织探索基本的道德真理,并进行认识和实践。具体指,社会并不是无数个独立个体的集合,而是一个相辅相成、不可分割的整体。尽管社会不可能脱离个人而存在,但是纯粹独立的个人确是不存在的抽象。简言之,没有人可以在没有交流的情况下独自一人生活。所以,我们一定要有对社会负责、对其他人负责的责任感,而不仅仅是为自己的欲望而生活,这样才能使社会变得更加美好。

对组织而言,社会责任应该是一个历史发展的产物,是整个社会对于组织的期望不断变化的体现;而从另一方面来说,组织的自我调整也是推动组织社会责任走向主流的重要因素。

二、企业为何应对社会负责

对于很多企业管理者来说,他们想要知道社会责任活动是否会降低一个公司的经济绩效。许多研究表明,社会参与与经济绩效之间是正相关的。但我们无法得到一个普遍结论,因为这些研究并没有使用"社会责任"和"经济绩效"的标准衡量方法。

大多数方法是通过分析年度报表内容,引证公司文档中有关社会行动的描述,或者用公众感觉的"声誉"指数来确认企业的社会绩效。这些标准作为客观的、可靠的社会责任尺度显然是有缺陷的。尽管经济绩效尺度(净收入、权益收益率或每股价格)更为客观,但它们通常仅用于表明短期的财务绩效。社会责任对企业利润的冲击(积极的或消极的)要许多年后方才见效。

由于社会责任对经济绩效的影响是正向的,它使得公司管理者在追求利润目标的同时显示出某种社会意识。也就是说,社会责任行为或许不过是一种乔装的利润最大化行为。正如美国运通公司(American Express)的一位总经理所说:"社会责任是一个很好的营销诱饵。"

> 莱兹科公司(Razcal Corp.)是马萨诸塞州的一家小公司,专为青少年市场生产和销售山莓、酸橙、苏打饮料。许多年来,反酒后驾车组织(MADD)一直努力争取高中学校加入一个以反酗酒为主题的标语比赛,但几乎没有学校报名。莱兹科公司看出这是一个机会,它和MADD都想以青少年为目标,并且两者都对饮料消费问题感兴趣。故由莱兹科公司提供资金,为标语比赛开展了一场巧妙的直接邮寄活动,这一活动扩大到4 000所新英格兰地区的高中,约500所学校的3 000名学生代表参加了这一比赛。
>
> 莱兹科公司的总费用(包括邮寄、宣传和赞助比赛)为25 000美元。结果如何呢?莱兹科公司的销售在一年中增加了1倍,从250 000美元增加到500 000美元。此外,一些超级市场放弃了货架空间费,甚至提供殿销专柜使之融入到MADD——莱兹科的反酗酒行动中。
>
> 研究表明,公司的慈善事业需要借助广告宣传,而且要以利润来驱动。事实上,美国《商业周刊》已将事业关联营销描绘成了"慈善事业中最热门的事情"。
>
> 资料来源:罗宾斯:《管理学》(第七版),2004年。

在实践中,一个管理者对企业负责的程度取决于以下四个方面:

首先,取决于管理者本身的道德修养水平。道德觉悟高的人更愿意遵守社会道德规范,选择正当竞争。而不道德的管理者会明知故犯,做出一些有违道德规范的事,如出售一些过期产品或经检验不合格甚至含毒的产品。

其次,取决于高层管理者的价值观。例如,他们是否信奉管理资本主义、利益相关者理论或最低道德标准。

再次,取决于外部的监督和压力团队的作用。例如,现在网络微博的广泛运用,使得关注自身权益的消费者更愿意成为监督者的角色,对企业产品进行监督。

最后,各种经济现实以及环境法规都要求管理者追求企业的社会责任目标,以支持公司的战略发展。例如,现在世界上很多组织都承担了尊重并保护自然环境的责任,这就要求企业在发展的过程中要注重绿色化,注重节能环保。

三、社会责任的内容

(一)组织的普通责任

通常组织的普通责任主要包括三个方面的要求:坚持道德上正确的主张或真理;坚持实践正义和慈善;愿为社会进步做出努力和贡献。

在思想和观念上,社会责任具体表现为六个方面价值观的构建,即回应、公正、灵活性、真诚、负责和能力。

在行动上,通常组织应承担的责任渗透到社会的各个方面,如公众期望、长期利润、道德义务、公众形象、减少政府调节、责任和权利的平衡、股东利益、资源环境等。通常学者把它们归纳为两大类:对内和对外。对内是指对员工、对股东应承担的责任;对外则包括经济、公众、环境等方面。

(二)公共组织的社会责任与特点

在一个社会中,各种不同的组织依照自身不同性质,承担着不同的社会角色,为社会做出不同的贡献。具体而言,以经济为中心的企业与进行公众管理的部门的社会责任是不一样的。

公共组织,又称非营利组织,即不以营利为目的、主要开展各种志愿性的公益或者非政府的社会组织。这类组织活跃在现代社会各个角落,主要包括环境保护、扶贫发展、权益保护、社区服务、经济中介、慈善救济等,它们不直接创造财富,却是创造和维持财富的重要力量。它们的社会责任包括以下两大方面:

(1)履行企业和政府职能范围以外的"服务大众"的社会责任。社会是多元化的,市场机制并非万能,政府也存在缺陷,因此在这样的环境中,更加需要各种各样的公共组织实现社会公益。

(2)监督政府和企业的行为。无论企业和政府是多么自律,也都需要一个外部监督,而公共组织最重要的社会责任就是监督它们,让它们更严格地约束自己的行为,更好地为社会服务。

公平交易(fair trade)是一个有组织的社会运动,在贴有公平交易标签的产品及其相关产品中,它提倡一种关于全球劳工、环保及社会政策的公平性标准,其产品从手工艺品到农产品不足而一。这个运动特别关注那些自发展中国家销售到发达国家的产品。

公平交易运动,试图通过与被边缘化的生产者及劳工的紧密合作,将他们从易受伤的角色转化为经济上的自给自足与安全,它也试图赋权予他们,使他们成为其自己组织的利害关系人,同时在全球市场中扮演更积极的角色,以促进国际贸易的公平性。

公平交易运动的组成分子,包括范围广泛的一些国际宗教、发展援助、社会及环境组织,像乐施会、国际特赦组织或天主教国际明爱(Caritas International)等。

公平交易以一种致力于发展的努力,极具争议性,同时引发了政治光谱左右两极的批评。有些经济学家及保守智库认为,公平交易只是另一种形式的补贴,妨碍经济成长,某些左派则批判公平交易不够激进。

2005年,全世界公平交易的销售约为11亿英镑,每年约增长37%。虽不到全球实体商品的1%,但公平交易的商品约占北美及欧洲市场的0.5%~5%,全球有超过150万的弱势生产者直接受益于公平交易运动,同时另外有500万人受益于公平交易所资助的基础建设及社区发展计划。

资料来源:维基百科,http://baike.soso.com/v399408.htm。

（三）企业的社会责任与特点

企业是一个社会财富创造的中坚力量。企业的社会责任不只是"境界"，更是为了"生存"。众多的研究显示，企业越是注重社会责任，其产品和服务就越有可能获得更大的市场份额。现在的顾客，特别是欧美顾客，不单单注重产品的价格、质量等因素，更关心产品是如何生产出来的，如工人的生产条件、福利状况等。有调查显示，当美国人了解到一个企业在社会责任方面有消极举动时，高达91%的人会考虑购买另一家公司的产品，85%的人会把这方面的信息告诉他的家人、朋友，83%的人会拒绝投资该企业，80%的人会拒绝在该公司工作。最典型的案例是星巴克的社会责任咖啡。星巴克CEO奥林·史密斯曾经说过，星巴克最大的成就之一，就是说服顾客支付3美元的高价购买一杯"有社会责任感的咖啡"。

通常企业在社会中履行社会责任的内容如下：

（1）经济发展的责任。企业应该承担并履行经济责任，为丰富人民的物质生活、为国民经济的快速稳定发展发挥自己应有的作用。最直接地说就是盈利，尽可能扩大销售，降低成本，正确决策，保证利益相关者的合法权益。

（2）为政府提供税收。这是企业的重要社会责任，企业应勇于承担这个社会责任，要坚决按照法律规定向政府缴税。

（3）为市场提供产品或服务。产品或服务关系人们的生命和健康，关系整个社会的生活质量和经济生活的正常运转，因此企业必须按照规范为市场提供优良的产品和优质的服务。

（4）提供就业机会。企业要科学安排劳动力，扩大就业门路，创造不减员而能增效的经验，尽量减少把人员推向社会而加大就业压力。企业要承担起保护职工生命、健康和确保职工待遇的责任。企业要坚决做好遵纪守法，爱护企业的员工，搞好劳动保护，不断提高工人工资水平和保证按时发放；要多与员工沟通，多为员工着想。

（5）环境保护与可持续发展。企业对环境的依赖很大，对环境的破坏也非常严重。企业作为社会公民对资源和环境的可持续发展负有不可推卸的责任，需要通过技术革新减少生产活动各个环节对环境可能造成的污染，同时降低能耗，节约资源，降低企业生产成本，从而使产品价格更具竞争力。此外，企业还可通过公益事业与社区共同建设环保设施，以净化环境，保护社区及其他公民的利益。这将有助于缓解城市尤其是工业企业集中的城市经济发展与环境污染严重、人居环境恶化间的矛盾。

企业社会责任与公共组织的社会责任有着明显不同的特征。在企业生产经营过程中，经济利益和社会利益是它们力求平衡的两大"坐标"，因而常常导致企业对社会责任的认识、感情和实践三境界的"貌合神离"。[1]

耐克公司

10年前，一场全球性的反耐克浪潮猛烈冲击着当今世界上这个最著名的运动品牌企业。事情源于美国耐克公司在越南等发展中国家的外包工厂中大量雇用童工，所有工人都在狭小、昏暗的厂房中连续工作十五六个小时。此事被媒体曝光之后，耐克遭到了来自欧洲和美国民间各种行业协会、劳工组织、人权组织、新闻媒体等一轮又一轮的舆论攻击和抵制，并被工会起诉，并由此陷入了长达10年之久的危机漩涡。

---

[1]　罗哲：《管理学》，电子工业出版社2011年版，第98页。

如今的耐克与"企业社会责任"这个名词紧紧地绑在了一起,企业在环保、劳工和人权等方面承担着更多的社会责任,这作为一个惨重的教训已经深深地植根在耐克的企业文化中。

2007 年,耐克发布了 2005 年和 2006 年会计年度《企业责任报告》(Corporate Responsibility Report),公布了公司一系列面向 2011 年的企业目标,并进一步把企业责任目标融入其长期发展和创新的企业战略中。这些目标为以下方面设定了基本标准:改善代工厂中的劳工状况、成为一家"气候中立"(climate neutral)企业、促进可持续的产品设计和创新以及促使年轻人参加运动从而释放他们的潜能。

耐克公司总裁兼首席执行官 Mark Parker 表示:"我们把企业责任看作是发展和创新的催化剂。在如何利用我们的品牌优势、员工的能量和激情以及企业规模效益来实现重大意义的转变这一整体战略中,企业责任是必不可少的一部分。"

以风险管理的方式来对待企业社会责任既是对企业负责,也是对全球化时代的全球社会负责。如今,跨国公司从某种意义上与主权国家发挥着同样重要的作用。2007 年,在达沃斯夏季大连年会上,中移动总裁王建宙表示:"包括中国企业在内的全球成长型企业在全球会有更好的机遇,同时会面对更多的挑战。但这些企业要承担更多的社会责任。"本年会提出了一个命题:在缺乏领导力和治理结构的条件下,如何进行合作的创造?其实,在全球化的过程中,由于缺乏一个合理的全球治理结构,跨国公司面对全球化所负的责任将越来越不可回避。

资料来源:《中国企业报》,2008 年 3 月 27 日,作者:江伟。

第二节　组织的伦理

一个推销员贿赂一位采购代理人以诱使其做出购买决策是道德的吗?如果这笔贿赂款是出自推销员自己的销售佣金又怎么样呢?这两者之间有什么不同吗?如果某个人为了在萧条时期找到一份工作,有意低报他的真实学历,因为这份工作不需要高学历的人来做,这是道德的吗?有人将公司的汽油作为私用是道德的吗?用公司的电话打个人长途又怎么样呢?请公司的秘书打个人信件是道德的吗?

一、伦理的内涵

伦理很难用精确的内容来定义。广义的伦理(ethics)是一套冠以道德原则和价值观的准则,它们支配着个人和团体的行为,并帮助人们判断什么是对的以及什么是错的。伦理为人们确定了准则,据此人们知道了哪些行为和决策是善的或者好的、哪些是恶的或者坏的。伦理涉及作为组织文化一部分的内部价值观,影响与外部环境有关的组织责任方面的决策。当一个人或组织的行为会使他人受害或受益时,伦理问题就出现了。

把伦理与由法律及自主抉择的行为进行比较,就能更清晰地理解伦理。如图 5-2 所示,人类的行为可以分为三个领域。第一个领域是成文法,在法律中,价值观和标准都被写进了法律体系,并可由法院强制执行。在法律领域,立法者规定,个人的言谈举止和公司的运作都必须符合某种要求,例如,驾车要申领驾驶执照,公司要上缴所得税。自主抉择领域位于图 5-2 中相反的一端,它适用于法律上没有规定而个人和组织又希望享有的完全自由的行为。管理者选择在哪里吃饭、音乐公司决定光碟的发行量等都是自主抉择的例证。

资料来源：罗哲：《管理学》，电子工业出版社 2011 年版，第 98 页。

图 5—2　人类行为的三个领域

在成文法领域与自主抉择领域之间的是伦理领域。该领域没有特别的法律，但是它有基于共同原则和价值观的行为准则，这些共同原则和价值观用来指导个人和公司的道德行为。例如，即使安然公司高级管理人员在相信公司已经遇到财务危机、股价很可能要下跌时，仍然鼓动员工多购买一些股份。这并不违反任何特定的法律，但是，这种行为明显违背了高管人员对公司员工的伦理责任。他们的行动依据是个人的利益得失，而不是对员工和其他利益相关者的义务。在自主抉择的行为领域，顺从是严格局限于某人自己的。在成文法领域，遵守的是法律体系所制定的法律。在合乎伦理的行为领域，顺从是个人或公司知道的、不强制服从的规范与准则。对较大的社区来讲，伦理上可以接受决策，在法律上和道德上也是可以接受的。

许多组织和个人简单地认为，选择是被法律或者自主抉择支配的，这会引导人们错误地假定，某件事情如果不是非法的，那它一定是合乎伦理的，似乎没有第三种可能性一样。更好的选择方案是，承认伦理领域的存在，把道德价值观看作从善的强大推动力，用以调节组织内外的行为。随着人们越来越广泛地认同伦理和社会责任准则，组织可以利用伦理规范及组织文化来支配行为，并因此而消除对法律的更多需求，避免无拘无束的选择问题。有时，放松行业管制便会废除法律条文，但这同时也会激发那些没有建立起对社会负责任的组织文化的组织，出现更多不合乎伦理的行为。

因为伦理标准是不成文的，所以有关恰当的分歧和困境经常出现。伦理总是与决策有关，而有些问题很难解决。当每个备选方案或行为都因为其潜在的消极后果而不合意时，就出现了伦理困境（ethical dilemma）。伦理困境使我们很难清晰地分出什么是对的和什么是错的。

在一个组织中，必须做出伦理选择的个体是道德主体（moral agent）。管理者必须要应对伦理领域的困境，下面讨论如何做出符合伦理的决策的方法。

二、伦理观

大多数伦理困境都涉及部分的需要与整体的需要之间的冲突：个人与组织相冲突，或者组织与整个社会相冲突。例如，公司是否应该对员工进行强制性的酒精和毒品检测？这可能对组织作为整体来说有好处，但也会削弱员工个人的自由。有时，合乎伦理的决策蕴含了两个团体之间的冲突。例如，工厂的排放物会给周边居民的健康带来潜在的威胁，考虑到该工厂是该地区最主要的纳税大户，就应该容忍这样的潜在威胁存在下去吗？有些运动员的确从使用类固醇药品中受益，尽管这类药品是违禁品，但目前还没有权力去制止这些行为，这说明人们道德上的矛盾心理。

面临这些艰难的伦理抉择的管理者，往往可以从某些规范性的伦理观（这里基于道德规范和价值观的伦理观）中受益，并为自己的决策找到行为指南。规范性的伦理观从多个角度来说明指导合乎伦理的决策行为的价值观。与管理者有关的四种伦理观分别是功利主义观、个人主义观、权利价值观和正义价值观。

（一）功利主义观

功利主义观（Utilitarian Approach）认为，行为的伦理价值取决于它们所带来的后果。就社会意义而言，有些后果是有利的，而有些则是有害的。作为商业伦理的哲学基础，该理论主要关注权衡某项商业行为所有的社会收益及其成本，以及对利益大于成本的行为的实施。从功利主义的视角看，最好的决策就是为最多数量的人创造最大的利益。

许多组织已经采用了某些特定的分析工具，如成本效益分析和风险评估，而这些都是起源于功利主义的哲学思想。管理者通常会在执行一项行动方案之前对其收益与成本进行权衡。例如，正在考虑是否在阿拉斯加进行开采的某家石油公司必须在提高石油产量、增加就业机会所带来的收益与在脆弱的生态系统中造成环境污染所产生的成本之间进行权衡。

功利主义哲学存在一些严重的缺陷，其中一个问题在于，对某项行为方案的利益、成本及风险的衡量。对正在考虑是否在阿拉斯加进行开采的石油公司而言，应该如何衡量对该地区脆弱的生态系统可能造成的伤害？

功利主义的第二个问题在于，缺乏对公正、公平的考虑。为最多数量的人创造最大利益的行为有可能导致对少数人的不公平对待。因为不公平，所以这样的行为是非伦理的。开发阿拉斯加石油议案是由阿拉斯加州共和党参议员提出来的，并一直试图推动授权在阿拉斯加开采石油。其他支持在阿拉斯加采油的共和党参议员也指出，开采阿拉斯加石油可以减少美国对中东能源的依赖，从而改善国家安全。这样的行为很有可能为美国本国经济和安全带来巨大的利益，但开放采油随之而来的钻井勘探、铺设油管和运油通道等会破坏这块"净土"，威胁北极熊及数以百万计的候鸟生存，这样的行为也是非伦理的。

毒胶囊事件

2012年4月15日，央视《每周质量报告》本期节目《胶囊里的秘密》对"非法厂商用皮革下脚料造药用胶囊"进行曝光。河北一些企业，用生石灰处理皮革废料，熬制成工业明胶，卖给绍兴新昌一些企业制成药用胶囊，最终流入药品企业，进入患者腹中。由于皮革在工业加工时，要使用含铬的鞣制剂，因此这样制成的胶囊，往往重金属铬超标。经检测，修正药业等9家药厂13个批次药品所用胶囊重金属铬含量超标，最高超标90倍。

有人将其与当年的三聚氰胺"毒奶粉"事件相提并论，分别被看作是关系民生的药品和食品两大领域的标志性事件。

应该说，这种提法并不过分。时至今日，"毒胶囊"事件仍在持续发酵，从生产到销售再到监管，从成本到管理再到检测，从道德到法治再到赔偿……人们心中仍有太多的问号。而审视整个事件乃至事件发生的大环境，还有更多深层次的问题值得我们反思。比如，"毒胶囊"出现的真正根源在哪里？如何预防此类事件的再次发生？

（二）个人主义观

在个人主义（Individualism）基础上进行伦理决策的人认为，应该在不伤害他人的前提下，努力提高个人的利益。18世纪，亚当·斯密（Adam Smith）第一次阐述了资本主义原理，把个人主义作为商业决策的基础正是从这一原理中衍生出来的。亚当·斯密在《国富论》中写道，市场应该是自由的，应该是所有交易的基础，并且应该尽量免受其他力量（如政府）的干涉。每个个体在确定经济决策时，都会利用所有可以获得的信息。说谎和其他不道德的行为都要受到惩罚,因为与有道德的公司和个体做生意符合人们的自身利益,与说谎者和骗子做生意则相反。

与此同时,了解个人或组织的动机可能需要很高的成本,每个个体在市场中讨价还价的能力也有所不同。在这种情况下,有些人可以利用其权力或信息渠道使他人受损。例如,美国卫生保健产品的消费者就没有保险公司的权力大,也几乎无法获取详尽的信息来了解选择某种保单或某位医生比选择其他好在哪里。法国、德国和瑞典的公民认为,正是个人主义导致美国没有为公民制定全民卫生保健计划。相应地,他们认为,社会中最弱势的群体正是社会中最悲惨的群体。

救生艇伦理学

美国人加勒特·哈丁(Garrett Hardin)的"救生艇伦理学"指出,人的自私本性和不追究环境成本的做法最终会导致人们共同生活和栖居的"公用地"失去承载力,人们被迫去寻找新生之路。但是发达国家和发展中国家的人们所面临的境遇是有着重大差别的。世界上2/3的人口都生活在贫穷的发展中国家,只有1/3的人生活在比较富裕的发达国家。如果发达国家和发展中国家的人都要乘坐自己的救生艇寻求生路,那么发达国家的救生艇足以容纳它的所有成员,但是发展中国家的救生艇则会拥挤不堪,即便如此也仍然会有一部分人跌落水中靠游泳寻求活路。如果在水里游泳的人向发达国家的救生艇寻求援助,希望能够搭上他们的救生艇逃生,这时候发达国家救生艇上的人应当如何应付这种局面才是合乎正义的呢?这就是"救生艇伦理学"的核心问题。

哈丁提出了三种解决问题的方法。

第一,把跌落艇外的所有人都接纳到发达国家的救生艇中,但结果是艇必然要倾覆,所有人都会被淹死,"彻底的正义却换来了彻底的灾难"。

第二,解救部分人。但是哈丁认为这种做法也十分不妥:其一是救生艇一旦满载就失去了安全保障;其二是我们无法选择究竟让哪些人上船,是让最好的人上船,还是让最需要的人上船?结果是"部分的正义却伴随着歧视"。

第三,发达国家救生艇上的人安之若素,让救生艇保留一点空间,也让艇上的人有一份安全感。这种做法虽然会让人感到憎恶,但是这应该是"救生艇伦理学"所倡导的正义观,"彻底的冷漠就是彻底的正义"。

哈丁所提出的"救生艇伦理学"的正义原则实际上也就是西方国家在环境问题上的代内正义立场,它所表达的话语就是:发展中国家要为生态危机承担主要责任,要努力地消除贫困,减少污染,降低人口出生率……当然还包括不要给发达国家找麻烦。

(三)权利价值观

权利理论(Rights Theories)形成于20世纪,该理论承认人类享有最基本的权利。权利设定了可接受行为的底限。对基本权利的一个广为人知的定义是:人的基本权利高于集体利益。伦理理论认为,基本人权为管理者提供了决策中的伦理指南。在商业环境中,利益相关者拥有应该受到尊重的基本权利,如果遭到侵犯是有违伦理的。

权利和义务是相互对应的。因为我们拥有言论自由的权利,所以也有尊重他人言论自由的义务。在权利理论的框架内,某些个人或机构有义务提供能够确保他人权利的福利或服务。

致命的毒垃圾

一艘名叫"普罗博·科阿拉"号的货轮,从荷兰出发,在大西洋上颠簸辗转,在2006年8月来到西非国家科特迪瓦的经济首都阿比让,卸下了特殊的货物——数百吨含有有毒物质的废油。对这个美丽的海滨花园城市来说,这简直是一场噩梦:废油被一家不负责任的公司倾倒在十多处垃圾场,短期内造成至少8人死亡,大约8万人入院治疗,全城一片恐慌。

科特迪瓦受污染一事尚未落下帷幕,普罗博·科阿拉号又驶入爱沙尼亚海域,途经之处水质下降,因此被怀疑故伎重施,把有毒垃圾倾倒在波罗的海。不过,这次它没有那么走运,终于遭到爱沙尼亚检察机关扣留。

洋垃圾在发展中国家引发严重环境污染并非新鲜事。根据官方统计,全世界每年产生有毒废物5亿多吨,大部分产生于发达国家。这些垃圾处理程序复杂,而且费用高昂,不如倾倒到别处来得痛快。因此,垃圾也成为发达国家"国际贸易"的项目之一,被运往环保法律存在漏洞、垃圾处理费用相对较低的国家或地区。

用绿色和平组织的话说,发展中国家没有从发达国家得到环境清洁技术,反而得到的是有毒废物。

那么,这些来自发达国家的"出口"产品,到底有何危害? 以电脑为例,电脑由1 000多种材料组成,其中很多都是剧毒的:含有重金属铅和镉的电脑电路板,含有镉的电脑电池,含有氧化铅和氧化钡的阴极射线管等。无论焚烧还是掩埋,这些有毒物质都会对空气或地下水造成污染。一些发展中国家用氰化物从废电脑元件中提取贵重金属,更是贻害无穷。

资料来源:《半月谈》,2006年10月。

(四)正义价值观

正义理论(justice theories)致力于经济商品和服务的正义分配。所谓正义分配,是指分配要顾及公平和合理。正义理论最著名的代表人物是约翰·罗尔斯(John Rawls)。罗尔斯声称,所有经济商品的分配都应该公平,除非不公平的分配能对每个人更加有利。根据罗尔斯的观点,有效的正义原则是所有人在自由和公平的情况下一致同意的原则。公正的确保来自被罗尔斯称为无知之幕(veil of ignorance)的概念设置。在无知之幕下,人们会设计什么样的体制呢? 罗尔斯的答案是,人们将一致赞同两个基本的正义原则。

第一个原则是,每个人都应该拥有最大限度的、与他们相容的自由,大致地说,包括自由(如选举权)、言论和集会自由、思想自由、持有个人财产的自由及免于随意逮捕和没收的自由。

第二项原则是,一旦公平的基本自由得到确保,基本社会品的不公平(收入、财富及社会资源的分配)只允许在让所有人都受益的情况下存在。罗尔斯相信,只要可以惠及每一个人,这种不公平也可以是正义的。更确切地讲,他提出了差异化原则,如果有利于最弱势的个体,这种不公平就是正义的。因此,只要导致不公平分配的市场体制有利于弱势个体,美国社会所存在的收入和财富的巨大差异就可以被视为是正义的。有人声称,通过经济增长,管理规范的市场经济可以惠及处于最不利位置的个体。因此,至少在原则上,这种体制内在的不公平可以是正义的。

在商业伦理的范畴内,罗尔斯的理论制造出了一个有趣的现象。管理者可以自问他们采纳的政策在罗尔斯的无知之幕下是否正义。例如,海外工人的工资比国内工人的工资少,这是否是正义的？罗尔斯的理论可能会认为这是正义的，只要这种不公平惠及全球社会中处于最不利位置的个体。

换句话说，我们无法想象，无知之幕下的管理者向在血汗工厂和有毒物质中长时间劳作的工人支付的只是刚够维持最低生活水平的工资。这样的工作环境在罗尔斯的框架中显然是非正义的，因此也是有违伦理的。同样，无知之幕下的人们都会保护环境，维持公平、自由的竞争，禁止自利交易。因此，罗尔斯无知之幕的真正意义在于它是一种概念工具，这种工具有助于形成管理者处理困境、做出决策的伦理指南。

三、伦理观的比较

为了弄清伦理决策的四种方法究竟有何不同，可以以随机毒品检测这项政策为例来进行说明。功利主义者会认为随机毒品检测是符合伦理的，因为虽然有些员工和顾客会由于接受随机毒品检测而被激怒，但是随机毒品检测可以减少因服用毒品所导致的事故，从而使更多的员工和顾客受惠。个人主义者会认为这是使公司更有效率的政策，员工也可以自由地表达他们的不满，比如辞职，再找一家不要求随机毒品检测的公司上班。另一方面，奉行权利主义的管理者可能会认为随机毒品检测不符合道德规范，因为这侵犯了员工的隐私权，而且如果没有理由证明检测的合理性，员工也有权免受调查。同样，对公平主义者而言，随机毒品检测也是不符合道德规范的，因为它假定每一个员工都有服过毒品的罪过，让员工根据对体液的化学分析证明自己是无辜的。而在美国司法体系中，除非一个人被证明有罪，否则他就是无辜的。

比较这四种伦理决策的方法就是，看它们是否符合公平、公正社会的两个要素：(1)在社会中获取和保留财富的经济自由度，与财富的重新分配以及与穷人共享财富的对比；(2)社会对个体的关注程度与对集体的关注程度的对比。请注意，在某些社会体系中，对集体的关注超过了对个体的关注；而在另一些社会体系中，个体被看得更重要。类似地，在某些社会体系中，人们认为以自由创业为基础的经济自由比财富在社会中的平等分配更重要；而在另一些社会体系中，则认为把社会中产生的财富公平和平等地分配比积累个人财富的自由更重要。

图5—3比较了伦理决策的四种方法，按照它们的经济自由程度和对个体重视的程度进行分类。个人主义表现为高度关注个体和高度的经济自由。公平主义表现为高度重视集体和财富的平均分配。类似地，权利主义表现为高度关注个体和财富的平均分配，而功利主义表现为高度关注集体和经济自由。

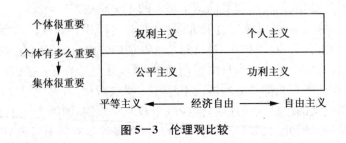

图5—3 伦理观比较

四、伦理在管理中的应用

很多组织的管理者都致力于改善伦理环境，他们时时提醒自己，一定要将组织的发展建立在牢固的道德伦理基础之上。有没有可能真正改变员工的行为方式呢？许多组织领导者有兴趣建立更符合伦理的环境，他们都相信答案是"有"。这么做意味着树立一种组织文化，在这种文化下,符合道德的行为才是规范的行为。

帮助组织提高道德伦理水平的方法有很多,可以选择的方法有伦理培训、建设伦理结构、检举政策以及培养个人道德等。

（一）伦理培训

伦理培训(ethics training)使员工和管理者有机会实际应对他们可能面临的道德困境。根据 1995 年 8 月英国《经济学家》杂志提供的统计资料,约有 3/5 的美国大企业设有专门的企业伦理机构,欧洲约达一半的大企业也设置了负责有关企业伦理工作的机构,世界 500 强企业中的绝大多数也有自己的伦理培训机构。伦理培训机构的设置已成为一股世界性潮流,成为衡量一个企业是否重视员工伦理培训的标志。

高层领导者需要伦理道德培训,而对员工进行伦理道德培训也极为重要。虽然组织的管理者是组织道德的示范者和道德准则、规章、制度的制定者,对组织经营道德的方向和目标具有决定性作用,但员工毕竟是具体经营活动的重要参与者,是经营道德行为的执行主体,他们的道德水平高低和道德能力强弱直接关系到经营道德的实施质量。员工道德水平越高、道德能力越强,他们就越能领会上司确定的组织伦理道德战略意图,也越能在生产经营活动中表现出符合伦理的行为。伦理培训通常包括以下要素:来自高层管理者的、强调符合道德的商业实践的信息;关于道德准则的讨论;用于讨论或报告非道德行为的程序。

美国强生公司的伦理培训

美国强生公司是《财富》全球 500 强及全美最佳雇主名单上的常客,也是全世界最值得尊重的公司之一。强生公司的辉煌是与其长期关注利益相关者的利益而不是公司短期利润密不可分的。几十年来,强生的公司运营和成长发展都是由其公司信条而驱动的,这是一条非常明确的使命宣言,即强生的义务是为所有的利益相关者服务。其信条对利益相关者作出了明确的定义,即消费者、医生、护士、医院、供货商、分销商、雇员、社区、股东等(“强生公司:我们的信条”)。

当震惊美国的强生泰诺掺毒事件发生后,当时的强生公司 CEO 詹姆斯·伯克(James Burke)正是根据公司的信条、基于利益相关者的利益而做出了回收产品的决定(事实上,该事件发生后,美国联邦调查局及美国食品与药品管理委员会(FDA)为避免更大的恐慌,都曾建议强生公司不要这样做),这一危机事件的正确处理赢得了公众的尊重和信任。1982 年 9 月危机发生时,强生泰诺在止痛剂市场的份额迅速由 35.3% 降到 7% 以下,但由于公司处理得当,至 1983 年 5 月时强生泰诺的市场份额就恢复到了 35% 以上,而且赢得了更多的消费者及更高的忠诚度,公司形象和信誉也获得了积极提升。

（二）建设伦理结构

伦理结构(ethical structure)有两个组成部分:一个是道德指导方针,是指组织为强化伦理行为所设计的各种制度、职位和方案;另一个组成部分是负责监督该指导方针的机构或部门,必须认真协调这两个部分。仅仅有一个看似完美的道德伦理制度规划是远远不够的,必须将这个制度的条条款款渗透到日常经营工作中,使整个组织能在这些伦理准则的指导下做出理性的决策。

在实际中,为保障伦理结构的有效性,方法之一是设立道德官员。他的头衔可能是“道德协调执行官”,负责处理潜在的、不符合道德的事件,为决策者提供建议,使其遵守公司的道德准则。方法之二是,让来自不同职能部门和不同业务单元的高层管理者组成一个道德委员会,为管理决策提供道德监察和政策指导。

国家自然科学基金委监督委员会

自然科学基金委监督委员会成立于 1998 年 12 月 10 日,是在自然科学基金委党组领导下独立开展科学基金监督工作的机构,向自然科学基金委全体委员会议报告工作。

监督委员会的工作旨在维护"依靠专家、发扬民主、择优支持、公正合理"的评审原则,维护科学基金制的公正性、科学性和科技工作者的权益,弘扬科学道德,营造有利于科技创新和科学基金事业健康发展的环境和氛围。

监督委员会的主要职责:制定和完善自然科学基金监督规章制度;受理有关自然科学基金项目的投诉和举报,会同或委托有关部门调查核实,按有关规定处理;对自然科学基金项目申请、评审、管理以及实施等进行监督检查,提出意见和建议;对自然科学基金管理规章制度的制定与修改提出意见和建议;开展旨在加强科学道德建设的宣传、教育及其他相关活动。

监督委员会由自然科学基金委聘请有关科学家和管理专家组成,设主任委员,副主任委员若干人,委员若干人。监督委员会实行任期制。

资料来源:国家自然科学基金委监督委员会官网。

(三)检举政策

愿意揭发上级非法、不道德或违规行为的员工应该受到检举政策(whistleblower policies)的保护。有检举政策的组织依靠员工向道德主管和道德委员会报告不道德的行为,然后由道德主管或道德委员会收集证据,以公平、公正的方式调查相关情况。检举政策会保护检举者免受那些行为败露的主管和同事的报复。在没有检举政策的情况下,员工将面临许多障碍。例如,美国阿拉斯加输油管道公司的质量控制人员就曾受到人身伤害、降职、监视等威胁,因为其他员工都希望他们不要报告出现了可能导致原油泄漏的问题。美国联邦政府和一些州政府都出台了保护检举者免遭报复的法律,但是,对于那些检举这些法律中没有具体提到的不道德行为的人,缺乏相关的保护政策。检举政策提供了报告不道德活动的沟通渠道,它应该具备以下几项关键特征:

(1)政策鼓励人们检举不道德的行为,并建立有效的程序来公正地处理被报告的违规行为。

(2)应该保护检举人免受报复。即使检举人检举的行为并不属实,只要检举人的举报行为不是恶意的欺诈,保护政策仍然有效。

(3)如果接受报告的人被牵扯到不道德行为中,必须有替代的报告程序。

(4)应该规定可以向道德主管或道德委员会提出匿名检举。

(5)要向员工反馈处理不道德行为的结果,让他们知道公司在严肃地执行政策,在认真调查投诉的问题。

(6)高层管理者要支持和参与检举政策。

闽鼓励企业内部人员举报食品问题,可追加50%奖金

2011年11月23日,福建省人民政府出台《福建省食品安全有奖举报实施方案》,鼓励社会公众参与食品安全监督,企业内部人员举报食品问题的,可追加50%奖金。

记者了解到,福建省各级食品安全办公室、经贸、公安、环保、农业、海洋与渔业、卫生、工商、质监、食品药品监管、出入境检验检疫等有关部门都将建立电话、来信、来访、举报专栏、举报专用电子信箱等途径并对外公布,市民发现以下8类违法行为即可向任一部门举报,一经查实即给予奖励。

(一)在农产品种植、养殖、加工、收购、运输过程中使用违禁药物或其他可能危害人体健康的物质的;

(二)使用非食用物质和原料生产、加工食品,违法制售、使用食品非法添加物,或者使用回收食品作为原料生产食品的;

(三)收购,加工,销售病死、毒死或死因不明的禽、畜、兽、水产动物等肉类及其制成品,或向上述动物或产品注水或注入其他禁用物质的;

(四)加工销售依法应当检疫、检验而未经检疫、检验或者检疫检验不合格的肉类及其制成品的;

(五)生产和经营变质、过期、混有可能危害人体健康的异物或违禁物质,掺假掺杂的食品或食品原料的;

(六)伪造、篡改食品生产日期、保质期,伪造或冒用他人厂名、厂址、产地,仿冒他人注册商标,伪造或冒用生产许可、认证标志等质量标志的;

(七)未按食品安全标准规定超范围、超限量使用食品添加剂的;

(八)其他涉及食用农产品、食品和与食品相关的产品安全的违法行为。

根据规定,举报的奖金将根据案值以及举报人发挥的作用来确定。奖励金额最高不超过10万元,最低不少于500元;如果是生产企业内部人员举报的,相关部门将在原奖金的基础上追加50%的奖励。

(四)培养个人道德

道德决策是必须做出的最难的决策之一。当面临这样的决策时,要给自己足够的时间考虑各种方案,要考察结果以及为达到结果需要采取的措施。因为,如果管理者的行为与公司的道德准则冲突,员工可能就会无视公司的道德准则。管理者可以通过以下几种途径影响团队成员的道德行为:

(1)采取行动,增强员工的信任感,如分享有用的信息和做好承诺过的事。

(2)行为一致,这样员工就不会因为意料之外的管理行为或决策而感到惊讶。

(3)说到做到,避免说空话和其他旨在通过虚假印象操纵他人的行为。

(4)通过保持信心和关心他人表示诚意。

(5)和员工共同讨论,确定他们的期望。

(6)平等地对待员工,对于绩效相同的员工给予同样的奖励。

(7)坚持正当、合理的清晰标准,既不过分奖励,也不过分惩罚。

(8)尊重员工,公开表达对他们的关心,认可他们的优点和贡献。

第三节　组织的利益相关者

一、组织与利益相关者

(一)组织利益相关者内涵

组织的伦理管理和社会责任是组织在发展过程中,随着责任对象的扩展,导致外界社会约束力增多而逐渐形成的。对利益相关者的含义并没有一致公认的概念和定义。而 Freeman(1984)和 Clarkson(1994)的定义应该是目前公认的最具代表性的定义。Freeman(1984)认为,利益相关者是"那些能够影响企业目标实现,或者能够被企业所影响的任何个人和群体"。这一定义突破了早期从"是否影响企业生存"的角度来界定"谁是利益相关者"这一问题的局限性,同时也突破了股东利益至上的传统观点。Clarkson(1994)认为,"利益相关者在企业中投入了一些物质资本、人力资本、金融资本或一些有价值的东西,并由此而承担了某些形式的风险,或者说,他们因企业活动而承受风险"。在某种程度上,这一定义与企业是"一种治理和管理专业化投资的制度安排"(Blair,1995)的观点是有相通之处的。

任何一个组织的发展都离不开各种利益相关者的投入与参与,他们是在组织的内部和外部与组织利益相互关联的任何个人和组织。由于各自的利益不同,每个利益相关者对责任的认定标准也不相同。而且,利益相关者群体可能会试图影响企业按照他们的利益行事。[①] 例如,沃尔玛在与供应商打交道时,通常采用咄咄逼人的低价策略,只有这样它才能向消费者提供低价产品。

血汗工厂古驰(GUCCI)

2011 年 9 月 23 日,两名古驰(GUCCI)深圳旗舰店的辞职员工爆料称,意大利奢侈品牌 GUCCI 的深圳旗舰店以苛刻规定虐待员工:喝水要申请,上厕所要报告,孕妇一站就是十几个小时,吃 8 个苹果就会被解雇,甚至曾导致孕妇流产等,直指 GUCCI 深圳旗舰店是"血汗工厂"。

早在 2008 年 2 月,美国《洛杉矶时报》就曾报道,包括 GUCCI 在内的数个奢侈品牌在意大利托斯卡纳的工厂中雇用了大量中国劳工,仅向他们支付极低的工资,且工作环境十分恶劣——这些售价数千美元的奢侈品便是在这样的环境中生产出来的。报道中用到的词语为"奴役"(slaving)。

而 2010 年 4 月,一位网友以 GUCCI 员工的身份在天涯论坛上发帖,称 GUCCI 上海浦东陆家嘴的专营店在短短 20 天内强制员工工作时间累计 185 小时(已去除每天 1 小时吃饭时间),3 周不到已经超工时 60 小时以上,严重违反《劳动法》中的规定。同时,该网友还称,GUCCI 公司竟然在员工更衣室内安装监控探头,严重侵犯员工人权和公民隐私权。

资料来源:《新快报》,2011 年 10 月 8 日,作者:陈小向。

管理者是一种利益相关者群体,他们的责任是:首先,决定组织应该追求哪些目标,以最大

---

① 　[美]查克·威廉姆斯:《管理学》,机械工业出版社 2011 年版,第 67 页。

限度地实现利益相关者的利益;然后,再决定如何利用现有资源以达到这些目标。在进行决策的时候,管理者常常不得不调整各种利益相关者的利益,以及他们自己的利益。有时候做这样的决策非常困难,利益相关者能够影响组织,他们的意见一定要作为决策时需要考虑的因素。但是,所有利益相关者不可能对所有问题保持一致意见,其中总有一些群体要比另一些群体的影响力更大。

(二)利益相关者的构成

组织必须要满足多个利益相关群体以确保企业的长期存续。而就企业存续而言,有些利益相关者要比其他的利益相关者更加重要。① 在这里,我们主要讨论组织长期存续所依赖的群体,包括股东、员工、政府、消费者、社区、竞争对手和社会活动团体。

1. 股东

股东们投入部分财产获得公司的股份,他们希望自己的投资能够获得合理的回报。如果小股东不满意公司的财务业绩,就可能会卖掉手中的股份。大股东可能会通过股东大会影响管理层,更有激进团队会对董事会施压,要求解聘公司的 CEO,如曾经被踢出苹果公司的乔布斯。

2. 员工

员工更关心他们的工作。他们希望得到组织平等、公正的待遇。新员工可能希望接受有助于其职业生涯发展的更有挑战性的工作,而老员工则可能更关心工作保障和退休福利。

3. 政府

政府扮演的角色主要是确保每个组织都遵守法规和法律。以汽车公司为例,它们必须遵守环境保护署制定的控制排量的规定。这些规定要求,汽车公司必须投资类似于催化转化器的技术,以符合排污规则,尽管这些投资增加了汽车制造成本。

4. 消费者

许多企业把产品卖给两种类型的消费者:个人采购者和其他公司。这两种类型的消费者都喜欢购买价格合理、使用安全的高质量产品。消费者群体有时会组织起来抵制有不道德行为或不负责任的公司的产品。例如,2010 年 5 月 5 日发生的美国墨西哥湾原油泄漏事件,成为了人们对英国石油公司抵制的早期动力。5 月中旬,"公共市民"的总裁罗伯特·威斯曼(Robert Weissman)号召消费者抵制英国石油公司的汽油产品至少 3 个月。威斯曼谈到,截至目前,已经有 2 万人在"公共市民"的抵制请愿书上签名,加入 Facebook 一个名为"抵制英国石油公司"(Boycott BP)活动的人数则已经超过了 40 万。威斯曼认为:"人们签名参与这个抵制活动的热情,是我们以往进行的任何类似活动都无法比拟的。"

5. 社区

社区分为当地社区、国家社区和全球社区这几种类型。社区都希望该区的企业组织成为良好公民,为社区的生活质量做出贡献。忽视或损害所在社区的企业很可能会受到社区的压力。例如,英国高尔夫圣地圣安德鲁斯为了保存其中世纪古城的风貌,到现在都不允许麦当劳、肯德基这类快餐店在该地区经营。

6. 竞争对手

竞争对手希望企业能在市场上公平竞争,不从事不道德的商业活动。例如,商业间谍,以低于成本的价格在市场上倾销产品,以及接受不公平的政府补贴。竞争者可以组成经济联盟,

---

① [美]查克·威廉姆斯:《管理学》,机械工业出版社 2011 年版,第 67 页。

向任何违反公平竞争原则的公司施加压力,也可以利用法庭或政府司法机构惩罚违反规则的企业。

7. 社会活动团体

如果一项商业行为与社会活动团体的重要目标相悖,可能会导致媒体对公司的负面报道,甚至可能引起社会活动团体对公司产品的抵制。虽然企业不能总是满足这些团体的要求,但是和社会团体达成妥协,避免它们组织破坏企业声誉的示威活动,往往是最符合企业利益的选择。

例如,20 世纪 70 年代,非洲和南美等地不断有婴幼儿因食用雀巢公司出产的乳制品而患病。为此,在全美基督教协会的领导下,美国等地的消费者从 1973 年起发起了一场长达十多年的拒买雀巢食品的运动。直到 1984 年,雀巢公司承认并实施世界卫生组织有关经销母乳替代品的国际法规,国际抵制雀巢产品运动委员会才宣布抵制运动结束。

针对这些主要利益相关者,首席执行官们在实践中通常会优先考虑股东、员工和消费者。处理好主要的利益相关者是非常重要的,因为如果一个利益相关群体不满就会终止其与企业的关系,企业就会严重受损甚至倒闭。①

二、管理组织的利益相关者

(一)利益相关者分析

平衡各种团体的利益是一种管理技巧。在制定组织的整体业务战略时,管理者必须考虑各种利益相关群体。为了让管理层了解自己的观点,利益相关者可以采用的方法很多,比如在股东大会上提议,或威胁公司要求收回他们所投入的资源。当利益相关群体向组织提出要求或者意志不一致时,就需要对利益相关者进行分析。

利益相关者分析(stakeholder analysis)经常性地被用来辨识和调查任何能影响组织经营活动,或者为组织目标活动所影响的利益相关集团或个人,帮助企业在制定战略时分清重大利益相关者对战略的影响。

利益相关者分析的步骤通常如下:

首先,辨识利益相关者。

其次,了解利益相关者的需求及利益所在,并对利益相关者进行合理分类。

再次,对利益相关者进行优选、平衡、调和与整合。

最后,将利益相关者的利益纳入组织战略及行动方案。

中、美纺织品贸易摩擦的利益相关者分析

应用弗里曼(Freeman)的利益相关者分析(stakeholder analysis)来分析纺织品贸易摩擦发生的原因。利益相关者分析是指找出与经济事件和经济政策相关的利益各方,分析经济事件或经济政策给各方造成的利益得失,得出各方经济行为及政策倾向,进而提出相应的解决方法。贸易摩擦既有政治因素也有经济因素,一般的分析方法经常把政治因素和经济因素单独分析,Freeman 的利益相关者分析成功地实现了两者的综合。分析时,针对美国限制纺织品服装进口的贸易政策,本文利用此方法,把中国和美国的相关利益

---

① [美]查克·威廉姆斯:《管理学》,机械工业出版社 2011 年版,第 67 页。

集团分成两派:反对美国设置壁垒限制纺织品进口(简称"反对设限方")和赞成美国限制纺织品进口(简称"赞成设限方")。相关利益集团有:反对设限方,包括出口国中国、美国联邦政府、美国零售商联合会;赞成设限方,包括美国纺织产业、美国地方政府、美国纺织业工会。

1.反对设限方

出口国:纺织服装产业是中国具有比较优势的产业,中国目前是世界上第一大纺织品生产国和出口国,实施的是出口导向战略。纺织业的发展在经济增长和带动中国工业的发展和升级上起着重要作用,中国政府和国内纺织产业希望自由贸易环境。但中国纺织品服装的低价恶性竞争,出口市场地理分布过于集中,加大了与美国等进口国发生贸易摩擦的机会。如2005年配额取消后,美国成为中国纺织品第一大出口国,中国出口到美国的纺织品服装总额占中国纺织品服装出口总额的16.2%,其他四个最大的出口国家或地区分别是欧盟、中国香港、日本和俄罗斯,五个国家或地区的出口总额占中国纺织品出口总额的2/3。中国很难影响美国的贸易政策,但中国作为一个纺织品出口大国,在决定协议的具体细节上仍有一定的影响力。

对于美国联邦政府来说,它的目标是多重的,其中既有反对设限,实施自由贸易的因素,也有赞成进口限制,保护本国纺织产业的因素。因此,它介于反对集团和赞成集团之间。第一,它关注中美贸易不平衡,长期的中美贸易赤字使其对中国政府不满;第二,它希望显示美国政府对美国纺织产业是关心的,以争取选票,均衡国内的各种政治经济利益;第三,自由贸易是一个受欢迎的国家理念,赞成自由贸易会带给美国联邦政府良好的声誉。

2.赞成设限方

美国纺织产业:美国纺织业目前主要集中在阿拉巴马、南卡罗来纳、北卡罗来纳和弗吉尼亚四个州,这四个州的产值约占美国纺织业年产值的8%。美国纺织产业面临国外竞争时一直寻求保护,而且这四个州在美国总统选举时均投了布什的票,布什不得不考虑这些州纺织工人的利益,对国外企业的数量限制可以减少对美国市场份额的进一步侵蚀。美国纺织产业在这短暂的保护期内通过重组,变得更有竞争力,但是美国在配额取消前的1年过渡期内没有很好地调整纺织业,而且配额取消后,美国纺织品进口的增长完全正常,不存在市场扰乱问题。

美国纺织品市场并没有受到巨大冲击。所以,美国政府利用中国加入WTO"24条款"控制中国出口,在一定程度上是把中国当作"替罪羊",转移国内视线,获得国内某些特殊利益集团政治上的支持。

美国地方政府对联邦政府有很大的影响力,联邦政府官员会考虑纺织工人的要求,因为这些工人代表很多的选票,虽然保护主义违反WTO基本原则,但是它迫使国外纺织企业同意数量限制协议。对于美国工会而言,最好的解决方法是完全限制纺织品进口。但是这很难做到,所以采取数量限制至少表明工会在努力保护工人的工作。

资料来源:赵君丽:《中、美纺织品贸易摩擦的利益相关者分析》,《特区经济》2007年第9期,第93~94页。

(二)利益相关者管理策略

一旦完成了对利益相关者的分析,管理团队就可以在以下四种方法中选择一种,以确定对该利益相关者的策略：对抗、损失控制、适应和先发制人。

1. 对抗

如果管理层认为利益相关群体的目标是威胁公司的业绩，就可以采取对抗策略（confrontation strategy）来应对。可以采取的行动包括：起诉、调动公共关系和通过游说反对立法。

管理层必须慎重选择对抗策略。有的公司宁愿花大量的时间和金钱与利益相关者团体对抗，而不去寻求积极的策略，结果长期的对抗给公司树立了负面形象，并且带来更大的损失。

2. 损失控制

当公司认为自己可能已经铸成错误、希望提升公司公众形象、改善与利益相关者的关系时，可以尝试使用损失控制策略（damage control strategy）。例如，在墨西哥湾原油泄漏事件后期，英国石油公司发言人斯科特·狄恩（Scott Dean）在美国广播公司新闻部（ABC News）谈到，公司很理解在公众中间导致这场抗议活动的挫败感。"我们所能请求的是，在看到我们为了控制并清理墨西哥湾的污染，以及终止石油泄漏而付出的所有努力之前，人们先不要急于做出判断，因为这个工作还在继续，同时，我们也在不惜一切代价。"[①]

3. 适应

当管理层受到利益相关者团体施加的压力后，决定使自己的商业决策更具有社会责任感，公司就采取适应策略（accommodation strategy）。它可能要求公司改变原来的业务策略，以便符合利益相关者的目标。例如，在长期作为环境保护主义团体的攻击目标后，麦当劳采用了适应策略，将塑料泡沫包装袋改为环境破坏较小的纸袋。

4. 先发制人

当一家公司决定超出利益相关者的期望时，将选择先发制人策略（proactive strategy）。先发制人的公司会与利益相关者形成伙伴关系，并且与他们合作。这种伙伴关系加强了管理者对利益相关者、对环境的预见和控制能力，减少了危机的发生几率。例如，肯德基加入了由中国扶贫基金会发起的"一元捐款"活动，而该活动的所有受助学校名单、学生人数及营养餐数量、明细账目已通过项目官方网站向社会各界公示，方便消费者的监督。

本章小结

1. 根据古典观，企业的社会责任仅仅是使股东的财务回报最大化；与此对立的社会经济观认为，企业应对社会负责。

2. 社会责任是管理者在决策制定过程中考虑某些社会标准的一种责任感。只要是社会主体，就应负有一般意义上的责任。

3. 大量研究表明，在公司的社会参与和经济绩效之间，存在一种正相关关系。现有的证据并未表明，对社会负责的行动会显著降低一个公司的长期经济绩效。

4. 各种不同的组织依照自身的不同性质，承担着不同的社会角色，为社会做出不同的贡献。具体而言，以经济为中心的企业与进行公共管理的部门的社会责任是不一样的。

5. 伦理是描述行为规范的原则，它解释了什么是好的和正确的、什么是坏的和错误的。它为员工和管理者提供了行为和决策的标准。组织的社会责任意味着公司有责任使用一些资源，来提升不同社会群体的利益。

---

① 沃顿知识在线："抵制还是不抵制：一场抗议的重要性"。

6. 与管理者有关的四种伦理观分别是功利主义观、个人主义观、权利价值观和正义价值观。功利主义观关注的是最大多数人的利益;个人主义观认为要在不伤害他人的前提下,将个体的个人利益作为最首要的基础;权利主义代表和保护基本的人权;公平主义强调公平、一致地对待员工。

7. 要鼓励组织的行为符合伦理,组织可以为员工提供伦理培训,培养员工应对企业中道德两难问题的技巧;可以建立一个监督和审查道德行为的伦理机构;公司还可以指定检举政策,鼓励员工检举同事的非法或不道德行为,可以通过多种途径培养组织成员的个人道德,提高组织成员的道德水平。

8. 利益相关者是对组织的业绩和资源配置方式有利益关系的个人或团体,组织应该对利益相关者关心的问题做出回应。

9. 重要的利益相关者包括所有者、员工、政府、顾客、社区、竞争对手及社会活动团体。

10. 利益相关者分析经常被用来辨识和调查任何能够影响组织经营活动,或者为组织目标活动所影响的利益相关团体或个人。

11. 在分析了利益相关者的利益之后,组织要制定管理利益相关者的策略,包括对抗策略、损失控制策略、适应策略和先发制人策略。

练 习 题

一、简答题

1. 区分社会责任的古典观和社会经济观。
2. 分析公司的社会责任与经济效益间的联系。
3. 为什么企业要注重伦理管理?
4. 四种伦理观点各自的特点是什么? 你赞成哪种伦理观?
5. 作为一个组织,你所就读大学的主要利益相关者有哪些?
6. 如何协调利益相关者之间的矛盾?

二、案例分析

三鹿奶粉事件

2008 年 6 月 28 日,位于兰州市的解放军第一医院收治了首例患"肾结石"病症的婴幼儿,据家长反映,孩子从出生起就一直食用河北石家庄三鹿集团所产的三鹿婴幼儿奶粉。7 月中旬,甘肃省卫生厅接到医院婴儿泌尿结石病例报告后,随即展开了调查,并报告卫生部。随后短短两个多月,该医院收治的患婴人数就迅速扩大到 14 名。

省委、省政府领导和各相关部门对"肾结石事件"也高度重视。省委书记、省人大常委会主任陆浩闻讯后立即作了批示:"立即采取措施,及时妥善处理。"省委副书记、省长徐守盛,省委常委、常务副省长冯健身也于 9 月 10 日作出批示,要求卫生部门及各监管部门做好患儿救治,迅速排查。

9 月 11 日,除甘肃省外,陕西、宁夏、湖南、湖北、山东、安徽、江西、江苏等地都有类似案例发生。

9 月 11 日晚,卫生部指出,近期甘肃等地报告多例婴幼儿泌尿系统结石病例,调查发现患儿多有食用"三鹿"牌婴幼儿配方奶粉的历史。经相关部门调查,高度怀疑石家庄三鹿集团股份有限公司生产的三鹿牌婴幼儿配方奶粉受到三聚氰胺污染。卫生部专家指出,三聚氰胺是一种化工原料,可导致人体泌尿系统产生结石。

9月11日晚,石家庄三鹿集团股份有限公司发布产品召回声明称,经公司自检发现2008年8月6日前出厂的部分批次三鹿牌婴幼儿奶粉受到三聚氰胺的污染,市场上大约有700吨。为对消费者负责,该公司决定立即对该批次奶粉全部召回。

9月13日,卫生部党组书记高强在"三鹿牌婴幼儿配方奶粉"重大安全事故情况发布会上指出,"三鹿牌婴幼儿配方奶粉"事故是一起重大的食品安全事故。三鹿牌部分批次奶粉中含有的三聚氰胺,是不法分子为增加原料奶或奶粉的蛋白含量而人为加入的。

2008年的最后一天,田文华等4名原三鹿集团的高管走进石家庄市中级人民法院的大审判庭,接受法律的审判。此前,三鹿问题奶粉系列刑事案件中的被告人已陆续出庭受审。曾经风光无限的中国乳业巨头三鹿集团也在一片慨叹声中走向破产。

案例思考题:

1. 你认为三鹿企业违背了哪些社会责任和管理伦理?

2. 简单说明三鹿企业的主要利益相关者和事件后他们应该采取的管理策略。

第六章

决策制定

学习目标

学完本章后,你应该能够:

1. 掌握什么是决策。

2. 描述决策制定过程的八个步骤。

3. 理性地分析决策的过程。

4. 提出各种备选的行动方针,并适当地考虑制约因素。

5. 评估各种备选方案,并从中选择最终方案。

6. 区别程序化决策和非程序化决策。

7. 比较决策制定的三个条件。

8. 描述决策制定的四种风格。

9. 了解在确定、不确定以及风险条件下决策的不同之处。

10. 认识管理中创造和创新的重要性。

11. 解释当今世界管理者是如何制定有效决策的。

要点概述

1. 决策制定的过程

决策的含义;决策制定的步骤:识别决策问题,确认决策标准,为决策标准分配权重,开发备选方案,分析备选方案,选择备选方案,实施备选方案,评估决策结果。

2. 作为决策者的管理者

制定决策:理性、有限理性和直觉;决策的类型:战术决策和战略决策;个人决策和集体决策;程序化决策和非程序化决策;确定性条件下决策,风险型决策和不确定性条件下决策。

3. 管理者决策风格和偏误

管理者决策风格：直接型、分析型、概念型、行为型；决策制定的偏见和错误：自负，及时满足，锚定效应，选择性认知，证实，框架效应，有效性，典型性，随机性，沉没成本、自利性和后见。

4. 当今世界决策的制定

理解文化差异；掌握退出时机；使用有效的决策制定过程。

5. 创造和创新

风暴式思维；传统小组讨论的局限；有创造力的管理者。

可口可乐的决策

正如可口可乐公司的网站上所说的那样，"可口可乐公司的存在是为振奋每一个和我们有生意往来的人并使他们受益。在浓缩型和果汁型非酒精饮料方面，我们是全球领先的生产商、专利商和销售商，我们曾经创造了 230 多个饮料品牌"。

可口可乐是一个真正的全球性公司，为世界上不同社会、文化和民族的人提供饮料和食品。为了满足多元化市场需求，可口可乐每天面临着来自问题解决和决策中创造性的挑战。可口可乐非常认真地对待这一独特的挑战并努力做到"始终如一地调整我们的业务决策，从而改善业务所涉及的社会的生活水平"。

比如说，在巴基斯坦，可口可乐发起了一项自愿活动，从每个车间抽签选出一个人，由公司出资送他们去麦加做神圣的朝拜。另外，在中国，引进了一种适合中国人口味的"美汁源"的非碳酸果汁。此外，在约旦，可口可乐与约旦国内的相关部门和社交界合作共同防止交通事故，提高交通安全。

这些方式都很独特而富有创造性，但最重要的是迎合了可口可乐公司所在的当地市场的需求。正是这种决策和问题解决方式把可口可乐推上了美国和世界软饮料工业的顶峰。

无论是像可口可乐这样的全球性大公司，还是当地的小公司，每天都需要制定各种各样的决策，决策的制定是管理的实质。决策制定是一个复杂的过程，要做到可口可乐"始终如一地调整业务决策"，需要理性地分析决策的过程，从多种备选方案中进行选择。决策也是人们生活中的一部分，孤立地判断一个行动方案是不妥的，因为每个决策实际上都必须与其他的计划相联系。在本章中，我们将学习决策的概念、决策制定的过程，以及管理者如何在多种方案中做出正确的选择。

第一节　决策制定的过程

一、决策的含义

决策（decisions）是指为了实现特定的目标，采用一定的科学方法和手段，从两个以上的方案中选择一个满意方案的分析判断过程，是计划的核心。正确理解决策概念，应把握以下几层意思：决策要有明确的目标。决策是为了解决某一问题，或是为了达到一定目标。确定目标是决策过程的第一步。决策所要解决的问题必须十分明确，所要达到的目标必须十分具体。没有明确的目标，决策将是盲目的。决策要有两个以上备选方案。决策实质上是选择行动方案的过程。如果只有一个备选方案,就不存在决策问题。因此,至少要有两个或两个以上方案,人们才能从中进行比较、选择,最后选择一个满意方案为行动方案。选择后的行动方案必须付诸实施。如果选择后的方案束之高阁,不付诸实施,这样,决策等于没有决策。因此,决策不仅是一个认识过程,也是一个行动过程。

举个简单的例子,你要去哪里吃午饭这个简单的决策,你除了要在吃西餐与吃中餐之间做出选择之外,还要做出其他的一些选择,如地点、环境、价格等因素。在企业中,管理人员把制定决策看成是他们的中心工作,因为他们必须经常地就这样一些问题做出决定:要做什么,由谁负责,什么时候,什么地点,有时甚至怎样去做。所以说,科学决策是现代管理的核心,决策贯穿整个管理活动,是决定管理工作成败的关键。决策是任何有目的的活动发生之前必不可少的一步,不同层次的决策有大小不同的影响,是现代管理者的主要职责。

二、决策制定的步骤

制定决策(decision making)是管理者通过分析方案,制定决策目标和行动方案,对机会和风险做出反应的过程。图6—1概括了制定决策的八个重要步骤,包括识别问题、确定决策标准、为决策标准分配权重、开发备选方案、分析备选方案、选择备选方案、实施备选方案和评估决策结果。

Step 1:Identifying the Problem(识别问题)

Step 2:Identifying Decision Criteria(确定决策标准)

Step 3:Allocating Weights to the Criteria(为决策标准分配权重)

Step 4:Developing Alternatives(开发备选方案)

Step 5:Analyzing Alternatives(分析备选方案)

Step 6:Selecting an Alternative(选择备选方案)

Step 7:Implementing the Alternative(实施备选方案)

Step 8:Evaluating Decision's Effectiveness(评估决策结果)

图6—1　决策制定步骤

(一)识别决策问题

决策制定过程从一个存在的问题(problem)开始,或者更具体地说,开始于现状与希望状态之间的差异。[①] 以 ABC 工厂为例,ABC 是一家集生产、销售为一体的玩具制造工厂,某天工厂的一辆轿车坏了,无法接送客户以及送货,这给日常的经营带来干扰,导致当天损失了一个新客户;同时工厂的上年度的收入尚有剩余。现在 ABC 工厂的管理者面临如何让工厂正常

①　W. Pounds, The Process of Problem Finding, *Industrial Management Review*, Fall 1969, pp. 1—19.

经营的问题。问题的识别并不是那么简单,管理者需要认识到问题的三个特性:意识到问题,迫于压力采取行动和拥有行动所需要的资源。[①] 管理者首先应该意识到必须进行决策,即在目标与现有绩效间发现差异或者发现环境变化;仅仅有矛盾而没有压力会导致问题的延迟,因此需要向管理者施压,这种压力也许来自组织政策、财务危机、企业效益、竞争对手的行动等;拥有必要的资源,如权力、资金、信息、人力等。在这个例子中,由于轿车无法工作已经导致正常经营的环境发生变化,由问题引发的客户损失给管理者带来改变现状的压力,假设管理者的决策可以简化为买新车、买二手车、修旧车和租车四种选择行为,而由于上年的收入有多余满足了拥有必要资源的前提条件,至此,问题识别结束。

(二)确认决策标准

当管理者确定决策的问题后,则会确认决策标准(decision criteria),决定什么与制定决策有关,即明确决策的目的、目标或找到影响问题解决的主要因素。决策标准源于组织的目标和战略、组织拥有的资源、组织的外部环境为组织提供的机会和施加的限制。在上述例子中,ABC工厂决策者将考虑一些与决策相关的因素,如汽车的寿命、价格、舒适度、耐用性、维修记录、性能、易操作性、外形、品牌等。经过仔细的考虑,决策者决定价格、舒适度、耐用性、维修记录、性能和易操作性是其决策的相关标准。

(三)为决策标准分配权重

虽然决策者列出了价格、舒适度等6个决策标准,但并不意味着每个标准对于解决当前问题是同等重要的,决策者需要通过为每个标准分配不同的权重来区分各个标准的重要程度。那么怎么给决策标准分配权重呢?一个简单的方法是给予最重要的标准10分的权重,然后参照这一权重为其他标准分配权重,所以重要性只相当于权重为10分标准的一半的指标,其权重为5。当然也可以采用100、1 000或者任何其他的数字作为最高的权重。对于ABC工厂而言,虽然上年收入有盈余但也不适合巨额消费,同时工厂是以利润最大化和轿车效用最大化为目标的,因此,把价格看作是最重要的决策标准。其次,由于轿车需要承担接送客户的工作,轿车的舒适度被列为第二重要的衡量标准。以此类推,表6-1概括了ABC工厂决策者购买轿车的标准及其权重。

表6-1 轿车采购决策的标准及其权重

标准	权重
价格	10
舒适度	8
耐用性	5
维修记录	5
性能	3
易操作性	1

(四)开发备选方案

决策过程的第4步要求决策制定者列出可供选择的方案,这些方案要能够解决问题。在

---

① M. W. McCall Jr. and R. E. Kalplan, *Whatever It Takes Decision Makers at Work*, Upper Saddle River, NJ: Prentice Hall, 1985, pp. 108—116.

这一步中,决策制定者希望能创造性地提出一些可供选择的方案。无须对这一步所列出的方案进行评估,只需列出它们即可。ABC工厂决策者在图6-2中列出了11种可供选择的轿车品牌。

管理者必须进行方案的可行性分析过程

Acura 讴歌	Chevrolet 雪佛兰	Honda 本田
Hyundai 现代	Mazda 马自达	Nissan 尼桑
Plymouth 普利茅斯	Pontiac 庞迪亚克	Toyota Camry 丰田凯美瑞
Volvo 沃尔沃	Volkswagen Passat 大众帕萨特	

图6-2 轿车购买的备选方案

(五)分析备选方案

一旦确认了备选方案,决策制定者必须认真地分析每一种方案。怎样分析?对每一种方案的评价是将其与决策标准进行比较,这些标准已在第2步和第3步中建立。通过比较,每一种备选方案的优缺点就变得明显了。表6-2显示了企业根据标准和权重对不同轿车进行的评价。

表6-2　　　　　　　　　　　根据不同标准和权重对不同轿车的评价

备选方案	价格	舒适度	耐用性	维修记录	性能	易操作性	总计
讴歌	5	6	10	10	7	10	229
雪佛兰	7	8	5	6	4	7	208
本田	5	8	10	10	7	7	242
现代	7	7	5	4	7	7	199
马自达	7	5	7	7	4	7	199
尼桑	8	5	7	9	7	7	218
普利茅斯	10	7	3	3	3	5	200
庞迪亚克	4	10	5	5	10	10	210
丰田凯美瑞	6	7	10	10	7	7	244
大众帕萨特	4	7	5	4	10	8	179
沃尔沃	2	7	10	9	4	5	188

(六)选择备选方案

从所有备选方案中选择最佳方案是很重要的。我们已经确定了所有相关的标准及其各自的权重,并确认和分析了各种备选方案,现在我们仅仅需要从备选方案中做出选择即可,所选择的方案是在第5步中具有最高得分的方案。在这个例子中,比较方案后决定选择丰田凯美瑞,因为该方案得分最高。

(七)实施备选方案

如果将选择后的方案束之高阁,不付诸实施,这样,决策也等于没有决策。决策不仅是一个认识过程,也是一个行动过程。决策制定者通过把决策传达给有关人员并获得他们对决策的承诺,将决策付诸行动。我们知道,如果即将执行决策的员工参与了决策的制定过程,那么他们更可能会支持决策的执行并取得成果。相比较而言,对于那些仅仅是被告知要怎么做的员工来说,后者的热情将小得多。在决策实施阶段,管理者还需要重新评估环境发生的任何变化,特别是当执行决策需要很长一段时间时。标准、方案和选择仍然是最佳的吗?环境是否发生了巨大变化?以至于我们需要对它重新进行评估。

（八）评估决策结果

决策过程的最后一步是评估决策结果,看看问题是不是得到了解决,选择的方案和实施结果是否达到了期望的效果。如果评估结果表明问题仍然存在,将会发生什么事情?这时管理者也许需要仔细地分析:哪里出了错误?问题是否被错误地定义?在评估各种备择方案时出现了哪些偏差?是否方案的选择是正确的,但实施得不好?问题的答案也许要求管理者重新回到决策过程的某个步骤,甚至可能要重新开始整个决策过程。

第二节 作为决策者的管理者

一、制定决策:理性、有限理性和直觉

（一）理性

理性决策模型,简称理性模型(rational model)来源于传统经济学理论,以"经济人"的假设为前提,舍弃一些次要变量,简化问题的分析,形成有效的分析框架,用来解释经济中的诸多现象。管理决策的制定可以被假设为是理性的(rational),它代表的含义包括管理者所制定的决策是前后一致的,是追求特定条件下价值最大化的。毕竟,管理者可以借助各种各样的工具和技术成为理性的决策制定者。但是,管理者并不总是理性的。那么,理性决策隐含的假设是什么?这些假设的有效性如何?理性决策假设一个完美理性的决策者是完全客观的和符合逻辑的,问题是清晰明确的,而管理者的目标也是清楚具体的,因此他掌握了所有可能的解决方案及其结果。不仅如此,理性的决策还会一贯地选择那些最可能实现目标的决策方案。图6-3描绘了理性决策的古典模型,解释了理性决策的重要过程。

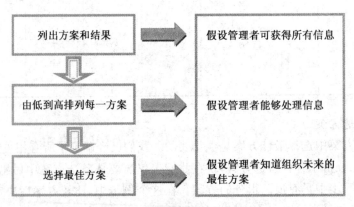

图6-3 理性决策—古典模型

在现实环境中,我们将理性决策必备的条件总结为以下几点:(1)拥有决策所需的全部有效的信息。(2)寻找与实现目标相关的所有决策方案。(3)能够准确地预测每个方案在不同的客观条件下所能产生的结果。(4)非常清楚那些直接或间接参与公共政策制定的人们的社会价值偏向及其所占的相对比重。(5)可以选择出最优的决策方案。

理性分析的决策方法概括如下:(1)首先建立一套完整的操作目标,并赋予其权重。(2)准

备一套完整的备选方案。(3)建立一套其他价值与资源的完整清单,并赋予相应权重。(4)对每一方案的成本/效益进行预测。(5)计算每一方案的净期望值。(6)比较各个方案的净期望值,选取期望值最高的方案。

(二)有限理性

有限理性(bounded rationality)的概念最初由阿罗提出,他认为有限理性就是人的行为"是有意识的理性,但这种理性又是有限的"。"有限理性"原理是赫伯特·西蒙的现代决策理论的重要基石之一,也是对经济学的一项重大贡献。新古典经济理论假定决策者是"完全理性"的,认为决策者趋向于采取最优策略,以最小代价取得最大收益。西蒙对此进行了批评,他认为事实上这是做不到的,应该用"管理人"假设代替"理性人"假设。在西蒙的研究中有一个著名的有关"蚂蚁"的比喻。一只蚂蚁在沙滩上爬行,蚂蚁爬行所留下的曲折的轨迹不表示蚂蚁认知能力的复杂性,只是说明海岸的复杂。它们知道蚁巢的大概方向,但具体的行走路线却是无法预料的,而且他们的视野也是有限的。其实人和蚂蚁是一样的,对外界的认识能力是有限的,对于外界的很多事情无法做出全面的了解。人的行为的复杂性只是反映了所处环境的复杂性。西蒙以蚂蚁喻人,认为人的认知能力也是单纯的,人的行为的复杂性也不过是反映了其所处环境的复杂性,在这样的环境中,人不可能做出最优的决策。由于现实生活中很少具备完全理性的假定前提,人们常需要进行一定程度的主观判断,进行决策。也就是说,个人或企业的决策都是在有限度的理性条件下进行的。完全的理性导致决策人寻求最佳措施,而有限度的理性导致他寻求符合要求的或令人满意的措施。

彼得斯说:"西蒙所说的'最满意'的决策原则是符合实际的。因为在决策中,如果不顾条件地盲目追求最好,最后可能连好都找不到。"如果企业非想要找到最优的决策方案,那会花费很大的成本,是得不偿失的。让我们看一个例子。假定你的专业是财务,在你毕业时想找到一份工作,你希望做一个个人理财计划人员,起薪不低于34 000美元/年,工作地点不超出你家所在城市100英里的半径。结果你接了一个企业信用分析师的职位,它并不是你所希望的个人理财计划人员,但仍然属于财务领域。这项工作是在一家银行供职,这家银行距你家50英里,起薪为35 000美元/年。如果进行一次更广泛的工作检索,你可以在一家信托公司中找到一个个人理财计划人员的职位,这家公司距离你家25英里,起薪是38 000美元/年。因为你所找到的第一项职位已经令你满意了,也就是说足够好了,所以你就以某种有限理性的方式接受了这个职位,虽然根据完美理性的假设,你没有通过搜索所有可行的方案,找到你的最佳方案。管理者制定的绝大多数决策都不满足完美理性的假设,所以他们实际上是在运用有限理性的方式进行决策,也就是说,他们所制定的决策是基于满意方案的。但是请记住,决策制定还可能受到组织文化、内部政治、权力等的强烈影响,以及呈现出我们称为承诺升级(escalation of commitment)的现象。图6—4解释了导致管理者获得不完全信息假设的三方面因素:不确定性和风险;不明确信息;时间限制和信息成本。

(三)直觉

管理者通常还可以运用直觉来帮助他们改进决策的制定。直觉决策(intuitive decision making)是什么意思?它是一种潜意识的决策过程,基于决策者的经验、能力以及积累的判断进行决策。研究者对管理者运用直觉进行决策进行了研究,发现了五种不同的直觉,这个结果描述见图6—5。

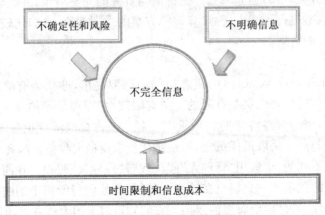

图6-4　不完全信息的致因

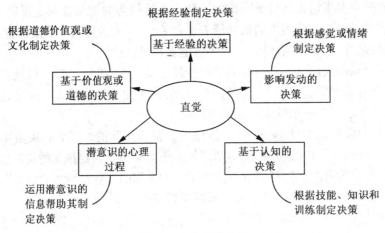

图6-5　直觉的内容

二、决策的类型

现代企业经营管理活动的复杂性、多样性,决定了经营管理决策有多种不同的类型。按决策的影响范围和重要程度不同,分为战略决策和战术决策;按决策的主体不同,分为个人决策和集体决策;按决策程序是否重复,分为程序化决策和非程序化决策;按决策问题所处条件不同,分为确定性条件下的决策、风险型决策和不确定性条件下的决策。

（一）战略决策和战术决策

战略决策是指对企业发展方向和发展远景做出的决策,是关系到企业发展的全局性、长远性、方向性的重大决策。例如,对企业的经营方向、经营方针及新产品开发等决策。战略决策由企业最高层领导做出,它具有影响时间长、涉及范围广、作用程度深的特点,是战术决策的依据和中心目标。它的正确与否,直接决定企业的兴衰成败,决定企业发展前景。

战术决策是指企业为保证战略决策的实现而对局部的经营管理业务工作做出的决策。例如,企业原材料和机器设备的采购,生产、销售的计划,商品的进货来源,人员的调配等就属于此类决策。战术决策一般是由企业中层管理人员做出的,主要为战略决策服务。

（二）个人决策和集体决策

个人决策是由企业领导者凭借个人的智慧、经验及所掌握的信息进行的决策。决策速度快、效率高是其特点。个人决策适用于常规事务及紧迫性问题。个人决策的最大缺点是带有主观性和片面性,因此,对全局性重大问题则不适用。

集体决策分为会议机构决策和上下相结合决策。会议机构决策是通过董事会、经理扩大会、职工代表大会等权力机构集体成员共同做出的决策。上下相结合决策则是领导机构与下属相关机构结合、领导与群众相结合做出的决策。集体决策的优点是能充分发挥集团智慧,集思广益,决策慎重,从而保证决策的正确性、有效性;缺点是决策过程较复杂,耗费时间较多。它适用于制定长远规划、全局性的决策。

(三)程序化决策和非程序化决策

程序化决策,是指决策的问题是经常出现的问题,已经有了处理的经验、程序、规则,可以按常规办法来解决的决策。故程序化决策也称为常规决策。例如,企业生产的产品质量不合格如何处理、商店销售过期的食品如何解决就属于程序化决策。

非程序化决策是指决策的问题是不常出现的,没有固定的模式、经验去处理,要靠决策者做出新的判断来解决的决策。非程序化决策也叫非常规决策。例如,企业开辟新的销售市场、商品流通渠道调整、选择新的促销方式等属于非常规决策。

(四)确定性条件下的决策、风险型决策和不确定性条件下的决策

管理者在制定决策的时候面临三种条件:确定型、风险型和不确定型。这里我们将介绍在这三种条件下,决策者该如何做出决定。决策问题的基本模式为:

$$W_{ij} = f(A_i, \theta_j), i = 1, 2, \cdots, m; j = 1, 2, \cdots, n$$

式中:

A_i——第 i 种策略或方案,属于决策变量,是决策者的可控因素;

θ_j——决策过程所处的第 j 种环境状态,或第 j 种自然状态,属于状态变量,是决策者不可控的因素;

W_{ij}——决策者在第 j 种状态下,选择第 i 种方案的效用。[①]

1. 确定型决策

对于决策者而言,确定性(certainty)条件下做出的决策是最精确的,因为每一种方案都是已知的。在决策过程中,提出的各备选方案在确知的客观条件下,每个方案只有一种结果,决策者只要比较其结果优劣做出最优选择的决策即可。确定型决策是一种肯定状态下的决策。决策者对被决策问题的条件、性质、后果都有充分了解。这类决策的关键在于选择肯定状态下的最佳方案。图6-6概括了确定型决策的主要特征和决策参数。

决策种类	决策参数			类型	决策类型特征
	W_{ij}	A_i	θ_j		
1	√	√	√	确定型决策	①决策目标明确; ②决策状态明确; ③存在两个以上的备选方案; ④不同方案在确定状态下的损益值可计算

图6-6　确定型决策的主要特征与参数

---

① 注:效用是评价主体对丁评价对象将为自身带来的可能收益或损失的感知。

此时,决策问题转化为优化问题。

[例6—1] 一个旅行者的背包只能装6千克物品,而待装的四件物品的重量和价值如图6—7所示,为使携带物品价值最大,请问,该旅行者应如何进行决策?

物品	重量(kg)	价值(元)
1	2	10
2	3	12
3	3	9
4	4	11

状态变量:容量、物品重量、物品价值
决策变量:不同物品装载数量的组合方式
效　　用:携带物品的总价值

图6—7

2. 风险型决策

在现实生活中,大部分管理决策并不能获得完全确定的信息,更为常见的情况是在风险性(risk)条件下做出决策。风险型决策就是这样一种决策。决策过程中提出多个备选方案,每个方案都有几种不同结果可以预知,其发生的概率也可测算,在这样条件下的决策,就是风险型决策(见图6—8)。例如,某企业为了增加利润,提出两个备选方案:一个方案是扩大老产品的销售;另一个方案是开发新产品。不论哪一个方案都会遇到市场需求高、市场需求一般和市场需求低几种可能性,它们发生的概率都可测算,若遇到市场需求低,企业就要亏损。影响预测目标的各种市场因素是复杂多变的,因而每个方案的执行结果都带有很大的随机性。决策中,不论选择哪种方案,都存在一定的风险性。

决策种类	决策参数			类型	决策类型特征
	W_{ij}	A_i	θ_j		
2	√	√	?	风险型决策	①存在决策者希望达到的明确目标; ②存在两个以上不以决策者主观意志为转移的自然状态,但决策者可根据以往的经验或信息分析估算出自然状态出现的概率 $P(\theta_j)$; ③存在两个以上的备选方案; ④不同方案在确定状态下的损益值可计算

图6—8　风险型决策的主要特征与参数

求解风险型决策往往采用期望值法,即:

(1)将备选的不同自然状态视为离散的随机变量 θ_j。

(2)将各备选方案在不同自然状态下的可能损益值视为针对随机变量的函数 $f(\theta_j)$;

(3)评估不同方案效用就转化为计算效用函数 $f(\theta_j)$ 的期望 $E[f(\theta_j)]$,即计算

$$E[A_i]=E[f(\theta_j)]=\sum_{j=1}^{n}f(\theta_j)\cdot p(\theta_j),i=1,2,\cdots,m$$

[例6—2] 某企业要决定一种产品的下一年产量,以便及早做好生产前的准备工作。假设产量的大小主要根据产品的销售价格好坏而定。以往市场销售价格的统计资料及市场预测的信息说明,未来产品销售价格出现上涨、持平、下降三种状态的概率分别为0.3、0.6和0.1。若该产品按大批量、中批量、小批量三种方案之一进行投产,相应的损益值如表6—3所示。现要求通过决策确定下一年度的投产方案,使该产品获得收益的期望值最大。

表 6－3　　　　　　　　　　　　**不同方案的损益值**　　　　　　　　　　　　单位:万元

损益 ＼ 自然状态 行动方案 ＼ 概率	价格上涨 θ_1 0.3	价格不变 θ_2 0.6	价格下降 θ_3 0.1
大批量生产 A_1	40	32	-6
中批量生产 A_2	36	34	24
小批量生产 A_3	20	16	14

解 1:决策表法

①将已知信息转化为决策表上对应的内容;②计算不同方案的损益值的期望(不同方案针对状态随机变量的函数值),并进行比较;③选择期望值最大的方案,并将其作为决策结果(见表 6－4)。

$$E[A_1]=0.3\times40+0.6\times32+0.1\times(-6)=30.6$$
$$E[A_2]=0.3\times36+0.6\times34+0.1\times24=33.6$$
$$E[A_3]=0.3\times20+0.6\times16+0.1\times14=17.0$$

表 6－4　　　　　　　　　　　　**不同方案的收益的期望值**　　　　　　　　　　　　单位:万元

损益 ＼ 自然状态 行动方案 ＼ 概率	价格上涨 θ_1 0.3	价格不变 θ_2 0.6	价格下降 θ_3 0.1	方案收益 $\sum f(Q_j)\cdot P(Q_j)$
大批量生产 A_1	40	32	-6	30.6
中批量生产 A_2	36	34	24	33.6
小批量生产 A_3	20	16	14	17.0

解 2:决策树法

①绘制决策树,将备选方案、自然状态出现概率、方案损益,从左至右依次作为决策树的决策枝、状态枝和树叶,并标注对应的决策投入、状态出现概率、各方案的状态损益值;②计算不同方案决策结果损益的期望值;③选择期望值最大的方案,并将其作为决策结果,删去与该方案进行对比的其他方案(见图 6－9)。

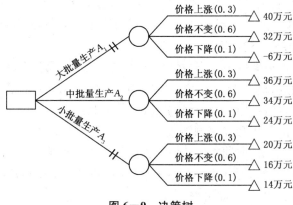

图 6－9　决策树

3. 不确定型决策

不确定型决策是指这样一类决策：在决策过程中提出各个备选方案，每个方案已知有几种不同的结果，但每一结果发生的概率无法知道。在这样的条件下，决策就是不确定型决策（见图 6—10）。它与风险型决策的区别在于：风险型决策中，每一方案产生的几种可能结果及其发生概率都已知；不确定型决策只知道每一方案产生的几种可能结果，但其发生的概率并不知道。由于人们对市场需求的几种可能客观状态出现的随机性规律认识不足，这就增大了决策的不确定性程度。

决策种类	决策参数			类型	决策类型特征
	W_{ij}	A_i	θ_j		
3	√	√	×	不确定型决策	①存在决策者希望达到的明确目标； ②存在两个以上不以决策者主观意志为转移的自然状态，并且自然状态出现的概率也不可知； ③存在两个以上的备选方案； ④不同方案在确定状态下的损益值可计算

图 6—10　不确定型决策主要特征与参数

对于这类决策问题，由于各种自然状态出现的概率不可知，因此，比较不同方案的经济效益时，只能根据决策者主观选择的一些原则来进行。相应的决策原则有：

(1)乐观原则：决策者对未来持乐观态度，决策过程中比较各方案的最大损益值，从中选取损益值最大的方案作为满意方案。

表 6—5		不同方案的损益值		单位：万元

备选方案	不同自然状态下的损益值		
	高需求	中需求	低需求
A₁：改建生产线	500	300	100
A₂：引进生产线	400	300	250
A₃：联合投资新线	200	180	150

根据乐观原则，各个方案的最大损益值分别为：$A_1 = 500$ 万元，$A_2 = 400$ 万元，$A_3 = 200$ 万元。在这三个最大的损益值之中，A_1 方案的 500 万元又是最大的，故 A_1 方案最优。

(2)悲观原则：决策者对未来持悲观态度，决策过程中比较各方案的最小损益值，从中选取损益值最大的方案作为满意的方案。

根据悲观原则，各个方案的最小损益值分别为：$A_1 = 100$ 万元，$A_2 = 250$ 万元，$A_3 = 150$ 万元。在这三个最小的损益值之中，A_2 方案的 250 万元又是最大的，故 A_2 方案最优。

(3)乐观系数原则：决策者在进行决策分析时，既不持十分乐观的态度，也不抱消极保守思想，而是依据历史数据的分析和经验判断来确定一个乐观系数 $\alpha(0 < \alpha < 1)$，并运用乐观系数计算每个方案的期望损益值，取期望损益值最大的方案作为决策方案。

$$期望损益值 = \alpha \times 最大损益值 + (1-\alpha) \times 最小损益值$$

令 $\alpha = 0.7$，则 $1 - \alpha = 0.3$，因此可得：

A_1 的期望损益值 $= 0.7 \times 500 + 0.3 \times 100 = 380$（万元）

A_2 的期望损益值$=0.7\times400+0.3\times250=355$(万元)

A_3 的期望损益值$=0.7\times200+0.3\times150=185$(万元)

显然 A_1 方案的期望损益值最大,所以 A_1 为最优方案。

(4)后悔值原则:决策者在选定方案并组织实施后,如果实际自然状态表明未选定的方案却取得更大的收益,则决策者将为此而感到后悔。后悔值原则就是一种力求使可能的后悔值最小的方法。

①该方法先计算备选方案在不同状态下的后悔值:利用特定状态下,不同方案的最大损益值,减去各备选方案针对该状态的损益值。

②找出每一方案的最大后悔值,比较并选择最大后悔值最小的方案作为满意方案。

表 6—6 　　　　　　　　　　不同方案的后悔值 　　　　　　　　　　单位:万元

备选方案	不同自然状态下的后悔值		
	高需求	中需求	低需求
A_1:改建生产线	0	0	150
A_2:引进生产线	100	0	0
A_3:联合投资新线	300	120	100

根据表 6—6 可以看出,各方案的最大后悔值分别为:$A_1=150$ 万元,$A_2=100$ 万元,$A_3=300$ 万元,其中最小者为 100 万元,因此 A_2 为最理想方案。

第三节　管理者决策风格和偏误

如果你在银行存了一些钱,现在准备用这些存款购买股票。你的一位好朋友给你提供了三种不同类型的股票信息:第一种是红利非常稳定的股票。这种股票非常安全,但不大可能带来巨额利润。第二种是特别冒险的采矿股票。据权威人士透露,这种股票的价格在近期内可能猛涨,但是,万一这一内部消息不可靠,那么,购买这种股票将会带来一定的损失。第三种是一家小型制造公司的股票。该公司董事会正在考虑与一家外国公司合资,如果成功了,股票价格将会上涨;如果不成功,价格将保持平稳。当你决定购买股票时,会做出什么样的选择? 你脑子里会出现什么样的想法? 你有可能会觉得一个人不愿意冒险就不能获得巨额利润,所以根据权威人士的推荐购买采矿股票? 还是觉得自己向来运气一般,购买红利非常稳定的股票? 又或者既不想失去获取巨额利润的机会,同时想求稳而购买制造公司的股票? 不同的人会做出不一样的选择。事实上,不同的管理者也具有不同的决策风格。

一、决策风格

(一)决策风格的含义

决策风格(decision-making style)是指个人对信息的认知与理解以及对反应方式的选择态度。有一群学者以决策风格为基础而发展出两个不同的信度:第一个信度是价值取向(value orientation),是指个人对工作或技能的关心程度,或决策时个人与社会的重心所在。例如,有人关注工作本身而忽略人的因素,而有人恰恰相反。第二个信度是对浑沌未明的情境的容忍力(tolerance for ambiguity),是指个人对生活事物结构性高低的要求或控制能力。有人希望生活的结构性高(对浑沌的情境忍受力低),紊乱的情境会形成较大的压力并产生心理不适感;有人对生活的结构要求较低(浑沌的情境忍受力较强),对不确定的状况较能适应。

（二）决策风格的类型

当价值取向与浑沌容忍力二者一起考虑时,将形成四种决策风格:直接型、分析型、概念型和行为型。

1. 直接型

直接型(directive style)的人在做决定时对浑沌的忍受力低,属于工作与技能取向。解决问题时讲求效率、合乎逻辑、较为务实且有系统。直接型的决策者是行动派,较为果决也较重视事实,追求速度与成果;不过却易流于独裁专制、权力掌控欲强,而且喜欢走捷径。

2. 分析型

分析型(analytic style)的人对浑沌的忍受力较高,对情境的分析力强,比直接型的人更注重数据与解法的分析,属于谨慎的决策者。分析型决策者花在下决定上的时间较长,对新情境或不明确的情况较有把握;不过也最容易变成独裁专制者。

3. 概念型

概念型(conceptual style)的人对浑沌的忍受力也较强,但是也注重工作条件中的人与社会因素,对解决问题的方法思路较为宽广,会考虑各种选择与未来发展的可能性。概念型决策者通常会花费较多时间在讨论与数据搜集上,具有冒险精神,在问题解决上也较有创意;不过下决定时容易过分理想化或不切实际。

4. 行为型

行为型(behavioral style)是四种类型中最常见的一种,属于这种决策风格的人较重视人际互动,较愿意接纳他人意见,也较能够对他人给予支持,喜欢口语沟通而不喜欢以书面方式沟通;虽然常常通过会议做决定,但是不喜欢制造冲突,有时候会因为过度在意他人的看法导致难以下决定。

根据研究显示,很少人的决策风格固定表现出同一形式,一般管理者倾向同时拥有二至三种决策型式;而且决策风格往往因为工作性质、职位高低等而有所差异。在应用上,决策风格有助于决策者认识自己在决策方面的优缺点,并寻求改善的途径,增加对他人的影响力,例如与一位分析型的对象斡旋时,可以多提供数据支持你个人的论点。但此方式就不适用于与直接型的主管沟通。了解决策风格之后就不难理解为何不同的人根据相同数据却会做出不同决定的原因。

二、决策制定的偏见和错误

（一）启发法则

我们在制定决策时,常常会使用经验法则即启发法则(heuristics),因为经验对我们来说一般是有用的,它有助于我们理解错综复杂的、含糊不清的、模棱两可的信息。但是,这并不意味着经验法则在任何时候都是可靠的,因为它可能导致我们在处理和评价信息时出现错误和偏见。

（二）偏见的类型

这些偏见归纳起来有12个,包括自负、即时满足、锚定效应、选择性认知、证实、框架效应、有效性、典型性、随机性、沉没成本、自利性和后见。图6-11总结了常见的制定决策的错误和偏见。

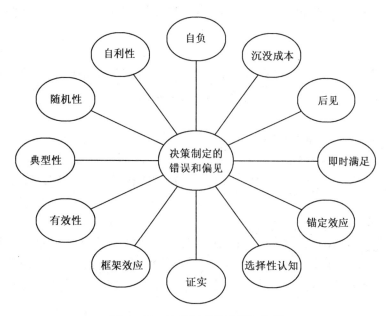

图6－11　决策制定的错误和偏见

1. 自负

决策制定者认为他所知道的事情比他们做的要多,或者对自己和自己的表现持有盲目乐观态度。这种类型的决策者通常不能正确评价形势,不能正确评价自己,难以接受别人的建议。

2. 即时满足

决策者想立即获得收益和避免成本,对他们来说,选择快速提供报偿的决策比具有长远利益的决策更具有吸引力。这种人常常忽略现实而产生激进主义,缺乏长远眼光。

3. 锚定效应

决策者始终把注意力放在作为起点的原始信息上,难以接受新的信息。信息之所以极具价值,是因为它的易变性,不能及时接受最新信息,就难以做出最前沿的决定,可能错过企业发展的最佳时机。

4. 选择性认知

基于偏见而选择性地组织和实施活动。理性决策需要我们尽可能多地知道有关决策的必要信息,进而做出全面的备选方案。选择性认知常常忽略应该关注的信息和识别的问题,这样就难以做出最优选择,而只能是满意选择。

5. 证实

决策者为了证实自己的观点而刻意地寻找支持自己观点的理由,并且常常找到,进而肯定自己过去的观点,这就是证实偏见。证实偏见具有极大的主观性,常常先入为主,进而牵强附会,导致无法正确地分析现状。

6. 框架效应

决策者有重点地选择事物的某些方面,而摒弃事物的另一些方面。曲解事物,不全面、不精确。框架效应和选择性认知有一定的共性,但是选择性认知具有跳跃性和间断性,而框架效应具有局部性和局部连续性。

7. 有效性

决策者对最近发生的和印象最深刻的事情记忆犹新,扭曲客观回忆事物的能力,导致判断和评价的失真。

8. 典型性

决策者根据某一事情与其他事情的相似程度来评估该事情发生的可能性,而忽略事物本身的差异性,尤其是环境的差异性而断定相似,后果如何,可想而知。

9. 随机性

决策者试图从随机性事件中归纳出某个结论。随机性事件具有极大的不确定性,当某个偶然事件发生的时候,就难以按经验进行决断,而决策者试图归纳出某个万能规律来解决未来可能出现的所有类似问题。在分析此类问题时,决策者往往忽略了环境的易变性,也难以把握事物的本质。

10. 沉没成本

决策者忽略了现在的选择并不能纠正过去的决定,但是一些决策者过度地把注意力集中在过去消耗的时间、金钱和精力上,而不太关心未来的结果。过去只能是现在和未来的参考,过分地把注意力放在过去,就是对组织的现在和未来不负责任,因为期望的收益是由现在决定、在未来收获的。

11. 自利性

决策者居功自傲或把失败归咎于外部因素。这种决策者缺乏必要的责任感,对自己缺乏正确的认识,不能正确地分析内外因素的权重。从团队角度来讲,这样的管理者缺乏远见。

12. 后见

当人们得知某一事件的结果时,决策者错误地认为,他们准确地预见了这一结果。这一行为有故意和无意之分,往往自我表现得虚伪,或者出于对事情的不恰当认知。

怎么避免这些决策偏见和错误的负面影响呢?罗宾斯给出了三个建议:(1)认识这些偏见和错误,并尽量避免使用它们;(2)注意自己的决策方式,辨认自己经常使用的经验法则,批判地评估这些法则的恰当性;(3)咨询资深人士或者让身边熟悉你的朋友帮忙辨认你的决策风格。

第四节　当今世界决策的制定

当今商界的主题是制定决策,但是决策的制定往往存在风险,特别是在这个环境日益变化的社会,管理者通常不能获得完全的信息,并且有一定的时间压力。那么在这个快速变化的世界里,管理者应该如何制定有效的决策呢?罗宾斯给出了以下指导:

(一)理解文化差异

全球化是 20 世纪 80 年代以来在世界范围内日益凸显的新现象。全球化背景下的管理者要具有全球性的视野,充分考虑国际因素,理解文化差异。举个例子来说,日本是不确定性避免程度较高的社会,因而在日本,"全面质量管理"这一员工广泛参与的管理形式取得了极大的成功,"终身雇佣制"也得到了很好的推行。与此相反,美国是不确定性避免程度较低的社会,同样的人本主义政策在美国企业中则不一定行得通,如在日本推行良好的"全面质量管理",在美国却几乎没有成效。所以,管理者在制定决策前应该充分理解文化差异。

(二)掌握退出时机

当一个决策明显不起作用的时候,不要害怕结束。现实中有很多决策者封锁或曲解负面信息,因为他们不愿意相信他们的决策是错误的,他们过分注重这个决策以至于他们不愿意认清事实,但是这只能使企业陷入危机。

（三）使用有效的决策制定过程

专家认为一个有效的决策制定过程应该有六个特点:(1)聚焦于重要事务;(2)具有逻辑性和连贯性;(3)承认主观和客观的想法,并把直觉与分析结合起来;(4)要求具备解决特定困境所必需的大量信息;(5)促进并指导相关信息和观点的搜集;(6)简单、明确、可靠、易于使用、灵活。

第五节 创造和创新

一、创造和创新的含义

随着科技更新速度的加快,企业间竞争日趋激烈,管理者要想制定有效的决策在竞争中处于不败的地位,不得不关注一个词——"创新"。对人员进行管理的一个重要因素是创造。经济学家约瑟夫·熊彼特于1912年首次提出了"创新"的概念。通常而言,创造是指以独特的方式综合各种思想或在各种思想之间建立起独特的联系这样一种能力。能激发创造力的组织,可以不断地开发出做事的新方式以及解决问题的新办法。管理创新则是指组织形成一种创造性思想并将其转换为有用的产品、服务或作业方法的过程。即富有创造力的组织能够不断地将创造性思想转变为某种有用的结果。当管理者说到要将组织变革得更富有创造性的时候,他们通常指的就是要激发创新。管理创新是指企业把新的管理要素如新的管理方法、新的管理手段、新的管理模式等,或要素组合引入企业管理系统,以更有效地实现组织目标的活动。

二、对创造力的再认识

（一）风暴式思维

现实中,总会听到有人说,我创造力不行,创造力是天生的。创造力可以改变吗?答案是肯定的,创造力是可以传授的,创造性想法常常是大量努力的结果。提高创造力最为著名的方法之一——brainstorming是由被称为"风暴思维之父"的阿历克斯·奥斯本（Alex F. Osborn）提出的。brainstorming原指精神病患者头脑中短时间出现的思维紊乱现象,病人会产生大量的胡思乱想。奥斯本借用这个概念来比喻思维高度活跃,打破常规的思维方式而产生大量创造性设想的状况。头脑风暴的特点是让与会者敞开思想,使各种设想在相互碰撞中激起脑海的创造性

阿历克斯·奥斯本

风暴。其可分为直接头脑风暴法和质疑头脑风暴法。前者是在专家群体决策基础上尽可能激发创造性,产生尽可能多的设想的方法;后者则是对前者提出的设想、方案逐一质疑,发行其现实可行性的方法。这是一种集体开发创造性思维的方法。在风暴式思维的过程中,追求的是想法的多样化,其规则包括:(1)提出的想法不会受到批评;(2)想法越激进越好;(3)强调产生想法的数量;(4)鼓励别人对想法评头论足,加以改进。

（二）传统小组讨论的局限性

尽管集思广益的方法会产生创造性的思维,但是,如果认为只有在群体中才会有更多的创造力是不正确的。传统小组的讨论也可能妨碍创造力的发挥。例如,小组成员可能会采纳一

种想法而排斥其他的想法。在某种程度上,有的小组成员怕被人耻笑而不愿意在小组中表达自己的想法。另外,假如小组里有高层管理人员,那么,底层员工的想法可能会受到限制。

(三)富有创造力的管理人员

人们常常假设大多数人都没有创造力,或者很少有产生新想法的能力,但是,这种想法对组织却是极为有害的。虽然人与人之间存在创造能力方面的差异,但是,几乎所有的人都有创造力。

毋庸置疑,富有创造力的人可以对企业的发展做出更大的贡献。硬币总是有正反两面,有的个体可能过多强调创造力的作用而忽视组织的规章制度从而给组织造成破坏。哈佛商学院的约翰·考(John Kao)建议,应给有创造力的人留有足够的自由度来实践他们的想法,管理人员应该视自己为爵士乐作曲家,他不能偏离总谱,但在变奏上又有很大的自由度。尽管创新会给公司带来极大的好处,但在多数情况下,个体的创造力未能发挥出来。创造力并不能取代管理上的判断,在追求不同寻常的想法并把它们转变为创新行为的过程中,管理人员必须确定风险因素,并对其进行评估。

本章小结

1. 决策是指为了实现特定的目标,采用一定的科学方法和手段,从两个以上的方案中选择一个满意方案的分析判断过程,是计划的核心。决策制定的步骤包括识别决策问题,确认决策标准,为决策标准分配权重,开发备选方案,分析备选方案,选择备选方案,实施备选方案,评估决策结果。

2. 决策的类型:战术决策和战略决策;个人决策和集体决策;程序化决策和非程序化决策;确定性条件下决策、风险决策和不确定性条件下决策。

3. 管理者决策风格和偏误:自负,及时满足,锚定效应,选择性认知,证实,框架效应,有效性,典型性,随机性,沉没成本和自利性。

4. 锚定效应是指决策者始终把注意力放在作为起点的原始信息上,难以接受新的信息。信息之所以极具价值,是因为它的易变性。不能及时接受最新信息,就难以做出最前沿的决定,可能错过企业发展最佳的时机。

5. 选择性认知:基于偏见而选择性地组织和实施活动。分析:理性决策需要我们尽可能多的知道有关决策的必要信息,进而做出全面的备选方案。选择性认知常常忽略所应关注的信息和识别的问题,这样就难以做出最优选择,而只能是满意选择。

6. 框架效应:决策者有重点地选择事物的某些方面,而摒弃事物的某些方面。曲解事物,不全面,不精确。框架效应和选择性认知有一定的共性,但是选择性认知具有跳跃性和间断性,而框架效应具有局部性和局部连续性。

7. 管理者在制定决策时可能面对三种条件:确定性、风险性和不确定性。

8. 当今世界决策的制定包括:理解文化差异;掌握退出时机;使用有效的决策制定过程。

练习题

一、简答题

1. 简述西蒙的决策理论。

2. 什么是直觉决策？管理者可以凭借哪五种直觉来进行决策？

3. 为什么决策遵循的是满意原则而不是最优原则？

4. 简述程序性决策与非程序性决策的区别。

5. 管理者在制定决策时可能面对哪三种条件？

6. 有人认为，管理者制定决策很容易，只是确定适当的模型，定义变量，代入数字并求出答案。你对此有什么评价？

7. 我们所有的人在制定决策时都会带有某种程度的偏见，管理者会带有什么类型的偏见？带有偏见的情况会造成什么缺陷？有倾向性是否也有某些优点？试作说明。上述情况对管理决策意味着什么？

8. 管理者如何融合制定有效决策的指导方针与决策制定的理性及有限理性模式？它们能融合在一起吗？为什么？

9. 为什么常常把经验称为不仅是做决策代价昂贵的基础，而且还是做决策危险的基础？管理人员怎样才能做到最有效地利用经验？

10. 找出一个创造性解决的问题，这一解决方法源于群体的讨论，还是个人努力的结果？重新把这一创造性的过程勾画出来。

二、案例分析

人人都认为格里亨德运输公司遇到了麻烦。这家公司的利润少得可怜，需求却非常旺盛，但这家公司却没有钱安排空车、买新车和雇用司机来满足这些需求。为了削减经营成本和提高顾客服务质量，格里亨德公司的高层领导制订了一个公司重组计划。根据该项计划，要大幅度减员，减少服务的线路和服务内容，而且从顾客订票到车次安排都实行计算机管理。但是，中层管理人员反对这项计划。很多中层经理认为，大幅度减员将使本来很差的顾客服务变得更加糟糕。负责计算机项目的经理敦促引进新的计算机系统，以解决高度复杂的软件中所存在的一些小问题。

人力资源部门指出总站员工的受教育程度太低，连高中毕业的都为数不多。因此，为使他们能够有效地使用这个系统，必须对他们进行大规模的培训。总站经理警告说，格里亨德运输公司的乘客中许多是低收入者，他们没有信用卡或者电话，这样他们就无法接受公司计算机订票系统的服务。

面对这些分歧，公司高层还是运用了新的系统，他们强调说，他们研究得到的数据表明，新系统将改善顾客服务质量，使顾客买票更加方便，而且顾客还可以为将来的特殊旅行预订位置。灾难降临了，订票的电话剧增，但由于新的接线系统存在机械上的问题，很多电话打不进来。

许多顾客还是像往常一样，到总站直接买票上车，计算机仿佛陷入了泥潭，击一下键需要45秒，而打印一张车票则需要5分钟。这个系统经常瘫痪，售票员不得不经常用手来写票。

顾客排着长队等候购买，看不到自己的行李，而且经常被迫在总站过夜。工作人员减少，使得售票人员不得不穷于应付他们并不熟悉的计算机系统，对顾客不礼貌的事情时有发生。乘坐公司车辆的顾客也急剧减少，竞争对手更是趁机抢夺那些对格里亨德公司不满意的顾客。

案例思考题：

1. 你认为该公司的决策过程存在问题吗？如果存在，问题出在哪里？
2. 如果你是该公司的管理者，你将怎么做？

第七章

计划的基础

学习目标

学完本章后,你应该能够:

1. 解释计划的作用和特性。

2. 定义计划工作。

3. 区分不同的计划类型。

4. 阐释影响计划有效性的权变因素。

5. 描述计划工作的原理。

6. 描述计划过程。

7. 描述目标在计划工作中所起的作用。

8. 解释目标设立的过程和方法。

9. 描述设计良好的目标的特征。

要点概述

1. 为什么管理者要制订计划

为什么不制订计划;计划的作用;计划的特性。

2. 什么是计划

计划的含义;计划的任务和内容;计划的类型。

3. 管理者如何制订有效的计划

影响计划有效性的权变因素;计划工作的原理;计划过程;目标和目标管理。

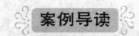

李建的压力

李建是一家民营企业的计划部经理,他主要负责工作计划的编制和监督执行。每年的年底是李建最痛苦的时候,这时他不仅要准备向老板汇报当年的计划完成情况,还要牵头组织下一年度工作计划的编制工作。为此,他几乎每天都要向各部门要数据、催进度,对于实在拖拉的部门,他还不惜动用罚款等措施,最后好不容易各部门的工作计划上报完毕,可等到李建汇总时,结果却往往使他变得格外沮丧:其中有些部门的计划纯粹是在不切实际地喊口号、唱高调,有些部门则是想通过工作计划来争资源,有些部门的工作计划根本没有给出任何约束性指标⋯⋯

然而,李建还是得依据这些来自各部门的"原始资料"完成他下一年度的计划编制工作。从前些年公司的业绩看,这样编制出来的计划可以说是一纸空文,计划数据与实际数据相差太大。

李建经常会听到这样的抱怨:我们连公司下一步要往哪里走都搞不清,怎么订计划啊?李建作为部门经理,觉得自己有责任把这些意见反馈给老板,看到老板忙碌的身影时,总是话刚到嘴边又咽了下去。

又到该编制下一年度的工作计划的时候了,李建再次感到了一股无形的压力,但这次他不想再走老路子了,为公司的前途着想,他决定要和老板沟通,谈谈公司的未来。

思考:你认为造成李建苦恼的原因到底是什么?他应该向老板反映何种意见?

资料来源:杨传华:《职业经理人十万个怎么办:如何制订工作计划》,北京大学出版社2005年版(根据该资料改编)。

计划在日常生活中非常常见。古语云"凡事预则立,不预则废",在完成某件事情之前,人们需要先有打算,需要先考虑如何完成这件事情。例如,我们的国家每隔五年制订一个新的"五年计划";企业要制订产品研发计划、生产计划、营销计划、人事计划等。正如美国管理学家哈罗德·孔茨(Harold Koontz, 1908—1984)所言,"计划工作是一座桥梁,它把我们所处的这岸和我们要去的对岸连接起来,以克服这一天堑"。

第一节   为什么管理者要制订计划

一、制订计划的意义

在实际的工作过程中,许多管理者不喜欢或不愿意制订计划,他们总是提出各种各样不制订计划的理由。

(一)为什么不制订计划

最常见的理由如下:

1. 计划赶不上变化

一些管理者认为,在不断变化的形势下,计划赶不上变化,因此,没有必要制订计划。

2. 有计划太约束、不自由

一些管理者认为计划会束缚他们的思想和行为,不利于在管理工作中发挥个人的主动性和创造性。

3. 没有时间做计划

一些管理者每天忙得焦头烂额,总是大吐苦水抱怨自己没有时间制订计划。

4.计划完成不了

一些管理者发出感慨,工作很多,时间有限,好的计划总是没有时间来完成,因此,制订计划是徒劳无用的。

5.不知道如何做计划

一些管理者表示很无奈,不知应该如何科学地制订一个严密、周详的计划。

(二)计划的作用

究竟管理者应不应当制订计划,为什么要制订计划呢?俗语说"一年之计在于春,一日之计在于晨","人无远虑,必有近忧"。计划作为管理的首要职能,在组织的管理活动中发挥着至关重要的作用,具体体现在以下几个方面:

1.计划为管理工作指明方向

良好的计划是管理者有效开展活动的有力依据,管理者正是基于计划进行有效的指挥。管理者要根据计划来分派任务,根据任务确定下级的权力和责任,并通过协调他们的活动,形成一种复合的、巨大的组织行为,以保证达成计划所设定的目标。例如,企业要根据年度生产经营计划来安排各月的生产任务、新产品的开发和技术改造等。

2.计划可以降低风险,减少冲击

当今世界瞬息万变,未来的组织的生存环境和组织自身都具有一定的不确定性和变化性,社会在变革,技术在变革,国家对企业的政策和方针可能发生变化,顾客的意愿和消费观念也不断地在变化。

对于管理者而言,变化可能意味着风险或机会,管理者应该通过科学有效的计划来降低风险,根据历史的和现在的信息对未来的变化做出有效的预测,并据此制定适当的对策,从而使管理者能够预见到行动的结果,把未来的风险降低到最低限度,减少未来变化的冲击,变不利为有利,保持主动。

3.计划可以避免重复、遗漏和浪费

一个严密细致的计划,能够消除不必要的重复活动,减少资源的浪费,避免由于缺乏依据而轻率地判断所造成的经济损失,从而使组织的各项活动更具有效率性,使未来的组织活动均衡发展,有利于组织进行更经济的管理。

4.计划有利于控制工作的开展

计划是控制的基础,计划包括建立目标和一些指标,这些目标和指标为有效的控制提供了标准和尺度。没有计划,就没有控制(见图7—1)。

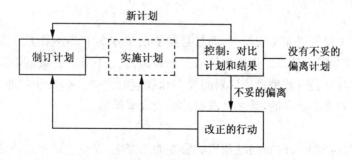

资料来源:哈罗德·孔茨《管理学》,经济科学出版社1998年版,第67页。

图7—1　计划是控制工作的基础

计划职能与控制职能具有不可分离的联系。计划的实施需要控制活动给予保证。在控制活动中发现可能的重大偏差,从而使管理者采取必要的校正活动,修订计划,建立新目标。

二、计划的特性

计划是任何组织为了实现自身使命所必须行使的一项管理职能。计划具有以下几个明显的特性:

(一)首位性

计划是管理的首要职能。任何组织的管理活动都是为了支持实现组织或企业的目标,必须从计划开始,确定了经营目标,才能进行其他管理活动。计划先于其他管理职能,计划正确是整个组织成功的前提。因此,管理者必须首先制订计划,才能确定需要什么样的组织结构和人员素质、如何领导下属工作、为控制工作提供什么样的标准(见图7—2)。

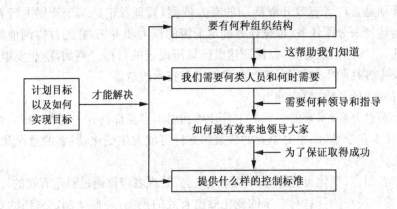

资料来源:杨文士、张雁:《管理学原理》,中国人民大学出版社1997年版,第75页。

图7—2　计划具有领先性

(二)目标性

组织是为了达成一定的目标而存在的,计划旨在有效地实现组织的总目标和一定时期的目标。计划工作是最明显地显示管理的基本特征的主要职能活动。

(三)普遍性

计划在管理活动中是普遍存在的,制订计划是各级管理者的共同职责,但是计划的特点和范围随着主管人员的职权不同而不同。虽然所有管理者都做计划,但基层管理者的工作计划不同于上层管理者制订的计划。

(四)效率性

计划的任务,不仅要确保实现目标,而且是要从众多方案中选择最优的资源配置方案,以求得合理利用资源和提高效率。用通俗的语言来表达,就是既要做正确的事又要正确地做事。

对于营利性组织而言,效率是指计划的成本和收益的比率。如果计划通过合理的代价实现目标,这样的计划是有效率的,反之是没有效率或效率低的。

(五)创造性

计划总是针对需要解决的新问题和可能发生的新变化、新机会而做出决定的,因而它是一个创新性的管理过程。计划是对管理活动的设计,在制订计划的时候不能照搬照抄以前的,要尽可能制订更加适合组织当前现状的计划,正如一种新产品的成功在于创新一样,成功的计划也依赖于创新。

（六）动态性

任何计划不是一经制订就亘古不变的。由于环境条件的变化，计划在执行的过程中需要进一步进行完善，及时地进行调整、修改、补充，甚至放弃原计划，重新制订，从而保证计划的实施能够给组织带来最大的效率。

第二节　什么是计划

一、计划的含义

所有的管理者都必须制订计划，管理者必须有能力预测到组织内外今后可能发生的事情。管理者必须计划一系列的事情，例如，资金的筹集、新产品的生产和销售、产品的定价、人员的雇用等。古人所说的"运筹帷幄"，正是对计划职能的形象概括。

那么，计划到底是什么？在管理学中，计划有名词和动词两层含义。从名词意义上来讲，计划是指用文字和指标等形式所表述的未来组织活动的指导性管理文件。从动词意义上来讲，计划是根据组织外部环境和内部条件的分析，确定组织在未来一定时期内的奋斗目标，通过计划的制订、执行和检查，协调和合理安排组织中各方面的经营和管理活动，从而有效地利用组织的各项资源，取得最佳的经济效益和社会效益的过程。在管理学中，通常用"计划工作"来表示动词意义的计划的内涵。

计划又有广义和狭义之分。从广义的角度来看，计划包括制订计划、执行计划和检查计划的执行情况等整个过程。从狭义的角度来看，计划指制订计划，即根据组织内外部的实际情况，权衡客观的社会需要和主观的可能，通过科学的预测，提出组织在未来一定时期内所要达到的目标以及实现目标的途径。在管理学中，通常采用狭义的计划工作的定义。

二、计划的任务和内容

（一）计划的任务

计划工作的任务就是根据社会的需要和组织的自身能力，确定出组织在未来一定时期内的奋斗目标；通过计划的编制、执行、检查和调整，协调和合理安排组织中各方面的经营和管理活动，从而有效地利用组织的各项资源，取得最佳的经济效益和社会效益。

（二）计划的内容

计划工作的任务最终要通过计划工作的内容得以实现。计划工作所涉及的内容通常概括为以下七个方面：为什么做（Why）、做什么（What）、何时做（When）、何地做（Where）、何人做（Who）、怎么做（How）、成本多少（How much），简称"5W2H"。

（1）为什么做——原因与目的。要明确计划工作的宗旨、目标和战略，并论证其可行性。实践表明，计划工作人员对计划工作的宗旨、目标和战略认识得越清晰和深刻，就越有助于他们在计划工作中发挥主动性和创造性。

（2）做什么——活动与内容。要明确计划工作的具体任务和要求、每一时期的中心任务和工作重点。例如，生产什么产品、生产多少产品。

（3）何时做——时间。规定计划中各项工作的开始和完成的时间进度，以便计划工作人员能够进行有效的控制，以及对资源、能力进行平衡。

（4）何地做——地点。规定计划的实施场所和地点，了解计划实施的环境条件和限制，以便计划工作人员合理地安排计划实施的空间、组织和布局。

（5）何人做——人员。计划中不仅规定目标、任务、地点、速度，而且应当规定由哪个主管部门负责。

（6）怎么做——方式与手段。制定实现计划的具体措施以及相应的政策和规则，对组织的各项资源进行合理的分配和集中使用，对生产能力进行平衡，对各种派生计划进行综合平衡等。

（7）成本多少——预计成本。该项计划预计成本的高低，关系到实施计划过程中成本与效益之间的平衡以及组织的最终经营结果。

计划工作有助于管理者选择和抓住机遇；有助于管理者确定正确的行动方案；有助于管理者减少只靠运气行事的现象，减少和避免风险；有助于组织合理地配置和高效率地使用资源；也有助于让组织成员明确组织的真正期待，从而使自身的所作所为有意义。

三、计划的类型

人类活动充满复杂性与多元性，根据不同的背景和不同的需要编制出各种计划，因此，组织中形成了种类繁多的计划。虽然计划的种类多种多样，但重要程度存在差别。表7-1列出了按不同的标准划分的计划类型。

表 7-1　　　　　　　　　　　　　　　　计划的类型

分类标准	类　型
时间期限	长期计划、中期计划、短期计划
综合性程度	战略计划、战术计划、作业计划
计划内容的明确性	指导性计划、具体性计划
职能空间	业务计划、财务计划、人事计划
程序化程度	程序性计划、非程序性计划
表现形式	宗旨、目标、战略、政策、程序、规则、规划、预算

（一）按计划的期限划分

按照计划执行时间期限的长短，可以把计划分为长期计划、中期计划和短期计划。

1. 长期计划

现有的习惯做法是把5年以上的计划称作长期计划。长期计划主要是方向性和长远性的计划，它主要回答的是组织的长远目标和发展方向以及大政方针问题。战略计划往往是一种长期计划，但是长期计划未必都是战略计划。对于一个工商企业而言，长期计划通常包括经营目标、战略、方针、远期的产品发展计划、革新等。

2. 中期计划

1年以上到5年以内的计划通常称作中期计划。中期计划主要是协调长期计划与短期计划的关系，是根据长期计划制订的，是考虑了组织外部与内部的条件和环境变化情况后制订的可执行计划，它比长期计划更详细和具体，同时中期计划比长期计划详细和具体。

中期计划与组织中的中层管理者、基层管理者的日常工作具有更多的直接关系，涉及的内容较稳定，实施过程变化较小。

但是,对一些环境变化很快、本身节奏很快的组织活动而言,可能存在年计划就是长期计划、季度计划就是中期计划、月计划是短期计划的情况。

3.短期计划

1年及1年以内的计划一般称作短期计划。短期计划的内容主要是说明计划期限内组织必须达到的目标和具体的工作要求。

短期计划是指导组织具体活动的行动计划,它一般是中期计划的分解与落实,比中期计划更加详细和具体。

（二）按计划的综合性程度划分

根据计划的综合性程度,可以将计划分为战略计划、战术计划和作业计划。

1.战略计划

战略计划是指应用于整体组织的、为组织设立总体目标和确定组织在环境中的地位的计划。

2.战术计划

战术计划是有关组织如何具体运作的计划,它多用于指导组织内部某些部门的共同行动,以完成某些具体的任务,从而实现某些具体的阶段性目标。因此,战术计划一般是一种局部性的、阶段性的计划。

3.作业计划

作业计划是给定部门或个人的具体行动计划。作业计划通常具有个体性、可重复性和较大的刚性。

战略计划、战术计划和作业计划,强调的是组织纵向层次的指导和衔接。具体而言,战略计划往往由高层管理人员负责,战术计划和作业计划往往由中、基层管理人员甚至是具体作业人员负责;战略计划对于战术计划和作业计划具有指导作用,战术计划和作业计划的实施可以确保战略计划的实现。

（三）按计划内容的明确性划分

根据计划内容的明确性标准,可以将计划分为指导性计划和具体性计划。

1.指导性计划

指导性计划只规定某些一般的方针和行动原则,它指出重点但不把行动者限定在具体的目标上或特定的行动方案上,从而给予行动者较大的自由处置权。例如,一个指导性计划可能规定未来半年内销售额要增加11%～15%。

2.具体性计划

具体性计划具有明确规定的目标,不存在模棱两可和容易引起误解的问题。例如,一个增加销售额的具体计划可能规定在未来半年中增长10%,企业销售部经理会制定明确的程序、预算方案和日程进度表。

具体性计划虽然更易于执行、考核和控制,但是缺少灵活性,所要求的明确性和可预见性条件往往难以满足。

（四）按程序化程度划分

按组织活动的程序化程度,可以将计划分为程序性计划和非程序性计划。

1.程序性计划

西蒙把组织活动分为两类:例行活动和非例行活动。例行活动,指的是一些重复出现的工作,如订货、材料的出入库等。非例行活动,指的是不重复出现的工作,如新产品的开发、工资制度的改变等。

有关例行活动的决策是经常反复的,可以利用既定的程序来解决,而不需要重新研究。解决例行问题的决策叫做程序化决策,与此对应的计划是程序性计划。

2. 非程序性计划

处理例外活动没有一成不变的方法和程序,解决例外问题的决策叫做非程序化决策,与此对应的计划是非程序性计划。

（五）按职能空间划分

按职能空间分类,可以将计划分为业务计划、财务计划和人事计划。

1. 业务计划

组织是通过从事一定业务活动立身于社会的,业务计划是组织的主要计划。作为经济组织,业务计划包括产品开发、仓储后勤、物资采购、生产作业和销售促进等内容。

2. 财务计划

财务计划研究的是如何从资本的提供和利用上促进业务活动的有效进行。

3. 人事计划

人事计划研究的是如何为业务规模的维持或扩大提供人力资源的保证。

（六）按计划的表现形式划分

美国管理学家哈罗德·孔茨和海因茨·韦里克(Heinz Weihrich)按照计划的不同表现形式,从抽象到具体,把计划分为八种类型:宗旨、目标、战略、政策、程序、规则、规划和预算。八类计划的关系可描述为一个等级层次体系,如图7-3所示。

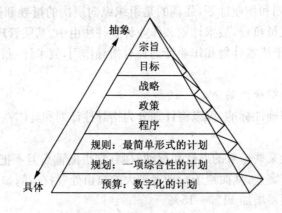

图7-3　计划的层次体系

1. 宗旨(purpose)

宗旨是关于组织存在的目的或对社会发展的某一方面应做出的贡献的陈述,它指明组织是干什么的、应该干什么。例如,大学的宗旨是教书育人和科学研究,企业的宗旨是从事生产和服务。

实践证明,那些取得了巨大成就的公司其成功的原因,首先在于有明确的宗旨。例如,美国康柏计算机公司的宗旨是"成为所有客户细分市场上个人电脑和个人电脑服务最主要的供应商"。

2. 目标(objective)

组织的宗旨说明了组织要从事的事业,支配着组织各个时期的目标和各部门的目标,而组织目标则更加具体地说明了从事这项事业的预期结果。组织各个时期和各部门的目标都是围绕组织存在的宗旨所制定的,并为完成组织宗旨而努力。

3. 战略(strategy)

战略是为了实现组织或企业长远目标和全局的总目标所选择的发展方向、所确定的行动方针,以及资源分配方针和资源分配方案的一个总纲。战略要指明发展方向和资源配置的优先次序,而不是说明组织如何去实现目标。

4. 政策(policy)

政策是指导或沟通决策思想的全面的陈述书或理解书。政策指明了组织活动的方向和范围,鼓励什么和限制什么。

5. 程序(procedure)

程序是对管理活动的规范化和标准化,它规定了如何处理那些重复发生的例行问题的标准方法。程序是多种多样的,例如,在上层主管部门应有重大决策程序、会议程序、预算审批程序等;在中层职能管理部门,应有各自的业务管理程序。管理的程序化水平是管理水平的重要标志之一。

6. 规则(rule)

规则是最简单形式的计划。它详细、明确地说明在组织活动中,哪些事情允许做、哪些事情不允许做。规则没有酌情处理的余地。

7. 规划(或方案)(programme)

规划是一个综合性的计划,它包括组织的分阶段目标,实现该目标所需的政策、程序、规则、任务分配,所采取的步骤,要使用的资源以及为完成既定行动方针所需的其他因素。一项规划可能很大,也可能很小。

8. 预算(budget)

预算作为一种"数字化"的计划,是以数字表示预期结果的一种报告书。例如,企业的财务收支预算、固定资产投资预算等。

由于预算总要用数字表示,因此,可以使计划工作做得更细致、更精确。

第三节 管理者如何制订有效的计划

一、影响计划有效性的权变因素

在有些情况下,长期计划比中期计划、短期计划有效,具体性计划比指导性计划有效;而在其他情况下,可能正相反。影响计划有效性的权变因素具体有以下几种。

(一)组织层次

管理者所在的组织层次决定了其计划的主要类型及其有效性。在多数情况下,基层管理者的计划活动主要体现为制订作业计划和战术计划,随着职位的升迁,他的计划活动就更具有战略导向性。对于大型组织中的最高管理者而言,他的计划任务基本上都是战略计划和战术计划。图7—4表明了组织的管理层次与计划类型之间的关系。

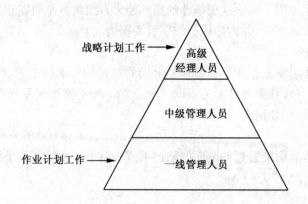

资料来源:周健临:《管理学教程》,上海财经大学出版社2011年版,第78页。

图7—4　组织的管理层次与计划类型之间的关系

(二)组织的产品生命周期

组织的产品都要经历一个生命周期,在组织的产品生命周期的不同阶段,计划的类型未必都具有相同的性质,计划的时间长度和明确性应当进行相应的调整(见图7—5)。

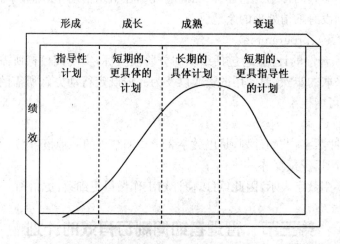

资料来源:斯蒂芬·P.罗宾斯:《管理学》(第4版),中国人民大学出版社1997年版,第156页。

图7—5　计划和组织的生命周期

在组织的产品幼年期,要求组织具有很高的灵活性,因此管理应当更多地依赖指导性计划,指导性计划可以使管理者随时按需要进行调整。

在组织的产品成长阶段,随着目标更加确定、资源更容易获取和顾客的忠诚度的提高,管理者应当制订短期的、更具体的计划。

当组织的产品进入成熟期,可预见性最大,因此,也最适用长期的具体计划。

当组织的产品进入衰退期,要重新考虑目标和分析资源,管理者应当制订短期的、更具指导性的计划。

(三)环境的不确定性程度

当环境的不确定性越大时,管理就越应当具有灵活性,而计划就越应当是指导性的,期限也应越短,否则,精确规定的计划反而会成为组织取得绩效的障碍。例如,当企业正进行如火如荼的价格战时,指导性计划比具体性计划更有效。

二、计划工作的原理

作为一种基本的管理职能活动,计划工作有自己的规律和原理。计划工作的主要原理如下:

(一)限定因素原理

所谓限定因素原理,是指妨碍组织目标实现的因素,即在其他因素不变的情况下,仅仅改变这些因素,就可以影响组织目标的实现程度。限定因素原理有时又被形象地称为"木桶原理",其含义是决定木桶盛水量多少的关键因素是桶壁最短的那块木板条。

限定因素原理表明,管理者在制订计划时,必须找出影响计划目标实现的主要限制因素,有针对性地、有效地拟定各种得力措施。

(二)许诺原理

所谓许诺原理,涉及计划期限问题,是指在制订计划时,应根据完成一定的计划目标和任务所需耗费的时间来确定合理的计划期限。

在通常情况下,计划期限的长短取决于实现决策中所许诺的任务所必需的时间。例如,由于原材料大幅度涨价,影响了某企业的年度生产经营计划和利润目标的实现,该企业需要补充制订一个增加销售收入的计划。那么这个计划的期限如何确定呢? 按照许诺原理,该计划的期限主要取决于从增加订货到最后实现销售收入的最短周期。

事实上,对于大多数情况而言,完成期限往往是对计划的最严厉的要求,经济上的考虑往往影响计划期限的确定,每项计划的许诺不能太多。

(三)灵活性原理

所谓灵活性原理,是指制订计划要量力而行,不留缺口但留有余地,计划中体现的灵活性越大,由于意外事件引起损失的危险性就越小,当出现意外情况时,有能力改变方向而不必付出太大的代价。灵活性原理是计划工作中最重要的原理。

至于执行计划,则不应有灵活性。例如,执行一个生产作业计划必须严格准确,否则就会出现组装车间停工待料或者在制品大量积压的问题。

(四)改变航道原理

所谓改变航道原理,是指计划实施过程中,要保持计划的总目标不变,但实现目标的进程(即航道)可以因环境状况的变化而随时改变,不能被计划框住。

改变航道原理与灵活性原理不同,灵活性原理是使计划本身具有适应性,而改变航道原理是使计划执行的过程具有应变能力,因此,计划工作者就必须经常地检查计划,重新调整和修订计划,以此达到预期的组织目标。

三、计划过程

计划是计划工作的结果。任何计划的步骤都是相似的,依次包括以下内容:估量机会;确定目标;确定计划的前提条件;拟定可供选择的方案;评价各种备选方案;选择方案;制订辅助计划;通过预算使计划数字化(见图7—6)。

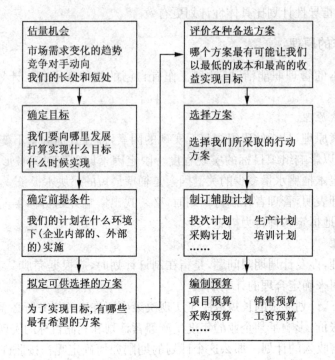

图7—6 计划的程序

（一）估量机会

估量机会是留意外界环境和组织内部的机会，是编制计划的真正起点。在编制计划之前，要实事求是地对未来可能出现的机会的各种情况进行现实主义的判断，权衡利弊，避免顾此失彼，从而确立切合实际的目标。

估量机会应该考虑的内容，主要包括市场需求的变化趋势、竞争对手的动向、自身的优势和不足、自身所处的地位、把握机会所需的资源和能力。要对组织自身的优势和劣势、外部环境的机会和威胁进行综合分析。

（二）确定目标

在反复斟酌、估量机会的基础上，要为组织以及组织下属的每个工作单位确定切合实际的目标，包括确定长期的和短期的目标。目标规定了预期结果，并且说明将要做的工作，由哪个主体实现，以及如何通过政策、程序、规则、预算和规划等去完成最终目标。

（三）确定前提条件

编制计划的第三个步骤是，要确定一些关键性的计划前提条件，这些前提条件是关于要实现计划的预期环境的假设条件，并设法取得一致的意见。编制计划前提条件的主要原则是，每个编制计划的工作人员越彻底地理解和同意使用一致的计划前提条件，计划工作就越协调和有效。

（四）拟定可供选择的方案

一旦机会或问题被正确地识别出来后，必须提出达到目标和解决问题的各种方案。在围绕目标拟定尽可能多的可供选择的方案后，计划工作者的紧后任务就是减少可供选择方案的数量，以便集中精力找到最有成功希望的方案。

（五）评价各种备选方案

按照前提条件和目标来权衡各种因素，结合自己的经验和直观判断，比较各个方案的利弊,对各个方案进行评价。在评价方法方面,可以借助数学模型和计算机手段,做到定性分析与定量分析相结合,从而选择一个最合适的方案。

(六)选择方案

选择方案是计划工作最关键的一步。可能遇到的情况是,有时会发现同时存在两个可取的方案。因此,管理者必须决定首先采取哪个方案,同时将另一个方案进行细化和完善,作为后备方案。

(七)制订辅助计划

制订基本计划是计划工作的关键一步,但基本计划需要辅助计划的支持。例如,当一家航空公司决定购买一批新飞机时要制订很多辅助计划,如人员的雇用和培训计划、零部件的采购和安置计划、设施维修计划、广告计划和办理保险计划。

(八)用预算使计划数字化

在做出决策和确定计划后,要把计划转变成预算,促使计划数字化。预算实际上是资源的分配计划。组织的全面预算体现为收入和支出的总额、获得的利润或盈余、主要资产负债表项目的预算。预算工作做得好,可以成为汇总和综合平衡组织各类计划的工具,可以成为衡量计划完成进度的标准。

四、目标和目标管理

博士插秧

一个博士在田间漫步,看见一位老农在插秧,秧苗插得非常整齐。博士觉得老农很不简单,上前问道:"老大爷,您怎么插得这样齐?"老农递过一把秧苗说:"你插插试试。"博士接过秧苗,脱鞋挽腿下田插秧。他插了一会儿,发现自己插得乱七八糟,于是他问老农:"为什么我插不直呢?"老农说:"你应该盯住前面的一个目标去插。"对呀,我怎么没想到呢? 博士就在前方寻找目标,看到了一头水牛,心里想,水牛目标大,就盯着它吧。他又插了一会儿,发现自己插得有进步但是还是不直,歪歪扭扭,他再问老农:"为什么我还插不直呢?"老农笑着说:"水牛总在动,你盯着它当然要插得曲里拐弯了,你应该盯住一个确定的目标。"博士猛然醒悟,盯着前方的一棵树去插,果然秧苗插得很直了。

点评:人生不能没有目标,也不能总是变换目标。每个人必须明确一个不轻易变更的奋斗目标,作为取得成功的基本保证。

(一)目标概述

1. 目标的概念

所谓目标,指的是根据组织宗旨而提出的、组织在未来一段时期内期望达到的预期成果。组织的目标与组织的宗旨不同,宗旨比较抽象,可能最终无法完全实现,表达的仅是组织的一种追求。例如,学校的宗旨是教书育人,医院的宗旨是救死扶伤。但组织仅有宗旨是不够的,必须通过目标的具体化才能成为组织成员的具体行动指南,目标比宗旨更具体,并且可操作、可实现和可检验。

不同的组织由于性质和任务等方面的不同,其组织目标也有所差异。例如,政府组织、非营利组织和企业组织的目标在某些方面存在显著差别。

2. 目标的特征

从管理学的角度看,组织的目标具有一些独特的属性,因此,在制定目标时,管理者必须把握好目标的这些属性。

(1)目标的层次性。组织目标往往是分层次、分等级的。组织目标通常可以划分为三个层次:①社会层目标。例如,履行应尽的社会责任,为社会提供所需要的优质产品和服务,并创造出尽可能多的价值。②组织层目标,即作为一个利益共同体和一个系统的整体目标。例如,满足企业组织利益相关者的需求,提高经济效益,创造文明的工作环境等。③个人层目标。例如,改善和提高组织成员个人经济收入,满足员工的成就感等。

从组织的总战略目标到每个部门、每个员工的工作目标,往往要经过层层分解和细化,最终使得抽象的目标具体化,并成为组织成员工作的标准。

(2)目标的多元性。不同的组织会有不同的目标,在同一组织的内部,不同部门也会有不同性质的多个目标。组织的目标具有多样性。例如,对工商企业而言,通常包括股东、经营者、雇员、顾客、供应商、竞争者、债权人、国家等方面的目标。彼得·德鲁克提出,凡是成功的企业都会在市场、生产力、发明创造、物质和金融资源、人力资源等方面有自己的一定目标,如表 7—2 所示。

表 7—2　　　　　　　　　德鲁克提出的经营成功的企业所包括的各种目标

目标性质	目标内容
市场方面	应表明本公司希望达到的市场占有率或在竞争中应占据的地位
技术改进方面	对改进和发展新产品、提供新型服务内容的认识与具体措施
提高生产力方面	有效地提高原材料的利用,最大限度地提高产品的数量和质量
物质和金融资源方面	获得物质和金融资源的渠道及有效的利用
利润方面	用一个或几个经济指标表明希望达到的利润率
人力资源方面	人力资源的获得、培训和发展,管理人员的培养及个人才能的发挥
职工积极性方面	发挥职工在工作中的积极作用,采取激励和报酬等措施
社会责任方面	注意本公司对社会产生的影响,说明对社会应尽的责任

资料来源:蒋永忠:《管理学基础》,清华大学出版社 2012 年版,第 90 页。

(3)目标的网络性。组织中各类、各级目标融会成一个网络整体,网络表示研究对象的相互关系。组织的目标通常是通过各种活动的相互联系、相互促进来实现的。目标和具体的计划通常构成一个网络,目标与目标之间左右关联、上下贯通、彼此呼应。因此,要使一个网络具有效果,就必须使各个目标彼此协调、互相连接、互相支援。

(4)目标的可考核性。按考核目标的性质可以将目标分为定量目标和定性目标。

定量目标是指可以数量化的目标。例如,企业销售增加 17%,学者 1 年发表 5 篇论文。

但是,许多目标是不宜用数量表示的,硬性地将一些定性的目标数量化和简单化的做法可能将管理工作引入歧途,最典型的例子就是中学是否应该以升学率作为主要目标的争论。

定性目标是指不宜用数量表示的目标。在组织的经营活动中,定性目标是不可缺少的,管理者在组织中的地位越高,其定性目标就可能越多。大多数定性目标也是可以考核的,但定性目标的考核不可能像定量目标一样准确。一般定性目标在多数情况下是用"多好"的标准来衡量的,如员工思想政治工作的目标。尽管确定可考核的目标非常困难,但任何定性目标都能用详细说明规划或其他目标的特征和完成日期的方法来提高其可考核的程度。

(5)目标的时间性。目标的时间性包括两层含义:一是指要在规定的时间内完成组织目标,因此,目标应当有时间限制;二是指组织目标应当随着时间的推移做出相应的调整,避免目标的僵化性,避免由于变化所造成的不确定性给组织带来的不良后果,体现目标的弹性,而非一成不变的。

(二)目标管理概述

让每个人自觉动起来

如果要用一个字来概括某市药品监管系统目标管理工作,那就是"实"。该市药品监管系统目标管理考核中的评分情况如下:"监督工作实行分片管理,增加可比性和竞争性"加4分,"药品监督网络和供应网络建设纳入政府工作目标,并签订责任状"加4分,"案件查、审、定'三分离'制度执行不到位"扣1分,"个别案件处理未按程序"扣1分……

2004年以前,药品监管局年度工作总结和考评采取各单位或部门总结发言、民主投票推荐的做法,由于没有充分的现场考评为基础,在一定程度上流于形式或有失客观。为健全和完善科学公正的工作绩效评价机制,调动各单位、各部门的工作积极性,药品监管局自2004年开始推行目标管理。目标管理的考评等级设先进单位、达标单位、未达标单位三个档次。年终按照目标管理考评等级发放目标管理奖;对未达标的单位或部门亮"黄牌",对连续两年未达标的单位或部门的负责人进行调整。2005年4月,药品监管局在总结上年经验的基础上,进一步细化了各职能部门的工作,重新修订了考核方案和考评细则,按照基层各单位和机关各处室的不同职能分别制定了两种不同的考核目标和任务,把各项工作任务细化成两大类30个子项,使目标管理考核更科学、公正。

对于目标管理,药品监管局局长说:"目标管理也叫齿轮管理模式。通过目标管理,让每个部门或单位都知道要做什么,做得好与不好的标准是什么,所做的工作与目标有什么关系。通过齿轮传动的模式,让每个部门或单位直至每个岗位的人员都自觉地动起来,最终实现'自我管理'。"

实施目标管理以来,药品监管局各部门、单位及时改进工作,创新工作思路:稽查处制定了《药品稽查人员规范行为承诺书》,组织了多次全系统优秀案卷评选活动;市场处制定了《GSP认证预案》;A县药品监管局实行案件回访制度,对行政执法人员实行闭卷考试;B县药品监管局制作了"治理医药购销中不正之风举报投诉电话"标识牌,发放到所有的药品经营单位。

对于目标管理所带来的好处,B县药品监管局局长深有感触。他说,自实行目标管理以来,各科室、各岗位的工作人员都抢先干工作,谁也不愿意等到年末再突击。因为大家明白,突击和实干的效果是完全不同的。在该市成大方圆连锁药店,药店经理反映,自实行目标管理以来,药品监管局的监管和执法都更加规范、透明了。在GSP认证、药品分类管理等工作中,监管人员都是积极主动帮企业出主意,真心实意地给企业解决难题,企业对此非常感谢。

目标管理重在结果,为此,药品监管局目标管理考核领导小组对市、县(区)部分医院、诊所和药品零售企业进行了走访,并与涉药单位的负责人进行了谈话。从实际走访的情况来看,反映药品监管执法人员的素质较高,做到了文明服务、公正执法。

资料来源:陈静:《齿轮传动,让每个人自觉动起来》,《中国医药报》2005年8月9日(根据该资料改编)。

目标管理(management by objectives,MBO)是由美国管理学家彼得·德鲁克(Peter Drucker)于1954年在其名著《管理实践》中最先提出的,其后他又提出"目标管理和自我控制"的主张。德鲁克认为,并不是有了工作才有目标,而是相反,有了目标才能确定每个人的工作。企业的使命和任务,必须转化为目标,如果一个领域没有目标,这个领域的工作必然被忽视。因此,管理者应该通过目标对下级进行管理,当组织最高层管理者确定了组织目标后,必须对其进行有效分解,转变成各个部门以及个人的分目标,管理者根据分目标的完成情况对下级进行考核、评价和奖惩。

目标管理的出现可谓应运而生,时值第二次世界大战后西方经济由恢复转向迅速发展的时期,企业急需采用新的方法调动员工积极性以提高竞争能力。因此,目标管理的概念提出以后,在美国迅速流传,被广泛应用,并很快为日本、西欧国家的企业所仿效,在世界管理界大行其道。

1. 目标管理的概念

目标管理是一种程序和过程,它强调对工作的关心与对人的关心的结合,首先由组织中的上级和下级一起,根据组织的使命而商定组织的共同目标,并由此决定上下级的责任和分目标,然后把这些目标作为考核、评估、奖励每个单位和个人贡献的标准。

2. 目标管理的特点

目标管理的特点主要表现在以下几个方面:

(1)重视人的因素。目标管理是员工参与管理的一种形式,目标管理的基本精神是以自我管理为中心。目标管理相信人是"社会人"和Y理论,提倡民主、平等和参与的管理思想,强调授权,主张下放权力,提倡参与管理和自我控制,不主张管理者闭门造车和独断专行,不主张怀疑和压制,从而推动员工以对动机的控制达到对行为的控制,尽自己最大的力量把工作做好,充分发挥员工的想象力和创造力,把组织局面搞得更有生气和更有效率。

(2)强调自我评价。目标管理强调自我对工作中的成绩、不足、错误进行对照总结,经常自检自查,不断提高效益。

(3)注重成果。目标管理以制定目标为起点,以目标的完成情况的考核作为终结。目标管理注重成果,看重实际贡献,成果是评定目标完成程度的标准,也是人事考核和进行奖惩的依据。

3. 目标管理的过程

目标管理的基本内容是动员组织全体成员参与目标的制定和保证目标的实现。由于各个组织活动的性质不同,目标管理的步骤可能不尽相同,但一般来说,其具体做法可以分为以下三个阶段:第一阶段为目标体系的建立,第二阶段为组织实施,第三阶段为检查和评价。

(1)建立一套完整的目标体系。实行目标管理,首先应当建立一套完整的目标体系。通常由组织的最高主管部门开始,结合组织的发展状况,在广泛地听取组织内各级人员的意见之后,确定组织的总目标,然后根据总目标自上而下地逐级确立各部门和个人的目标,从而构成一种锁链式的目标体系。目标体系应当与组织结构相吻合,从而使每个部门都有明确的目标,每个目标对应着明确的相关负责人。

(2)组织实施。目标管理强调自主、自治和自觉,在目标实施过程中,不是靠上级的严格监督和控制、事必躬亲,而是靠执行者的"自主管理"和"自我控制",但并不意味着上级可以放手不管,上级的管理应主要表现在指导、协助、提供情报、提出问题和创造良好的工作环境等方面。

具体来说,目标的贯彻实施包括三方面的工作:①进行定期检查,利用上下级经常接触的机会和信息反馈渠道自然地进行。②及时向下级通报进度,以便于互相协调。③帮助下级解决工作中出现的困难问题,当出现意外事件而严重影响组织目标实现时,可以通过一定的程序,修改原定的目标。

(3)检查和评价。对于各级目标的完成情况,要事先规定期限,并定期进行检查。检查的依据就是事先确定的目标,可以灵活地采用自检、互检或责成专门的部门进行检查的方法。

目标管理特别强调成果、重视成果评定,当目标的实施活动达到限期后,要根据目标所要达到的标准来进行总结评价,并根据评价结果进行奖惩。

通过对目标管理的检查和评价,促使组织不断积累经验和吸取教训,为目标管理工作打下基础。

总的来说,目标管理的目标体系的建立、组织实施、检查和评价三个阶段是前后衔接、相辅相成的。当三个阶段完成后,目标管理转入下一轮循环过程。

4.目标管理的优、缺点

目标管理方法在全世界产生了很大影响,它具有以下优、缺点:

(1)优点。目标管理方法有以下几方面优点。

①使组织的目标性增强,有助于绩效的改进。目标管理使组织各项工作都有明确的目标和方向,有了评价各部门和个人绩效的标准,迫使管理者必须考虑计划的执行效果,而不仅仅是计划本身。

②有助于改进组织结构和职责分工。目标管理要求尽可能把完成一项组织目标的成果和责任划归到一个职位或部门,从而有利于发现组织的缺陷——授权不足或职责不清。此外,授权和权力下放,使组织具有弹性。

③有助于调动员工的主动性、积极性、创造性。目标管理强调自我控制、自我调节,员工参与了目标制定的过程和做出承诺,明确了自己的工作在整体工作中的作用和地位,取得了授权和支持,通过目标和奖励,把个人利益与企业利益紧密联系在一起,这时员工不再只是听从命令、等待指示的盲从者,而是在一个领域内可以自我控制、施展才华的积极工作者。因此,目标管理具有激励作用,有助于调动员工的主动性、积极性和创造性。

④促进了员工的交流,改善了人际关系,有助于提高士气,增强全体成员的合作精神和内部凝聚力。

⑤目标管理有一套明确的、可考核的目标,解决了控制标准和控制手段等难点问题,因此,有助于实现有效的控制,使控制工作可以落到实处。

(2)缺点。在实际操作中,目标管理法也出现了许多明显的问题,主要表现在:

①目标难以制定。一方面可考核的目标是难以确定的,由于目标的影响因素很多,组织的

内部活动日益复杂、组织活动的不确定性越来越大,使得组织内的许多目标难以定量化、具体化,为组织的许多活动制定数量化目标存在较大的困难。另一方面,目标时间期限也难以确定,强调短期目标的弊病也是显而易见的,为防止短期目标所导致的短期行为,高层管理者必须从长期目标的角度提出总目标和制定目标的指导方针。

②可能增加管理成本,滋生本位主义和急功近利的思想。目标商定需要通过私下沟通,统一思想是很费时的,对目标管理的原理和方法的宣讲会增加管理成本。目标管理注重成果的考评,注重成果与奖惩的挂钩,因此,容易使得各个单位和个人仅关注自身目标的完成,而忽略了相互协作和组织目标的实现,滋生本位主义和急功近利的倾向。

③不能按目标成果兑现奖惩。目标管理强调,最终考核时,要以目标的完成情况来对照奖惩协议而进行相应的奖惩。但奖惩不一定都能与目标成果相配合,很难保证公正性。例如,当员工超额完成目标时,管理者可能不愿意多奖励;或是当员工没有达到规定的目标时,碍于情面,不能把惩罚的措施落到实处。因此,很容易削弱目标管理的效果。

④存在着不灵活的危险。在执行目标管理的过程中目标一般不可改变,但计划是面向未来的,未来存在着许多不确定性因素,因此,迫使管理者必须根据已经变化了的计划工作前提来修正目标。然而,修订一个目标体系与制定一个目标体系所耗费的精力相差无几,结果可能迫使管理者不得不中止目标管理的过程。

总而言之,客观地分析目标管理的优缺点,兴利除弊,尽可能充分地发挥目标管理的优势,最大限度地抑制劣势,对于有效地实施目标管理、发挥目标管理预期的作用具有重要的意义。

本章小结

1.计划作为管理的首要职能,在组织的管理活动中发挥着至关重要的作用。计划的积极意义具体体现在四个方面:计划为管理工作指明方向;计划可以降低风险、减少冲击;计划可以避免重复、遗漏和浪费;计划有利于控制工作的开展。

2.计划是任何组织为了实现自身使命所必须行使的一项管理职能。计划具有六个明显的特性:首位性、目标性、普遍性、效率性、创造性、动态性。

3.在管理学中,计划有名词和动词两层含义。通常用"计划工作"来表示动词意义的计划的内涵。计划有广义和狭义之分。通常采用狭义的计划工作的定义。

4.计划工作的任务最终要通过计划工作的内容得以实现。计划工作所涉及的内容通常概括为七个方面:为什么做、做什么、何时做、何地做、何人做、怎么做、成本多少,简称"5W2H"。

5.组织中的计划多种多样。按照计划执行时间期限的长短,分为长期计划、中期计划和短期计划;根据计划的综合性程度,分为战略计划、战术计划与作业计划;按照计划内容的明确性标准,分为指导性计划和具体性计划;按组织活动的程序化程度,分为程序性计划和非程序性计划;按职能空间,分为业务计划、财务计划和人事计划;按照不同的表现形式,分为宗旨、目标、战略、政策、程序、规则、规划和预算。

6.影响计划有效性的权变因素主要包括组织层次、组织的产品生命周期、环境的不确定性程度。计划工作的主要原理包括限定因素原理、许诺原理、灵活性原理、改变航道原理。

7.任何计划的步骤依次包括:估量机会;制定目标;确定计划的前提条件;拟定可供选择的方案;评价各种备选方案;选择方案;制订辅助计划;通过预算使计划数字化。

8.目标是根据组织宗旨而提出的组织在未来一段时期内期望达到的预期成果。目标具有层次性、网络性、多元性、时间性、可考核性等特征。目标管理是德鲁克于1954年最先提出的,之后在美国迅速流传,并很快为日本、西欧国家的企业所仿效,在世界管理界大行其道。

练习题

一、简答题

1.计划工作的特点有哪些?

2.简述计划的作用。

3.计划在实际工作中有哪些类型?

4.简述计划工作的原理。

5.计划编制包括哪几个阶段的工作?

6.影响计划工作的主要因素有哪些?

7.何谓目标管理? 其特点是什么? 实施目标管理的基本过程是什么?

二、案例分析

案例1:某项目主管的目标之痛

项目管理是以项目目标为导向,利用有限的资源完成项目目标,在项目目标、质量、时间和成本诸多方面进行平衡。

项目的根本目标是什么呢? 保质、按时、在预算内完成项目。然而,近期经历的几个项目,使我不得不大声疾呼:请牢牢关注你的目标! 关注那两个简单得容易使你忽略的字。

1.目标错误之痛

2005年,我充当"救火队员"去挽救一个濒于崩溃的项目:项目已经拖期了达半年之久;问题层出不穷;程序员对项目经理很失望;客户已经强烈地表达了不满。经过分析后,我发现这个项目存在很多经典的错误:第一个错误是选错了项目经理,因为那个项目经理是一位很好的技术专家,而非一个合格的项目经理。第二个错误就是项目的目标定义错误了。在项目立项之初,公司设定了项目的目标是完成用户的物流管理系统。在项目中形成一个公司可以复用的软件平台。该平台实现了持久对象层,提供了大量可以复用的软构件,只需要少量的编码就可以定制应用。项目的工作量估算为36个(人)月。显然这两个目标在很大程度上是冲突的,项目最根本的目标是要按时、保质、在预算内完成客户的需求,而软件平台的开发追求的是稳定性、可复用性,有较大的技术风险,技术路线、工期、投入的资源数量具有较大的不可控性。如果公司已经有一个稳定的经过验证的软件框架,然后在此基础上开发应用软件是可以理解的。很遗憾,项目经理对目标的错误并不敏感,他就是技术平台的大力支持者,该项目在启动后不久就陷入了"泥潭"。

2.目标摇摆之痛

2004年,我被任命为项目经理去为一个制药行业的客户定制一套分销管理系统,公司在这个产品方向上已经开发了一套原型系统,希望在原型系统的基础上为客户定制,公司要求项目组满足客户需求的同时能够开发出一套适合这个行业的软件产品,为此公司聘请了一位制药行业的资深人士作为领域专家掌控软件需求。结果项目组总是在定制软件还是开发产品之间摇摆，两个目标的优先级不断对换，需求不断变更，计划半年结束的项目，接近一年才完工。

3. 目标不明之痛

2003 年某公司准备开发一个产品，该产品在公司内部已经完成立项，并投入了部分人力进行需求的整理和技术可行性的研究。我被请去作为顾问，很快发现了三个典型的问题：项目的目标没有明确定义；产品的目标客户群没有准确定义；项目的总体指导原则也没有明确定义。该产品的立项是由老板提出的，但在项目的立项报告、项目组的任务书中并没有明确这三个问题，项目经理与开发人员对这三个问题的答复差异很大。因此，我就和项目经理一起与老板讨论这三个问题，老板充当了客户的代言人，在交流中，老板表达了他的指导性意见：项目工期要短；目标客户群定位为高端客户；产品的功能范围紧扣国际管理标准。在沟通完毕的第二天，项目经理通知我，老板认为此产品的开发时机不成熟，该项目暂时搁置了。我相信，沟通结束后，老板在深入考虑这三个问题，当他无法准确描述这三个问题时，该产品只能暂时搁置。

4. 缺乏目标之痛

2002 年，我应邀参加一个公司的客户需求评审会，该公司准备开发一个产品，委托一个小组起草了一份客户需求报告。在那份客户需求的描述文档中，描述了一个大而全的需求，覆盖了企业管理的方方面面，但是却没有描述产品的目标！我当时感到很不可思议，就明确地提出了几个问题：该产品的目标客户究竟是谁？最终用户是谁？该产品的特色是什么？该项目的需求优先级的确定原则是什么？

那次评审会开完不久，我又去参加了该产品的讨论会，这次是讨论项目的目标问题，幸运的是该公司及时明确了产品目标。

资料来源：任甲林、赵池龙：《实用软件工程》，电子工业出版社 2006 年版，第 127 页（根据该资料改编）。

案例思考题：

1. 在目标错误、目标摇摆、目标模糊、没有目标的四个小实例中，项目目标应该是什么？
2. 在推行目标管理中，最有效的组织形式是什么？应注意做好哪三个方面的工作？

案例 2：某房地产企业的目标管理之困

在 2001 年，北京一家著名的房地产企业由于工期要求很紧，就制定了非常强力的奖罚激励制度，公司从上到下层层实行目标管理，要求必须按时完工，所有人在强大的压力下，日夜加班加点，总算按时完成了这栋大楼的建设，成功地实现了公司制订的目标管理计划，成了公司成功目标管理的典范。

但是好景不长，半年以后该楼房一侧地基下沉了 30 厘米，楼体出现了大量裂缝，经技术鉴定是施工单位没有按施工要求施工。事实上，在目标管理的期限内，他们根本不可能用常规施工方法完成地基，再加上冬季施工，所以问题很快就暴露出来了。这栋楼成了这位创业老板挥之不去的一块心病，成了公司难以启齿的败笔，购买了这栋楼房屋的住户，心里更不是滋味，以各种方式表达他们的愤怒，公司负责这栋楼的一个副总裁的衬衣已被撕了 3 件，事情还远远未了。

以质量和公司长期利益为代价的目标管理是没有意义的，数字目标往往不能反映公司最主要的东西，而且很难制定合理准确的目标，如果制定的目标超过了系统的能力，要强制人们实现该目标,就会出现种种问题。

资料来源:金波:《职业经理目标管理能力训练》,高等教育出版社 2004 年版,第 150 页(根据该资料改编)。

案例思考题:

1. 在推行目标管理的过程中,造成这家房地产企业失败的原因有哪些?

2. 如果你是该公司的管理者,你会如何卓有成效地推行目标管理?

第八章

计划工作的常用技术工具

学习目标

学完本章后,你应该能够:

1. 理解计划过程是组织决策落实的过程。
2. 掌握计划工作中运用的工具和技术。
3. 理解优化资源配置的相关方法。
4. 掌握如何在动态环境下进行项目管理的技术。

要点概述

1. 评估环境的技术

环境扫描的定义及如何进行环境扫描;环境扫描与战略管理是如何联系的;预测技术的分类和四种主要方法。

标杆比较的具体实施步骤有哪些,它的利弊对企业竞争有何种影响。

2. 分配资源的技术

分配资源的技术有哪些;如何使用甘特图和负荷图;运用图形解释盈亏平衡点;描述线性规划的用法。

3. 其他的计划技术

为什么提出时间管理概念;时间管理最注重哪些问题;项目管理的过程有哪些步骤。

案例导读

福特汽车公司的创始人亨利·福特(Henry Ford)说:"我总是以这样的方式去做事:在开始动手之前把每一个细节都计划好。否则的话,一个人在工作进行时却不断地改变,直到最后还无法统一,那就会浪费大量的时间。这种浪费是不值得的。很多发明家的失败是因为他们分不清计划与实践的区别。"彼得·德鲁克(Peter Drucker)认为,管理工作中最重要的是做正确的事情,而不是正确地做事。在之前的章节中,我们详细介绍了计划的基本内容和重要性。但是,实现计划和执行计划远远不如我们想象的简单,采用合适的工具和分析技术是保证计划顺利实施的关键。

第一节　环境评估技术

通过上一章的学习,我们了解了计划的含义和如何有效地制订计划,然而在计划实施过程中需要多种能力和技术,本节我们将进一步学习环境评估技术的三种有效方法,即环境扫描(environmental scanning)、预测(forecasts)、标杆管理(benchmarking)。

一、环境扫描

"环境扫描"的概念起源于企业并最早应用于企业。1967 年,美国哈佛商学院教授 Francis Aguilar[1] 曾在《商务活动环境扫描》中对环境扫描进行了开拓性研究,他将环境扫描定义为:获取有关事件、趋势及描述组织与环境之间关系的信息,决策者利用这些信息可以识别、处理战略性的威胁与机遇。

环境扫描包括三方面的内容:事件、趋势及驱动力,[2]如图 8-1 所示。环境扫描初始阶段,可以扫描到组织外部环境中的若干个事件(event)。随着扫描活动的深入,很多类似事件聚类成群形成趋势(trend)。事件与趋势虽然都是环境扫描的对象,但环境扫描真正感兴趣的是推动趋势以特定方向发展的驱动力(driver),即弱信号。弱信号的发生概率很小,但可能对未来有重要影响。[3]

资料来源:http://www.slideshare.net/mkconway/environmental-scanning-what-it-is-and-how-to-do-it/download? lead=baa05350c1823983b79ec5a875cb4f6a3054e7c6。

图 8-1　环境扫描的内容

---

① Aguilar F., *Scanning the Business Environment*. New York:Macmillan,1967,p. 239.

② Maree C., *Environmental Scanning*,"what it is and how to do".

③ 张丽华等:《国外环境扫描理论与应用研究综述》,《图书情报工作》2011 年第 18 期,第 49~52 页。

（一）环境扫描程序

（1）确定扫描范围。在这个阶段可以使用专家访谈、决策树等方法确定扫描主题的广度和深度。

（2）收集信息。环境扫描所需各种信息可以通过检索正式出版文献、专家研讨、浏览开放的网站资源等途径来获取。

频率和范围是环境扫描的两个重要属性。扫描频率是指在一定时间内企业扫描活动的次数，它与及时性、相关性以及企业对任务环境的不同因素（如顾客、供应商和竞争者等）可获取的信息量等有关。扫描范围表示受企业跟踪的不同环境因素的数目。环境扫描的频率与范围将影响企业战略转换的识别速度与数量。[1] 需要注意的是，随着扫描频率和范围的增大，尽管获取的信息的准确性将有所提高，但所需付出的成本也将增大。[2]

（3）识别重要趋势与弱信号。这是环境扫描实施过程中的关键环节。通常使用的方法包括德尔菲法、问卷调查法及对比、分析、归纳等定性研究方法。

（4）重要趋势评估，即对识别出来的重要趋势进行评估。环境扫描中具有代表性的评估方法包括：趋势分析法；Craig D. 提出的 EFAS（外部因素分析总结）方法；HSE（英国卫生与安全管理局）提出的由外部承包商对弱信号深入评估的方法；COS（荷兰研究与发展部门委员会咨询理事会）提出的由大量成员团体和访问该网站的广泛公众对机遇和威胁列表进行评估并讨论的方法等。[3]

（5）环境扫描结论。环境扫描结论的展示方式通常为列表形式，如 DEFRA 的"基线扫描"列表展示了其识别的 321 个关键趋势，此外环境扫描的结论还应用于展示关键趋势之间关系的知识地图、主题树等。

（二）环境扫描的应用

在企业经营中，环境扫描方法被广泛地应用，其具有以下优点：有助于更好地理解潜在风险；及时应对快速变化的外部环境；识别新产品及服务侧重点，并进行创新；有助情景规划及对其他预测技术进行深入分析。[4]

环境扫描已有效应用于各个行业。例如，IHSP（意大利环境扫描项目）预测新药对意大利国民医疗保健所带来的影响，为决策者提供必要的有效信息，为新药投资提供依据；Adam W. , Jorge C. , Richard T.[5]通过对 50 位跨国酒店集团的总经理进行调查，指出由于国际酒店行业所面临的复杂性和不确定性，跨国酒店集团及其管理者在准备商业扩张时，应重视商业环境中的重要变化；HSE（英国卫生与安全管理局）[6]的环境扫描情报组提交的关于纳米技术趋势发展报告，是 HSE 实施的持续环境扫描活动的一部分，旨在介绍纳米领域的发展现状，

[1] Daft R. , J. Sormunen and D. Parks, Chief executive scanning, environmental characteristics, and company performance: an empirical study, *Strategic Management Journal*, 1988, 9(2):123—139.

[2] 简兆权、毛蕴诗：《环境扫描在战略转换中的作用分析》，《科研管理》2003 年第 5 期，第 85 页。

[3] *Health and Safety Executive*, The aim of horizon scanning and futures［2010—08—10］& Roel I. , Henriette M. , Towards a future oriented policy and knowledge agenda［2010—07—12］.

[4] Brown D. , Horizon scanning and the business environment—the implications for risk management, *BT Technology Journal*, 2007, 25(1):208—214.

[5] Adam W. , Jorge C. and Richard T. , Using environmental scanning for business expansion into China and Eastern Europe:the case of transnational hotel companies, *International Journal of Contemporary Hospitality Management*, 1998 (10):257—263.

[6] *Health and Safety Executive*, The aim of horizon scanning and futures［2010—08—10］.

并总结纳米材料的应用与进展。

由于环境扫描的出发点不同，不同机构与个人所采用的环境扫描方法也存在差异性。因此，在建立一个环境扫描项目或系统时，应认真考虑其所处行业的宏观与微观环境、扫描主题、扫描要求等，综合考虑各种因素，灵活运用各种扫描方法与模式。我国政府和经营企业在实践中应借鉴国外环境扫描研究的成果，高度重视环境扫描的理论研究与实践进展，将其广泛应用于各个领域，为决策者们提供有力的支撑，从根本上提高个人与组织机构的决策水平。

（三）环境扫描与战略管理的关系①

在战略管理中，环境扫描是系统地检查内外环境以获取战略信息的一种手段。环境扫描与战略的关系表现为两个方面：一方面，在其功能上体现为手段与目的的关系，它是二者的基本关系；另一方面在其内涵上又体现为融合统一的关系，这是二者关系的实质。

环境扫描对战略转换的作用表现为两个方面：一是通过环境扫描，使企业能够对环境的变化形成战略性反应，识别出机会和威胁；二是环境扫描为战略转换过程的控制提供基础。环境扫描的重点在于获得竞争情报（competitive intelligence）。

竞争情报是近年来兴起的关于竞争环境、竞争对手和竞争策略的信息分析研究及其新型服务方式，是一种过程，也是一种产品。过程包括了对竞争信息的收集和分析；产品包括了由此形成的情报和谋略。也有人称之为 BI（Business Intelligence），竞争情报逐步成为企业的一种长期战略资产，深刻影响企业的活动。

获得竞争对手的情报对企业管理者至关重要，它可以使企业装上"顺风耳"、"千里眼"，帮助管理者分析对手、供应商和环境，从而降低风险。竞争情报使管理者能够预测商业关系的变化，把握市场机会，抵抗威胁，预测对手的战略，发现新的或潜在的竞争对手，学习他人成功或失败的经验，洞悉对公司产生影响的技术动向，并了解政府政策对竞争产生的影响，规划成功的营销计划等。例如，美国一些公司如 IBM、施乐、惠普、摩托罗拉、柯达等先后认识到竞争情报在市场竞争中的重要性，纷纷建立了自己的竞争情报研究部门，有效地搜集、分析和利用竞争情报，使得企业在与竞争对手进行的市场争夺战中，重新占有先机，夺回了竞争的主动权。

如何合法收集获取您的竞争对手的情报呢？我们可以参考下面几种做法：

（1）定期浏览相关网站。查找产品信息最直接的方法就是查找有关公司、商店、行业协会的网站上的信息资源。了解新产品的情况及发展趋势，对帮助我们开发自己的新产品有很大的帮助。

（2）经常参加行业聊天室。企业一般有较强的保密意识，在公开网站上公布的信息常常经过特殊加工，一般深度不够且时效性较差，此时参加行业聊天室特别是技术人员组成的聊天室，往往可以得到很多有价值的信息。例如，微软为提防 Linux 对其操作系统 Windows 的挑战，就经常访问有关 Linux 的 BBS 和新闻组站点，以获取最新资料，有人发现微软居然是 Linux 的 BBS 站点访问次数最多的。

（3）查找专利数据库。根据联合国权威部门统计，有 90%～95% 的新技术是在专利文献中报道的。通过检索竞争对手在某一技术领域申请的专利，并对这些专利及专利文献内容进行深入分析，能判断竞争对手的研究与开发方向、经营战略以及产品和技术优势等。

（4）求职网站。通过网站招贤纳士几乎被所有的上网公司所采用。分析和研究这些网上招聘广告，我们可以获取许多竞争情报，能了解该公司所使用的技术、策略、研究和开发重点，甚至扩张计划等。

---

① 简兆权、毛蕴诗：《环境扫描在战略转换中的作用分析》，《科研管理》2003 年第 5 期，第 85～86 页。

(5)网页。作为竞争情报的新载体,网页是传递、加工和处理信息的主要途径,是传递网上信息的最重要的载体。通过搜索各种网页,不难发现非常有价值的竞争情报线索,例如,网上合同的详细资料、设备说明书、新设备、企业间的兼并与联盟、市场策略、研究与开发活动、扩张计划、工厂的产量、合作方式、客户名单、技术实施等。

值得我们注意的是,有些企业在搜集竞争对手的情报时通过非法途径窃取其他组织的商业机密,这种做法是不可取的。良性竞争、信息获取合法化是应该引起业内的深思的问题。

施乐公司如何在市场竞争中的反败为胜

美国施乐公司作为世界复印机行业的巨人之一,于20世纪60年代在世界上首次推出办公用复印机(型号为 Xerox914),从而改变了人们的工作方式,施乐公司也因此垄断世界复印机市场长达10多年之久。后来,随着理光、佳能等日本企业先后进入复印机市场,该行业的竞争日益激烈,但是施乐公司忽视了全球性的竞争威胁情报研究,不能及时对经营战略进行调整,最后被迫进入防御状态。到20世纪80年代初,施乐公司的复印机全球市场份额由82%下降到35%。这时施乐公司才开始分析日本的产品及其价格,结果令他们大吃一惊。日本佳能公司竟然采取了以施乐公司的成本价销售复印机。起初与其他美国企业一样,施乐公司怀疑日本产品质量差,但事实证明并非如此;施乐公司又认为日本产品采取低价倾销策略,价格如此之低肯定赚不到钱,结果又错了。经过对日本产品深入细致的竞争情报分析对比后,施乐公司才发现竞争对手企业的产品导入市场的时间和投入的人力都只有本公司的1/2,而且设备安装时间仅是本公司的1/3,这就是竞争对手可以大幅度降价的关键原因。

为了夺回已失去的市场份额,施乐公司加强了对竞争对手情报的搜集、处理和分析工作,决定以公司市场调研部为基础,成立专门的竞争情报研究部门,协调和领导整个公司的竞争情报工作。为了时刻获得情报信息,施乐公司在3个层次上开展了竞争情报研究:①全球性的,由施乐公司的营业部负责收集和分析影响公司长期计划或战略计划的信息。②全国性的,由美国顾客服务部收集美国国内的竞争情报。③地区性的,充分利用公司遍布在美国的37个销售服务网点,要求通过各自的市场经理收集和分析所在地区的信息,并在此基础上公司建立"竞争数据库"和"顾客数据库"。

为了实施竞争情报分析,施乐公司还成立了竞争评估实验室,组织实施反求工程(reverse engineering),专门用以剖析竞争对手产品或有竞争威胁的产品。情报专家们通过合法渠道将这些产品买来并拆开,对其进行非常细致的分析,包括每一个细节、每一个特点、每一个优点和每一个缺点,尤其是公司可能面临的专利技术和秘密技术的应用及其特点,以了解竞争对手产品降低成本、提高质量的实用方法和制造原理,而后将分析报告传送给设计师和工程师,使他们能够了解竞争对手的产品开发动态。这些竞争策略的实施使施乐公司最终从日本佳能公司那里夺回了其应有的市场份额。

实践证明,由于运用竞争情报,使施乐公司面对众多的对手,特别是不断地有强大的新对手加入,能够处之不惊,从大局着眼把握竞争形势,始终保持竞争的主动性。关于竞争情报的重要性,施乐公司的副总裁 Judity M. Vezmar 认为:"竞争情报应成为企业营销活动的一部分,每一项受竞争影响的活动都需要竞争情报,而且最重要的是要确保将正确的信息在正确的时间传递给正确的人。"

二、预测

事实上很多时候,我们都需要对未来作出预测:选择哪个人做朋友,招聘哪个人更合适,选择哪种投资方式,选择哪只股票,选择哪个职业,选择在哪里生活。做何种选择,我们通常依靠过去的经验判断:这个人过去的成绩如何,往往忽略了这个人的潜质;我们选择投资,更多看这只股票涨得多好,很少关注这只股票未来有多大的空间。过去一定会影响未来,但值得注意的是:我们应当关注的是过去的本质而不是形式,这就涉及在过去情况评估基础上进行预测。

评估环境资源的另一种计划工具是预测。预测在认识客观规律的基础上,借助大量的信息资料和现代化的计算手段,比较准确地揭示客观事物运行中的本质联系及发展趋势,预见到可能出现的种种情况,勾画出未来事物发展的基本轮廓,提出各种可以互相替代的发展方案。合理预测使管理者更具战略眼光,使得决策更具充分的科学依据。

组织环境的任何部分,无论是具体环境还是一般环境,都可以对其结果进行预测。例如,一个出色的面包师应该知道什么时候做什么样的蛋糕。下雨的时候,买蛋糕的人就会比平时多;而气温高的时候,消费者却偏爱三明治。通过类似的相关预测,每天可以减少面包的积压和浪费,从而提高面包店的利润。当然,进行预测时,没有一种预测方法会绝对有效。对一个企业在某种环境下是最好的预测方法,也许并不适用于其他的企业。无论采用何种方法进行预测,预测的作用也是有限的,而不是完美无缺的。但是,几乎没有一家企业可以不进行预测而只是等到事情发生时再采取行动,一个好的短期或长期经营规划很大程度上取决于对公司产品需求的预测。

(一)预测技术的分类

规划企业未来业务可使用三种类型的预测:经济预测(economic forecasts)、技术预测(technological forecasts)、需求预测(demand forecasts)。经济预测,即通过预计通货膨胀率、货币供给、房屋开工率及其他有关指标来预测经济周期。技术预测,即预测会产生重要的新产品,从而带动新工厂和设备需求的技术进步。需求预测,即对公司产品或服务需求进行预测。这些预测,也叫销售预测,它们决定了公司的生产、生产能力及计划体系,并使公司财务、营销、人事作相应变动。

按包含的时间跨度来分类,预测也有三种类型:短期预测、中期预测、长期预测 。短期预测,时间跨度最多为1年,而通常少于3个月。它用于购货、工作安排、所需员工、工作指定和生产水平的计划工作。中期预测,时间跨度通常是从3个月到3年。它用于销售计划、生产计划和预算、现金预算和分析不同作业方案。长期预测,时间跨度通常为3年及3年以上。它用于规划新产品、资本支出、生产设备安装或添置,以及研究与发展。

(二)预测的方法

预测方法有四种基本类型:定性预测、时间序列分析、因果联系法和模拟法。

1. 定性预测

定性预测(qualitative forecasts)属于主观判断,基于估计和评价。预测者依靠业务知识熟练、经验丰富的人员与专家,根据已掌握的历史资料和直观材料,运用个人的经验和分析判断能力,对事物的未来发展做出性质和程度上的判断。通过综合各方面的意见为主要依据,对未来事物进行预测。[①]

---

① 傅德印、刘晓梅:《预测方法与应用》,中国统计出版社2003年版,第13页。

定性预测在工程实践中被广泛使用。当预测对象的数据资料掌握不充分，或影响因素复杂难以用数字描述，或对主要影响因素难以进行数量分析等情况下特别适合使用定性预测。定性预测能发挥专家的经验和主观能动性，简便易行，可以较快地提出预测结果。但是，在进行定性预测时，也要尽可能地搜集数据，运用数学方法，其结果通常也是从数量上做出测算。

定性预测着重对事物发展的性质进行预测，其优点在于注重事物发展在性质方面的预测，具有较大的灵活性，易于充分发挥人的主观能动作用，且简单、迅速，省时、省费用。但是，定性预测主要凭借人的经验以及分析能力，因此不可避免地易受主观因素的影响，比较依赖于人的经验和主观判断能力，从而易受人的知识、经验的多少和能力大小的束缚和限制，尤其是缺乏对事物发展作数量上的精确描述。

常见的定性预测方法包括：(1)头脑风暴法(brainstorming)，是指通过一组专家共同开会讨论，进行信息交流和互相启发，从而诱发专家们发挥其创造性思维，促进他们产生"思维共振"，以达到互相补充，并产生"组合效应"的预测方法。(2)德尔菲法(Delphi method))，又称专家调查法，是针对所预测的问题选择一批专家，根据专家的意见对关心的问题做预测。具体做法是设计问卷表格，表格中将预测问题的可能结果设计成多项选择答案，发给各个专家，将各个专家的反馈结果汇总加工整理，再次设计表格发给专家，征求意见。这样，分别由每个专家单独掌握的信息会传递给所有的专家，使得各专家掌握了全面的预测信息。类似经过几次循环，专家的意见会很集中，得到基本一致的预测结果。(3)电子会议法(electronic meetings)，是群体预测与计算机技术相结合的预测方法。在使用这种方法时，先将群体成员集中起来，每人面前有一个与中心计算机相连接的终端。群体成员将自己有关解决政策问题的方案输入计算机终端，然后再将它投影在大型屏幕上。[1] (4)名义群体法(nominal group technique，NGT)，又称NGT法、名义团体技术、名目团体技术、名义群体技术，是指在决策过程中对群体成员的讨论或人际沟通加以限制，但群体成员是独立思考的。像召开传统会议一样，群体成员都出席会议，但群体成员首先进行个体决策。[2] 下面我们对各种定性预测方法进行比较，如表8-1所示。

表8-1　　　　　　　　　　　各种定性预测方法的比较

效果标准/决策方法	头脑风暴法	名义群体法	德尔菲法	电子会议法
观点的数量	中等	高	高	高
观点的质量	中等	高	高	高
社会压力	低	中等	低	低
财务成本	低	低	低	高
决策速度	中等	中等	低	高
任务导向	高	高	高	高
潜在的人际冲突	低	中等	低	低
成就感	高	高	中等	高
对决策结果的承诺	不适用	中等	低	中
群体凝聚力	高	中等	低	低

---

[1]　http://baike.baidu.com/view/1329791.htm.

[2]　http://wiki.mbalib.com/wiki/%E5%90%8D%E4%B9%89%E7%BE%A4%E4%BD%93%E6%B3%95.

2. 时间序列分析

常见的时间序列分析方法主要有简单移动平均、加权移动平均、指数平滑、回归分析、鲍克斯·詹金斯法、西斯金时间序列等。时间序列分析(time series analysis)建立在以下设定基础上：与过去需求相关的历史数据可用于预测未来的需求。历史数据包含诸如趋势、季节、周期等因素。

时间序列分析更适用于投资。通常来讲，很多时候事情的变化除非受突发因素的干预形成转折，否则其趋势将会一致。例如，某只股票在上涨的趋势中，基本上都会一直上涨，直到这个趋势到了极致转头向下；房价除非受到打压，总会保持一直向上。很多行业也会有周期性，如消费的行业会在年底召开会比较好；同样人的情绪也有周期性，某个人某段时间会比较难相处。人在黄昏的时候意志最薄弱，所以希特勒的演讲总会安排在黄昏。时间序列的预测能力就是需要掌握更多的信息，掌握时间的规律，分辨时序的变化，而不是简单地认定单一的方向，很多时序是根据不同周期而变化的。

时间序列建模基本步骤是：(1)用观测、调查、统计、抽样等方法取得被观测系统时间序列动态数据。(2)根据动态数据作相关图，进行相关分析，求自相关函数。相关图能显示出变化的趋势和周期，并能发现跳点和拐点。跳点是指与其他数据不一致的观测值。如果跳点是正确的观测值，在建模时应考虑进去；如果是反常现象，则应把跳点调整到期望值。拐点则是指时间序列从上升趋势突然变为下降趋势的点。如果存在拐点，则在建模时必须用不同的模型去分段拟合该时间序列，如采用门限回归模型。(3)辨识合适的随机模型，进行曲线拟合，即用通用随机模型去拟合时间序列的观测数据。对于短的或简单的时间序列，可用趋势模型和季节模型加上误差来进行拟合。对于平稳的时间序列，可用通用 ARMA 模型(自回归滑动平均模型)及其特殊情况的自回归模型、滑动平均模型或组合 ARMA 模型等来进行拟合。当观测值多于 50 个时，一般都采用 ARMA 模型。对于非平稳的时间序列，则要先将观测到的时间序列进行差分运算，化为平稳时间序列，再用适当模型去拟合这个差分序列。[1]

3. 因果联系法

因果联系法是假定需求与某些内在因素或周围环境的外部因素有关，利用事物发展的因果关系，推测事物发展趋势的方法。一般是根据过去掌握的历史资料找出预测对象的变量与相关事物的变量之间的依存关系，建立相应的因果预测的数学模型，然后通过对数学模型的求解来进行预测。

因果关系预测包括回归分析法、计量经济模型、投入产出法等。(1)回归分析预测法是一种因果关系预测法，是通过分析事物间的因果关系和相互影响的程度，建立适当的计量模型进行预测的方法。现实经济中，许多经济变量之间存在着固有关系，其中一些变量受另一些变量的支配。我们把前一类变量称为因变量或被解释变量，后一类变量称为自变量或解释变量。回归分析模型就是反映被解释变量与解释变量之间的因果关系的分析式。(2)计量经济模型，是表示经济现象及其主要因素之间数量关系的方程式。计量经济模型主要有经济变量、参数以及随机误差三大要素。经济变量是反映经济变动情况的量，分为自变量和因变量。(3)投入产出法由美国经济学家瓦西里·列昂惕夫(Wassily W. Leontief)教授创立，就是把一系列内部部门在一定时期内投入(购买)来源与产出(销售)去向排成一张纵横交叉的投入产出表格，

① 李庆臻主编：《科学技术方法大辞典》，科学出版社 1999 年版，第 82～90 页。

根据此表建立数学模型,计算消耗系数,并据以进行经济分析和预测的方法。[1]

4. 模拟法

模拟法与之前谈到的定性预测方法基本相同,不同的是模拟允许预测人员对预测的条件作一定程度的假设,这里不再赘述了。

三、标杆管理

"以铜为鉴,可正衣冠;以古为鉴,可知兴替;以人为鉴,可明得失",将其运用到现代的企业管理中,便成为西方管理学界与企业再造、战略联盟一起并称为20世纪90年代三大管理方法之一的标杆管理。美国1997年的一项研究表明:1996年,世界500强企业中有近90%的企业在日常管理活动中应用标杆管理,其中包括AT&T、Kodak、Ford、IBM、Xerox等。[2]

(一)什么是标杆管理

标杆管理,又称基准管理,是一个系统的、持续性的评估过程,通过不断地将企业流程与世界上居领先地位的企业相比较,以获得帮助企业改善经营绩效的信息。具体地说,标杆管理是企业将自己的产品、服务、生产流程、管理模式等同行业内或行业外的领袖企业作比较,借鉴、学习他人的先进经验,改善自身不足,从而提高竞争力,追赶或超越标杆企业的一种良性循环的管理方法。[3] 通过学习,企业重新思考和改进经营实践,创造自己的最佳实践,这实际上是模仿、学习和创新的过程。

标杆管理本质是一种面向实践、面向过程的以方法为主的管理方式,它与TQC流程再造的思路类似,基本思想是系统优化、不断完善和持续改进。而且,标杆管理可以突破企业的职能分工界限和企业性质与行业局限,它重视实际经验,强调具体的环节、界面和流程,因而更具有特色。企业可以根据需要,或者寻找整体最佳实践,或者发掘优秀"片断"进行标杆比较,或者先学习"片断"再学习"整体",或者先从"整体"把握方向,再从"片断"具体分步实施。

标杆管理在国外已经被广泛应用。20世纪80年代,摩托罗拉以日本业内最好的企业为"标杆",研究日本企业为什么能够获得全球领先地位,从而制定出超过日本标准产品的战略目标;摩托罗拉还研究其他行业中在某些业务上处于世界级水平的公司,实施全球流程标杆管理。标杆管理取得了显著的效果,提升了摩托罗拉的企业竞争力。佐丹奴控股公司(Giordano Holdings Ltd.),是一家总部设在香港的面向大众服装市场的制造商和零售商,它借用马莎公司(Marks&Spencer)的优质优价概念,以利米特公司的销售点信息采集计算机系统作为标杆,利用麦当劳公司的菜单方法来减少自己的产品结构。在国内,标杆管理应用正逐步广泛、深入各行各业。例如,我国很多冶金企业实施了标杆管理;中海油将各项经济技术指标与5家著名的海外石油公司进行对比,实施了大规模的标杆管理。

标杆管理有助于企业更加认识到企业外部环境的威胁,有助于企业培育一种不断学习、持续改进的文化,有助于企业更深层次地挖掘外部和内部知识,有助于企业系统地优化内部资源、提高资源利用率、提升核心竞争力。不同的企业应当采取不同的标杆管理层次,企业可从初级到高级分阶段确立标杆,循序渐进地改善管理。

(二)标杆管理的实施步骤

标杆管理的具体实施内容要因行业而异、因企业而异,因为不同行业、不同企业有不同的

---

[1] 泰斯·滕亚(Thijs ten Raa)、胡金有:《投入产出分析经济学》,经济管理出版社2012年版。

[2] 贺振宇、吕廷杰:《我国电信运营企业标杆管理现状分析及改进建议》,http://www.paper.edu.cn。

[3] 程计红:《浅论以标杆管理提升化工系统管理水平》,《中国总会计师》2012年第11期,第108页。

衡量标准。我们要根据企业自身所处的行业发展前景,结合企业发展战略,考虑成本、时间和收益,来确定企业标杆管理的计划。下面我们参考标杆管理的倡导者和实施先驱者施乐公司的罗伯特·开普(Robert Camp)是如何进行标杆管理的。他将标杆管理活动划分为五个阶段,每个阶段有两到三个步骤:

(1)计划:确认对哪个流程进行标杆管理;确定用于作比较的公司;决定收集资料的方法并收集资料。

(2)分析:确定自己目前的做法与最好的做法之间的绩效差异;拟定未来的绩效水准。

(3)整合:就标杆管理过程中的发现进行交流并获得认同;确立部门目标。

(4)行动:制订行动计划;实施明确的行动并监测进展情况。

(5)完成:处于领先地位;全面整合各种活动;重新调整标杆。

当然,步骤只是标杆学习的一个流程,企业在实施标杆管理的过程中,应当从整个企业系统出发,持续循环地实施标杆学习,力求找到合适的标杆,科学化地实施标杆管理。

组织在实施标杆管理时,应该注意一些问题。依赖标杆管理未必能够将竞争力的提高转化为竞争优势,有的企业甚至陷入了"标杆管理陷阱"之中。以美国印刷业为例,在1980年,利润率维持在7%以上,在普遍实施标杆管理之后,到1995年已降至4%~6%,并且还有继续下降的趋势。所以说,标杆管理技术的运用越广泛,其有效性就越是受到限制。例如IBM、通用电气和柯达等公司在复印机刚刚问世时,曾标杆复印机领先者施乐公司,结果IBM和通用电气陷入了无休止的追赶游戏之中,无法自拔,不得不退出复印机市场。

另外,标杆管理还涉及一些法律问题,标杆管理要求参与者意识到这种标杆关系的一些法律问题,包括期望、所有者信息、知识产权、反托拉斯和不平等交易、证据、贬低和交易诽谤等。

美孚石油公司的标杆管理

1992年,美孚公司向4 000多名客户询问他们的需要,其结果令公司很惊奇。只有20%的人关心价格,而80%的人关心的是服务。他们一而再、再而三地要求同样三件事情:他们需要乐于助人的友好的加油站服务人员,他们希望能够得到快捷的服务,他们希望自己对美孚的忠诚能得到一些认可。而调查的结论得出:客户基本上都不喜欢加油站的服务。因此,美孚公司着手考虑如何才能使加油变成一个愉快的体验,成为一个顾客会记住的经历。于是,美孚公司成立了三支团队运用标杆管理来改变客户不满意的情况。

微笑团队将提供优异客户服务而著称的公司作为标杆;速度团队将能够快速完成服务而著称的公司作为标杆;安抚团队将致力于客户忠诚而著称的公司作为标杆。速度团队认为:如果被称为"公路勇士"的那部分客户需要快速服务,最好以那些在速度方面是全世界榜样的公司作为标杆。在他们心中,代表速度的群体之一就是赛车队。速度团队找到了Penske公司,它在美国"Indy500"汽车大赛中以快捷方便的加油服务而闻名。他们去观看了赛车活动,也参观了车队总部。当速度团队成员在离开时,有了许多关于他们加油站服务的想法。例如,关于快速通道的设置。如果在加油站的外线上,修建我们的停靠点,这是专门为满足被称为"公路勇士"的人们需要尽可能快速进出所设计的。另外,Penske车队成员看上去就像一支团队,是因为他们穿着统一的制服。速度团队认为,如果我们的服务人员也统一制服,打着领带,客户就会认为我们很专业。

资料来源:詹正茂、任声策:《美孚成功的"秘诀"——标杆管理》,《中国物流与采购》2003年第7期(根据该资料整理)。

第二节 资源分配技术

管理者在管理组织和引导目标的实现过程之前，必须拥有资源。资源（resources）是一个组织的资产，它包括财务资源、物质资源、人力资源和无形资产。有效合理地配置这些资源，满足组织目标的要求，管理者可以从大量分配资源的技术中进行选择（这些技术在会计、财务、人力资源管理和运营管理等课程中都有涉及），本节我们主要讨论三种技术，即排程、盈亏平衡分析、线性规划。

一、排程（scheduling）

经常性无法准时交货，更多的交货期满足都是依赖库存出货，招致企业拼命生产，紧备库存，订单的波动、产能的不均、计划的失控成为很多工厂的顽疾，计划形同虚设；产序失调，招致人/机/设备/物料配合不佳，质量无法保证，退货量太高，太多的跟催，太多订单无法整批出货……不能如期交货，最终客户流失，企业损失惨重。上述种种问题都是管理者经常会遇到的问题。如何制订详细的分配计划，如组织从事何种生产活动、有多少订单、何时完成，这些都属于管理中的排程问题。为了解决这些问题，我们一起学习排程中常用的几种有效工具：甘特图、负荷图和 PERT 网络分析。

（一）甘特图

甘特图（Gantt chart），也称为条状图（bar chart），是在 1917 年由亨利·甘特开发的，其内在思想简单，基本是一条线条图，横轴表示时间，纵轴表示活动（项目），线条表示在整个期间计划和实际的活动的完成情况。它直观地表明任务计划在什么时候进行，及实际进展与计划要求的对比。甘特图具有简单、醒目和便于编制等特点，在企业管理工作中被广泛应用。

甘特图的主要作用之一是通过代表任务的横条在时间坐标上的位置和跨度来直观地反映任务的相关时间信息（开始时间、工期、结束时间），通过横条的不同图像特征（实心条、空心条等）来反映任务的不同状态，通过用带箭头的线来反映任务间的逻辑关系。甘特图的另一主要作用是进度控制。其工作原理是将项目实际进展情况以横条形式画在同一个项目的进度计划横条图中，以此来直观地对比实际进度与生产计划进度之间的差距，并作为控制计划制订的依据。

甘特图是一种常用的进度计划方法，在实践中得到了不断的改造和完善，它从形式上可以被细分为传统甘特图、带有时差甘特图和具有逻辑关系的甘特图。

图 8-2 画出了一个简单的某高校精品课程建设的甘特图。时间以年为单位，主要的活动在左边从上到下依次列出。计划工作包括完成精品课程建设需要从事哪些活动，这些活动的次序是什么，以及每种活动何时开始、何时结束。条形长度对应着时间的框架。我们还可以通过条形不同颜色的区分来表示实际的工作进度，使得管理者可以一目了然地看出实际工作进度和预期的工作完成情况。

	2011年	2012年	2013年	2014年
教材建设		▬▬▬▬		
课件制作		▬▬▬▬		
安全编写		▬▬▬▬		
实践环节		▬▬▬▬		
网上资源		▬▬▬▬		

图 8—2　精品课程建设进程甘特图

(二)负荷图

负荷图(load chart)是一种改进的甘特图,它不是在纵轴上列出活动,而是列出整个部门或某些特定的资源。通过检查负荷图中的负荷情况,可以使管理者明了哪些资源是满负荷的、哪些资源未得到充分使用,还可以加载工作量。负荷图可以使管理者计划和控制生产能力的利用情况。

图 8—3 是某出版公司五名责任编辑的负荷图,每个责任编辑负责一定数量书籍的编辑和设计。通过检查他们的负荷情况,管理五名责任编辑的执行编辑可以看出,谁有空闲的时间可以编辑其他的书目。从图中执行编辑可以知道只有陈编辑的工作是饱满的,其他的编辑都有空闲,可以支援其他编辑工作。

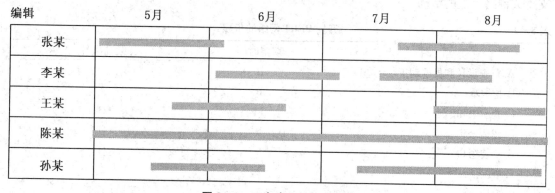

编辑	5月	6月	7月	8月
张某	▬▬▬		▬▬▬▬	
李某		▬▬▬	▬▬▬▬	
王某		▬▬▬		▬▬▬
陈某	▬▬▬▬▬▬▬▬▬▬▬▬▬▬▬			
孙某		▬▬▬	▬▬▬▬	

图 8—3　五名责任编辑负荷图

(三)PERT 网络分析

PERT(program evaluation and review technique)即计划评审技术,是一种类似流程图的箭线图。描绘出项目包含的各种活动的先后次序,标明每项活动的时间或相关的成本。对于 PERT 网络,项目管理者必须考虑要做哪些工作,确定时间之间的依赖关系,辨认出潜在的可能出问题的环节,借助 PERT 还可以方便地比较不同行动方案在进度和成本方面的效果。PERT 非常适用于复杂项目的分析。①

构造 PERT 图,需要明确三个概念:事件、活动和关键路线。事件(events)是一个节点,表示主要活动结束的那一点。活动(activities)表示从一个事件到另一个事件之间的过程,它需

---

① http://baike.baidu.com/view/1684279.htm.

要花费时间、耗费资源。关键路线(critical path)是 PERT 网络中花费时间最长的事件和活动的序列。关键路线推延可能延迟整个项目的完成。

开发一个 PERT 网络要求管理者确定完成项目所需的所有关键活动,按照活动之间的依赖关系排列它们之间的先后次序,以及估计完成每项活动的时间。这些工作可以归纳为五个步骤。①

(1)确定完成项目中每项活动的意义的前提下,完成每项活动都产生事件或结果。

(2)确定每项活动完成的先后次序。

(3)绘制活动流程从起点到终点的图形,明确表示出每项活动与其他活动的关系。用圆圈表示事件,用箭线表示活动,结果得到一幅箭线流程图,称之为 PERT 网络。

(4)估计和计算每项活动的完成时间。

(5)借助包含活动时间估计的网络图,管理者能够制订出包括每项活动开始和结束日期的全部项目的日程计划。确保在关键路线上没有松弛时间,因为沿关键路线的任何延迟都直接延迟整个项目的完成期限。

以下借助具体的实例来分析说明,假定你要负责一座办公楼的施工过程,你必须决定建这座办公楼需要多长时间。表 8—2 概括了主要事件和你对完成每项活动所需时间的估计,图 8—4 则绘制了相应的 PERT 网络。我们计算每条活动路线的时间。如图 8—4 所示,整个办公楼的建造时间是 50 周,即 A—B—C—D—G—H—J—K,就是把关键路径上的时间加起来。正如我们前面提到的,关键路径上的延迟会导致整个项目的延迟;相反,关键路径上的活动完成得快一些,则会促使整个项目提前完工。当然,我们可以考虑调配其他路径上的资源来支持关键路径上的活动。

表 8—2　　　　　　　　　　开发 PERT 网络的步骤

事　件	期望时间	紧前事件
A. 审查设计和批准动工	10	—
B. 挖地基	6	A
C. 立屋架和砌墙	14	B
D. 建造楼板	6	C
E. 安装窗户	3	C
F. 搭屋顶	3	C
G. 室内布线	5	D,E,F
H. 安装电梯	5	G
I. 铺地板和嵌墙板	4	D
J. 安装门和内部装饰	3	I,H
K. 验收和交接	1	J

---

① 高尚:《非肯定型 PERT 网络》,《数据统计与管理》2000 年第 6 期,第 31～34 页。

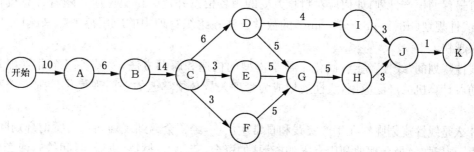

图8—4　PERT网络

二、盈亏平衡分析

盈亏平衡分析(break-even analysis)又称保本点分析,是根据产品业务量(产量或销量)、成本、利润之间的相互制约关系进行综合分析,用来预测利润、控制成本、判断经营状况的一种数学分析方法。[①]　全部收入正好等于全部成本的这一点,我们称之为盈亏平衡点或保本点(break-even point),如图8—5所示。

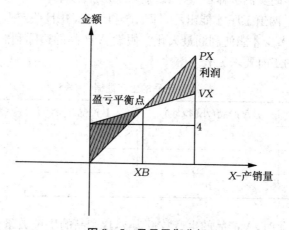

图8—5　盈亏平衡分析

盈亏平衡计算明确指出了收入、成本、利润之间的关系。如图8—5所示,盈亏平衡点为 BE,产品单位价格为 PX,可变成本为 VX,全部固定成本为 F,用公式表示如下:

盈亏平衡点产量＝年固定成本总额÷(产品单价－单位变动成本)

即

$$BE=F/(PX-VX)$$

作为一种计算工具,盈亏平衡分析能帮助组织设立其销售目标,组织可先确立期望达到的利润,然后计算达到利润目标的销售水平;还可以明确组织目前处于亏损状态还是盈利状态,从而通过改善销售量来调节盈亏。

三、线性规划

企业要提高经济管理效益,必须注意以下问题:怎样合理安排生产任务、合理配置资源;怎

---

①　http://baike.baidu.com/view/861929.htm.

样制订最优的生产计划;如何应对瞬息万变的市场信息并及时做出反应。随着计算机技术的普及,线性规划(linear programming)的数学方法在组织管理中的应用范围越来越广,发展速度越来越快。

线性规划的"线性"特点,简化了数学模型的构造和解题方法,易被各级企业管理者所掌握。随着计算机的广泛应用,线性规划成为管理人员必须掌握的一门现代化管理方法和优化技术。[1]

什么是线性规划呢? 在生产实践和日常生活中,经常会遇到规划问题。所谓规划问题,简单地说,是指如何最合理地利用有限的资源(如资金、劳动力、材料、机器、时间等),使产出的消耗最小、利润最大。如果利用数学方法来进行这种分析,这就是数学规划。当所建立的模型都是线性代数方程时,这就是一个线性规划问题。

线性规划问题的数学模型必须具有以下特点:(1)都有一组未知变量$(x_1, x_2, \cdots, x_c)$代表某一方案;它们取不同的非负值,代表不同的具体方案。(2)都有一个目标要求,即实现极大或极小。目标函数用未知变量的线性函数表示。(3)未知变量受到一组约束条件的限制,这些约束条件用一组线性等式或不等式表示。

下面我们通过具体的实例解释:一家工厂能够生产加工两种产品 A 和 B。无论生产 A 产品还是 B 产品都要经过两道工序才能出厂,即生产和组装,并且假定两种产品全部可以销售完,问每一种产品生产多少才能使利润最大化? 假设 A 产品的边际利润是 10 元,B 产品的边际利润是 18 元;产品的工时要求见表 8—3。

表 8—3   A、B 产品的生产数据

部门	A产品(小时/件)	B产品(小时/件)	月生产能力(小时)
生产部门	2	4	1 200
装配部门	2	2	900
单位利润(元)	10	18	

首先,设利润最大化时,A 产品的生产数量为 x,B 产品的生产数量为 y,我们得到下面的目标函数:利润最大$=10x+18y$。目标函数是一个简单的代数方程,可以据此估计备选方案的结果。[2]

其次,约束条件。根据表 8—3 可知,生产部门和装配部门的生产能力分别为 1 200 小时和 900 小时,建立约束方程:

$$\begin{cases} 2x+4y \leqslant 1\,200 \\ 2x+2y \leqslant 900 \end{cases}$$

在这里,x,y 为正数,即 $x \geqslant 0, y \geqslant 0$,因为每种产品产量不能小于 0。

实例的问题比较简单,我们用图解的方法求解。分别画出生产部门和制造部门的约束线。如图 8—6 所示,交点 c 是满足约束条件的最大利润方案。我们现在代入到目标函数(利润最大$=10x+18y$)计算,$150 \times 18 + 300 \times 10 = 5\,700$,所以 c 点为最大利润点,该工厂生产 150 件 A 产品和 300 件 B 产品时利润达到最大。

① 王昌贵:《线性规划在企业管理中的应用》,《大众科技》2004 年第 12 期,第 61 页。
② 罗宾斯:《管理学》(第四版),中国人民大学出版社 1997 年版,第 193~195 页。

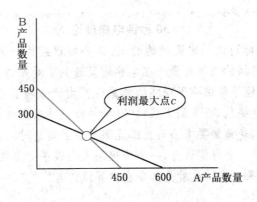

图 8-6　线性规划问题图解

当然,对于复杂的线性规划问题,我们可以通过计算机应用专门的软件求出最佳方案。值得注意的是,线性规划虽然能够解决与上面实例相仿的一些线性问题,但它不能解决所有的资源分配问题。因为线性规划的前提要求是资源的有限性;产出的目标必须是产出的最优化;并且必须存在将资源组合起来的多种可供选择的方案;同时需要变量之间必须存在线性关系。

第三节　其他的计划技术

管理者面对动态和复杂的环境的挑战,制订计划时应强调计划的柔性和弹性。有效的计划技术能够帮助管理者更有信心地面对未来。随着管理者的视野不断开阔,关注的领域也不断延伸,如知识管理、时间管理、项目管理……以下我们简单介绍当今比较流行的两种管理方式:时间管理和项目管理。

一、时间管理

美国心理学之父威廉·詹姆士对时间行为学的研究发现两种对待时间的态度:"这件工作必须完成,它实在讨厌,所以我能拖便尽量拖"和"这不是件令人愉快的工作,但它必须完成,所以我得马上动手,好让自己能早些摆脱它"。"当你有了动机,迅速踏出第一步是很重要的。不要想立刻推翻自己的整个习惯,只需强迫自己现在就去做你所拖延的某件事。然后,从明早开始,每天都从你的日程表中选出最不想做的事情先做。"①

一个讲求速度的世界,要用最短的时间完成最多的事情。在时间管理上富有经验的管理者不会在纷至沓来的会议和电话、堆积成山的下属邮件中分身乏术。作为一个公司的好管家,既要有宏观的眼光思考公司的长远大计,又要聚精会神地盯着公司的那些运营的琐事。规划、决策和授权的妥当安排,使他们成为时间的主人。时间管理就是用技巧、技术和工具帮助人们完成工作,实现目标。时间管理并不是要把所有事情做完,而是更有效地运用时间。

如何进行有效的时间管理? 考察下面的几种方法。

---

① MBA 智库百科:http://wiki.mbalib.com,"时间管理"。

---

30 秒钟电梯理论

麦肯锡公司曾经得到过一次沉痛的教训：该公司曾经为一家重要的大客户做咨询。咨询结束的时候，麦肯锡的项目负责人在电梯间里遇见了对方的董事长，该董事长问麦肯锡的项目负责人："你能不能说一下现在的结果呢？"由于该项目负责人没有准备，而且即使有准备，也无法在电梯从 30 层到 1 层的 30 秒钟内把结果说清楚。最终，麦肯锡失去了这一重要客户。从此，麦肯锡要求公司员工凡事要在最短的时间内把结果表达清楚，凡事要直奔主题、直奔结果。麦肯锡认为，一般情况下人们最多记得住一二三，记不住四五六，所以凡事要归纳在 3 条以内。这就是如今在商界流传甚广的"30 秒钟电梯理论"或称"电梯演讲"。

(一)GTD 的基本理论

GTD(Getting Things Done)的基本理论是把一个人搁在脑中的所有事情从大脑中移出来，记录到纸上；这样，大脑便不会被多余的事情打搅而专注于现在所需完成的事情上；同时，建立一个可靠的个人时间管理系统，通过收集、整理、组织、回顾与行动五个步骤来有条不紊而高效率地处理个人生活中的所有事情。GTD 基本理论强调从小处入手，强调速度和效率，建立了一套工具和方法。

(二)要事第一原则

要事第一(first things first)原则是以原则为中心的方法，它不是教你如何提高速度，而是给你一个"指南针"为你指明方向；强调根据七个习惯的原则和自己的使命、价值观，来规划自己的人生，根据这些原则决定哪些事情是真正对实现自己的人生意义重大的要事，然后处理要事。要事第一原则强调从大局着眼，强调效果和方向，更多的是原则。

时间管理的技巧

1. 今日事今日毕。习惯拖延时间使很多人在时间管理中经常会落入陷阱"。"等会儿再做"、"明天再说"这种"明日复明日"的拖延循环会彻底粉碎你制订好的全盘工作计划，并且对自信心产生极大的动摇。"今日事今日毕"体现的是一种强有力的执行力，这种执行力将带着你按照自己设计好的轨道驶向成功的彼岸。

2. 抓住"黄金时间"。每个人都有两种黄金时间：一种是内部黄金时间，是一个人精神最集中、工作最有效率的时候。内部黄金时间因人而异，在你通过观察掌握了自己的内部黄金时间后，建议用这个时间段来处理最为重要的工作。另一种是外部黄金时间，是用来跟其他人交往的最佳时间。遵循自己的日程，利用这段最好的时间充分地表达自身的优势。

3. 学会强调收益。在处理一件漫长而复杂的工作时，可以通过强调工作收益给自己加油；可以把当前工作与自己的某个人生目标联系起来；或者也可以尝试给自己一些外部刺激，让自己保持对工作的兴趣和热情。

4. 学会说"不"。有时拒绝是保障自己行使优先次序的最有效手段，勉强接受他人的委托而打乱自己的安排，是不合理的。

5. 不要把日程安排得太满。意外情况随时都有可能发生而占用你的时间，日程太满就会穷于应付，这时可以为自己一天至少安排一个小时的空闲时间，让工作、生活更从容。

6.遵循你的生物钟。你办事效率最佳的时间是什么时候？将需优先办理的事情放在最佳时间里。

7.做好的事情要比把事情做好更重要。做好的事情，是有效果；把事情做好仅仅是有效率。首先考虑效果，然后才考虑效率。

资料来源：http://jz.cgzm.com/play-video/O-LMXI-000169/M/，对其进行整理改编。

二、项目管理

不同类型的组织，像戴姆勒—克莱斯勒和波音这样的制造商以及 Plurntree 和微软这样的软件公司，都在它们的工作中应用项目。项目（project）是指一系列独特的、复杂的并相互关联的活动，这些活动有着一个明确的目标或目的，必须在特定的时间、预算、资源限定内，依据规范完成。项目管理（project management）是项目的管理者在有限的资源约束下，运用系统的观点、方法和理论，对项目涉及的全部工作进行有效的管理。即：对从项目的投资决策开始到项目结束的全过程进行计划、组织、指挥、协调、控制和评价，以实现项目的目标。[①] 项目通常不能照搬适用于正式组织例行活动的计划程序，而是要用项目管理来有效地实现项目目标。

项目管理过程都包含哪些要素呢？项目管理中，最重要的是质量、工期和成本三要素：（1）质量是项目成功的必需与保证，质量管理包含质量计划、质量保证与质量控制。（2）工期管理是保证项目能够按期完成所需的过程。在一个大的计划指导下，各参与建设的单位编制自己的分解计划，才能保证工程的顺利进行。（3）成本管理是保证项目在批准的预算范围内完成项目的过程，包括资源计划的编制、成本估算、成本预算与成本控制。

为了在项目开始到自然结束的整个过程中保持控制，项目经理需要使用各种不同的技术，如项目策划、净值管理、风险管理、进度计划和过程改进等。总的来讲，项目管理试图获得对五个变量的控制：时间、成本、质量、范围、风险。前三个变量可以由内部或者外部的客户提供，其余的变量则由项目经理理想地基于一些可靠的估计技术来设定。这些变量的最终值还需要在项目管理人员与客户的协商过程中确定。通常，时间、成本、质量和范围将以合同的方式固定下来。[②]

一个项目的全过程或项目阶段都需要有一个相对应的项目管理过程。这种项目管理过程一般由五个不同的具体工作过程构成，如图 8-7 所示。

（1）起始过程。定义一个项目阶段的工作与活动、决策一个项目或项目阶段的起始与否，以及决定是否将一个项目或项目阶段继续进行下去等工作。

（2）计划过程。计划过程包括拟定、编制和修订一个项目或项目阶段的工作目标、工作计划方案、资源供应计划、成本预算、计划应急措施等。

（3）实施过程。它包括组织和协调人力资源和其他资源，组织和协调各项任务与工作，激励项目团队完成既定工作计划，生成项目产出物等方面的工作。

（4）控制过程。制定标准、监督和测量项目工作的实际情况、分析差异和问题、采取纠偏措

---

① 智库百科：http://wiki.mbalib.com/wiki。

② 根据[美]哈罗德·科兹纳：*Project Management Best Practices：Achieving Global Excellence*，电子工业出版社 2007 年版整理。

施等管理工作和活动。这些都是保障项目目标得以实现、防止偏差积累而造成项目失败的管理工作与活动。

(5)结束过程。制定一个项目或项目阶段的移交与接受条件,项目或项目阶段成果的移交,从而使项目顺利结束的管理工作和活动。

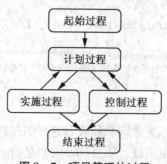

图8—7　项目管理的过程

目前,项目管理过程可以在线实施,因为有大量基于互联网的项目合作软件包可以利用。这些软件包包括项目的记账和评估、项目的进度安排、机器故障与缺陷的追踪等各个方面。然而值得注意的是,即使拥有计算机资源、复杂的软件包,以及其他的项目管理工具,项目管理者的角色仍然具有挑战性。项目管理者唯一的影响力是他的沟通能力和说服力。因此,项目管理者的一个重要任务,就是如何使项目成员把精力集中在他所管理的既定项目上。

本章小结

1.　环境扫描包括三方面的内容:事件、趋势及驱动力。环境扫描程序包括:(1)确定扫描范围;(2)收集信息;(3)识别重要趋势与弱信号;(4)重要趋势评估,即对识别出来的重要趋势进行评估;(5)环境扫描结论。

2.　预测三种类型包括:经济预测(economic forecasts)、技术预测(technological forecasts)、需求预测(demand forecasts)。

3.　计划工作常用的几种有效工具包括甘特图、负荷图和 PERT 网络分析等。

4.　时间管理(time management)就是用技巧、技术和工具帮助人们完成工作、实现目标。时间管理并不是要把所有事情做完,而是更有效地运用时间。有效时间管理的方法包括:GTD 的基本理论和要事第一原则。

5.　项目管理是项目的管理者,在有限资源的约束下,运用系统的观点、方法和理论,对项目涉及的全部工作进行有效的管理。即从项目的投资决策开始到项目结束的全过程进行计划、组织、指挥、协调、控制和评价,以实现项目的目标。

6.　项目管理中最重要的是质量、工期与成本三要素:①质量是项目成功的必需与保证,质量管理包含质量计划、质量保证与质量控制。②进度管理是保证项目能够按期完成所需的过程。在一种大的计划指导下,各参与建设的单位编制自己的分解计划,才能保证工程的顺利进行。③成本管理是保证在批准的预算范围内完成项目的过程,包括资源计划的编制、成本估算、成本预算与成本控制。

练习题

一、简答题

1. 简述计划工具中环境扫描的作用。

2. 借助美孚公司的实例，谈谈标杆管理的优、缺点。

3. 画图分析盈亏平衡点，并解释含义。

4. 某公司生产某产品的固定成本为 100 万元，单位产品可变成本为 700 元，单位产品售价为 900 元。试用盈亏平衡点法确定其产量。

5. 你如何看待目标管理？目标管理的流程五要素是什么，你如何理解？

6. 试着把你本学期的学习计划用甘特图表示出来。

7. 简述时间管理的含义和应用。

二、案例分析

弗里德曼的管理之路

安德鲁·E. 弗里德曼（Andrew E. Friedman）是美国最受喜爱的消遣活动——传统棒球运动的一名新式管理者。作为 Tampa Bay Devil Rays（他之前在公司担任负责棒球业务的执行副总裁）的总经理，弗里德曼负责指导和监督队伍总体的棒球业务活动。他用自己的方式来改进队伍的绩效——依靠金融模型和数据的挖掘。在 2006 年赛季，《体育画报》把这支队伍评为前 30 个 MLB（主要棒球联盟）的第 24 位。从运动员的薪酬来说，3 500 万美元的工资总额只是联盟的底层水平。但是，弗里德曼用他自己的数字方法来评估队伍的价值，并帮助队伍认识到它的最大潜能。

弗里德曼拥有新奥尔良杜兰大学（New Orleans Tulane）的金融和管理学位，他知道如何进行商业运作。在加入 Devil Rays 成为发展棒球业务的负责人之前，弗里德曼在华尔街工作了五年。弗里德曼曾在杜兰的棒球队参加过比赛，直到因伤退出，所以他对这项运动一点也不陌生。但是，在棒球运动中，对运动员能力评估、团队价值和合同谈判的定量统计方法并不是开展业务所通常使用的方法。这就是为什么弗里德曼不关心公司的工资总额处于主要棒球联盟底层的原因，因为他在华尔街曾使用过的、建立在估值技术基础上的评估方法估算了 Devil Rays 的工资总额，结果其真实价值接近 5 000 万美元。

弗里德曼也用定量方法来进行运动员的交换。他说："我完全是由市场驱动的。我爱运动员们，而且我可以以低于运动员自身价值的薪酬签下他们。在这项运动中，价值与价格的不对称可以使我们从中获利。"最近，弗里德曼、队伍所有者斯图尔特·斯滕伯格（Stuart Sternberg）和队长马特·西尔弗曼（Matt Silverman）在进行他们第一桩大宗交易时将定量统计的能力评估理念付诸了实践，用他们有众多粉丝的 Danys Baez 交换了洛杉矶道奇队（Los Angeles Dodgers）的两个未经考验的先发棒球投手——埃德温·杰克逊（Edwin Jackson）和查克·蒂法尼（Chuck Tiffany）。这三个人打赌，两人有望成为顶级的先发棒球投手——"可能是当今棒球运动中最难以置信的，但是它受到高度的重视"。尽管强调了统计方法和定量分析，Devil Rays 的管理团队也知道，"它不能替代老式的侦察和能力评估方法，这也是它所要加强的地方"。

尽管传统的工具和技术有了新的发展,但是电脑、黑莓系统(Blackberrys)和经济模型不能也不会解决所有的问题。但是,正如其所有者所说,工具和技术有望帮助组织达到它的最大潜能。

案例思考题:

1. 弗里德曼在指导和监督团队的业务时,什么样的工具和技术会对他有帮助? 请具体说明。

2. 在棒球运动中,评估运动员潜力和表现的传统方法包括观察其在不同环境下的比赛(侦察运动员),而团队中大多数管理人员没有商业背景,你如何克服"传统主义者"对使用定量工具和技术的疑惑?

3. 弗里德曼可能有哪些方法来评估他的定量工具? 是否有效? 请具体说明。

第九章

战略管理

学习目标

学完本章后,你应该能够:

1. 理解什么是战略管理。
2. 了解战略管理的流程。
3. 掌握组织战略的类型。
4. 利用所学战略管理的知识分析实际问题。

要点概述

1. 战略管理导论

战略管理的含义;战略管理理论的演变;企业核心竞争力理论。

2. 战略管理流程

战略管理流程的六个步骤;SWOT分析方法。

3. 组织战略类型

公司层战略;业务层战略。

4. 战略联盟

什么是战略联盟;战略联盟的动因;战略联盟的优势;战略联盟的发展创新。

案例导读

宜家出走 马甸变脸

宜家在马甸15 000平方米的店面创造出5.4亿元/年的销售奇迹。马甸曾经被北京市商委规划为北京市十个商业中心之一。马甸经历过两次辉煌,第一次是在亚运会期间,马甸是亚运会商品集散地,那时社会对马甸作为商业中心有了初步认识。第二次辉煌是在马甸大规模开发以后,特别是宜家进驻以后,形成了马甸商业上真正的繁荣。

宜家在选址上有两点必备的条件:第一,必须处于交通要道。马甸地区有四通八达的交通,马甸立交桥交通流量巨大。第二,宜家在世界各国的发展,物业都是自己的,不采取租用的办法。宜家初进北京,在马甸破例采取了租赁的方式来开店,也证明了马甸的商业价值。

然而几年发展下来,马甸没有留住宜家,宜家"出走"了。宜家出走可能基于三个原因:一、15 000平方米营业面积已不能满足经营需求;二、宜家失去了在马甸的定价权,成本为王的经营理念使宜家难以接受马甸区域日益成熟带来的租金上涨的成本压力;三、马甸由纯商业向商业与商务结合的大势,已使宜家失去了小资定位的环境土壤。

商业和商务应该是互为表里、相辅相成的,不同的业态,对商务的支持也各不相同。从这个角度来说,宜家"出走"也许意味着这个区域的商业或商务价值的新陈代谢。

当然,宜家搬走不一定是坏事,通过马甸商业的重新整合和洗牌,让市场来检验马甸区域真正的商务和商业价值。

思考:根据宜家在选址上的两个条件,谈谈你对企业战略的认识。

资料来源:世界经理人网站,http://wenku.baidu.com/view/6dc54a6aa98271fe910ef9d7.html。

第一节　战略管理导论

"有志者事竟成",没有宏伟战略目标的企业,犹如一个没有志向的人,成不了大事。只有确定了宏伟的奋斗目标,才能使企业凝聚全部的力量,众志成城,向一个共同方向努力。面对难以预测的环境变化,洞察先机,抓住机会,审时度势,进行战略化运作是经营者成败的关键。例如,一位名叫杰夫·贝佐斯(Jeff P. Bezos)的 29 岁青年,注意到了互联网成长速率每年高达2 300%这一惊人的数据。他以前瞻的眼光发现了电子商务的无穷潜力,在短短的 3～5 年时间使亚马逊公司由零起步成长为一个巨人。贝佐斯是怎样进入市场,并依靠什么来挑战旧有市场上的传统企业的呢?

一、什么是战略管理

"战略"源于古代兵法,属军事术语,意译于希腊的"strategos"一词,其含义是"将军",词义是指挥军队的艺术和科学,也意指基于对战争全局的分析而做出的谋划。在军事上,"战"通常是指战争、战役,"略"通常是指筹划、谋略,联合取意,"战略"是指对战争、战役的总体筹划与部署。

我国古代兵书早就提及"战略"一词,意指针对战争形势做出的全局谋划。三国时期著名政治家、军事家、战略家孔明(诸葛亮)对战略有一段精辟的论述:"不谋万世者,不足谋一时;不谋全局者,不足谋一域",他通过对当时错综复杂的政治、经济、军事形势进行分析,确立了"三分天下"的战略思想,成为刘备立国之本。

"战略"有很多种定义,一些学者认为,战略是设立企业长远目标,制定经营方针及资源分配等的经营决策;另一些学者认为,战略是对企业长远目标、经营方针、所需资源分配的规划;还有的学者认为,战略是针对产品与市场有效组合,实现经营环境、战略方向、管理组织相协调的策略。战略管理大师迈克尔·波特认为,战略的本质是抉择、权衡和各适其位。

　　我们统一把战略定义为：战略是一个计划，这个计划能够统合组织的目标和政策，并能使组织上下一致付出行动。[①]

　　从战略角度思考，企业应该做加法还是减法？多元化还是专业化？规模经济还是经济规模？中小企业或私营企业面临种种问题：家族制管理；经验式管理；员工素质培养；创业和守业；二次创业。其中，前三者是管理问题，而后两者则是战略问题。例如沈阳飞龙、三株公司、山东秦池都属典型造名不造实的企业。"过度造名"的现象很可能引发概念经济而非消费经济。下面我们考察"Intuit和微软"的案例，进一步引发我们对战略管理的思考。

如何以弱胜强

　　1989年，Intuit与微软直接碰撞。力量对比是：Intuit公司拥有50名雇员，年销售额1 900万美元；微软公司拥有4 000名雇员，同期收益8亿美元。挑起争端的原因是，微软公司提出的兼并提议被Intuit否决后，微软执意进入Intuit赖以生存的财务软件市场，意图获取"领导性竞争地位"。对抗的结果是：直到1993年，Intuit仍然保有60%的市场占有率而令微软束手无策。Intuit的胜利似乎是不可思议的，因为从资金实力上看，微软放在银行里的现金储备就足够买下4个以上的Intuit（1994年，该公司的市价仅为10亿美元）；从智力储备上看，微软用诱人的股票期权网罗了很多顶尖的软件开发人员，在人员素质以及人员数量上都占有压倒性的优势；对Intuit更为不利的是，从时效性看其开发的Quicken的Windows版也不如微软参与竞争的产品Money。但在这样的强弱对抗中，"小小的Intuit迫使强大的巨人哭着乞求怜悯"。

　　Intuit的胜利昭示了一点：在企业的竞争中，强与弱并不是绝对的，一个有效的竞争策略加上公司资源的合理配置和使用，往往起到决定性的作用，因为巨人也并非无懈可击。

　　微软没有最先认识到财务软件潜在的商机，这给予了Intuit生存的机会。该公司把自身定位在为顾客提供解决财务难题方法的公司，除帮助他们开支票、结算支票簿和支付账单以外，还提供特别票据和表格等非软件形式的服务，而微软直到1989年才开始意识到自己的失误。

　　资料来源：http://wenku.baidu.com/view/6dc54a6aa98271fe910ef9d7.html。

　　战略管理理论（strategic management theory）是指对企业或组织在一定时期的全局的、长远的发展方向、目标、任务和政策，及资源调配做出的决策，包括公司在完成具体目标时对不确定因素做出的相关判断。战略管理是指企业确定其使命，根据组织外部环境和内部条件设定企业的战略目标，为保证目标的正确落实和实现进行谋划，并依靠企业内部能力将这种谋划和决策付诸实施，以及在实施过程中进行控制的一个动态管理过程。[②]

　　企业面临着种种挑战，这势必会导致企业管理思想的变迁。目前，管理学对这一思想变迁比较一致的观点体现在四个方面：①由过程管理向战略管理转变；②由内向管理向外向管理转变；③由产品市场管理向价值管理转变；④由行为管理向文化管理转变。毫无疑问，企业战略

---

　　① A strategy is the pattern or plan that integrates an organization's major goals, policies, and action sequences into a cohesive whole. 具体参阅：William R. Feistal, *Managing a Global Enterprise：A Concise Guide to International Operations*。

　　② http://baike.baidu.com。

管理将会是这场变革的中心,它将引发许多企业发展的新动向,企业对这一趋势前瞻性地把握将会在竞争中处于有利地位。为了更好地把握战略管理的发展趋势,必须首先对战略管理理论的发展历程进行梳理,以便把握其演进的脉络和规律。

二、企业战略管理理论的演变

关于企业战略管理理论研究的时间并不长,自 20 世纪 60 年代到现在仅经历了半个多世纪。按时间跨度来考察,主要经历了以下几个发展阶段:

(一)20 世纪 60、70 年代的战略管理理论

20 世纪 60 年代初,美国著名管理学家钱德勒(A. D. Chandler, Jr.)在《战略与结构:工业企业史的考证》一书中首开企业战略问题研究之先河。在这本著作中,分析了环境、战略和组织之间的相互关系,提出了"结构追随战略"的论点,即企业的组织结构是根据企业所制定的战略发展而来的,而这些战略又受到环境变化的驱动。钱德勒被公认为是环境—战略—组织理论的第一位企业战略专家。①

在此基础上,关于战略构造问题的研究形成了两个相近的学派:设计学派和计划学派。设计学派的观点主要涉及三方面内容:首先,在制定战略的过程中要分析企业的优势与劣势、环境所带来的机会与造成的威胁;其次,高层经理人应是战略制定的设计师,并且还必须督导战略的实施;再者,战略构造模式应是简单而又非正式的,关键在于指导原则,优良的战略应该具有创造性和灵活性。设计学派以哈佛商学院的安德鲁斯教授为代表,安德鲁斯认为战略规划的实质在于如何将公司的资源、能力与外部环境的机遇相区配,以实现企业的目标和意图。②

几乎与设计学派同时产生的另一个学派是计划学派。计划学派主张,战略构造应是一个有控制、有意识的正式计划过程;企业的高层管理者负责计划的全过程,而具体制订和实施计划的人员必须对高层负责;通过目标、项目和预算的分解来实施所制订的战略计划;等等。计划学派以安索夫为杰出代表。安索夫在《公司战略》一书中,首次提出了"企业战略"这一概念,并将战略定义为"一个组织打算如何去实现其目标和使命,包括各种方案的拟定和评价,以及最终将要实施的方案"。"战略"一词随后成为管理学中的一个重要术语,在理论和实践中得到了广泛的应用。

尽管这一时期学者们的研究方法和具体主张不尽相同,但从根本上说,其核心思想是一致的,主要体现在三个方面:(1)企业战略的出发点是适应环境。环境是企业无法控制的,只有适应环境变化,企业才能生存和发展。(2)企业的战略目标是为了提高市场占有率。企业战略要适应环境变化,旨在满足市场需求,获得足够的市场占有率,这样才有利于企业的生存和发展。(3)企业战略的实施要求组织结构变化与之相适应。经典的企业战略实质是一个组织对其环境的适应过程,以及由此带来的组织内部结构变化的过程。因此,在战略实施上,势必要求企业组织结构与企业战略相适应。

(二)20 世纪 80 年代的战略管理理论

20 世纪 80 年代初,迈克尔·波特为代表的竞争战略理论取得战略管理理论的主流地位。波特认为获取竞争优势是企业战略的核心。而影响竞争优势的因素有两个:一是企业所处产业的赢利能力,即产业的吸引力;二是企业在产业中的相对竞争地位。因此,竞争战略的选择

---

① 路风:《从结构到组织能力:钱德勒的历史性贡献》,《世界经济》2001 年第 7 期,第 9～13 页。
② 商迎秋:《企业战略管理理论演变与战略风险思想探析》,《技术经济与管理研究》2011 年第 3 期,第 66 页。

应基于以下两点考虑：(1)选择有吸引力的、高潜在利润的产业。不同产业所具有的吸引力以及带来的持续赢利机会是不同的，企业选择一个朝阳产业，要比选择夕阳产业更有利于提高自己的获利能力。(2)在已选择的产业中确定自己的竞争优势地位。在一个产业中，不管它的吸引力以及提供的赢利机会如何，处于竞争优势地位的企业要比劣势企业具有较大的赢利可能性。而要正确选择有吸引力的产业以及给自己的竞争优势定位，必须对将要进入的一个或几个产业的结构状况和竞争环境进行深入分析。

波特的竞争战略理论的基本逻辑是：(1)产业结构是决定企业赢利能力的关键因素；(2)企业可以通过选择和执行一种基本战略影响产业中的五种作用力量(即产业结构)，以改善和加强企业的相对竞争地位，获取市场竞争优势(低成本或差异化)；(3)价值链活动是竞争优势的来源，企业可以通过价值链活动和价值链关系(包括一条价值链内的活动之间及两条或多条价值链之间的关系)的调整来实施其基本战略。

迈克尔·波特所提出的行业竞争结构分析理论在过去20年里受到企业战略管理学界的普遍认同，并且成为进行外部环境分析和战略选择最为重要和广泛使用的模型。[①]

(三)20世纪90年代早期的战略管理理论

当代电子信息技术迅猛发展，企业竞争环境日趋复杂，企业不得不把眼光从外部市场环境转向内部环境，注重对自身独特的资源和知识技术的积累，以形成企业独特的竞争力(核心竞争力)。1990年，普拉哈拉德和哈默在《哈佛商业评论》上发表了《企业核心能力》一文。"核心能力"理论引发了研究热潮。该理论的假设是：假定企业具有不同的资源(包括知识、技术等)，形成了独特的能力，资源不能在企业间自由流动，对于某企业独有的资源，其他企业无法得到或复制，企业利用这些资源的独特方式是企业形成竞争优势的基础。这就要求企业从自身资源和能力出发，对自己拥有一定优势的产业及其相关产业进行经营活动，从而避免受产业吸引力诱导而盲目进入不相关产业进行多元化经营。

然而，核心能力理论固有的缺陷在于过分关注企业的内部，致使企业内外部分析失衡。为了解决这一问题，1995年，David J. Collins 和 Cynthia A. Motgomery 发表了《资源竞争：90年代的战略》，该文提出了企业的资源观(resourses-based view of the firm)。所谓的企业资源，是公司在向社会提供产品或服务的过程中能够实现公司战略目标的各种要素组合。公司可以看作是各种资源的不同组合，由于每个企业的资源组合不同，因此不存在完全一模一样的公司。只有公司拥有了与预期业务和战略最相匹配的资源，该资源才最具价值。公司的竞争优势取决于其拥有的有价值的资源。

(四)20世纪90年代后期战略管理理论的新发展[②]

20世纪90年代以前的企业战略管理理论侧重于讨论竞争和竞争优势。进入90年代中期，随着竞争的全球化和顾客需求的日益多样化，企业逐渐认识到想要发展，必须创造消费者感兴趣的新价值，培养协作性经济群体，增强自身实力拓展新的市场。通过创新和创造来超越竞争的途径，开始成为企业战略管理研究的一个新焦点。90年代后期，战略联盟理论出现，人们将关注的焦点转向了企业间各种形式的联合。这一理论强调竞争合作，认为竞争优势是构建在自身优势与他人竞争优势结合的基础上的。

美国学者詹姆斯·穆尔(James F. Moore)1996年出版的《竞争的衰亡》标志着战略理论

---

① http://wenku.baidu.com/view/64f5d4dcd15abe23482f4d7.html，"企业战略管理的发展演变"。

② 根据 http://baike.baidu.com/view/3529481.htm 资料修改整理。

的指导思想突破性的改变。该书以生物学中的生态系统这一独特的视角来描述当今市场中的企业活动,但又不同于将生物学的原理运用于商业研究的狭隘观念。具体提出了"商业生态系统"这一全新的概念,打破了传统的以行业划分为前提的战略理论的限制,力求"共同进化"。商业生态系统的组成部分是非常丰富的,穆尔建议高层经理人员经常从顾客、市场、产品、过程、组织、风险承担者、政府与社会七个方面来考虑商业生态系统和企业自身所处的位置;系统内的公司通过竞争可以将毫不相关的贡献者联系起来,创造一种崭新的商业模式。

三、企业核心竞争力理论

自普拉哈拉德和哈默尔于 1990 年在《哈佛商业评论》上发表了《公司核心竞争力》一文后,核心竞争力(core competencies)的概念迅速被企业界和学术界所接受。普拉哈拉德和哈默尔认为,公司核心竞争力是企业内部集体学习的能力,尤其是关于如何协调不同的生产技能和整合多种技术的能力。与物质资本不同,公司的核心竞争力不仅不会在使用和共享中丧失,反而会在这一过程中不断成长。核心竞争力的基本特征主要体现在三个方面:第一,核心竞争力应反映客户长期最看重的价值,要对客户的核心利益有关键性的贡献;第二,核心竞争力必须具有独树一帜的能力,并且难以被竞争对手所模仿和替代;第三,核心竞争力应具有延展到更广泛市场领域的能力。由于核心竞争力具有稀缺性、难以模仿性等特征,对于核心竞争力的重视和研究,实际上是将企业竞争优势的生成问题转化为获取和保持企业竞争优势的问题,进而赋予企业可持续发展的基础。①

从企业战略的角度来看,企业的核心竞争力与多元化经营之间恰恰是"多元化"与"集中化"的体现。实际上,集中化与多元化并不矛盾。多元化绝不是资源配置的分散化,而是根据集中化的原则优先配置资源。孙子在讨论集中化与分散化时有精辟的论述,"备前则后寡,备后则前寡,备左则右寡,备右则左寡;无所不备,则无所不寡"(《孙子兵法·虚实篇》)。这说明了资源不宜分散,也说明了集中原则的重要性。企业竞争也是如此,如果想从各个方面都获得竞争优势,企业资源往往不允许。面面俱到的全线出击就会陷入捉襟见肘的境地,不如将有限的资源集中于企业的核心竞争力。只有从核心竞争力出发来发展多元化,企业才能在激烈的竞争中打不倒、摧不垮,无往而不胜。我国的无锡小天鹅洗衣机,通过多年坚持不懈的技术开发,在微处理器技术方面取得了相当的优势地位,该技术是支持它在洗衣机行业取得有利竞争地位的核心竞争能力。海尔自 1984~1991 年七年间,只生产电冰箱一种产品,坚持专业化生产,在管理、品牌、服务及企业文化等方面形成了自己的核心竞争力。海尔以核心竞争力为基础,从 1992 年开始进入其他行业,实施多元化战略,取得了成功。不论是小天鹅,还是海尔,成功的主要原因在于其多元化经营是建立在核心竞争力之上的。

国内外企业的实践证明,只要把注意力集中到核心竞争力上,不仅能够培养企业提升核心竞争力的意识,而且企业还会在经营中逐渐获得一种产业洞察力,帮助企业不断拓展公司业务和能力,使企业有一个更加广阔自由的发展空间。美国人西蒙讲得好:支撑德国战车的引擎,不是戴姆勒奔驰,不是宝马,也不是西门子,支撑德国战车的引擎是德国数以几十万计、大大小小的装备或精细制造领域拥有核心技术的隐形冠军。

---

① 刘冬建:《浅谈国有企业财务管理与核心竞争力》,《现代企业教育》2012 年第 1 期,第 85 页。

第二节 战略管理流程

战略管理是指对一个组织的未来方向制定决策和实施这些决策。战略管理过程(strategic management process)大体上可分为两个阶段、六个步骤(见图9—1)。以下,我们将对战略管理的流程步骤进行逐一的说明。

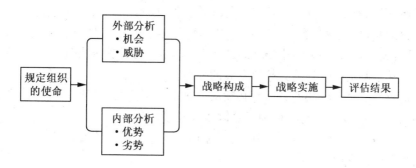

图 9—1 战略管理过程

一、规定组织的使命

企业使命是企业存在的宣言,自始至终影响着企业的发展方向和基本活动。彼得·德鲁克曾说:"一切工作源于使命并与使命密切相关","明确企业宗旨和使命是确定优先顺序、战略、计划和工作安排的基础"。一个组织的使命包括两个方面的内容:组织哲学和组织宗旨。

所谓组织哲学,是指组织为其经营活动方式所确立的价值观、信念和行为准则。国际商用机器公司(IBM)前董事长小托马斯·华森(Thomas J. Watson)论述了组织哲学的重要性,他说:"我的论点是,首先,我坚信任何组织为了生存并获得成功,必须树立一套正确的信念,作为它们一切方针和行动的前提。其次,我相信一个公司成功的最主要因素是其成员忠诚地坚持那些信念。最后,我认为如果一个组织在不断变动的世界中遇到挑战,它必须在整个寿命期内随时准备变革它的一切,唯有信念永远不变。"

所谓组织宗旨,是指规定组织去执行或打算执行的活动,以及现在的或期望的组织类型。明确的组织宗旨,有关键性的作用。没有具体的宗旨,要制定清晰的目标和战略实际上是不可能的。[①] 汤塞德(Robert Townsend)把艾维斯汽车租赁公司(Avis Rebt-A-Car)的宗旨表述为:"我们希望成为汽车租赁业中发展最快、利润最多的公司。"这一宗旨规定着艾维斯公司的经营业务,它排除了该公司开设汽车旅馆、航空线和旅行业务的考虑。当洛克菲勒(John D. Rockefeller)想出建立标准石油托拉斯的主意时,他的宗旨是要在炼油业中形成垄断,他不惜采用种种挤垮竞争对手的手段,从而在很大程度上实现了这一宗旨。

"使命"像一剂强力的黏合剂,能够在组织进行扩展、拆分、全球化、多样化的进程中将所有成员紧紧团结在一起。

确定组织当前的使命、目标和战略是战略管理的第一步,因而十分重要。组织确定了合适的战略愿景,才能确保今后战略管理过程的顺利进行。

---

① http://baike.baidu.com/view/4669360.htm.

二、外部分析

外部环境作为一种至关重要的外部力量约束着管理者的行动,是战略管理的关键步骤之一。组织环境在很大程度上影响着管理者的外部战略选择范围。管理者可以从外部环境中挖掘组织竞争等相关有用信息资源,在此基础上分析组织面临的机会与威胁。所谓"机会",是指外部环境的积极趋势;威胁则是指外部环境的负面趋势。

当然,每个组织根据自身的特点、具备的资源和发展阶段不同,即使是处于同一外部环境的组织,所面对的机会和威胁也并不绝对一致。海尔在美国建厂,是为了对抗美国的反倾销政策;格力到巴西设厂,是看中南美市场低廉的劳动力,并且靠近美国市场。管理者应该充分利用外部环境的优势制定符合环境大趋势发展的战略。

任何对企业的机会—威胁的分析都必须从了解企业所处的宏观环境开始。宏观环境包括能对企业的战略选择施加影响的种种背景因素。环境因素一般包括六个:技术变化、人口趋势、文化因素、经济形势、政治和法律环境及国际环境。这部分的详细内容我们已经在组织文化与环境一章中详细介绍过,这里不再赘述。

除了一般的宏观环境分析方法外,还存在另外一个重要的分析视角——产业结构分析。产业结构分析的经典模型是"结构—行为—绩效"(structure-conduct-performance,SCP)模型。该模型是由美国哈佛大学产业经济学权威贝恩(Bain)、谢勒(Scherer)等人建立的。SCP框架的基本含义是,行业结构决定企业在市场中的行为,而企业行为又决定市场运行在各个方面的经济绩效(见图9—2)。[1]

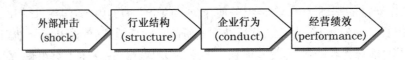

图9—2 SCP 分析模型

SCP 模型从特定行业结构、企业行为和经营绩效三个角度来分析外部冲击的影响。行业结构主要是指外部各种环境的变化对企业所在行业可能产生的影响,包括行业竞争的变化、产品需求的变化、细分市场的变化、营销模式的变化等。企业行为是指企业针对外部的冲击和行业结构的变化,有可能采取的应对措施,包括企业方面对相关业务单元的整合、业务的扩张与收缩、运营方式的转变、管理的变革等一系列变动。经营绩效是指在外部环境发生变化的情况下,企业在经营利润、产品成本、市场份额等方面的变化趋势。[2]

值得注意的是,缺乏吸引力的外部环境没有必要排除有利可图战略的发展,比如一个炸药制造商打算成为这个呈下降趋势的行业中的唯一幸存者,将继续跟踪那些需要炸药的目标客户;另一个比较典型的案例是农夫山泉在竞争激烈的饮用水市场上,通过准确的定位策略快速成长。应用 SCP 时要审慎定义客户所竞争的行业。

SCP 分析框架对行业的假设基本上是处于静态状态下的分析,而实际情况下大多要以动态的视角审视客户所处的行业。另外,运用 SCP 模型时一定要以事实为基础,并虚心向客户

---

① 根据 http://baike.baidu.com/view/820351.htm 修改整理。

② 苏东水:《产业经济学》(第三版),高等教育出版社 2012 年版,第 233～299 页。

方的行业专家请教,不可妄下定论。

三、内部分析

企业在充分考虑外部环境制约的同时,对组织内部环境的分析也不容忽视。内部分析提供了组织特有的资源和能力的重要内部信息资源。其中,组织资源(resource)是指组织的资产,包括金融资产、实物资产、无形资产,组织的这些资源为顾客开发、生产、提供产品和服务。能力(capabilities)是企业开展工作活动所需的各种技能。正如我们在企业核心竞争力中所论述的,能力是组织强有力的竞争手段。许多企业制定战略时不考虑自身发展状况,盲目跟风。例如,某零售企业口号提出"做到比沃尔玛还大",口号盲目且不切合实际。沃尔玛会留给其他企业这样的机会吗? 企业做多大规模,大多情况下受环境的约束,但是企业集中优势做强的主动权却在企业家自己的手里,就如《周易·乾卦》中的一句话"天行健,君子以自强不息"。通过外部环境的扫描,组织要审时度势、扬长避短,发挥自身优势来自强不息,这才是企业制定战略的明智之举。我们一起考察亚马逊是如何根据自身内部优势制定适合的竞争战略的。那就是四个字"新、速、实、简"。

"新"是指服务功能随着科技进步而不断更新。传统书店靠的是门市的店员,但是在亚马逊,最多的是软件工程师。这些工程师不断地研发创新出服务于客户的软件,更好地为客户服务。

"速"是指信誉来自流程的速度。其一,搜寻时的快速。虽然没有传统书店的现场感,但货比三家、十家甚至百家的机会都变得更为容易。其二,送货时间。亚马逊的送货时间是其广受好评的重要原因之一,亚马逊书店对于订货到达的时间有一个恒等式:找到订货商品的时间+装运时间=所需的送货时间。

"实"是指实惠的折扣价格。少了中间商抽成,促使亚马逊销售的书籍或其他商品的价格平实许多。所有的精装书享有30%的折扣,所有的平装书也享有20%的优惠。以实惠价格建立竞争力,并回馈顾客,始终是贝佐斯的重要经营策略。

"简"是指"一点就通"的功能服务。一点就通的设计,使得任何人只要在亚马逊网络书店买过一次商品,亚马逊就会记住购物者的相关资料,下次再购买时,只需用鼠标点一下欲购之物,网络系统就会帮你完成之后的手续。简单的设计当然造成了消费的便利,间接刺激了业绩的增进。

亚马逊公司的成功,关键在于充分利用自身优势,出其不意进入行业,扩展市场份额,提升传统书店的价值,而不是为了竞争分食传统书店的部分业务。

当然,内部分析的工具有很多,代表性的模型为资源能力学派提出的 VIRO 框架。VIRO框架以资源异质性和资源不可流动性为前提,审视了企业的四个问题:价值问题(value)、可模仿性问题(imitability)、稀缺问题(rarity)和组织问题(organization)。这种框架有利于分析种种不同资源和能源的企业能力,并按对企业竞争优势的可能贡献排序。这样,就能较好地把握企业内部的优势和劣势,使战略的制定与实施更具科学性。

四、SWOT 分析方法

SWOT 分析(SWOT Analysis)模型,即态势分析法,指一种综合考虑企业内部条件和外部环境的各种因素,进行系统评价,从而选择最佳经营战略的方法。① 它是 20 世纪 80 年代初由美国旧金山大学的管理学教授韦里克提出的。其中,S 代表企业内部优势(strength),W 代表企业内部劣势(weakness),O 代表企业外部机会(opportunity),T 代表企业外部威胁(threat),其中,S、W 是内部因素,O、T 是外部因素。按照企业竞争战略的完整概念,战略应是一个企业"能够做的"(即组织的强项和弱项)与"可能做的"(即环境的机会和威胁)之间的有机组合。

SWOT 分析法

第一,了解与您企业有关的外在环境因素

S:优势

1. 擅长什么? 2.组织有什么新技术? 3.能做什么别人做不到的? 4.和别人有什么不同? 5.顾客为什么来? 6.最近因何成功?

第二,了解您企业本身的内在环境因素

W:劣势

1. 什么做不来? 2.缺乏什么技术? 3.别人有什么比我们好? 4.不能够满足何种顾客? 5.最近因何失败?

第三,指出您的企业应该走向何处

O:机会

1. 市场中有什么适合我们的机会? 2. 可以学什么技术? 3. 可以提供什么新的技术/服务? 4. 可以吸引什么样的新顾客? 5. 怎样可以与众不同? 6. 组织在 5～10 年内的发展如何?

第四,指出您的企业能向何处发展

T:威胁

1. 市场最近有什么改变? 2.竞争者最近在做什么? 3.是否赶不上顾客需求的改变? 4.环境改变是否会伤害企业? 5.是否有什么事可能会威胁到企业的生存?

资料来源:http://baike.baidu.com/view/322768.htm。

SWOT 分析有四种不同类型的组合,即优势—机会(SO)组合、弱点—机会(WO)组合、优势—威胁(ST)组合和弱点—威胁(WT)组合,如图 9—3 所示。

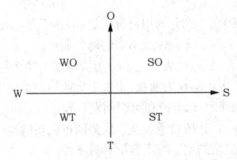

资料来源:马兰:《基于 SWOT 矩阵分析的科技期刊可持续发展战略研究》,《中国科技期刊研究》2006 年第 4 期,第 640 页。

图 9—3 SWOT 分析的四种组合

---

① 张沁园:《SWOT 分析法在战略管理中的应用》,《企业改革与管理》2006 年第 2 期,第 62 页。

优势—机会(SO)组合是一种发展企业内部优势与利用外部机会的战略,是一种理想的战略模式。当企业具有特定方面的优势,而外部环境又为发挥这种优势提供有利机会时,可以采取该战略。

弱点—机会(WO)组合是利用外部机会来弥补内部弱点,使企业改劣势而获取优势的战略。例如,若企业弱点是原材料供应不足和生产能力不够,从成本角度看,前者会导致开工不足、生产能力闲置、单位成本上升,而加班加点会导致一些附加费用。在产品市场前景看好的前提下,企业可利用供应商扩大规模、新技术设备降价、竞争对手财务危机等机会,实现纵向整合战略,重构企业价值链,以保证原材料供应,同时可考虑购置生产线来克服生产能力不足及设备老化等缺点。通过克服这些弱点,企业可以进一步利用各种外部机会,降低成本,取得成本优势,最终赢得竞争优势。

优势—威胁(ST)组合是指企业利用自身优势,回避或减轻外部威胁所造成的影响。企业可采取多元化渠道融资,增强企业抗风险能力;改革人事制度吸引优秀人才,提升自身优势的同时回避外部威胁的影响。

弱点—威胁(WT)组合是一种旨在减少内部弱点、回避外部环境威胁的防御性技术。当企业在成本方面难以有大作为时,将迫使企业采取目标聚集战略或差异化战略,以回避成本方面的劣势,并回避成本原因带来的威胁。[①]

SWOT分析运用于企业成本战略分析可发挥企业优势,利用机会克服弱点,回避风险,获取或维护成本优势,将企业成本控制战略建立在对内外部因素分析及对竞争态势的判断等基础上。而若要充分认识企业的优势、机会、弱点及正在面临或即将面临的风险,价值链分析和标杆分析等均为其提供方法与途径。

五、战略构成

战略的制定以达成组织的目标为根本前提,管理者需要什么类型的战略?我们先来看组织的结构层次。组织按照业务性质和业务范围的不同,可以分为三个层次(见图9—4),即公司层次、业务层次和职能层次。处于结构顶层的管理者制定公司层战略,中层管理者负责业务战略的制定,底层管理者则更关注职能层战略。我们会在下节中详细分析。

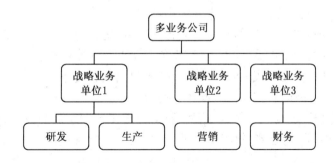

图9—4 组织战略的层次

---

① 根据 http://wenku.baidu.com/view/d7743co9bb68a98271fefa89.html 修改。

六、战略实施

企业的战略方案确定后,必须通过具体化的实际行动,才能实现战略及战略目标。战略实施是自上而下的动态管理过程。一般来说,可从以下三个方面来推进一个战略的实施:

其一,制定职能策略,如生产策略、研究与开发策略、市场营销策略、财务策略等。在这些职能策略中,要能够体现出策略推出步骤、采取的措施、项目以及大体的时间安排等。

其二,对企业的组织机构进行构建,以使构造出的机构能够适应所采取的战略,为战略实施提供一个有利的环境。

其三,要使领导者的素质及能力与所执行的战略相匹配,即挑选合适的企业高层管理者来贯彻既定的战略方案。在战略的具体化和实施过程中,要对实施进行控制。这就是说,将经过信息反馈回来的实际成效与预定的战略目标进行比较,如二者有显著的偏差,就应当采取有效的措施进行纠正。当由于原来分析不周、判断有误,或是环境发生了预想不到的变化而引起偏差时,甚至可能会重新审视环境,制订新的战略方案,进行新一轮的战略管理过程。

七、战略执行与集团管控

企业战略正确不一定保证其取得成功,而成功的企业一定具备了正确的战略和卓越的战略执行力。企业提升战略执行力的过程就是企业正确处理战略执行与战略制定、组织结构、企业文化和信息沟通之间的关系。[①] 中国集团型企业可以围绕目标与责任、执行愿力、执行能力三大要素提升集团战略执行力,涉及四大管理模块的变革设计,这四大模块包括:(1)平衡计分卡战略规划;(2)集团管控模式选择;(3)管控流程制度与组织架构设计;(4)集团人力资源与企业文化管控设计。

(1)平衡计分卡战略管理系统主要通过图、卡、表体系来实现集团战略,把以往务虚的战略口号转化为具体的战略行动计划。一些集团在战略规划实践中还利用简单、直观的图、卡、表推行集团战略的可视化管理,进而改造战略管理部,把整个集团打造成真正的战略中心组织。运用平衡计分卡体系规划集团战略是集团管控变革的前奏,完成规划后则要对集团管控模式进行设计,设计过程中需要考虑产权关系、战略业务相关性、战略资源整合、集团企业文化、母子公司发展成熟度、行业特点等多方面因素的影响。

(2)企业集团管理层级较多,规模大,涉及行业广,情况相对复杂,在实际运行中容易导致内部沟通效率和资源利用率不足的"巨人症"现象。所谓企业集团管控模式,是指集团对下属企业基于集分权程度不同而形成的管控策略。按照集分权程度不同,企业集团管控模式可以划分为"财务管控型"、"战略管控型"和"操作管控型"。[②]

(3)集团管控流程制度与组织架构主要涉及治理与非治理层面的设计,如集团品牌管控、集团财务管控、集团国际化管控、集团供应链管控、集团风险管控流程与制度等多方面内容。对于上市公司而言,还需要将这些与中国萨班斯法案——《企业内部控制基本规范》融合,基于规范来设计管控运作体系。

(4)集团人力资源与企业文化管控本身是管控运作体系的一个构成,但其本身也构成了运作体系执行的基石,因此,我们将其独立地作为一个咨询模块提出。与平衡计分卡四个维度模

① 沈磊:《打造战略执行力》,《企业研究》2004 年第 7 期,第 32 页。

② 张宝伟、寇小玲、屠东兵:《企业集团管控模式研究》,《全国商情·经济理论研究》2008 年 B07 期,第 58 页。

型一样,集团人力资源与企业文化状况直接影响和支持集团流程与组织架构运作效果。

企业不缺乏伟大的战略,缺乏的是有效的战略执行。通常战略本身无所谓对错与优劣,关键是企业是否具备执行战略的能力。

八、评估战略

战略管理的最后一个步骤是评估,它也贯穿于战略管理的全过程,大体上我们把战略评估概括为战略分析评估、战略选择评估和战略绩效评估三个环节。[①] 为了确保组织计划的动态适应性,管理者需要对战略实行的各个环节进行有效性评估,做出必要的改革和调整。我们将在控制一章中做详细的介绍。

第三节　组织战略类型

《易经》的智慧

《易经》是最神秘、最玄的哲学,连三十六计都是在易经基础上演绎的结果。《易经》的很多思想跟战略管理存在逻辑的一致性。

历史上的张良、诸葛亮、刘伯温等这些著名的战略家都精通《易经》,并利用《易经》的智慧"运筹帷幄,决胜千里"。伟大领袖毛泽东的战略思想,实也暗含着易学规律之道。海尔、微软、格力、可口可乐、丰田、福特、万科、蒙牛、三鹿、秦池、巨人、爱多等知名企业的或成或败,或兴或衰,是否被规律牵引着步伐与结局呢?纵观成败兴衰的企业,顺应规律的企业一定是成功的;违背规律的企业一定是失败的!

易学规律,犹如一个大火炉,可以熔化世界上任何领域的知识。西方的经营学思想,在东方智慧面前,能够得到更好的应用,发挥更高的效率。西方的经营学思想,可以看作为"工具";易学战略思想,可以看作对工具的"驾驭"。面对21世纪环境、资源和文化的冲突,企业家、职业经理人、管理学家、经济学家、政治家们都开始认真反思传统经营方式、竞争手段和发展管理模式所面临的各种矛盾和挑战,纷纷探索和研究新的管理工具和管理模式,在反思传统、走向自然、文化回归的思潮下,国学再次成为社会关注的热点,人们希望从中华民族文化传承中破解迷思、汲取灵感、反哺修炼、追求超越。

资料来源:根据谭小芳的易经管理培训课程资料整理。

一、公司层战略(corporate-level strategy)

迈克尔·古德、马克斯·亚历山大和安德鲁·坎贝尔所著的《公司层战略》一书中所隐含的最基本、最精确和最现实的含义是:大多数的大公司现在都是那些经营多种业务的组织。公司凭借自身无与伦比的规模,使它的不同的商业活动都能够获得经济规模和协同优势。这种论断被人们广泛接受的时候,古德等人的研究却表明,这种论断在现实生活中是根本站不住脚的。因为超过半数的多种经营公司的整体价值要小于各部分价值之和。这不是在增加和培育企业价值,而是对企业价值产生了负面影响。多种经营使得企业耗资巨大、涉足广泛,虽然有

---

① 王颖、殷筱琴:《战略评估初探》,《管理科学文摘》2004年第10期,第26页。

利于提高企业知名度，但却不利于提高生产。

根据对 15 家较为成功的多种经营企业的详细分析，古德提出了制定成功公司战略的三项基本要求。第一，他们必须清楚地意识到母公司所起的作用。如果母公司并不知道如何增加价值，以及在哪里增加价值的话，它根本不可能获得成功。第二，母公司必须拥有引人注目的个性。在它们身上可以看到企业文化和企业个性。第三，必须认识到，"每一个母公司只有在特定的商业领域内才能有效发挥"——这被称为"心脏地带"。

"心脏地带"商业活动明显有别于核心业务。古德等人认为，尽管核心业务在公司内显得最为重要和稳固，但母公司不大可能过分增加它的分量。"核心业务通常指公司决定全力以赴做下去的业务。与此相反，心脏地带的定义集中在母公司与业务匹配上：母公司的洞察力和做法是否符合该业务的时机、是否符合该业务的特性，母公司是否拥有独特的才能去帮助扶持业务的发展。"

公司层次的战略被古德等人视为"双亲优势"所推动，这种优势是"通过业务组合，创造出比任何竞争对手所能达到的更多价值"。目前，比较一致的看法是公司层战略框架包括总战略框架和公司业务组合矩阵。以下我们分别介绍。

（一）总战略框架

1. 稳定性战略（stability strategy）

又称防御战略。它的特征是很少发生重大的变化，这种战略包括持续地向同类型的顾客提供同样的产品和服务，维持市场份额，并保持组织一贯的投资报酬率水平。判定一个组织是否实行稳定性战略不是件容易的事，需从企业外部环境和内部实力两个方面进行衡量。当外部环境稳定、企业资源较为充足、行业市场需求旺盛的情况下，企业适宜发展稳定性战略。

2. 增长战略（growth strategy）

这个战略意味着提高组织经营的层次，伴随一些通行的衡量标准，如更高的销售额、更多的雇员和更大的市场份额。增长可以通过直接扩张、合并同类企业或多元化经营的方式实现。例如，沃尔玛、麦当劳是以直接扩张的方式追求增长。当然，另外有些公司采用合并的方式增长。[①]

3. 收缩战略（retrenchment strategy）

又称退却战略。它的特征为减小经营规模或缩小多元化经营的范围。企业采取收缩战略往往动机不同，但根本目的是挺过难关后转向其他的战略选择。现在有不少企业实行收缩战略，其中包括一些美国著名的大公司，如通用动力公司、美孚石油公司（Mobil Oil）、伊斯特曼柯达公司、大通曼哈顿银行，以及联合碳化公司（Union Carbide）等。

4. 组合型战略（combination strategy）

又称混合战略。它是指在一定条件下同时采用两种或两种以上的纯战略以寻求更高的绩效水平。[②] 即公司的某种事业可能实行增长战略而另一种事业可能实行转包战略。例如 1992 年春季，通用汽车公司迅速扩展它的电子数据系统分公司（Electronic Data Systems），而大幅度削减它的美国国内汽车制造业务。

（二）公司业务组合矩阵

制定公司层战略的另一种方法是公司业务组合矩阵。该方法是由波士顿咨询集团（Boston Consulting Group，BCG）于 20 世纪 70 年代初期开发的，也称为 BCG 矩阵。波士顿矩阵在

---

① 智库百科：http://wiki.mbalib.com/wiki/，"公司层战略框架"。
② 程露悬：《低成本与差异化组合战略实施研究》，《中国商界（上半月）》2010 年第 6 期。

指导企业战略决策时,其目标是保证企业的长期竞争力和赢利能力。BCG 矩阵将组织的每一个战略事业单位标在一个二维的矩阵上。BCG 矩阵如图 9－5 所示,其中横轴代表市场占有份额,纵轴表示预计的市场增长率。BCG 矩阵区分出四种业务组合。

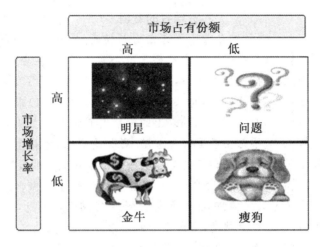

图 9－5　BCG 矩阵

(1)问题儿童(问题产品、problem child),也称为野猫(wildcat)或问号(question marks),这是属于高度成长、低占有率的产品。企业管理当局应该仔细考虑,是否要花费更多的资金来提高市场占有率。

(2)明日之星(明星产品、stars),这是属于高度成长、高占有率的产品。由于成长快速,因此,通常厂商现阶段不但不能从中获取大量的现金,反而还需要投入资金,强化宣传与产品推广,以在未来获取更多、更长远的利益,它是四种产品中的"潜力股"。

(3)摇钱树(金牛产品、cash cows),这是属于低度成长、高占有率的产品。由于竞争已经趋于稳定,它可以产生大量的现金,以供厂商发展新产品,并培养逐渐生成的明日之星,可以说是厂商的"金库"。但要注意的是,企业不要一味迷信金牛产品,为追求大量现金,放弃对其他产品的关注。

(4)落水狗(瘦狗产品、dogs),也称为现金陷阱,这是属于低度成长、低占有率的产品。它或许还能自给自足,甚或对利润仍有贡献,但行销人员必须认清真相,不要因为感情因素,而将资金继续浪费在没有"明天"的产品上。当然并不是所有瘦狗类产品都没有"明天",行销人员要实际问题实际分析,不可片面判断。

管理者应当从现金牛身上挤出尽可能多的"奶"来,把现金牛业务的新投资限制在最必要的水平上,投资于明星业务,对明星业务的大量投资将获得高额红利。当然,当明星业务的市场饱和及增长率下降时,它们最终会转变为现金牛。最难做出的是关于问号业务的决策,其中一些应当出售,另一些有可能转成明星业务。但是,问号业务是有风险的,管理者应当限制投机性业务的数量。对于瘦狗业务,不存在战略问题——这些业务所得的现金可以用来收购或资助某些问号业务。①

_____

①　智库百科:http://wiki. mbalib. com,"公司层战略框架"。

二、业务层战略(business-level strategy)

管理者的窘境

每年一次的全球最受尊敬的企业家评选之所以权威,是因为这个评选是由全球近千家著名大企业的 CEO 们投票决定的。大家都是做企业的高手,在企业界这个大圈子里,谁的业绩如何,通过什么手段做出好业绩,彼此之间是非常清楚明了的,谁也骗不了谁。

韦尔奇当选为全球第一 CEO 时,总共有 900 多家企业的 CEO 参与了评选活动。在评选标准方面,900 多个 CEO 中,有 40% 以上的投票人把业务战略作为评选第一标准。

世界经济从本质上讲,不是由各国政府首脑、财长决定的,而是由近千家大型跨国公司决定的。而这些企业的 CEO 们却把业务战略看作是企业成败的最关键因素。

业务战略之所以被全球商业领袖们看重,是因为:第一,企业做什么、怎么做,均由业务战略决定。而企业的组织结构、市场竞争战略,也都发轫于业务战略。企业的业绩是由许多内外因素决定的,夏天气温越高,空调企业的业绩通常就越好;冬天持续时间越长,气温越低,取暖器材的销售就越好。但是,一个企业的长期持续增长,却不是由外部的偶然因素决定的,而是取决于企业内部因素——那就是企业的业务战略。第二,企业的业务战略制定,不可能有现成的书本知识照搬,在经营现实中,始终面临着多种选择,哪一种选择都可能是一个无形的陷阱。取舍之间,尤其考验决策人的智力和意志力。

资料来源:世界经纪人网站,根据 http://www.ceconlinebbs.com/FORUM_POST_900001_900055_979996_0.HTM 的资料进行整理。

企业业务战略是指把企业拥有的一切资产通过剥离、出售、转让、兼并、收购等方式进行有效的运营,以实现最大的资本增值。业务战略强调了各单位在各自产业领域中的生存、竞争与发展之道。如何整合资源、创造价值,以满足顾客,是业务战略关心的重点。在进行业务战略制定时,可以分别从以下六个方面来构思企业的业务战略:产品线广度与特色、目标市场的细分方式与选择、垂直整合程度的取决、相对规模与规模经济、竞争优势。[①]

（一）产品线广度与特色

产品线最佳的长度可为企业带来利润最大化。因此,产品线的广度与特色,是描述企业业务战略的首要项目。旁氏公司曾用持续性产品延伸战,击败垂诞美国"意大利面酱"的市场竞争者。

（二）目标市场的细分方式与选择

消费者对产品需求的差异性是市场细分的内在依据。当然一个细分市场要具备适当的发展潜力,即具有经济效益的市场容量,从而准确定位目标市场。企业可以针对这种目标市场,充分发挥自身有限的人力、财力、物力和技术优势,获得最佳的经营业绩。[②]

业务战略的制定要着重关注下列问题:如何界定和选择其目标市场? 这一细分方式有何战略上的意义? 目标市场中的顾客在购买行为和需求特性方面是否与本业务的产品线广度与

---

① 余菲菲、张阳:《协同演化视角下公司战略与业务战略的互动研究》,《科学学与科学技术管理》2008 年第 10 期,第 159～162 页。

② 徐凤琴、乔忠:《企业市场细分方法及目标市场的确定》,《科技与管理》2004 年第 3 期,第 26 页。

特色相配合？所选定的目标市场将来成长潜力如何？

（三）垂直整合程度的取决

垂直整合往往被认为是一项战略选择。垂直整合是对公司投入和产出进行提高或降低的控制方法的描述。在由上游和下游企业组成的相继产业链中，上下游厂商通过垂直整合可降低产品成本，增加利润。除此之外，垂直整合使企业更容易得到生产技术方面的信息，促使企业在新产品方面投资。决定垂直整合程度时，必须先了解产业上下游共有哪些流程与阶段，才能深入分析而有所取舍。天语手机通过"垂直整合"战略，占据行业市场优势地位，并得到了整个产业链和消费者的认可。

（四）相对规模与规模经济

规模经济是随着经营规模的扩大而带来的效益，表现在产能的充分利用、采购方面的谈判力、全国性广告的运用，以及人员训练与研究发展等方面。

要描述"相对规模与规模经济"，必须要先仔细思考并回答以下问题，企业现在是以大规模还是中小规模的方式来竞争？就本产业的特性来说，本业务的规模水准已经能发挥哪些规模经济上的效益？还不能发挥哪些规模经济上的效益？

例如，在投资新业务时先想清楚，这一产业的规模要求或门槛是多少，本身的资源与战略雄心是否能符合产业规模的要求。而即使是产业中的老将，当面对产业环境剧烈变化时，也应深入检讨自己在规模方面的地位与决策。

（五）竞争优势①

战略制定者希望创造出自身独有的竞争优势。例如，品牌知名度和渠道的掌握，生产效率和低成本的资金来源，或技术的独创与领先。但这些战略上的竞争优势，有时彼此并非互相独立，而是互相支援、互相呼应、互相配合的。

有些竞争优势是由业务的战略形态形成的。例如，"产品品质特别好"、"产品种类比别人多"、"交货迅速"等优势，是与"产品线广度与特色"有关的；"最忠诚的客户"、"最好的经销商"是与"目标市场选择"有关的优势。然而，有些竞争优势则是由所谓的"非战略形态因素"所造成。例如，有些企业的竞争优势来自其他业务单位或关系企业所提供的协同效应或关系；有些则是因为当初投资得早所创造的时机因素或"先进入者优势"等等。协同效应、关系、时机、独占力、财力、能力、信息科技的运用等，都是竞争优势来源。

第四节 战略联盟

苹果公司与 AT&T 之间的联盟

国外媒体报道，AT&T 宣称将直接向企业用户出售苹果公司的 iPad，以便提高企业对这款平板电脑的使用率。AT&T 还说，iPad 在企业中的需求已经比较强烈，现在他们要主动扩大 iPad 的使用率。此项计划将从 10 月 28 日开始。届时 Verizon 和 AT&T 也会在各自的零售商店中出售 iPad。声明中显示 AT&T 将出售三种风格的 iPad，并发布具有吸引力的后付费移动宽带资费计划。

---

① 根据智库百科：http://wiki.mbalib.com，"公司层战略框架"资料修改。

一、什么是战略联盟

战略联盟(strategic alliance)的概念最早是由美国 DEC 公司总裁简·霍普兰德(J. Hopland)和管理学家罗杰·奈格尔(R. Nigel)提出的。战略联盟是指由两个或两个以上有着对等经营实力的企业,为达到共同拥有市场、共同使用资源等战略目标,通过各种协议、契约而结成的优势互补或优势相长、风险共担、生产要素水平式双向或多向流动的一种松散的合作模式。战略联盟多为自发的、非强制的,联盟各方仍旧保持着原有企业的经营独立性。[①]

二、战略联盟的动因

(一)直接动因

1. 提升企业的竞争力

企业很难长期拥有所生产产品的全部最新技术,单纯依靠自身的能力很难掌握竞争的主动权。为此,大多数企业最大限度地获取外部资源,通过创造条件以实现内外资源的优势;借助与联盟内企业的合作,相互传递技术,加快研究与开发的进程,获取本企业缺乏的信息和知识,并带来不同企业文化的协同创造效应。战略联盟与传统的全球一体化内部生产战略和金字塔式管理组织相比,除了具有更为活跃的创新机制和更经济的创新成本外,还能照顾到不同国家、地区、社会团体甚至单个消费者的偏好和差异性,有利于开辟新市场或进入新行业,因而具有更强的竞争力。

2. 分担风险,获得规模或范围经济

任何一个企业研究和开发一项新产品、新技术常常要受到自身能力、信息不完全、消费者态度等因素的制约,需要付出很高的代价,具有很高的风险。在这种情况下,企业自然要从技术自给转向技术合作,通过建立战略联盟、扩大信息传递的密度与速度,从而降低风险。与此同时,市场和技术的全球化,提出了多个行业进行全球生产的要求,以实现最大的规模和范围经济,从而能在以单位成本为基础的全球竞争中赢得优势。建立战略联盟是实现规模经营并产生范围经济效果的重要途径。

3. 防止低成本的过度竞争

战略联盟是以低成本途径克服新市场进入壁垒的。20 世纪 80 年代中期,摩托罗拉进入日本的移动电话市场,由于日本市场存在大量正式、非正式的贸易壁垒,使得摩托罗拉公司举步维艰。到 1987 年,它与东芝结盟,借助东芝提供的市场营销帮助,最终获准进入日本的移动通信市场,成功地克服了日本市场的进入壁垒。与此类似,日本的几家规模较小的汽车公司——马自达、铃木和五十铃在进入美国市场时,都采取了与美国汽车企业联营的办法低成本地克服了进入壁垒。企业通过建立战略联盟,加强企业间的合作,可以理顺市场,共同维护竞争秩序。

4. 挑战"大企业病"

单个企业为了尽可能克服外部环境因素的影响,通常致力于企业内部边界的延伸,从而出现组织膨胀带来内耗过大的"大企业病"现象。由于企业规模的扩大、管理层次的增加、协调成本上升,正使得一些大企业的行政效率低下、企业决策缓慢,难以应对瞬息万变的市场。而战略联盟的经济性在于企业对自身资源配置机制的战略性革新,因而可以避免带来企业组织的

[①] 秦斌:《企业间的战略联盟:理论与演变》,《财经问题研究》1998 年第 3 期,第 9 页。

过大及僵化,使企业保持灵活的经营机制并与迅速发展的技术和市场同步。

（二）间接动因①

1. 组织学习理论的联盟动因解释

该理论从组织学习的角度出发,强调企业学习能力与动态竞争优势的紧密相关性。企业通过学习不断提高,从而达到增强企业竞争优势、改善企业整体经营效率的目标。

组织学习理论认为,战略联盟是组织学习的一种重要方式,其核心在于学习联盟伙伴的经验性知识。由于企业在技术创新中持久的竞争优势更多的是建立在企业拥有的经验性知识基础之上,而经验性知识存在于组织程序与文化中,其转移是一个复杂的学习过程。联盟则是解决经验性知识转移的有效途径。通过缔结战略联盟,创造一个便于知识分享、移动的宽松环境,采取人员交流、技术分享、访问参观联盟伙伴的设施、增强联盟各方的联系频率等办法,可以使经验性知识有效地移植到联盟各方,进而扩充乃至更新企业的核心能力,真正达到企业间合作的目的。

2. 基于资源基础观（RBV）的联盟动因解释

基于资源的战略管理理论兴起于1989年,以维纳菲尔特、格兰特、巴尔奈等人为代表。格兰特等人把企业资源分为财务资源、物化资源、技术资源、创新资源、商誉资源、人力资源和组织资源。除了资金和原材料等属于对所有企业有着同等意义的同质资源外,其他资源因含有活性因素如知识、经验、技能、判断力、适应力等使每一种资源都富于变化而呈现千差万别的形态,基本上属于异质性资源。然而,异质性资源的动态性和维系持久竞争优势的要求使得企业必须不断利用外部渠道,扩充企业所需的稀缺资源。战略联盟正是实现这一目标的有效途径。

国际企业通过与具有互补性资源的公司建立伙伴关系,可以充分利用企业组织外部的"共享"要素,发挥各自异质技术优势和管理经验,有效克服资源位障碍,从而形成一种新的国际竞争优势和新的利益源泉。

3. 战略缺口假说的联盟动因解释

泰吉（Tyebjee）和奥斯兰（Osland）提出了战略缺口假说。他们认为,国际企业战略联盟的发展是其对国际经济、技术及竞争环境变化的一种战略反应,是国际总体竞争环境变化的产物。战略缺口在不同程度上限制了国际企业走一切依靠自身资源和能力自我发展的道路,在客观上要求它们走合作的道路。因此,战略缺口是推动国际企业在全球竞争中结成战略联盟的重要动力。企业的战略缺口越大,参与战略联盟的动力就越强。

4. 价值链理论的联盟动因解释

企业是一个综合设计、生产、销售、运送和管理等活动的集合体,其创造价值的过程可分解为一系列互不相同但又相互关联的增值活动,这些活动的总和即构成"价值系统"。其中,每一项经营管理活动就是这一"价值系统"中的"价值链"。企业的价值系统具体包括供应商价值链、生产单位价值链、销售渠道价值链和买方价值链等。

价值链各环节之间相互联系、相互影响,一个环节的运行质量直接影响到其他环节的成本和效益。各环节对其他环节的影响程度与其在价值链上的位置有很大的关系。为达到双赢的协同效应,企业彼此在各自的关键成功因素——价值链的优势环节上展开合作,可以求得整体收益的最大化,这是企业建立战略联盟的原动力。

5. 网络理论的联盟动因解释

————————————

①　孟卫东、张卫国、龙勇编著:《战略管理——创建持续竞争优势》,科学出版社2004年版,第1～30页。

网络理论认为,具有网络型组织的企业,对于增强企业组织的活力和形成企业之间的价值连锁起着很大的作用。网络结构在协作群体企业的共同防御和相互配合中发挥重要作用。网络组织既有利于提高各成员企业的自律性,又有利于在相互协调、共同运作的基础上促进彼此的交流,从而不断提高企业对环境、技术和市场急剧变化的适应能力。

战略联盟是连接市场与企业的中介,发挥着"组织化市场"的功能,因而较好地体现了信息化时代把市场竞争与组织管理关联一体、综合运作的要求。传统的市场机制往往根据竞争者之间的相互关系分配资源,而传统的组织则是根据企业组织管理的目标来配置资源,两者都不能使资源的获取成本降至最低。

三、战略联盟的优势

通过战略联盟方式获取企业竞争优势是现代企业发展的重要手段。战略联盟逐渐被越来越多的企业采用,以调整或重组企业业务,进一步优化资源配置,提升企业竞争力。战略联盟成功的四大关键在于:订立联盟策略;选择合适对象;建立联盟结构与管理制度;订立终止联盟计划。

战略联盟具有非常显著的优势,如快速性、互补性、低成本、成效大等,是一个相对比较容易实施的策略。当然,也有几点是需要把握的:第一,订立联盟策略,在合适的时候发现自己的企业在哪些方面缺乏竞争优势、在哪些方面有竞争优势,从而制定策略;第二,选择合作伙伴,合作伙伴的选择要适合本公司的情况,有时候并不是越大的伙伴越好,而是越适合自己的伙伴越好;第三,建立联盟结构与管理制度,同自己的战略联盟伙伴制定一个明确相互之间权利和义务的协定以及出现问题时的协商制度,这对于战略联盟合约的履行是至关重要的;第四,订立终止联盟计划,在开始的时候就应该考虑善始善终。

任何企业都有各自的长处和短处,不同的阶段、不同的时间、不同的地点,都应有自己的发展重点和不同的策略。企业要避免盲目的多元化的发展道路,因为非多元化的企业远比多元化的企业要多,即使在美国也是如此,如通用汽车、摩托罗拉、微软等。

四、战略联盟发展的启示

在信息经济时代,信息网络技术是实现企业战略联盟的重要技术支撑。目前,我国网络技术的发展和应用已达到一定规模和水平,但是企业对互联网的重要作用的认识还不到位,利用率较低,这显然不利于企业联盟的成长。企业管理技术创新的重点应放在电子商务、互联网等信息技术的发展与企业的生产、管理结合上,发挥这些技术在企业经营中的作用。近年来,我国企业之间已结成了一定数量的企业联盟,进一步规范这些联盟的内部运行机制,促进其健康发展,是进一步发展企业战略联盟的基础。

本章小结

1. 战略是一个计划,这个计划能够统合组织的目标和政策,并能使得组织上下一致付诸行动。战略管理理论是指对一个企业或组织在一定时期的全局的、长远的发展方向、目标、任务和政策,以及资源调配做出的决策和管理艺术。战略包括公司在完成具体目标时对不确定因素做出的一系列判断。战略管理是指企业确定其使命,根据组织外部环境和内部条件设定企业的战略目标,为保证目标的正确落实和实现进度谋划,并依靠企业内部能力将这种谋划和决策付诸实施,以及在实施过程中进行控制的一个动态管理过程。

2. 公司核心竞争力是企业内部集体学习的能力,尤其是关于如何协调不同的生产技能和整合多种技术的能力。与物质资本不同,公司的核心竞争力不仅不会在使用和共享中丧失,反而会在这一过程中不断成长。核心竞争力的基本特征主要体现在三个方面:第一,核心竞争力应反映客户长期最看重的价值,要对客户的核心利益有关键性的贡献;第二,核心竞争力必须具有独树一帜的能力,并且难以被竞争对手所模仿和替代;第三,核心竞争力应具有延展到更广泛市场领域的能力。

3. 战略管理流程的两个阶段、六个步骤:规定组织的使命、进行内外部分析、决定实现组织目标的战略属于战略规划阶段;而实施战略和监控战略则属于战略实施阶段。

4. SWOT 分析方法,即态势分析法,是一种企业战略分析方法。根据企业自身的既定内在条件进行分析,找出企业的优势、劣势及核心竞争力之所在。其中,S 代表企业内部优势(strength),W 代表企业内部劣势(weakness),O 代表企业外部机会(opportunity),T 代表企业外部威胁(threat),其中,S、W 是内部因素,O、T 是外部因素。

5. 公司层战略框架包括总战略框架和公司业务组合矩阵。总战略框架具体分为稳定性战略、增长战略、收缩战略、组合型战略。而公司业务组合矩阵代表为波士顿矩阵分析。

6. 战略联盟是指两个或两个以上有着对等经营实力的企业,为达到共同拥有市场、共同使用资源等战略目标,通过各种协议、契约而结成的优势互补或优势相长、风险共担、生产要素水平式双向或多向流动的一种松散的合作模式。

练 习 题

一、简答题

1. 解释效果和效率对管理的重要性。

2. 管理的主要职能是什么? 请简要描述。

3. 组织的三个基本特征是什么?

4. 你认为一名优秀的职业经理人应具备哪些素质?

5. 描述明茨伯格的 10 种管理角色。拜访一位管理者,并试着描述这位管理者在日常工作中所扮演的角色。

6. 描述管理的三种基本技能,你认为这些技能对今天的管理者重要吗?

7. 你认为在未来的发展中管理者的工作将会发生什么变化?

二、案例分析

亚马逊公司

1994 年初,互联网刚刚诞生不久,一位名叫杰夫·贝佐斯(Jeff P. Bezos)的 29 岁青年,注意到了互联网成长速率每年高达 2 300% 这一惊人的数据。贝佐斯用他那具有前瞻性的眼光看到了电子商务的无穷潜力,在脑中浮现了一幅美好的企业蓝图。他要建一个没有中间商抽头的书店,并利用电脑虚拟空间的概念,取代店面的租赁和摆设,而烦琐的进出货及盘点工作,则交由快捷的电脑软件处理,借此大量简化传统所需的人力及物力。

贝佐斯看到了基于互联网的电子商务的优势,在短短的 3~5 年时间使亚马逊公司由零起步成长为一个巨人,那么贝佐斯是怎样进入市场并在市场上依靠什么来挑战旧有市场上的传统企业的呢?

1. 以书作为主导商品的原则

相信数据的贝佐斯,在选择销售的产品时曾进行了详细调查,发现适合在网上销售的商品中,书籍市场的潜力最大。贝佐斯列出了网上销售潜力最大的前20名产品,然后钻研其中前5名,他在研究后列出了销售商品的潜力排序,书籍高居潜力排行的宝座,其余则是音乐、录像带、电脑硬件、电脑软件等。

选择书籍的第二个原因是书籍市场不像音乐市场那样遭到六家大型经销商的垄断。创业前的贝佐斯曾深入观察市场并进行研究,其重点着重在市场占有率的分布状态上。有着126年历史的百年老店——巴诺书店和拥有1 000多家分店的疆界书店分别只占了12%及10%的市场占有率,显然贝佐斯看见真正的书市霸主仍未产生,进入市场的门槛与竞争的压力就相对较轻。

2. 经营战略和竞争优势的选择

作为一个新的市场进入者,贝佐斯使用了什么样的竞争战略呢?亚马逊书店的销售是基于互联网络的销售,属于"无店铺营销",因此,贝佐斯无需考虑在全国设立书店,招聘店员进行培训,建立书库进行分销等,从而使亚马逊公司具有低租金、低库存、低员工数的"三低"特色,在运营成本上占据大大领先的优势。其次,通过直接向出版商进书,并直接销售给客户的方式,大大减少了书籍的中间流通环节,从而降低成本并可让利给消费者。创业伊始,贝佐斯就占据了成本领先的优势。

与此同时,贝佐斯还提出了别具一格的"新、速、实、简"竞争战略。

"新"是指服务功能随着科技进步而不断更新。贝佐斯将亚马逊书店定位为高科技产业,而不是流通产业。传统书店靠的是门市的店员,但是在亚马逊,最多的是软件工程师。这些工程师不断地研发创新出服务于客户的软件,更好地为客户服务。

"速"是指信誉来自流程的速度。人们可以从两方面看出亚马逊书店强调快速的特性。其一是搜寻时的快速。除了搜寻选项之外,顾客还可以同时浏览超过20种不同的主题,从而使得顾客节省了上网时间,加快了搜寻的速度。虽然没有传统书店的现场感,但货比三家、十家甚至百家的机会都变得更为容易。其二是送货时间。亚马逊的送货时间是其广受好评的重要原因之一,亚马逊书店对于订货到达的时间有一个恒等式:找到订货商品的时间+装运时间=所需的送货时间。

"实"是指实惠的折扣价格。亚马逊书店曾宣称是世界上最大的折扣业者,有高达30万种以上的书目可以享受购买折扣优惠。少了中间商抽成,使亚马逊销售的书籍或其他商品的价格平实许多。所有的精装书享有30%的折扣,所有的平装书也享有20%的优惠。以实惠价格建立竞争力,并回馈顾客,始终是贝佐斯的重要经营策略。

"简"是指"一点就通"的功能服务。一点就通的设计,使得任何人只要在亚马逊网络书店买过一次商品,亚马逊就会记住购物者的相关资料,下回再购买时,只需用鼠标点一下欲购之物,网络系统就会帮你完成之后的手续,包括消费者的收件资料,甚至刷卡付费也可由网络系统代劳。简单的设计当然造成了消费的便利,间接刺激了业绩的增进。

3. 与传统企业的竞争

贝佐斯知道,在面对实力高过自己一大截的巴诺书店和疆界书店面前,制胜之道唯有速度和不断地跳跃。只有利用网络的优势,才能达到成长的爆发力。挟其科技之便,使得订书、找书、送书的速度较传统书店不知快了几倍。

速度也同样表现在存货的周转率上,亚马逊成立以来退书率只有传统书店的 1/15,但存货的周转率却较传统书店快了好几倍。亚马逊公司的库存周转率一年高达 150 次,而传统的书店一年只不过三四次。

1997 年 5 月,巴诺书店也推出了 Barnes & Noble.com 网站迎战亚马逊,而且立即仿效折扣优惠的方式,给予有时高达 30% 的网上购书折扣。网站成立 10 个月后,巴诺公司的总裁在接受记者采访时指出:已经有 40% 以上的顾客是属于重复消费。

拥有 120 多年历史的巴诺书店,虽然是一家经验丰富的老字号公司,但是一上网仍是脆弱不堪。该公司接受传统商店式在职训练的行政人员,比起亚马逊那批以网络见长的人员,要花费更长的时间来了解网络商业的游戏规则。而上网之后,又欠缺建立网站与客户直接连接的能力,使得亚马逊在利用已建立的客户作为品牌工具方面的能力远较传统的广告占优势。亚马逊公司在网络书籍产业的占有率高达 75%。

4. 网络优势与传统经营方式的结合

贝佐斯非常清楚,亚马逊公司凭借资金以及积极的广告策略,才能在网络书籍市场上占有一席之地。许多网络公司轰轰烈烈地打响第一炮,随后即无以为继,从此湮没的比比皆是。亚马逊公司并不具备跟传统领先业者一样雄厚的资金,而且只在网上交易,更不可能借助传统书店的庞大分店网络来互相运用促销将书籍卖给顾客。

虽然亚马逊公司已经成为网络书店的龙头,但其一半的书籍是从传统书店购得的。全球书籍市场庞大,传统书店总会存在。网络书店的优势就在于能够给出版商和消费者提升传统书店的价值,而不是分食其部分业务。

亚马逊公司创业初期挟网络之优势,出其不意地进入这个行业,然而要想站稳脚跟并不断扩展市场份额,必须向传统经营方式靠拢。1999 年亚马逊在雷诺买下了自己的集散中心。效率提高了,但公司原先立足的成本控制竞争优势逐渐减弱。亚马逊公司从创立起就尽力摆脱中间层的环节,以便直接与出版商建立联系,但随着业务的不断扩大,亚马逊公司自己不得不扮演类似中间供应商的角色。为了容纳所有新库存书籍,亚马逊公司自 1999 年起开始建筑大型的仓库。随着仓库与集散中心的设立,管理成本也逐渐上升。现在亚马逊已经不再是一个地道的虚拟公司,也不是一个传统意义上的公司,而是一个介于两者之间的公司。在新经济时代,由于互联网的介入,新兴企业和传统企业在各自的运营轨道上渐渐地走到一起。

那么,随着网络技术的发展,像亚马逊这样的公司还能如此顺利地进入新的市场并快速占有一席之地吗?

案例思考题:

1. 亚马逊公司与传统书店在本质上有什么区别?

2. 从亚马逊公司的创业和发展过程,你如何评价以互联网为代表的新经济?

3. 亚马逊公司的竞争优势是什么?贝佐斯如何才能使亚马逊公司保持其竞争优势?

第十章

组织的结构与设计

学习目标

学完本章后,你应该能够:

1. 掌握组织与组织结构的定义。
2. 描述组织结构的六个关键要素。
3. 区分机械式组织与有机式组织。
4. 识别影响组织设计的四个权变因素。
5. 区分各种组织结构的优缺点。

要点概述

1. 组织结构的定义

组织及其目的;组织设计:工作专门化、部门化、指挥链、管理跨度、集权与分权和正规化。

2. 组织设计决策

机械式组织与有机式组织;权变因素:组织战略、规模、技术和环境不确定性。

3. 常见的组织设计

传统组织设计;现代组织设计:团队结构、矩阵型结构、无边界组织和虚拟组织。

案例导读

利兹夫妇在1971年建立了CMP出版公司。到1987年,他们公司出版的10种商业报纸和杂志都在各自的市场上占据了领先地位。更令人兴奋的是,它们所服务的市场(计算机、通信技术、商务旅行和健康保健)为公司的成长提供了充足的机会。

利兹夫妇最初为CMP设立的组织结构,将所有重大决策的权力都集中在他们手中,但到

1987 年他们越来越难照看好公司。比如,想要约见格里的人得早上 8 点就在他办公室外排队等候。员工们越来越难得到对日常问题的答复,而要求快速反应的重要决策经常被耽误。对于当初设计的组织结构来说,CMP 已经成长得太大了。

首先,他们将公司分解为可管理的单位(实质上是在公司内建立半自主的公司),并分别配备一名独立的经理掌管各单位。这些经理都被授予足够的权力去经营和扩展他们各自的分部。其次,利兹夫妇设立一个出版委员会负责监管这些分部。利兹夫妇和每个分部的经理都是该委员会的成员。分部经理向出版委员会汇报工作,出版委员会则负责确保所有的分部都能按 CMP 的总战略运作。

这些结构上的变革带来了明显的效果。CMP 现在总共出版 14 种刊物,年销售额达到近 2 亿美元。公司的收益持续地按管理当局设定的 30% 的年增长率目标不断地增加。

制订得很好的计划,常常因为管理人员没有适当的组织结构予以支持而落空。而在某一时期是合适的组织结构,可能过了一两年以后就不再合适。作为管理者,利兹夫妇努力制定有关组织结构和组织设计的决策,以提高组织的工作效率,事实也已经证明组织结构设计的重要性。特别是随着企业规模的扩大、工作量的增加,合适的组织结构设计更能帮助企业达成目标。本章我们将考察组织结构设计的作用、组织结构的构成要素,分析哪些权变因素影响组织的设计,介绍各种组织结构的优缺点以及当今组织设计面临的挑战。

第一节 组织结构的定义

刘先生于 1988 年亲自创办了一家以生产风衣为主的服装厂,1990 年在市场中占据了领先地位。更令人惊喜的是,它所针对的目标市场(各类服装,尤其是丰富多彩的休闲服装市场)为公司的进一步发展提供了充足的机会。公司的业务有了迅速的扩展,它开始不仅生产风衣,还生产销售 T 恤衫、牛仔裤、休闲装等。到了 1992 年,尽管有妻子、父母等亲戚的帮助,张先生却越来越感到力不从心。例如,每天忙于跟不同的人约谈业务。下属们也抱怨越来越难得到他对日常问题的答复,要求快速反应的重要决策经常被耽误。服装厂的产品品种繁多、工作琐碎,需要结构严谨、有约束机制的工作环境来提高工作的效率,单凭一个人处理所有决策和问题已经不能适应企业发展的需求。

上述例子说明了组织结构和组织活动对于完成企业目标的重要性。尽管服装厂的组织结构设计区别于出版公司,当今动态环境中的经营企业面临着设计出可以同时提高工作效率而又具备灵活性的组织结构的挑战。

一、组织结构的含义

哈罗德·孔茨指出,“为了使人们能为实现目标而有效地工作,就必须设计和维持一种职务结构,这就是组织管理职能的目的”。管理学意义上的静态组织(entity)是指按照一定目标和程序而组成的一种权责角色结构,动态组织(process)是为了实现组织目标对组织资源进行有效配置的过程。表 10—1 概括了组织在管理学上的静态意义和动态意义。

表 10—1   组织的管理学含义

静态（Entity）	动态（Process）
职权：赋予某职位的权力。 组织系统图	根据组织目标把各项要素和活动分类和归并 设计合理的组织结构 配备相应人员 进行分工、授权和协作

在了解组织工作的作用后，那么什么是组织结构（organizational structure）呢？所谓组织结构，就是组织内部对工作进行的正式安排。管理者在发展或变革一个组织的结构时，他们就开展组织设计（organizational design）工作。

二、组织设计的内容

组织设计的过程涉及六个方面的内容：工作专门化、部门化、指挥链、管理跨度、集权与分权、正规化。

（一）工作专门化

传统的观点认为个人专门从事某一部分的活动而不是全部的活动。它使不同工人持有的多样技能得到有效的利用。回顾第二章的内容，亚当·斯密在 19 世纪后期首先提出了劳动分工的思想，认为分工有利于提高员工的生产效率。现代观点认为，在某一点上，由于劳动分工所产生的非经济性会超过专业化分工的经济优势。

现在，我们用"工作专门化"（work specialization）来描述组织中的任务被划分为各项专门工作的程度。工作专门化指的是组织把工作任务划分成若干步骤来完成的细化程度，这是从纵向来对组织机构进行划分，其实质是：一个人不是承担一项工作的全部，而只是完成某一步骤或某一环节的工作。但是，由于工作专门化，人的非经济因素的影响（表现为厌烦情绪、疲劳感、压力感、低生产率、低质量、缺勤率上升、流动率上升等）超过了其经济性影响的优势。如果通过丰富员工的工作内容，允许他们做完整的工作，让他们加入到需要相互交换工作技能的团队中，他们的产出会大大提高，工作满意度也会增强。

（二）部门化

我国的大学基本设有学生处、教务处、后勤处、团委等部门。学生的住宿、食堂、学校环境管理通常由后勤处管理，学生的奖学金评比、思想辅导等工作基本由学生处负责，考试安排和成绩查询等服务可以咨询教务处，学校的各个部门互相协调，工作专门化分工后进行整合来满足学生和老师的正常工作和生活需求。以上简单的例子，就是部门化（departmentalization）在学校的运用，学生处、教务处和后勤处等实则是组织中的不同部门。部门是指组织中管理人员为完成规定的任务有权管辖的一个特定领域。部门化是将若干职位组合在一起的依据和方式。它是将组织中的活动按照一定的逻辑安排，划分为若干个管理位。部门划分的目的是确定组织中各项任务的分配及责任的归属，以求分工合理、职责分明，从而达到组织的目标。部门划分的标准可依据职能、产品、顾客、地区、人数、时间、过程、设备，以及销售渠道、工艺字母或数字等。这里介绍部门化的五种通用形式。[①]

1. 职能部门化（functional departmentalization）

职能部门化是我们经常会采用的一种划分方法。即按专业化原则，以工作或任务的性质

① MBA 智库百科：http://wiki.mbalib.com/，"部门化"。

为基础来划分部门。按重要程度,可分为基本的职能部门和派生的职能部门。基本的职能部门一般有生产部、工程部、质量部、销售部、财务部等。派生的职能部门,如生产部门中的设计科、工艺科、制造车间、生产计划科、设备动力科、安全科、调度室等。职能部门化的优点是有利于作业人员的归口管理,易于对他们进行监督和指导,有利于提高员工的工作效率;缺点是容易出现部门的本位主义,决策缓慢,管理较弱,较难检查责任与组织绩效。图 10—1 描述了组织按职能进行划分的结构。

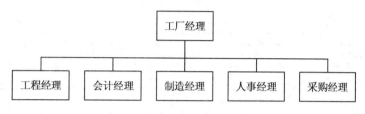

图 10—1　职能部门化的组织结构

2. 产品部门化(product departmentalization)

产品部门化是指以组织向社会提供的产品来划分部门。例如,家电企业可能会依据其产品类别划分出彩电部、空调部、冰箱部、洗衣机部等部门。产品部门化的优点是可提高决策的效率,便于本部门内更好地协作,易于保证产品的质量和进行核算;缺点是容易出现部门化倾向,行政管理人员过多,从而增加管理费用。图 10—2 描述了组织按产品进行划分的结构。

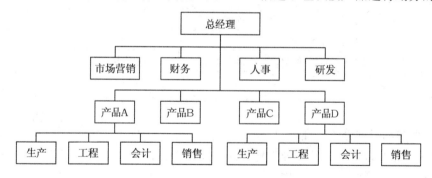

图 10—2　产品部门化的组织结构

3. 地区部门化(geographic departmentalization)

地区部门化是指按地理位置来划分部门。例如,跨国公司依照其经营地区划分的各个分公司。地区部门化的优点是对本地区环境的变化反应迅速灵敏,便于进行区域性的协调,有利于进行管理人员的培养;缺点是与总部之间的管理职责的划分比较困难。图 10—3 描述了组织按地区进行划分的结构。

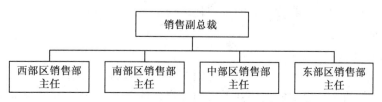

图 10—3　地区部门化的组织结构

4. 过程部门化(process departmentalization)

过程部门化是指按完成任务的过程所经过的阶段来划分部门。例如,机械制造企业划分出铸工车间、锻工车间、机加工车间、装配车间等部门。过程部门化的优点是能取得经济优势,充分利用专业技术和技能,简化相关培训;缺点是部门间的协作比较困难。图10—4描述了组织按过程进行划分的结构。

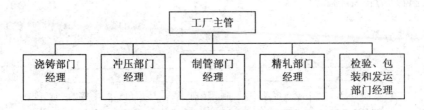

图10—4 过程部门化的组织结构

5. 顾客部门化(customer departmentalization)

顾客部门化是指按组织服务的对象类型来划分部门。例如,银行为了向不同的顾客提供服务,设立了商业信贷部、农业信贷部和普通消费者信贷部等。顾客部门化的优点是生产和促销更具有针对性;缺点是只有当每种需求的顾客达到一定规模时,才比较经济。图10—5描述了组织按顾客进行划分的结构。

图10—5 顾客部门化的组织结构

上述罗列的部门划分的标准以及进行的分析,只是为了理论研究上的方便。在实际工作中,任何组织都很少根据唯一的标准来划分部门,而是根据实际情况同时利用两个或两个以上的部门化方式,形成合适的组织结构。例如,大学里设置的教务处、科研处、人事处、财务处等部门是以职能为部门划分标志的,而本科生部、硕士生部、博士生部等的设置又是以产品为部门划分标志的。究竟采用何种部门化方式或若干种部门化方式的组合往往取决于对各种部门化方式优劣的权衡。现代组织的部门化还呈现出两种主要趋势:顾客部门化和跨职能团队。顾客部门化被认为是能更好地预测顾客的需求并能对其需求变化做出更好的反应的一种部门化方式。跨职能团队(cross-function teams)是各个专业领域的专家们组合在一起,进行协同工作。例如,闻名世界的生产饮料容器和快餐盒的 Thermos 公司,它以跨专业领域的弹性化的团队取代了传统的受制于职能边界的部门化结构。

(三)指挥链

1. 指挥链的概念

指挥链(line of command)一直被认为是组织设计的基石。指挥链又称指挥系统,是与直线职权联系在一起的。从组织的上层到下层的主管人员之间,由于直线职权的存在,便形成一条权力线,这条权力线就被称作指挥链。由于在指挥链中存在着不同管理层次的直线职权,所以指挥链又可以被称作层次链(scalar chain)。

2. 指挥链的两个原理

（1）统一指挥（unity of command）。古典学者们强调统一指挥的原则，主张每个下属应当而且只能直接负责向一个上级主管，不能向两个或者更多的上司汇报工作即多重领导。否则，下属可能要面对来自多个主管的相互冲突的要求或优先处理的要求。统一指挥原则经常被违背，如酒店安全管理人员（或财务人员、人事部人员等）经常对不在自己直接领导下的员工（如餐厅服务生）进行指挥。解决的办法是，在确保专业分工和岗位划分的基础上，通过紧密的协作，进行合理的指挥。在整个酒店的运作过程中，总经理起着关键的作用。

（2）阶梯原理（scalar principle）。这一原理强调从事不同工作和任务的人，其权力和责任应该是有区别的。组织中所有人都应该清楚地知道自己该向谁汇报，以及自上而下的、逐次的管理层次。

统一指挥涉及谁对谁拥有权力，阶梯原理则涉及职责的范围。因此，指挥链是决定权力、职责和联系的正式渠道。

3. 指挥链对组织的影响

指挥链影响着组织中上下级人员间的沟通。按照传统的观念，上级不能越过直接下级向两个层级以下的员工下达命令；反之亦然。现代的观点则认为，当组织相对简单时，统一指挥是合乎逻辑且可行的。它在当今大多数情况下仍是一个合理的忠告，是一个应当得到严格遵循的原则。但在一些情况下，严格遵循这一原则也会造成某种程度的不适应性，妨碍组织取得良好的绩效。只要组织中每个人对情况都了解（知情），越级下达命令或越级汇报工作不仅不会给组织的管理带来混乱，相反还能够使组织氛围更加融洽、沟通更加顺畅，员工之间更加信任。

时代在变化，组织设计的基本原则也在变化。随着电脑技术的发展和给下属充分授权的潮流的冲击，现在，命令链、权威、命令统一性等概念的重要性大大降低了。《商业周刊》（*Business Week*）最近的一篇文章中有两段话为这种变化提供了很好的例证：

3月中旬一个星期三的上午，查尔斯·凯瑟困惑地扫视了一眼从公司配送中心送来的存货报告。根据电脑列印出来的报告，玫瑰牌上光油只能保证3天的供货了，远远低于公司要求的3周半的库存要求。但凯瑟知道，公司设在密苏里州杰弗逊城的工厂两天前刚运来346箱（每箱12瓶）上光油，玫瑰牌上光油一定是被抢购一空了。他便打开自己与生产线相连的电脑，把批示输进去：在周四上午再生产400箱上光油。

事实上凯瑟不是管理人员，他只是生产线上的一名工人，官方的头衔是"生产线协调员"，是公司上百名工作于电脑网络上的工人中的一员。他们有权检查核对货物运送情况，安排自己的工作负荷，并经常从事以前属于管理人员领域的工作。

（四）管理跨度

管理跨度（span of contral），又称管理宽度，是指一名主管人员有效地监督、管理其直接下属的人数。管理跨度是一个非常古老的话题。例如，在古罗马共和国危亡之际，盖乌斯·马略（Gaius Marius，公元前157～前86）改革罗马军队体系，将其所属部队划分为28～30个罗马兵团（legion），每个罗马兵团有10个大队（cohort），每个大队有3～6个百人队（centuries）。每个百人队既可以接受指挥官的指示作战，也可以独立作战。由此可以看出，罗马军队建制的管理跨度从3到100不等。工业革命之后，生产力飞跃发展，出现了大规模的工厂和公司。为了应对越来越多的管理层级，管理跨度第一次进入了管理学学术研究范畴。

主管人员要想有效地领导下属，就必须认真考虑究竟能直接管辖多少个下属的问题，即管理跨度的问题。当超过了管理宽度时，组织就必须增加一个管理层次（administrative levels），委派一些工作给下一级主管人员,从而减轻上层主管人员的负担。如此下去,便形成了一个有层次的结构。但是,我们也应注意到,在减轻上级主管人员负担的同时,也增加了监督下一级主管人员的工作负担,这份监督也需要时间和精力。因此,增加管理层次所节约出来的时间一定要大于用来监督的时间,这是衡量增加一个管理层次是否合理的重要标准。下面,我们将讨论管理跨度与工作效果之间的关系。

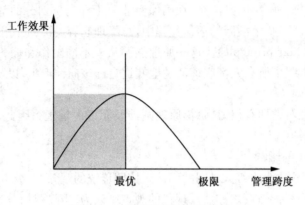

图 10-6　管理跨度与工作效果

图 10-6 假定阴影部分是管理的最佳成效,即最佳管理跨度(人数)乘以每人的最佳管理效果。那么,基于此模型,提高管理效率有两个方向:一是提高管理效果(见图 10-7);二是扩大最优管理跨度(见图 10-8)。

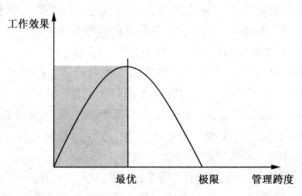

图 10-7　提升管理效果

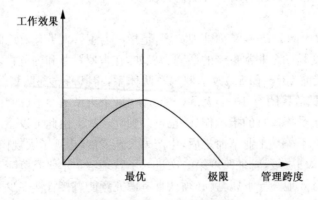

图 10-8　扩大最优管理跨度

本章节不对提升管理效果展开讨论,而是分析如何扩大最优管理跨度。在分析管理跨度前,需要确定哪些因素会影响管理跨度。管理学家所进行的大量的实证研究表明,管理跨度受到主管人员与其下属双方的素质和能力、面对问题的种类、工作任务的协调、授权、计划的完善程度、组织沟通渠道的状况等方面的影响。此外,工作对象的复杂性、下属人员的空间分布,以及组织的稳定程度等因素也影响着管理跨度。本书根据哈罗德·孔兹等人提出的管理跨度影响因素进行分析,通过工作模块化、领导力、培养接班人和信息技术这四个方面的改进可以解决企业管理跨度的现实问题,并且提高管理的效率。扩大管理跨度的方法总结于表10—2。

表10—2　　　　　　　　　　　　　　扩大管理跨度的方法

管理跨度 影响因素	扩大管理跨度的方法				
	工作模块化	管理者能力 (领导力)	下属的培训 (培养接班人)	信息技术	其他
职能的 相似性	工作模块化, 降低职能差异	对任务进行分析, 找出职责的相似性		自动化处理各种重复 性事务	
工作地点 的距离				信息化技术的使用 (电话、传真、电子邮 件、即时通信和视频 会议)	有效使用交通工 具的能力(飞机、 火车或者汽车)
职能的复杂 性	分解任务,降 低复杂性	将任务分解,降低 员工职责的复杂性	提升员工应对复杂 任务的能力		
指导和监督 的工作量		增加授权	提升员工能力,减 少监督指导的需要	自动监督和考核系统	
协调的 工作量	模块之间的沟 通程序化,降 低沟通难度			信息系统建设,减少 面对面的协调行为	工作流程梳理,减 少部门间的协调 量
计划的 稳定性		减少计划变更所需 时间	增强对于计划变更 的适应性	自动衔接新旧计划的 操作系统	优化计划制订方 法,增强计划的实 用性和应对变化 的能力
组织的协助				辅助信息系统建设, 提高组织协调的效率	工作流程梳理,将 支持性职能(行 政、劳资、福利等) 集中在其他部门

当今企业发展的趋势是加宽控制跨度,与各个公司努力降低成本、削减企业一般管理费用、加速决策过程、增加灵活性、缩短与顾客的距离、授权给下属等的趋势是一致的。例如,在通用电气和雷诺金属这样的大公司中,控制跨度已达10~12人,是15年前的两倍。汤姆·斯密斯是卡伯利恩公司(Carboline Co.)的一名地区经理,直接管辖27人,如果是在20年前,处于他这种职位的人,通常只有12名下属。

(五)集权与分权

1. 集权与分权的概念

集权(centralization)是指决策权在组织系统结构中较高管理层次的一定程度的集中;而分权(decentralization)是指决策权在组织系统结构中较低管理层次的一定程度的分散。

集权和分权是两个相对的概念。绝对的集权意味着组织中的全部权力都集中在一个主管手中,组织活动的所有决策均由主管一个人做出,主管直接面对所有的决策执行者,没有任何中间管理人员,没有任何中层管理机构。这在现代社会经济组织中显然是不可能存在的。而绝对的分权则意味着全部权力分散在各个管理部门,甚至分散在各个执行者和操作者手中,没有任何集中的权力,主管的职位是多余的,而一个统一的组织也不复存在。所以,在现实社会中的组织,可能是集权的成分多一点,也可能是分权的成分多一点。我们需要研究的,不是应该选择集权还是分权,而是应该关注哪些权力宜于集中,哪些权力又宜于分散,在什么样的情况下应该让集权的成分多一点,在什么样的情况下又需要较多的分权。

2. 集权制的优缺点比较

集权制的优点主要表现在:(1)具有对组织的绝对控制权,确保既定政策的贯彻落实。(2)方便管理,易于分辨每一职能的重点。(3)有可能在整个组织中拥有通用的标准。例如,薪水和工资级别可以标准化。在公共部门,执行法规的通用性程序可以付诸实现,企业登记注册的申请程序就是一个这样的事例。(4)有可能雇佣一批十分称职的职能型专家。由于工作负担繁重,集权制能够使他们把注意力全部放在其专业领域上。(5)集权制所产生的大量的管理工作量使采用价格昂贵的机器进行管理成为合理的事,它大大降低了工资单处理、会计和存货控制等这些领域的成本。

集权制的缺点主要表现在:(1)绝对的控制会变为独裁,会缺乏灵活性,降低组织的适应能力。(2)当员工们,特别是管理者无法自行斟酌决定而必须按照僵硬的规定行事时,可能会导致挫败感。(3)一些官僚性的控制手段,会导致表格和刻板程序的激增,降低组织的工作效率。(4)管理者可能不认为自己是独立的决策者而自视为接受命令的下级,从而降低组织成员的工作积极性,影响组织的发展。(5)大规模组织的主管们远离基层,根据组织的规章制度,基层发生的问题须经过层层请示汇报后再做决策,这不仅影响决策的正确性,而且还会影响决策的及时性,降低决策的质量。

(六)正规化

正规化(formalization),是指组织中的工作实行标准化的程度。如果一种工作的正规化程度较高,就意味着做这项工作的人对工作内容、工作时间、工作手段没有多大自主权。人们总是期望员工用同样的方式投入工作中去,以保证稳定一致的产出结果。在高度正规化的组织中,有明确的岗位工作说明书,有繁杂的组织规章制度,对于工作过程有详尽的规定。相对来说,正规化程度较低的工作,其工作执行者和日程安排就不是那么僵硬,员工能较自由地处理或安排自己的工作,即许可权相对较宽。由于个人许可权与组织对员工行为的规定成反比,因此工作标准化程度越高,员工决定自己工作方式的自主权力就越小。工作标准化不仅减少了员工选择工作行为的可能性,而且使员工无需考虑其他行为选择。

组织之间或组织内部不同工作之间正规化程度存在很大的差别。一种极端的情况是,某些工作正规化程度很低,如大学书商(向大学教授推销公司新书的出版商代理人)工作自由许可权就比较大,他们的推销用语不要求标准划一。在行为约束上,不过就是每周例行交一次推销报告,并对新书出版提出一定的建议。另一种极端情况是,同一出版公司的职员与编辑人员,他们必须上午9点准时上班,否则会被扣工资,而且他们必须遵守管理人员制定的一系列详尽的规章制度。

第二节　组织设计决策

在这个章节,我们讨论组织设计的两种一般模型,分析影响组织设计的主要因素。

一、机械式组织与有机式组织

(一)机械式组织与有机式组织的差异

机械式组织(mechanistic organization)是综合使用传统组织设计原则的自然产物,是指组织相对稳定,只适合于稳定的环境,不适合不断变化的环境。传统组织坚持统一指挥,产生了一条正式的职权层级链,每个员工只受一个上级领导的控制和监督,而且组织要保持窄的管理幅度,组织层次越高,管理幅度越缩小,这样也就形成了一种高耸的、非人格化的结构。当组织的高层与低层距离日益扩大时,无法通过直接监督来对低层次的活动进行控制,就会依赖于使用规则条例,并确保标准作业行为得到贯彻落实。有机式组织(organic organization)是低复杂性、低正规化和分权化的组织,是一种松散的、灵活的,且具有高度适应性的组织形式。

机械式组织和有机式组织代表着一个连续统一体的两个极端,它们之间实际上存在着无数个中间过渡状态,可以有多种变异,也可能表现为多种不同的具体形式。两种组织的特征和适用条件有很大的差异。弹性有机式组织不设置永久的固定的职位也不设置职能界限严格确定的部门。基层人员有权根据自己的技能和所掌握的信息决定应该采取的行为,成员之间依靠直接的横向及斜向的沟通和协调,作为实现目标的主要手段,用以取代纵向沟通和层级控制,这类企业则是具有较高的适应性和创新性的有机式组织。表10－3概括了有机式组织与机械式组织的比较。

表 10－3　　　　　　　　　　　　机械式组织与有机式组织

机械式组织	有机式组织
高度的专门化	跨职能团队
僵化的部门划分	跨层级团队
指挥链明确	信息自由流动
窄管理跨度	宽管理跨度
集权化	分权化
高度正规化	低度正规化

(二)机械式组织与有机式组织适用条件

机械式组织的适用条件包括:环境相对稳定和确定,企业可用近于封闭的方式来运作;企业任务明确且持久,可进行程序化决策;技术相对统一而稳定;以效率为主要目标;企业规模相对较大。

有机式组织的适用条件包括:环境相对不稳定和不确定,企业必须充分对外开放;企业任务多样化且不断变化,使用探索式决策过程;技术复杂而多变;有许多非常规活动,需要较强的创造和革新能力;企业规模相对较小。

二、影响组织设计的因素

传统观念倾向于机械式组织或官僚行政组织。现代观点则认为，并不存在一种唯一的理想组织结构。理想的组织结构设计取决于各种权变因素。"没有绝对最好的东西，一切随条件而定"，这句格言就是权变管理的核心思想。权变管理认为，并不存在一种管理原则和方法，可以适用于各种情况，管理只能根据实际中的具体情况进行具体分析，作出决策。管理人员的任务就是研究组织内外的各种影响因素，弄清这些因素之间的关系及其发展趋势，从而决定采用哪些适宜的管理模式和方法。在组织结构设计中，权变管理认为企业的组织结构要考虑外部经营环境的稳定性、企业产品品种的多寡以及所使用的工艺技术与其匹配程度，各种组织结构并无优劣之分。在领导方式中，权变管理认为没有什么固定的最优的领导方式而是应当根据领导者自身的性格特点、工作任务的性质、领导者拥有的职位权力以及组织内的人际关系等具体情况，采取不同的领导方式。影响组织设计的主要因素主要有以下四个：组织的战略、规模、技术、环境的不确定性。

艾尔弗雷德·D. 钱德勒

（一）组织的战略

组织结构的设计应该服从战略，因为组织目标是战略的一个重要部分，组织战略与结构应该紧密结合。如果管理者对组织战略进行了重大的调整，那么组织结构也应该进行相应的修改以适应这一重大改革。艾尔弗雷德·D. 钱德勒（Alfred D. Chandler）最早解释了组织战略与结构的关系，提出了"结构跟随战略"理论（见图 10—9）。

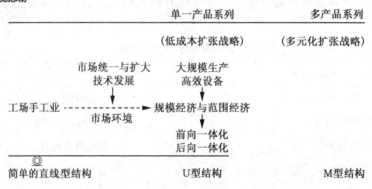

图 10—9　结构跟随战略理论

绝大多数的战略分析框架集中考察三个维度：创新，代表组织对独到的创新的追求；成本最低，反映组织对成本控制的追求；模仿，反映了组织通过效仿市场上领先者追求投入最小化和利益最大化。创新者需要有机式结构提供灵活性和自由流动的信息，成本最低者用机械式结构实现最高的工作效率。组织战略发展经历了四个阶段，包括数量扩大、地区开拓、纵向联合发展和产品多样化。迈尔斯（Raymond Miles）和斯诺（Charles Snow）归纳了不同战略类型下不同的组织结构特征（见表 10—4）。[1]

---

[1]　四种战略类型是雷蒙德·迈尔斯和查尔斯·斯诺在 1978 年《组织战略、结构和方法》（*Organization Strategy，Structure，and Process*）一书中提出的企业战略理论。

表10－4 迈尔斯和斯诺的战略理论

战略类型	战略目标	面临环境	组织结构特征
防守型战略	稳定	稳定的	高度的劳动分工,高度的规范化、集权化,严密的控制系统
探索型战略	灵活性	变化的	
分析型战略	稳定和灵活性	变化的	适度的集权控制,对一部分实行劳动分工,规范化程度高,对一部分实行分权制和低规范化
进攻型战略	灵活性	动荡的	低劳动分工,低规范化,部门化,松散型结构,分权化

（二）组织的规模

美国组织学家彼得·布劳(Peter Blau,1918～2002)认为,规模是影响组织结构最重要的因素,但是,在组织初期组织规模对组织结构的影响要大于当组织规模达到一定程度后再扩大时对组织结构的影响。图10－10是布劳关于组织规模影响组织结构的分析。当企业的员工人数从600增加到700时,组织可能转变为更机械式的组织结构。若企业的员工人数从2 600增加到2 700时,组织结构不会有太大的变化。通常来说,雇用了2 000多名员工的企业比小型企业具有更高的专门化、部门化和集权化。组织规模对于组织结构的影响并不是线性的,因为当组织增长超过一定规模时,规模对组织结构的影响强度会逐渐减弱。

彼得·布劳

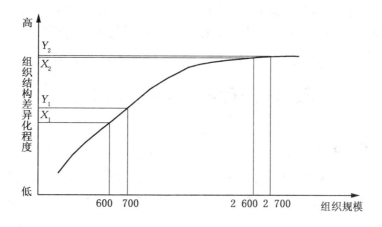

图10－10 组织规模影响组织结构程度分析

（三）技术

技术对组织结构的影响可以从四个层次来进行分析:(1)整个企业的技术特点对组织结构的影响;(2)企业内部不同部门的技术特点对组织结构的影响;(3)部门间工作流程的依存性对组织结构的影响;(4)信息技术对组织结构的影响。

琼·伍德沃德(Joan Woodward)描述了整个企业的技术特点对组织结构的影响(见表10－5)。[①]

---

① 20世纪60年代初期,为了确定指挥统一和管理跨度这些传统原则与公司成功的关系程度,琼·伍德沃德对英国南部埃塞克斯郡的近100家小型制造企业进行了调查。她根据制造程序的技术复杂度,来发展一个厂商的分类尺度,技术复杂度表示制造过程机械化的程度;高技术复杂度表示大部分的工作由机器执行,低技术复杂度则表示生产过程中工人仍然扮演重要的角色。

表 10—5   整个企业的技术特点对组织结构的影响

生产类型	单件生产	大量生产	连续生产	
结构特征	低	中	高	垂直分化
	低	高	低	水平分化
	低	高	低	正规化
最有效的结构	有机式	机械式	有机式	

琼·伍德沃德

琼·伍德沃德研究了英国南部的一些小型制造企业,把企业按照生产批量的规模分为三种类型:单件生产(unit production)、大批量生产(mass production)和连续生产(process production)。一般来说,技术越是常规化的,结构就越显示出标准化的机械式特征;组织越是采用非常规化的技术,就越可能实现有机式结构。

(四)环境的不确定性

汤姆森(James Thompson)认为可以从两个方面把企业组织环境按照其特性分成四种不同类型,即环境的复杂性程度——环境构成要素是简单还是复杂;环境的变化程度——环境构成因素是少变还是多变。研究表明,环境的不确定性影响着企业组织的形态。不确定性低时,组织形态偏于机械式,无须模仿或少模仿,企业组织着眼于眼前的运作。在不确定性高时,组织的形态偏于有机式,广泛模仿或迅速模仿,企业组织重视计划与预测。

第三节   不确定环境下的组织设计

一、传统的组织设计

为了设计一个结构来支持组织有效地实现目标,管理者可能选择采用某种更为传统的组织设计。传统组织设计包括简单结构、职能型结构和事业部型结构,它们都倾向于更机械式的。

(一)简单结构

简单结构的组织设计如图 10—11 所示。

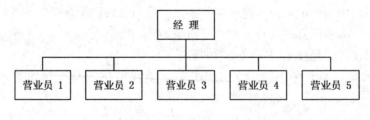

图 10—11   简单结构

(二)职能型结构

职能型结构(functional structure),是一种将相似或相关职业的专家们组合在一起的组织设计。它是将按职能划分部门的方法应用到整个组织范围而设计出来的(见图 10－12)。例如,露华浓公司就是按照生产、经营、财务、人力资源和产品研究开发这些职能来组织的。

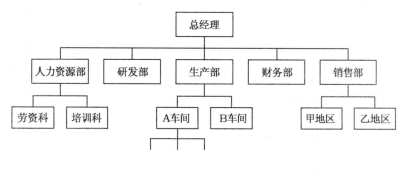

图 10－12　职能型结构

1. 职能型结构的优点

(1)各部门可配备该领域的专家;

(2)由于各管理人员只需要熟悉相对较窄的一些技能,所以简化了培训,易于控制和监督;

(3)能够突出业务活动的重点,确保高层管理人员的决策顺利执行。

2. 职能型结构的缺点

(1)决策因为可能脱离市场或顾客的实际情况而变得低效、缓慢;

(2)易出现本位主义,部门之间协调困难;

(3)对责任和组织绩效较难确认;

(4)不利于综合管理人员的培养。

（三）事业部型结构

事业部型结构(divisional structure),是指面对不确定的环境,按照产品类别、用户、地域以及流程等不同将业务单位划分成若干独立的业务经营和分权管理的管理单位的一种分权式结构类型(见图 10－13)。其必须具备三个基本要素——独立的市场、独立的利益、独立的自主经营权,执行"集中政策,分散经营"的管理原则。事业部型结构有两种基本的组织形态:战略事业单位和独立事业单位。事业部型结构强调的是各种不同职能部门的紧密合作,注重各个独立事业部的外部最佳。

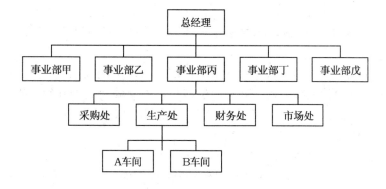

图 10－13　事业部型结构

1. 事业部型结构的优点

(1)可以使高层主管只关注公司的战略决策;

(2)各事业部职能健全,易于协调;

(3)有利于培养综合管理人才;

(4)提高各事业部对市场竞争环境的敏捷适应性,充分发挥分权组织的优点;

(5)真正了解顾客的需要。

2. 事业部型结构的缺点

(1)缺乏职能型结构的规模效益,机构重复,管理成本增加;

(2)事业部之间协调困难,甚至出现无序竞争。

3. 适用范围

当环境多变、组织规模很大、技术是非常规的、部门之间的依赖程度较高、目标是外部最优时,事业部型结构是合适的结构。

二、现代的组织设计

从企业组织发展的历史来看,企业组织结构的演变过程本身就是一个不断创新、不断发展的过程,先后出现了直线制、事业部制等组织结构形式。当前,金字塔式的层级结构已不能适应现代社会特别是知识经济时代的要求,企业发展已经呈现出竞争全球化、顾客主导化和员工知识化等特点。现代企业十分推崇流程再造、组织重构,以客户的需求和满意度为目标,对企业现有的业务流程进行根本性的再思考和彻底重建,利用先进的制造技术、信息技术以及现代化的管理手段,最大限度地实现技术上的功能集成和管理上的职能集成,以打破传统的职能型组织结构,建立全新的过程型组织结构,从而实现企业经营成本、质量、服务和效率的巨大改善,更好地适应以顾客、竞争、变化为特征的现代企业经营环境。下面,我们将介绍几种新型的组织结构形态。

(一)团队式结构

Google 的共同创建者拉里·佩奇(Larry Page)和谢尔盖·布林(Sergey Brin)设计了一种采取高度集中的小型团队处理大多数大型项目的公司结构——团队式结构。

团队式结构的特点:①打破部门间的界限,把决策权下放到团队成员,要求成员既全又专,团队承担活动的全部责任。②适合于组织中一些具有特定的期限和工作绩效标准的重要任务,或者任务是独特、不常见的,以及需要跨职能界限的专门技能。③团队作为对官僚组织结构的补充,既提高了标准化的效率,又增强了灵活性,是一种自我管理的团队。

(二)矩阵式结构

矩阵式组织结构由纵横两套管理系统组成:一套为纵向的职能管理系统,另一套为完成某项任务而组成的横向项目系统。横向和纵向的职权具有平衡对等性,它打破了传统的统一指挥原则,具有多重指挥线。典型的矩阵式结构如图 10-14 所示。

1. 矩阵式结构的优点

(1)组织可以满足环境的多重要求;

(2)资源可以在不同的产品或地区或流程之间柔性分配,具有良好的内部沟通,信息传递快,组织可及时地对外部需求的变化做出反应;

(3)员工可以依据个人兴趣获得专业技能或一般管理技能。

2. 矩阵式结构的缺点

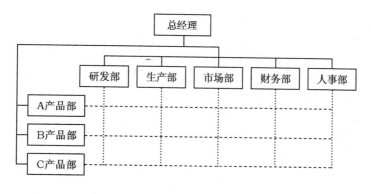

图 10-14　矩阵式结构

（1）有些员工接受双重命令，而且这些命令可能是矛盾和冲突的，加上纵向和横向权力不平衡的矛盾，要求组织需要良好的居中调停和解决冲突的技能，这些技能往往需要经过人际关系方面的特殊训练；

（2）矩阵式结构迫使管理者花费大量的时间在开会上，并且可能增加管理成本。

（三）无边界组织

无边界组织（boundaryless organization）是指一种不预先设定组织横向的、纵向的或外部的边界的组织设计。无边界包括打破企业内部和外部边界：打破企业内部边界，主要是在企业内部形成多功能工作团队，代替传统上割裂开来的职能部门；打破企业外部边界，则是与外部的供应商、客户，甚至竞争对手进行战略合作，建立合作联盟。无边界组织取消各种职能部门，取而代之的是授权的工作团队；削减命令链，成员等级秩序降到最低点，拥有无限的控制跨度。

（四）虚拟组织

虚拟组织（virtual organization），是一种以项目为中心，通过与其他组织建立研发、生产制造、营销等业务合作网，有效发挥业务专长的协作性组织形式。它是基于高度发达的信息技术和日益激烈的市场竞争而发展起来的一种临时性组织。虚拟组织由少量核心专职员工组成（见图 10-15），组织会根据需要临时雇用外部专家。组织中的许多部门是虚拟存在的，管理者最主要的任务是集中精力协调和控制组织的外部关系。

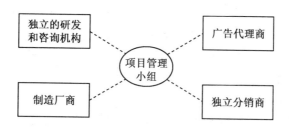

图 10-15　虚拟组织

1. 虚拟组织的优点
（1）组织结构具有更大的灵活性和柔性；
（2）组织结构简单精练，组织结构扁平化，管理效率更高。

2. 虚拟组织的缺点
（1）组织可控性很差；

(2)组织风险性大；

(3)员工的组织忠诚度低。

3. 适用范围

早期适用于一些劳动密集型企业,如飞机制造厂、汽车制造厂等,但随着信息技术的快速发展,更多的知识型企业(以高新技术企业为主体)选择了这种组织结构,或制定了虚拟运作的企业外扩张的成长战略。国外研究虚拟企业理论的专门组织目前主要有两个:美国的"敏捷性论坛"(Agility Forums)和英国的"欧洲敏捷性论坛"(Europe Agility Forum)。Agility Forums 由"21 世纪制造企业研究"项目组于 1994 年演变而成,主要从事敏捷虚拟企业理论研究、传播以及虚拟化商务实践的战略咨询。Europe Agility Forum 主要追踪研究此领域的国际动向,为产业界的敏捷化工程提供思想、方法和工具。1993 年,约翰·伯恩(John A. Byrne)将虚拟企业描述成企业伙伴间的联盟关系,是一些相互独立的企业(如供应商、客户,甚至竞争者)通过信息技术联结的暂时联盟。这些企业在诸如设计、制造、分销等领域分别为该联盟贡献出自己的核心能力,以实现技能共享和成本分担,其目的在于建立起某种特定产品或服务的世界一流竞争能力,把握快速变化的市场机遇。虚拟企业既没有办公中心,也没有组织结构图,可能还是无层级、无垂直一体化的组织。在虚拟组织平台上,企业间的创新协作可以实现优势互补、风险共担。在网络环境下,企业用虚拟组织的形式组织生产与研发工作,这样可以适应全球化竞争的态势,更好地满足消费者的多变需求,使企业快速发展。

本章小结

组织结构,是组织的内部对工作进行的正式安排。组织机构和组织活动会影响企业目标的实现程度。因此,组织设计对于一个组织的发展具有非常重要的作用。

组织设计的过程包括工作专门化、部门化、指挥链、管理跨度、集权与分权、正规化六个方面的内容。工作专门化指的是组织把工作任务划分为若干步骤来完成的细化程度。部门化是将若干岗位组合在一起的依据和方式,包含职能部门化、产品部门化、地区部门化、过程部门化和顾客部门化五种模式。指挥链又称为指挥系统或层次链,被认为是组织设计的基石,是组织的上层到下层的主管人员之间所形成的一条权力线。管理跨度又称为管理宽度,是指一名主管人员有效地监督、管理其直接下属的人数。并可以通过五种方法扩大管理跨度。集权与分权是两个相对的概念,指的是决策权在组织系统结构中的集中和分散程度。绝对的集权意味着组织中的全部权力都集中在一个主管手中,组织活动的所有决策均由主管一个人做出,主管直接面对所有的决策执行者。而绝对的分权则意味着全部权力分散在各个管理部门,甚至分散在各个执行者和操作者手中。在现代社会经济组织中,绝对的集中和绝对的分散都是不可能存在的。正规化是指组织中的工作实行标准化的程度。组织之间或组织内部不同工作之间正规化程度存在很大的差别。

在本章中,我们还介绍了两种组织设计的一般模型,包括机械式组织和有机式组织,并分析了影响组织设计的主要因素,包括组织的战略、规模、技术、环境的不确定性。在本章的第三节重点分析了不确定环境下的组织设计,包括传统的组织设计和现代的组织设计,其中现代组织设计中重点介绍了团队结构、矩阵型结构、无边界组织和虚拟结构四种新型的组织结构形态。

练习题

一、简答题

1. 一个组织的结构能迅速地得到改变吗？为什么？

2. 有的管理学家提出，善于分权是一个企业的领导以及该企业走向成熟的表现。你对此有何看法？

3. 组织中的横向分工有哪些？

4. 简述按职能划分部门的主要优缺点。

5. 宽管理跨度与窄管理跨度，哪个更有效率？

6. 管理者可以采取哪些方式进行部门化？

7. 组织设计的影响因素有哪些？

8. 权力的五种来源是什么？分析集权倾向，如何实现有效的分权？

9. 在什么条件下，机械式组织最为有效？有机式组织又在什么条件下最为有效？

10. 描述矩阵组织的特点、事业部制的特点、职能型结构的特点。

11. 管理者要在实行项目型结构的组织中有效地工作，他需要什么类型的技能？在无边界组织中，或者在学习型组织中，又需要什么样的技能？

12. 有人认为无边界组织会使我们的生活和工作方式发生重大的变迁，你同意吗？

13. 先进的信息技术使组织的各项工作可以在任何时间、任何地点得以展开和完成，在这样的条件下，组织工作是否仍是一项重要的管理职能？

14. 用管理学原理分析为什么独生子女越来越难管，并用图示组织结构加以说明。

二、案例分析

美国杜邦公司(Du Pont Company)是世界上最大的化学品生产公司，建立至今已近200年。在这200年中，尤其是20世纪以来，企业的组织结构历经变革，其根本点在于不断适应企业的经营特点和市场情况的变化。杜邦公司所创设的组织结构，曾经成为美国许多公司包括著名大公司效仿的模式，并反映了企业组织结构发展演变的一般特点。

1. 成功的单人决策及其局限性

整个19世纪中期，杜邦公司基本上是单人决策式经营，这一点在亨利这一代尤为明显。亨利是伊雷内的儿子，军人出身，由于接任公司以后完全是一套军人派头，所以人称"亨利将军"。在公司任职的40年中，亨利挥动军人严厉粗暴的铁腕统治着公司。他实行的一套管理方式，被称作"凯撒型经营管理"。

这套管理方式无法言喻，也难以模仿，实际上是经验式管理。公司的所有主要决策和许多细微决策都要由他亲自制定，所有支票都由他亲自开，所有契约也都得由他签订。他一人决定利润的分配，亲自周游全国，监督公司的好几百家经销商。他全力加速账款回收，严格支付条件，促进交货流畅，努力降低价格。亨利接任时公司负债高达50多万美元，但其后来却成为行业的首领。

在亨利的时代，这种单人决策式的经营基本上是成功的。这主要是因为：(1)公司规模不大，直到1902年合资时才有2 400万美元的资产；(2)经营产品比较单一，基本上是火药；(3)公司产品质量占据绝对优势,竞争对手难以超越;(4)市场变化不甚复杂。

单人决策之所以取得了较好效果,这与"将军"的非凡精力也是分不开的。直到 72 岁时,亨利仍不要秘书的帮助;任职期间,他亲自写的信不下 25 万封。但是,正因为这样,亨利死后,继承者的经营终于崩溃了。亨利的侄子尤金,是公司的第三代继承人。亨利是与公司一起成长的,而尤金一下子登上舵位,缺乏经验,晕头转向。

他试图承袭其伯父的作风经营公司,也采取绝对的控制,亲自处理细枝末节,亲自拆信复函,但他终于陷入公司错综复杂的矛盾之中。1902 年,尤金去世,合作者也都心力交瘁,两位副董事长和秘书兼财务长终于相继累死,这不仅是由于他们的体力不胜负荷,还由于当时的经营方式已与时代不相适应。

2. 集团式经营的首创

正当公司濒临危机,无人敢接重任,家族拟将公司卖给别人的时候,三位堂兄弟出来力挽家威,他们不仅具有管理大企业的丰富知识,而且具有在铁路、钢铁、电气和机械行业中采用先进管理方法的实践经验,有的还请泰勒当过顾问。他们果断地抛弃了"亨利将军"的那种单枪匹马式的管理方式,精心地设计了一个集团式经营的管理体制。

在美国,杜邦公司是第一家把单人决策改为集团式经营的公司。集团式经营最主要的特点是建立了"执行委员会",隶属于最高决策机构董事会之下,是公司的最高管理机构。在董事会闭会期间,大部分权力由执行委员会行使,董事长兼任执行委员会主席。

1918 年时,杜邦公司执行委员会有 10 个委员、6 个部门主管、94 个助理,高级经营者年龄大多在 40 岁以下。公司抛弃了当时美国流行的体制,建立了预测、长期规划、预算编制和资源分配等管理方式。在管理职能分工的基础上,建立了制造、销售、采购、基本建设投资和运输等职能部门。在这些职能部门之上,是一个高度集中的总办事处,控制销售、采购、制造、人事等工作。执行委员会每周召开一次会议,听取情况汇报,审阅业务报告,审查投资和利润,讨论公司的政策,并就各部门提出的建议进行商讨。对于各种问题的决议,一般采取投票、多数赞成通过的方法,权力高度集中于执行委员会。

各单位申请的投资,要经过有关部门专家的审核,对于超过一定数额的投资,各部门主管没有批准权。执行委员会做出的预测与决策,一方面要依据发展部提供的广泛的数据,另一方面要依据来自各部门的详尽的报告,各生产部门和职能部门必须按月、按年向执委会报告工作。在月度报告中提出产品的销售情况、收益、投资以及发展趋势;年度报告还要论及五年及十年计划,以及所需资金、研究与发展方案。

由于在集团式经营的管理体制下,权力高度集中,实行统一指挥、垂直领导和专业分工的原则,所以秩序井然、职责清楚,效率显著提高,大大促进了杜邦公司的发展。20 世纪初,杜邦公司生产的五种炸药占当时全美总产量的 64%～74%,生产的无烟军用火药则占 100%。第一次世界大战中,协约国军队 40% 的火药来自杜邦公司。公司的资产到 1918 年增加到 3 亿美元。

3. 充分适应市场的多分部体制

杜邦公司在第一次世界大战中的大幅度扩展以后,逐步走向多角化经营,使组织结构遇到了严重问题。每次收购其他公司后,杜邦公司都因多角化经营遭到严重亏损。这种困扰除了由于战后通货从膨胀到紧缩之外,主要是由于公司的原有组织对企业成长缺乏适应力。1919年,公司的一个小委员会指出:问题在于过去的组织结构没有弹性。

尤其是 1920 年夏到 1922 年春,市场需求突然下降,使许多企业出现了所谓存货危机。这使人们认识到,企业需要一种能力,即易于根据市场需求的变化改变商品流量的能力。继续保持那种使高层管理人员陷入日常经营、不去预测需求和适应市场变化的组织结构形式,显然是错误的。一个能够适应大生产的销售系统对于一家大公司来说,已经成为至关重要的问题。

杜邦公司经过周密的分析,提出了一系列组织结构设置的原则,创造了一个多分部的组织结构。在执行委员会下,除了设立由副董事长领导的财力和咨询两个总部外,还按各产品种类设立分部,而不是采取通常的职能式组织如生产、销售、采购等。在各分部之下,则有会计、供应、生产、销售、运输等职能处。各分部是独立核算单位,分部经理可以独立自主地统管所属部分的采购、生产和销售。

在这种形式的组织结构中,自治分部在不同的、明确划定的市场中,通过协调从供给者到消费者的流量,使生产和销售一体化,从而使生产与市场需求建立密切联系。这些以中层管理人员为首的分部,通过直线组织管理其职能活动。高层管理人员总部在大量财务和管理人员的帮助下,监督这些多功能的分部,用利润指标加以控制,使它们的产品流量与波动需求相适应。由于多分部管理体制的基本原理是政策制定与行政管理分开,从而使公司的最高管理层摆脱了日常性经营事务,把精力集中在考虑全局性的战略发展问题上,研究与制定公司的各项政策。

新分权化的组织使杜邦公司很快成为一个极具效率的集团,所有单位构成了一个有机的整体,公司组织具有了很大的弹性,能适应需求的变化。这使杜邦公司得以在20世纪20年代建立起美国第一个人造丝工厂,以后又控制了赛璐珞生产的75%～100%,垄断了合成氨,而且在30年代后,杜邦公司还能以新的战略参加竞争,那就是致力于发展新产品,垄断新的化学产品生产。从30年代到60年代,被杜邦公司首先控制的、有着重要意义的化学工业新产品有合成橡胶、尿素、乙烯、尼龙、的确良、塑料等,直到参与第一颗原子弹的制造,并迅速转向氢弹生产。

4.“三头马车式”的体制

杜邦公司的执行委员会和多分部的管理结构,是在不断对集权和分权进行调整的情况下去适应需求的。例如,20世纪60年代后期,公司发现各部门的经理过于独立,以致有些情况连执行委员会都不了解,因此又一次做了改革;一些高级副总经理同各工业部门和职能部门建立了联系,负责将部门的情况汇报给执行委员会,并协助各部门按执行委员会的政策和指令办事。

20世纪60年代以后,杜邦公司的组织结构又发生了一次重大的变更,这就是建立起了“三头马车式”的组织体制。新的组织体制是为了适应日益严峻的企业竞争需要而产生的。60年代初,杜邦公司接二连三地遇到了难题:过去许多产品的专利权纷纷期满,在市场上受到日益增多的竞争者的挑战;道氏化学、孟山都、美国人造丝、联合碳化物以及一些大石油化工公司相继成了它的劲敌。以至于1960年到1972年,在美国消费物价指数上升4%、批发物价指数上升25%的情况下,杜邦公司的平均价格却降低了24%,使它在竞争中蒙受重大损失。再加上它掌握了多年的通用汽车公司10亿多美元的股票被迫出售,美国橡胶公司转到了洛克菲勒手下,公司又历来没有强大的金融后盾,真可谓四面楚歌、危机重重。除了不断完善和调整公司原设的组织结构外,1967年,科普兰把总经理一职在杜邦公司史无前例地让给了非杜邦家族的人,公司财务委员会议议长也由别人担任,自己专任董事长一职,从而形成了一个“三头马车式”的体制。1971年,科普兰又让出了董事长的职务。

这一变革具有两方面的意义:一方面,杜邦公司是美国典型的家族企业,公司几乎有一条不成文的法律,即非杜邦家族的人不能担任最高管理职务。甚至实行同族通婚,以防止家族财产外溢。现在这些惯例却被大刀阔斧地砍去,不能不说是一个重大的改革。虽然杜邦公司一直由家族力量控制,但是董事会中的家族成员比例越来越少。在庞大的管理等级系统中,如果不是专门受过训练的杜邦家族成员,一样没有发言权。另一方面,在当代,企业结构日益庞大,业务活动非常复杂,最高领导层工作十分繁重,环境的变化速度越来越快,管理所需的知识越来越高深,只有实行集体领导,才能做出满意的决策。在新的体制下,最高领导层分别设立了办公室和委员会,作为管理大企业的"有效的富有伸缩性的管理工具"。科普兰说:"'三头马车式'的集团体制,是今后经营世界性大规模企业不得不采取的安全措施。"

20世纪60年代后杜邦公司的几次成功,不能说与新体制无关。过去,杜邦公司是向联合碳化物公司购买乙炔生产合成橡胶等产品,现在,它自己开始廉价生产,使联合碳化物不得不关闭乙炔工厂。在许多化学公司挤入塑料行业竞争的情况下,杜邦公司另外找到了出路,即向建筑和汽车等行业发展,使60年代每辆汽车消耗塑料比50年代增加3～6倍;70年代初,又生产了一种尼龙乙纤维,挤入了钢铁工业市场。

所以,可以毫不夸张地说,杜邦公司成功的秘诀,首先在于使企业的组织结构设置适应需要,即适应生产特点、企业规模、市场情况等各方面的需要。而且,这样的组织结构也不是长久不变的,还需要不断地加以完善和发展。

资料来源:http://www.emr.com.cn/websitedm/channel/managestudy/sturacase/CaseShow.asp? cid=601。

案例思考题:

1. 杜邦公司的组织结构是如何适应环境变化的?

2. 论述杜邦公司各发展阶段组织结构的演变,即其组织结构的模式及各种模式的优势和局限。

3. 20世纪60年代杜邦公司组织变革的意义何在? 阻力何在?

4. 结合杜邦公司的实例谈谈我国私营企业、乡镇企业如何打破家族化或简单合伙制,建立真正意义上的现代企业制度。

第十一章

沟　通

学完本章后,你应该能够:

1. 了解什么是沟通,沟通的种类有哪些。

2. 了解沟通的过程。

3. 熟悉沟通网络。

4. 明确什么是有效的沟通、哪些因素会影响沟通的有效性。

5. 把握沟通障碍的主要表现形式有哪些,如何加以控制。

要点概述

1. 什么是沟通

沟通的概念、沟通的过程、沟通的种类,以及沟通网络。

2. 什么是沟通管理

沟通的有效性、影响沟通有效性的主要因素、沟通障碍的主要表现形式,以及沟通障碍的控制与管理。

案例导读

三个年轻人要出家,于是来到了一家寺院,见到了住持,并分别接受了住持的询问:你们为什么要出家?

年轻人 A:我爸叫我来的。

住持:这么重要的事情你自己都没有主见,回去想清楚了再说!

年轻人 B:是我自己喜欢来的。

住持:这么重要的事情也不和家人商量,不收!

年轻人 C(不作声)

住持:这么重要的事情想都不想就来了,不收!

如果是你,你会如何跟住持说明来历?

其实,在这个小案例中,年轻人和住持的目标是一致的,一个要出家,而另一个要收徒弟,但为什么他们依然无法就共同的目标达成共识呢?

在现实的企业管理过程中,我们也往往遭遇类似的困难:企业内部普通员工之间、员工与管理者之间、管理者与企业所有者之间,实质上都存在着一个共同的目标:使企业更好地生存和发展。然而,现实中的企业内部往往存在着各种矛盾,普通员工、企业管理者,以及企业所有者之间不能达成很好的共识,从而导致企业的运营困难,这又是为什么呢?

本章正是立足于此,告诉我们什么是沟通,如何才能进行有效的沟通,如何为企业创造良好的沟通环境,从而达到多方共赢。

第一节　沟通概述

当今社会,专业化分工越来越精细,每个人的专业化程度也越来越高,这就意味着社会群体之间的依赖程度越来越强,人类社会逐步演化成为一个网状结构,每一个阶层、社会组织和个体都处在管理与被管理之中。因此,管理是现代社会永恒的话题,而沟通又是管理中最为重要的管理行为,是其他诸多管理行为的基础。

在任何一个企业中,企业的管理者要了解下情、获得理解、发布命令,企业员工要表达愿望、提出意见、交流思想等,都需要通过有效的沟通。可以说,管理者与管理者之间、管理者与被管理者之间、被管理者与被管理者之间有效的沟通是企业高效运营的基础保证。

然而,要解决好企业内部沟通问题却不是一件容易的事,特别是现代企业趋于规模化,企业内部组织结构复杂,员工需求趋于多样化,且分工趋于精细化,在企业内部合作需求越来越高的情况下,员工接触的可能性却越来越低。因此,如何实现企业内部的有效沟通成为管理者面临的首要问题,也正是我们这章所要讲述的主要内容。

一、沟通的概念

沟通(communication)源于拉丁文 communis,意为共同化,中文原意本指开沟以使两水相通,现在往往用来表示双方通过交流以达到相互理解的目的。因此,我们认为,沟通就是指为了实现既定的目标,人与人之间、人与群体之间,或者群体与群体之间进行信息与情感的传递以及反馈的过程。根据以上的定义,我们认为沟通具有以下三方面的含义:

(1)沟通是双方的行为。无论是个体与个体之间、个体与群体之间,还是群体与群体之间,总之,沟通行为肯定发生在两个主体之间:一方发送信息,而另一方接收信息。

(2)沟通是一个连续的、相互的过程,包括信息的发出、传递、接收、理解以及反馈。如果其间任何一个环节没有完成,如信息被传递后没有被接收、信息接收后不能被理解等,均意味着沟通没有完成;如果沟通环节出现差错,最终导致接收者感知的信息与发出者发出的信息出现偏差,那么我们认为这是一次无效的沟通。因此,任何有效的沟通都必须确保以上各个环节的顺利实现。

(3)沟通必须承载一定的信息,而所有信息都将以一定的符号的形式通过不同的载体加以传递。例如,有些信息可以语言符号的形式通过说的方式加以传递;有些信息可以文字的形式通过写的方式加以传递;而有些信息则可以肢体语言的方式通过做的方式加以传递……

二、沟通的过程

沟通,简单地说就是信息的传递与接收的过程,因此必然存在两个主体,即信息的发送者和信息的接收者。那么,信息是如何在这两个主体之间进行传递的呢? 我们认为,信息沟通过程必然包含以下几个要素:发送者、编码、信息、渠道、解码、接收者、反馈。其具体关系如图11-1所示。

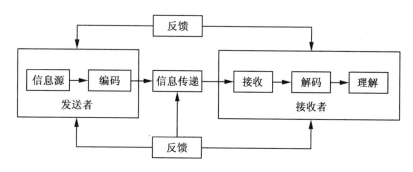

图11-1 信息沟通过程模型

当人们需要就某个问题进行沟通时,沟通的程序就被触发了。因此,沟通的过程始于沟通的需求者,即信息的发送者,而贯穿整个沟通过程的即是该需求者想要沟通的问题,即某个具体的信息。

一般来说,沟通的具体过程包括以下几个步骤:

第一步,信息发送者明确要进行沟通的内容,即信息。这是最原始的信息,是衡量沟通是否有效的最终标准,即信息接收者接收并理解的信息与该信息是否一致。

第二步,信息发送者把自己想要传递的信息通过一定的方式翻译成一种双方都能理解的符号,即编码。例如,"开心"可以翻译成微笑等肢体语言,可以翻译成口头语言,当然也可以翻译成书面语言,等等。但前提是所有符号必须是双方共同拥有并能相互理解的,否则沟通是不可能实现的,如一个中国发送者对一个法国接收者说"我很开心",你觉得前者能实现他的沟通目的吗? 在这里我们必须再次强调,任何沟通都需要首先进行编码,因为你想表达"我很开心"就必须首先大声笑出来,或者说出来,如果你没有任何的表情,也什么都不说,那么如何向别人传递你"开心"的信号? 当然很多人会问,我想传递的信息跟我最终编译成的符号是否一定是一致的呢? 答案当然是否定的。每个人都有可能写错字、说错话,而这必将成为有效沟通的一大障碍,我们将在"沟通的障碍"中专门讲述。

第三步,信息发送者将编译好的符号通过一定的方式运用一定的载体传递给对方,如肢体动作、语言表达、文字表达等。这一步实质上只是物理的传递,因此,如果不出现某些故障,如信件遇水导致字体模糊辨认不清、电话信号出现故障等,一般情况下,发送者发出的信号与接收者接收的信号是一致的。

第四步,接收者对接收到的符号进行解码并加以理解,即理解和研究接收到的符号的内容和含义。因此,该过程必然包含接收者对信息的主观加工,例如,看到对方的"笑容",接收者会认为对方是"开心"的,但由于之前对方的某个动作引起了大家的尴尬,因此接收者有可能给对方的"开心"加一个"勉强"的注释，即认为对方只是为了缓解刚才的尴尬而刻意露出"开心"的"笑容"，而至于接收者的这种理解是否符合对方的真实意图那就不一定了。因此，这一步是整个沟通过程中最容易出现问题，也是最难把握的一个环节，因为其能否得到顺利实现，与接收者直接相关，受到接收者的个人素质、文化素养、性格、品德等多方面的影响，"以小人之心度君子之腹"正是这个道理。

第五步，接收者把实质上经过自己加工的信息反馈给发送者以供发送者核查。反馈过程实质上又是一次编码解码过程，因为接收者首先需要将自己接收到的信息经过编码后传递给发送者，然后由发送者将符号解码，并确认信息的准确性，同时予以反馈。当然在现实沟通过程中，反馈有的时候是直接的，如直接对对方说"看来你真的很开心"，但更多的时候是间接的，即在反馈的过程中包含了其他的信息，反馈的信息只是作为其他信息的基础而存在。例如，对对方表示的"开心"信号，接收者还之以"接纳"的"笑容"，此时，接收者不仅对对方表示我知道你是"开心"的，而且还表达了自己的"认可"或"接纳"。在这个阶段要特别注意的是，接收者有可能基于其他原因的考虑而故意反馈不一致的，甚至相反的信息给发送者，如接收者明明知道对方的"开心"很"勉强"，但为了避免对方进一步尴尬，他也可能会"难得糊涂"一把。

最后，沟通会在发送者和接收者之间如此循环往复地进行，不断地有信息被确认，也不断地有新的信息加入沟通环节中，直至最终影响双方的行为。

综上所述，沟通过程实质上是发送者把信息1进行编码成为信息2，然后传递到达接收者成为信息3，接收者解码成为信息4，并最终把自己所期望反馈的信息5反馈给发送者。当然，我们所期望的"完美的沟通"即是信息5与信息1完全一致的情形，然而，现实与理想总会出现偏差，甚至完全相悖，因为我们的沟通总会出现这样那样的问题，那么为什么信息5与信息1会出现偏差？我们的沟通到底会出现什么样的障碍呢？我们将在"沟通的障碍"中详细讲述。

三、沟通的种类

在现实的管理实践中，沟通大致可以做如下分类：

（一）正式沟通与非正式沟通

按照组织系统划分，可以分为正式沟通和非正式沟通。

1. 正式沟通

正式沟通是指通过企业内明文规定的渠道，进行信息的传递与交流，与组织的结构形态息息相关。例如，企业明文规定的汇报制度、定期或不定期的会议制度等。按照信息的流向，又可以分为上行沟通、下行沟通、平行沟通以及斜向沟通。

（1）上行沟通。上行沟通是指信息在企业中由下而上传递的一种沟通方式，主要是指下级按照企业内部规定向上级提出正式的书面或口头报告。除此之外，当然还包括意见箱、员工座谈会等一切由下级向上级汇报信息或反映意见的其他形式。通过上行沟通，上级可以了解命令的执行情况，以及下级的工作状况、需求及意见等。

（2）下行沟通。下行沟通是指信息在企业中由上而下传递的一种沟通方式，主要是指上级按照企业工作的需要以书面或口头的形式向下级传达指令。指令的形式多种多样，可以是一定的工作任务，也可以是相关的政策措施，还可以是对下属意见的相关反馈，等等。

（3）平行沟通。平行沟通是指信息在地位平等的平级之间进行传递的一种沟通方式。这种沟通形式在企业的运营管理过程中非常常见，且特别容易出现问题，因为任何同级关系具有直接、经常、密切、频繁的特点，因而在一些问题上产生分歧和矛盾的可能性较大，如果处理不当,容易产生隔阂,造成内耗,阻碍企业目标的实现。

(4)斜向沟通。斜向沟通是指信息在不同层次的不同部门之间进行传递的沟通方式,如生产部门经理与营销部门主管就产品的生产计划问题进行沟通就属于斜向沟通。因此,斜向沟通在企业中也十分常见,但由于沟通双方分属不同的部门,而且层级不同,往往会出现这样那样的问题,从而导致企业运营的无效率。因此,企业管理者应明确部门之间的职能划分,加强部门之间的联系,从而避免部门之间的相互推诿,提高企业效率。

2. 非正式沟通

非正式沟通是指正式沟通渠道之外进行的各种沟通活动,一般以企业人员之间的交往为基础,通过各种各样的社会交往而产生。它可以弥补正式沟通渠道的不足,传递正式沟通渠道无法传递的信息,使管理者掌握在正式场合无法了解的重要情况,为决策提供参照;同时也可以有效减低正式沟通渠道的负荷量,提高正式沟通渠道的效率。

非正式沟通往往以组织内的各种社会关系为基础,这种社会关系往往超越部门、单位以及层级的界限,形成一个相互交织的复杂的社会关系网。经由非正式沟通传递的信息中有很大一部分与企业的发展息息相关,因此企业决策层往往也会对这部分信息加以关注,并且由于其较正式途径具有弹性大、速度快的特点,在许多情况下,往往获得接收者的重视。

但是,过分依赖非正式沟通,也会带来很大的风险:非正式沟通往往以口头传递的方式进行,遭受歪曲或发生错误的可能性较大,而且无从查证。因此,与员工个人关系较密切的问题,如晋升、待遇、改组之类,往往出现所谓"谣言",这种不实信息的散布,往往给企业组织带来较大的困扰。

因此,对于这种沟通方式,管理者既不能完全依赖用以获取必需的信息,也不能完全忽视,而应当密切关注信息的传播动态,对有利信息加以有效利用,而对不利信息,尤其是错误信息进行及时的纠正和引导,为企业员工提供正确而清晰的信息,从而提高企业效率。

(二)语言沟通与非语言沟通

按照沟通的媒介划分,可以分为语言沟通和非语言沟通。

1. 语言沟通

语言沟通是指以语词符号为载体实现的沟通,而语词符号可以借助口头或书面的方式加以表达,因此,语言沟通又分为口头沟通和书面沟通。

(1)口头沟通。口头沟通是信息传递的重要渠道,通过沟通双方的说、听等行为来进行,其形式多样,如会谈、电话、会议、广播、讨论等,既可以是面对面的直接交流,也可以是群体的会议或讨论;既可以是正式的交谈,也可以是非正式的闲聊。

口头沟通是最为快速的沟通方式,在这种沟通形式下,信息可以在最短的时间内被传递,并在最短的时间内得到反馈。信息接收者如有疑问,可以在第一时间提出质疑,并且立即得到反馈,因此有效地保障了沟通的顺利进行。

当然,口头沟通也存在致命的缺点,尤其在沟通者较多、沟通信息较为复杂的情况下表现得最为突出,并且参与的人越多,信息量越大,信息失真的潜在可能性越大。因此,一般情况下,企业在做出重大决策时并不会全程采用口头沟通形式,而往往在其间的重要环节采用更为稳定的书面沟通形式加以确认。

(2)书面沟通。书面沟通也是信息传递的重要渠道,尤其是在正式场合,运用得更为广泛。它通过沟通双方的写、读等行为来进行,其形式包括通知、声明、报告、文件、通信、布告、报刊、备忘录、书面汇报等。

书面语言一般比口头语言更为周全，逻辑性更强，条理更清晰，并且书面沟通具有持久、有形、可以重复核实的特点。因此，对于复杂或长期的沟通，往往采用书面沟通的形式，哪怕其间穿插口头沟通，但其间任何的重要决定往往都会通过会议纪要、备忘录等沟通方式加以确认。例如，制订某个新项目的项目计划可能需要好几个月时间，并且需要经过各方多轮会谈才能确定下来，但无论其间运用了多少次的口头沟通方式，最终总是会以书面的方式将会谈的结果记录下来，以供计划的实施者据此实施计划。

与口头沟通相比，书面沟通的速度表现得更为缓慢。书面沟通的编码解码过程更为复杂，并且需要通过信件等物质形式加以传递，因此，在沟通过程中，往往会出现信件丢失、文件破损等情况，导致信息传递失败。为此，在实际管理过程中，我们往往采用签收并辅以其他沟通的方式来弥补其缺陷。

2. 非语言沟通

非语言沟通是相对于语言沟通而言的，是指口头沟通和书面沟通之外的沟通方式，包括正式的如展示、图表、影像动画、包装、建筑风格、标志等，以及非正式的如身体动作、面部表情、语气语调、空间距离等，其中以视觉沟通最为普遍。

在我们的沟通过程中，往往通过语言来表达信息的主要内容，并辅之以非语言方式来传递其他相关部分。因此，非语言沟通往往被误认为是辅助性或支持性的沟通方式，但有关研究发现，在面对面的沟通过程中，来自语言的社交意义实质上不超过 35%，即超过 65% 的信息是通过非语言方式即视觉形式进行传递的。

因此，我们在沟通过程中一定要注意对非语言信息的把握和理解，以提高沟通的有效性。

（三）单向沟通与双向沟通

按照沟通是否需要反馈进行划分，可以分为单向沟通和双向沟通。

1. 单向沟通

单向沟通是指无反馈的信息传递，即沟通双方（信息发送者和接收者）之间地位不变，一方只发送信息，而另一方只接收信息，如报告、演讲、指示等。由于信息的接收者只接收信息而无需反馈信息，其沟通压力相对较小。另一方面，信息发送者沟通压力较大，因为其无法在沟通过程中通过合理途径了解接收者接收信息的情况，如是否已经接收到信息、其接收到的信息是否与发送的信息一致等，并进而做出适当的调整。因此，单向沟通是否有效几乎完全取决于信息发送者能否事先做出正确的判断。

2. 双向沟通

双向沟通是指有反馈的信息传递，即沟通双方（信息的发送者和接收者）进行信息交流，从而使双方在沟通过程中的地位不断发生转换，即任何一方不仅是信息的发送者，同时也是反馈信息的接收者，如交谈、协商、会议等。因此，信息发送者是以协商或讨论的姿态面对接收者，信息发出后需要及时听取反馈意见，必要时双方可进行多次重复商谈，直到双方共同明确和满意为止。

因此，双向沟通具有准确性高、参与性强、感情易于交流等优点，有利于沟通双方充分参与其中，但也正因为如此，其沟通的实现需要较长的周期，在一些需要快速决策的情形下并不适用。

四、沟通网络

在信息交流过程中，信息发送者将信息直接传送给接收者，或者经由第三方转发，并最终送达接收者，由此便产生沟通的途径问题，即信息由发送者发出后经由何种途径到达接收者，而由各种沟通途径所组成的结构形态即为沟通网络,一般分为正式和非正式两种。

（一）正式沟通网络

正式沟通网络是根据企业组织机构的工作需要设计的,经由规章制度固定下来的,用以交流和传递相关信息的沟通途径。如图11－2所示,其主要包括五种基本结构形式:

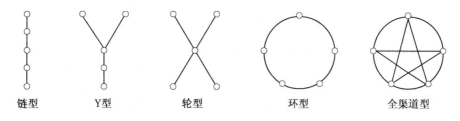

链型　　　　Y型　　　　轮型　　　　环型　　　　全渠道型

图11－2　五种基本的正式沟通网络

1. 链型沟通网络

信息在五个层级中逐级传递,只有上行沟通和下行沟通。在这种沟通网络中,信息流向单一,速度较快,但由于信息需要经过多次传递才能由发送者到达接收者,信息失真可能性较大。

2. 环型沟通网络

又称圆周型沟通网络,类似于链型沟通网络,但其信息链首尾相连形成封闭的环状形态,因此又有人称其为链型沟通网络的封闭形态。在这种沟通网络中,信息在五个人之间依次传递,其中,每个人都能同时与两侧的人进行交流,没有任何一方主控信息的传递与反馈,组织的集中化程度不高,因此,沟通成员之间地位较平等,能获得比较一致的满意度。

3. Y型沟通网络

链型沟通与环型沟通的结合,是指两个信息源,经由某个人或某个部门汇总后向其他人或部门传递,从而实现信息在四个层级中的逐级传递。因此,这个人或部门必然成为沟通的中心。这种形式集中化程度较高,解决问题速度较快,适用于主管部门需要相关部门专门从事信息的筛选工作以供其决策需要的情形。

4. 轮型沟通网络

属于控制型网络,是指信息的发送者直接将信息同步辐射式发送到最终接收者。在这种沟通网络中,存在一个明确的主导者,任何信息的传递与反馈均需通过此主导者,他是各种信息的汇集点与传递中心,起到领导、支配与协调的作用。这种网络类似于一个主管直接管理几个部门的权威控制系统。因此,其集中化程度高,解决问题速度快,当然对中心人员的要求也会比较高。

5. 全渠道型沟通网络

所有沟通参与者之间穷尽所有沟通渠道的全方位沟通模式。这种沟通网络并不依赖于某个中心人物对信息的收集与传递,而是在每个成员之间均建立起沟通联系,属于开放式的沟通系统。因此,其集中化程度低,民主氛围浓厚,系统成员之间习惯通过协商的形式进行决策。但成员较多时,由于渠道过多,往往容易造成混乱,反而影响沟通效率。

（二）非正式沟通网络

非正式沟通网络是组织成员在非正式沟通过程中自然形成的沟通渠道的集合。我们知道,任何正式群体中都存在着这样那样的非正式群体,因此,在正式沟通网络之外必然也存在着各式各样的非正式沟通网络,主要包括以下几种类型(见图11－3):

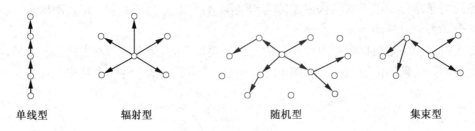

| 单线型 | 辐射型 | 随机型 | 集束型 |

图 11-3　非正式沟通网络

1. 单线型

信息在非正式渠道中依次传递,即 A 转告 B,B 转告 C,C 转告 D……如此通过一连串的人,把信息最终传递到接收者。

2. 辐射型

信息经由某人传递后到达所有其他人,即 A 把信息传递给所有其他人。因此,A 是该非正式网络的关键人物,典型的如我们通常所说的"长舌妇",因此,也有人形象地称其为饶舌型。

3. 随机型

信息由某个人传递给其他人,其他人再随机地传递给另一些人,即想告诉什么人就告诉什么人,并没有确定的中心人物,在沟通成员上也没有选择性。因此,信息一旦传播出去,便很难查找信息源,也很难对传播范围进行预测和控制。

4. 集束型

与随机型不同,集束型是指在沟通过程中有选择地将信息传递给某些人,如自己的朋友或亲人。因此,该信息最终会在一个比较固定的范围内传播,有利于信息源的查找以及传播范围的预测和控制。

第二节　沟通管理

对个人来讲,沟通是一种生存技能,是对其知识能力、表达能力、行为能力等的全面体现;对企业来讲,沟通是企业管理的有效工具,是企业各项工作顺利开展的重要前提,是其综合竞争实力的重要支撑。因此,无论是企业管理者还是普通员工,都需要做好沟通工作。然而,怎样才算是有效的沟通呢? 影响沟通有效性的因素有哪些? 作为管理者应该如何管理企业内部的沟通网络?

一、沟通的有效性

经过前一节内容的讲解,我们了解到沟通并不总是有效的,要想完成一次有效的沟通必须注意以下几个方面:

首先,信息发送者清晰地表达信息的内涵,以便信息接收者能够准确理解,即编码必须以沟通双方都能理解的方式进行,且确保正确无误。

其次,信息传递过程不出差错,即信息进行编码后由发送者传递给接收者的过程顺利进行。

再次,信息接收者完整且准确地恢复信息的内涵,即解码和理解过程正确无误,同时做出及时有效的反馈。

最后,信息发送者对信息接收者的反馈做出及时反应,必要时对沟通过程做必要的修正,免除不必要的误解。

在一次沟通过程中,一般情况下只要注意把握以上几个方面,实现信息完整准确的传递,那么我们就认为一次有效的沟通完成了。然而,人之所以为人,是因为我们生活在一个社会群体中,我们不仅有物质方面的需要,还有精神情感方面的要求,因此,我们在此对"沟通的有效性"提出了更高的要求,我们认为有效沟通不仅仅是有效果的沟通、有效率的沟通,还应该是有笑声的沟通:

首先,有效果的沟通强调沟通的目的性,即通过沟通实现既定的目标,如达成共识、获得谅解等。

其次,有效率的沟通强调沟通的时效性,即沟通必须在最短的时间内完成,以最低的成本实现。

最后,有笑声的沟通强调沟通的人性化,即任何一次沟通都要努力使参与者感受到自身的价值,得到尊重等精神层面的满足。

然而,对于一个企业整体来说,无时无刻不在进行着各式各样的沟通,这些沟通内容多如牛毛,沟通形式千变万化,沟通效果也不尽相同,对企业的影响程度也各式各样。因此,沟通的管理应该不仅仅指向某次有效沟通的实现,而更应该站在企业全局的角度,对整个企业内部各式各样的信息沟通渠道进行统一协调管理,以便各种有利信息能够在企业内部得到顺利流通,而各种不利信息得到有效遏制,以确保企业的顺利运转。那么,影响沟通的主要因素有哪些呢?

二、影响沟通的因素

在沟通过程中,存在妨碍沟通顺利进行的诸多因素,它们隐藏于沟通过程的各个环节,以各种方式干扰沟通的顺利进行,导致信息的失真甚至丢失,使得信息的传递不能发挥正常的作用。经过深入的研究我们发现,影响沟通有效性的因素主要包括如图11-4所示的几个方面:

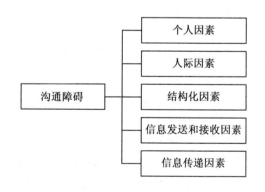

图11-4　沟通障碍分类

(一)个人因素

有效沟通的实现很大程度上受个人因素的制约,如个人的修养、气质、态度、情绪、见解、记忆等,都会在信息的过滤传递过程中不同程度地影响沟通的有效实现,其中又以以下几个方面最为显著:

1. 选择性扭曲

选择性扭曲是指个体有选择地将某些信息加以扭曲,使之符合自己的意向。任何个体在吸收外来信息时,总会将新信息与头脑中原有的信息进行融合,使之在本体中达到和谐统一。因此,个体往往倾向于吸收与自我意见相一致的信息,而排斥不一致的信息,哪怕最终选择了后者,但也往往会给出合理的解释,以达到内部心理的和谐统一。例如,在得到利于自身和不利于自身两方面的消息时,个体往往更倾向于相信利于自身的信息是真实的,而当无法否定不利于自身的信息的真实性时,个体又往往会自我安慰说这是因为自己最近表现得太突出,而引来别人的嫉妒。

因此,这种倾向性存在于每一个个体的心灵深处,随时以各种自觉不自觉的方式影响着个体的行为选择,从而表现出自我中心倾向,如果不加以适当的调整和控制必然会影响沟通的有效进行。

2. 敬业态度

任何个体对待工作的态度都有所不同,当然对待工作中必然发生的沟通也会不一样:一种是认知差异,即对工作中某些信息的重要性的认知存在差异;另一种是利益观念,即个体一般情况下更关心与自身利益直接相关的信息,而并不太关心如组织目标、管理决策等方面的与自身无直接利害关系的信息。

3. 知识经验水平

每个个体的知识经验水平都存在差异。在信息沟通过程中,沟通双方经验和知识水平差距越大,越不利于沟通的顺利进行。另外,个体经验差异对信息沟通也存在影响。例如,一个经验丰富的人往往会对信息沟通做通盘考虑,谨慎细心;而一个初出茅庐者往往会不知所措,因为信息沟通双方往往依据经验上的大体理解去处理信息,经验不同,理解也会不一样,从而对沟通的顺利进行产生影响。

(二)人际因素

人际因素指的是以相互信任为核心的人与人之间的情感联系。有效的沟通需要以相互信任为前提,只有这样才能保证上下级之间、领导与员工之间的全面有效的合作,使得向上反映的情况得到重视,向下传达的决策得到迅速实施。如果管理者在工作中过分严厉,给人造成难以接近的印象,或者管理者缺乏必要的同情心,不愿体恤下属,都容易造成下属对上司的恐惧心理,从而不利于彼此之间信任关系的建立,进而影响沟通的顺利进行。

(三)结构化因素

在管理实践过程中,大部分信息都需要经过层层传递才能到达最终接收者,因此,间接沟通普遍存在。在这种情况下,组织结构的设置必然对信息的有效传递、沟通的顺利实现产生重要的影响。一般认为,信息传递过程所经过的层级越多,它达到最终接收者的时间越长,信息的失真率越大。一项研究表明,一个信息经过 5 个层级的传递后,信息损失平均达到 80%,即信息的真实度只有 20%。其中,第一级保真率为 60%,第二级保真率为 56%,第三级为 40%,第四级为 30%,最后一级为 20%。

因此,如果组织结构设计过于复杂,机构臃肿,层次过多,那么就会出现相互扯皮、上下不通、左右不和等问题,沟通自然受阻。

(四)信息发送和接收因素

信息发送和接收因素主要是指信息发送者编码和接收者解码过程中可能存在的偏差。任何沟通的准确性在很大程度上依赖于沟通者赋予各种信息符号的意义,而往往不同的人对同一符号的理解是不一样的,这便导致了通常出现的"对牛弹琴"、"鸡同鸭讲"等沟通不畅的现象。

例如,我们在沟通中最常使用的语言,它实质上只是一个符号系统,被我们用于描述和表达自身的观点,而其本身并没有任何意义。因此,我们在使用语言来表述我们所要表述的内容的时候,往往受到我们个人独特的经历、个人需要,以及社会背景等因素的影响,从而导致同一语言对不同的人具有不同的含义的情况出现,这必然对沟通的顺利进行造成影响。

（五）信息传递因素

信息的传递因素主要指的是信息传递过程中可能出现的信息丢失问题。一般情况下,这是一个物理传递的过程,如果信息传递载体不出现故障,如信件遇水导致字体模糊辨认不清、电话信号出现故障等,一般情况下,发送者发出的信号与接收者接收的信号是一致的。当然也不排除存在外在干扰导致信息传递不畅的可能性,如两人交流时,其他人大声说话,导致彼此听不清楚。

因此,在沟通过程中要注意选择合适的安全的沟通媒介,如简单明了的信息交流可以选择电话沟通,复杂难理解的信息交流可以选择书面沟通加面对面的会谈等,以保证沟通能够顺利进行。

三、沟通的障碍与控制

（一）沟通障碍

上文介绍了影响沟通的主要因素,而这所有因素中任何一个因素出现问题都会导致沟通不能顺利实现,这便是沟通障碍的问题。企业组织在运营过程中存在的主要沟通障碍有以下几种:

1. 距离

主要包括两种情况:一种是空间的距离,另一种是地位的差距。对于前者,我们知道,完美的沟通在一定程度上都需要多种沟通媒介的联合作用,如口头语言与表情等肢体语言的结合,但由于物理距离的存在,导致沟通主体之间不能面对面交流,因此沟通媒介往往比较单一,也由此产生沟通障碍,当然,这可以通过技术进步加以一定程度的改善。对于后者,主要是指企业中不同个体之间的职位差别,这种职位差别会带来个体权力、地位等的差异,使得沟通双方之间产生心理鸿沟,并且地位差距越大,心理鸿沟越大,这种心理鸿沟的存在必然影响沟通双方的正常交流,从而产生沟通障碍。

2. 曲解

世界是客观存在的,但人对世界的理解却是主观的。因此,在沟通过程中,作为沟通主体的个人,往往有意无意地向对方传递自身对信息的主观理解,当一个人无法分清客观事实与自我观点之间的界限和区别时,曲解就产生了。而这种曲解又往往会通过双方的交流向对方传递:如果双方态度一致,则可能强化这种曲解;如果双方态度不一致,则有可能引发双方的争执。不管哪一种都不利于沟通的顺利进行,都是沟通障碍的具体表现形式之一。

3. 语义

语言是沟通的重要媒介,尤其是在工作中,我们更多地依靠语言——无论是口头语言还是书面语言——来进行工作信息等方面的沟通交流。而对具体语言文字的理解往往需要依托具体的语言环境,不一样的语境就会有不一样的语义。例如,同样是"花",有的时候代表的是"花朵"的意思,指的是植物的生殖器官,是个名词;也有的时候代表的是"花心"的意思,指的是某个人感情不专一,是个形容词。因此,当我们在沟通过程中对语义理解错误时,沟通障碍就产生了。

4. 职责不明

在任何企业组织内部都存在着各式各样的分工形式,当分工不明确时就会出现沟通障碍。我们知道,任何沟通都具有一定的目的性,或者传递必要的信息,解决一定的问题,或者达成某些共识,因此,沟通主体是否具备正当的资质成为沟通能否顺利实现的必要条件。例如,当企业营销出现问题时,如果是市场策划的问题则应找市场部门,如果是销售问题则应找相关的销售部门,但如果企业内各部门之间分工不明确、职责不清晰,它们之间就有可能相互推诿,沟通也就不可能顺利实现了。

5. 信息缺失

任何沟通的顺利实现都需要充足的信息基础。例如,当企业需要就购买相关设备做出决策时,往往会出现各个部门意见不一的情况:生产部门倾向于购买技术最先进的设备,财务部门倾向于购买价格更实惠的产品,而销售部门则可能依据产品的销售情况提出自己的建议。为什么会出现这种情况呢? 立场不同当然是一个方面,但最主要的还是各部门所掌握的信息不同:生产部门了解更多产品生产过程中的困难,并期望得到改善,但他们并不十分了解企业财务上的困难,因此倾向于购买价格昂贵但技术一流的设备。如果每个部门都如此,那么达成有效的共识将会非常困难,而唯一的解决方案就是向决策各方提供充足的决策信息,并在此基础上进行有效的沟通。

6. 信息爆炸

与信息缺失正好相反,信息爆炸是因为信息太过泛滥而导致的沟通障碍。这是一个信息爆炸的时代,来自于各种渠道的信息在网上、在报纸杂志上泛滥成灾,我们现在面临的往往不是信息太少,而是信息太多的问题,因为我们无法辨别哪些信息是真的,而哪些信息又是假的。因此,面对这种"信息过载"的情况,管理者必须利用大量的时间和精力去甄别,以提炼有效的信息,这必然给沟通的顺利进行带来困难。有关研究显示,当人们负载信息过度时,其绩效往往比在信息不足情况下还要糟糕。

(二)沟通障碍的控制

上文介绍的沟通障碍普遍存在于企业管理的各个环节,那么作为企业管理者应该采取何种措施来进行有效的预防和控制呢?

1. 个人沟通技巧方面

任何沟通都是在不同的个体之间进行的,因此个体的沟通能力和技巧成为影响沟通有效性的一个重要方面。那么,个人的沟通技巧有哪些呢?

(1)积极地倾听。积极倾听是实现有效沟通的重要方面。狭义的倾听是指凭借听觉器官接收言语信息,进而通过思维活动达到认知、理解的全过程;广义的倾听包括文字交流等方式。因此,倾听不是被动地接收,而是对含义的主动搜寻。在沟通过程中,倾听不仅可以使自己获得更多的信息,以便准确理解对方的意图,从而做出正确的决策;同时还可以给对方留下谦逊的印象,表达自己对对方的理解和尊重,从而为双方的进一步沟通营造和谐的气氛。

积极倾听是在接纳的基础上积极地听,认真地听,关注地听,并在倾听时适度参与。因此,倾听是有技巧可以应用的。以下八个方面可以帮助我们更好地倾听:多问开放式的问题;使用目光接触;适当地保持沉默;展现赞许性的点头和恰当的面部表情,并显示自己对对方谈话内容的思考;克服心不在焉的现象,避免分心的举动或手势;以设身处地的态度对待对方;有耐心,不要过早对对方的谈话做出判断,不要随意打断对方;不要妄加评判和争论,提意见时态度要平和、宽容。

测测你的倾听能力

这是一道倾听能力测试题,请在30秒内答完,请不要因为追求速度而忽视了质量。

1. 请在纸的右上角写下你的尊姓大名;

2. 请在纸的左上方写下今天的日期(格式为:××××年××月××日)

3. 请在左上方日期下面写下"你现在的住址";

4. 请将你的名字圈起来;

5. 请在纸的左下方画三个正方形;

6. 请在每个正方形里画上加号;

7. 请在每个正方形旁边画三个等边三角形;

8. 请将每个三角形圈起来;

9. 请写下你的年龄,乘以24,再加100,结果乘以365,请在纸的右下方写下你计算的最终结果;

10. 请在纸的背面写下你最喜欢的一首诗;

11. 请在纸的左下方你计算的数字上面写下背面你写的诗的作者;

12. 请在作者后面写下作者的朝代;

13. 请在纸的最上方写下你现在或最近正在看的一本书;

14. 请在纸的右侧,竖排写下你最喜欢的电视剧的名称;

15. 请在纸的左侧,竖排写下你最喜欢的电影的名称;

16. 请与你左右位置的同事握手;

17. 请认真阅读以上内容,如已阅读完毕请只做前四道题;

18. 请将以上部分自17题以上对折放好,答题完毕。

答案解析:

1. 如果你能从头到尾"听"纸说完,你就可以在30秒内将1~4题答完;

2. 如果你能真正倾听纸的诉说,就可以写下正确的日期:2011年11月07日,而不是2011年11月7日;

3. 如果你能真正明白纸所要表达的意思,就可以写下正确的:"你现在的住址"六个字,而不是在婺城区或者金东区的地址。

其实,这只是一个小测试,但测试内容在一定程度上说明了沟通过程中我们常犯的一些错误。

通过这个小测验,希望大家能够明白,倾听是如此的简单,但其实又是如此的复杂,要想真的学会其实很难。

(2)有效地表达。有效地沟通不仅要求信息被接收,更重要的是信息被理解,因此,对于信息发送者来说,不管是口头沟通还是书面沟通,都要能够清晰而又准确地表达自己的意思。

因此,我们必须注重表达能力的培养,即人们通常所说的"说"和"写"的能力。以下几个方面可以帮助我们提高表达能力:事先做好充分准备,包括心理上的调整以及相关沟通材料的准备;尽量使用对方容易接受的语言文字,避免批评性语言,吐字清晰,条理清楚,积极借助手势、动作、表情等非言语表达方式;调整措辞,尽量使用"我们"等表示友好民主的词汇,以缩短双方之间的心理距离;加强表达的逻辑,使发送的信息清晰明确,避免文理不通、逻辑混乱的情况发生。

(3)注重反馈。无论是信息发送者的编码过程,还是信息接收者的解码过程,都掺杂了自身对信息的主观判断,因此,存在误差在所难免。这种误差的存在必然给沟通的顺利进行带来威胁。因此,信息接收者要对信息做出及时反馈,信息发送者则要及时接收反馈信息,并据此在沟通中做出适当调整。只有如此,才能保证信息准确表达、有效传递,并获得正确理解的目的。

反馈一般包括正面反馈、负面反馈、修正性反馈和没有反馈四种。正面反馈表示肯定对方;负面反馈则相反,表示否定对方;修正性反馈是在肯定对方的同时提出自己的改进建议;没有反馈是指没有任何正面或负面的意见,即不做出任何反应。相关研究显示,不同的反馈类型对信息发送者积极性的影响是不同的:正面反馈可以有效提高信息发送者的积极性;修正性反馈次之;负面反馈再次之;没有反馈对信息发送者积极性的打击最大。因此,我们必须强调在沟通过程中一定要避免表现出冷漠的态度,哪怕不同意对方的观点,提出反对意见也要比没有意见强。

你在听吗?

这是一个小游戏。游戏规则如下:

每2人为一组,背对背坐着,其中一人向另一人讲述自己的事情,过程中一定要不停地说,想说什么就说什么;另一人不能做任何反应,持续4分钟。然后大家互换角色。

结束后,回想自己的感受,回答以下几个问题:

1. 你在讲的时候,你觉得背后的人在干什么、想什么? 你有什么感受?

2. 你还想继续说下去吗?

3. 如果要愉快地继续你的讲述,背后的人需要做些什么?

4. 以后别人在对你讲话的时候,你觉得你应该怎么做?

---

(4)积极利用新技术。目前已进入沟通的新技术时代,管理者应注重学习并逐步在企业中推广应用有利于改进沟通的各种新型电子设备。这些设备包括大型计算机、微机、个人电脑、互联网、电子打印机、移动电话等。这些设备的推广和使用使得人们有更多、更便捷的沟通方式,如电子邮件、声讯邮件、在线讨论、视频会议等。

在企业管理实践过程中,作为企业管理者应熟悉并掌握这些技术,了解它们各自的优缺点,并在适当的环境下加以合理的利用。例如,电子邮件相较于普通信件具有方便、快捷等优点,但由于网络的漏洞,又同时存在不安全、无法进行真伪辨别等缺点。因此,在企业沟通过程中,需要依据具体的情况做出选择:就日常工作实务进行沟通时选择电子邮件,方便快捷且节约成本;就重要工作事宜进行沟通时选择普通信件,安全稳定不易丢失。

2. 企业组织宏观控制方面

企业组织内部的沟通都是在企业制度文化这个大环境中进行的,因此无论是企业制度,还是企业文化等各个方面都会对企业内部沟通的顺利进行造成影响。因此,在考虑沟通障碍控制时,我们还必须从企业组织层面来加以把握。

(1)营造良好的沟通氛围。良好的企业沟通氛围能够鼓励员工开诚布公地与他人交流。上级可以坦诚地向下属表达自己对其工作的建议和批评,而不必担心下属心存芥蒂;下属也可以坦然地向上级汇报工作情况,而不必担心给自己带来麻烦。因此,创造良好的沟通氛围为企业内部沟通渠道的顺畅运转提供了有力保证,有利于管理者和员工分享企业的最新信息,减少流言蜚语的产生,提高员工的参与度和归属感。

在组织沟通过程中,只有各方成为利益共同体,彼此相互尊重、相互信任,才可能使沟通具有良好的心理基础,并且通过多种授权的方式,赋予企业内部多渠道上行沟通的合法性,推广民主、公平的价值观,只有如此,才能为企业沟通创造平等、民主、互利的沟通氛围。

(2)合理调整企业组织结构,适当减少组织层级。任何企业都有自身的组织结构,而组织结构设置的合理与否直接关系到企业内部信息能否顺利流转。如果企业组织层级过多,则容易造成信息传递过程中信息扭曲甚至丢失等问题。例如,传统的直线型组织,层级较多,内部信息流向单一,企业基层的信息往往需要通过层层关卡才能上达,领导层的命令同样需要通过层层关卡才能下达,因此,信息保真成了沟通过程中最大的难题。尤其是被誉为信息传递"永久冻土层"的中层科室,往往为了自身利益,或迫于企业领导者的威严,采取报喜不报忧的做法,对信息加以过滤,导致信息严重失真,沟通无法顺利进行。

因此,在企业管理实践过程中,作为企业管理者,应依据企业自身规模和经营的实际情况,合理调整企业组织结构,尽量减少企业层级,设计多条沟通渠道,确保信息及时有效地上传下达,保证企业的有效运营。

(3)建立、健全正式沟通渠道和制度。正式沟通包括上行沟通、下行沟通、平行沟通等,是企业组织内部信息流转的主要途径。因此,建立、健全正式沟通渠道和制度对企业开展正常运营活动具有重要的现实意义。可采用的方法有以下几个:

①定期安排经理接待日,了解员工的实际需求,提高员工的沟通积极性。

②定期召开会议,及时传达上级的意图,避免信息传递延误。

③编制企业内部报纸或杂志,设置员工意见专栏,加大信息公开力度的同时,鼓励员工建言献计,增强员工的民主参与意识。

④设置员工建议箱,并对员工的建议或批评进行及时的反馈。

⑤加强制度管理,完善企业沟通制度,明确员工的工作职责,消除企业内部多头管理的现象。

⑥规范企业内部各部门之间的沟通渠道,进行制度化管理,保障企业各部门之间信息交流渠道畅通。

(4)合理引导非正式沟通渠道的使用。非正式沟通包括生日宴会、旅游、文艺和体育活动等,一般我们认为,如果企业组织内部非正式沟通盛行,那么极有可能造成小道消息泛滥的后果,从而给企业组织的正常运营带来消极影响。因此,如何最大限度地降低非正式沟通对企业带来的负面影响是企业管理者应当认真考虑的重要内容之一。

然而,全面消除非正式沟通又是不可能的,并且也是没有必要的,因为它是正式沟通的重要补充,是企业内部信息流转的重要方面,有时甚至起到关键性作用,我们往往借以判断通过正式渠道流转的信息的可靠性。

因此,在企业管理实践过程中,作为企业管理者,应积极采取措施合理引导非正式沟通渠道的建立,如开展体育比赛、游园活动等,在丰富员工业余生活,增进员工之间相互交流、相互了解的同时,有针对性地降低小道消息等非正式沟通对企业正常运营产生的负面影响。

本章小结

在企业运营过程中,管理者要了解下情、获得理解、发布命令,员工要表达愿望、提出意见、交流思想,这一切的实现都需要通过有效的沟通。因此,有效沟通是企业有效运营的关键,是企业管理活动的重点。本章正是本着这样的观点,对沟通进行了详细的分析和介绍,具体内容

总结如下:

1. 沟通概述:主要介绍了沟通的概念、过程、种类,以及主要的沟通网络,通过这一节的学习,我们将了解以下内容:

(1)沟通的概念:沟通是指为了实现既定的目标,人与人之间、人与群体之间,或者群体与群体之间进行信息与情感的传递以及反馈的过程。

(2)沟通的过程:主要涉及发送者、编码、信息、渠道、解码、接收者和反馈七大因素;信息确定、编码、传递、解码及反馈五大环节。任何一个环节出现问题都将导致信息失真,从而带来沟通障碍。

(3)沟通的种类:按照不同的标准,我们可以将沟通进行不同的分类。按照组织系统划分,可以分为正式沟通和非正式沟通;按照沟通的媒介划分,可以分为语言沟通和非语言沟通;按照沟通是否需要反馈进行划分,可以分为单向沟通和双向沟通。不同的沟通类型对企业运营的作用也不一样,因此,我们在实践中应该区别对待。

(4)沟通网络:主要涉及的是信息传递途径的问题,我们可以将其分为正式沟通网络和非正式沟通网络。不同的沟通网络对信息的保真率、员工的满意度等均有不同的影响。

2. 沟通管理:主要介绍影响有效沟通的主要因素,沟通障碍有哪些表现形式、如何加以控制等内容。

(1)沟通的有效性:我们认为完美的沟通不仅需要强调信息的快速有效传递,还应该强调沟通过程中的人性化,即任何一次沟通都要努力使参与者感受到自身的价值,得到尊重等精神层面的满足。

(2)影响沟通的因素主要包括个人因素、人际因素、结构化因素、信息发送和接收因素,以及信息传递因素五个方面,任何一个因素都对沟通的顺利实现具有不可估量的影响。

(3)沟通的障碍与控制,具体介绍了沟通障碍的主要表现形式,并据此从个人沟通技巧和企业宏观控制两个层面提出相关建议。

练习题

一、简答题

1. 沟通是什么,对企业组织的有效运营具有哪些影响?
2. 沟通的过程包含哪些环节,各个环节是如何对沟通的有效性产生影响的?
3. 列举沟通的不同方式,并比较其特点和适用性。
4. 什么是非正式沟通,在管理过程中应如何对待?
5. 影响沟通有效性的因素有哪些? 您认为哪一种最重要?
6. 沟通障碍的主要表现形式有哪些? 应如何加以控制?

二、案例分析

你的同事小张是一个很优秀的销售代表,在公司业绩领先。但他最近有点消沉。下班以后,在办公室,他找你聊天。

小张说:"我用了整整一周的时间做这个客户,但客户的销售量还是不高。"

小张说:"哎,我用了整整一周的时间做这个客户,也不知道怎么搞的,客户的销售量还是不高。"

小张说："看来是麻烦了,我用了整整一周的时间做这个客户,客户的销量还是不高。"

小张说："说来也奇怪,我用了一周的时间做这个客户,销量还是不高。"

案例思考题:

1. 小张的四种说法内涵一样吗?

2. 你能从小张的不同说法中读出背后隐藏的内容吗?

3. 针对不一样的说法,你应该作何种回答?

第十二章

人力资源管理

学习目标

学完本章后，你应该能够：

1. 认识到人力资源管理的重要性。
2. 了解人力资源管理的形成、机理、性质、功能及地位。
3. 掌握人力资源管理的内容。
4. 了解人力资源管理有什么艺术体现。
5. 了解怎样做到个人激励和达成团队精神。
6. 了解我国企业人力资源管理中存在的问题及探讨改进方法。

要点概述

1. 人力资源管理概述

阐述人力资源管理的形成过程；国内与国外人力资源管理发展现状的比较；人力资源管理的机理；人力资源管理与人事管理的区别；人力资源的性质；人力资源管理的功能；人力资源管理的地位。

2. 人力资源管理的内容

包括人才规划与职位分析；人才招录与培训开发；选拔；面试技巧；员工培训开发；绩效管理与薪酬福利管理。

3. 人力资源管理的艺术

主要由人性化管理、人心管理体现人力资源管理的艺术。

4. 个人激励和团队精神

激励员工，让员工满意，拿出更多的时间为企业效力；团队的构成，如何打造团队，如何解决团队冲突。

5. 我国企业人力资源管理中存在的问题及改进方法

人力资源开发与管理理念落后;人力资本投资不足、机制不完善;管理模式单一;企业人力资源管理与企业发展战略严重脱节;并提出解决方案,树立"以人为本"的科学管理理念,采用科学管理手段等。

案例导读

宝洁之谜:把人力当作武器

诞生于 1837 年的宝洁,起初只是美国俄亥俄州辛辛那提市 18 家蜡烛和肥皂制造商之一,两位创始人威廉·普洛科特和詹姆斯·甘布尔选取了各自姓氏中的第一个字母,组成了 P&G。这家风格保守但又不断创新的公司,在此后 160 多年的光阴中,成功地开创了一个日化消费品行业的宝洁帝国。是什么力量使一家公司如此长盛不衰呢?

一、宝洁启示录

在公司演进的过程中,利润最大化都是始终被强调的。只不过在不同时期,利润所满足的对象从企业主、合伙人、股东进而泛化到各种利益相关者。已经有越来越多的公司认识到,单纯追求规模和利润并不能使公司本身基业长青,甚至依赖或沉迷于某一种成功产品或市场策略、卓越领导人的洞察能力都是危险的。

而令人悲哀的现实是,大量企业以追求利润和规模为愿景目标,为此它们不惜与资本媾和,并寻租政府权力;它们经不起人事动荡的反复折腾,每一次的改朝换代都带来大规模的清洗和肃反,并改换管理体制;它们建立的是一个低信任度的组织,管理者和员工依靠利益交易的关系暂时聚合在一起,企业成为赚钱的工具和机器,公司政治成为主导企业发展的隐性力量。在某些人眼中,公司只意味着可以分割出售的资产,或是独立于社会约束之外的个人帝国。

那么,究竟什么才是公司基业长青的关键因素?从宝洁的个案看,答案是企业文化和忠诚于该文化的一代又一代的员工。员工塑造着企业文化,而企业文化又影响员工并通过员工传承。企业文化包括价值观、公司使命和愿景等一系列价值判断,而伟大的公司总是善于将这些抽象的企业文化理念融入组织设计和运行的各个环节和层面,并外化为员工的自觉行为,从而使公司看起来像一个整体:无法具体说清楚到底哪一部分细节最出色,而是整个公司变成一件完美的艺术品。

二、如何建立人力帝国?

毫无疑问,人才是保存公司文化和核心竞争力的传递者,而非产品和技术——没有哪一项产品和技术可以横跨百年而不被淘汰。宝洁的历任 CEO 都是从初进公司时的一级经理开始做起的,他们熟悉宝洁的产品,也熟悉宝洁的经营机制,更重要的是,他们对宝洁的文化有百分之百的忠诚。他们是随着宝洁公司成长而一道成长的,这种自豪感和主人翁意识可以很好地保持公司的凝聚力。而从组织文化的角度来说,如果有太多的"空降兵"进入的话,这个组织就会在文化融合方面付出更高的成本。

当然,给一个职位找到合适的人才其实有很多种方法。例如,可以到市场上"购买",通过猎头公司迅速挖到有成熟经验的人;或者可以让员工"学习",把员工派到竞争对手那里去参观访问,了解对方的长处;或者可以"借用",从咨询公司借调人员来暂时弥补职位空缺。相比而言,花大力气培养内部员工的方法是成本最高的,但是,宝洁却偏偏选择此途,而且在员工培训方面更是投入了大量公司资源。对宝洁来说,难道非如此不可吗? 这就又回到了最初的命题:宝洁到底是一家追求无限利润的公司,还是一家尊重和培养人才,并依靠文化传承而存续的公司? 答案当然是后者。

宝洁是一家重视人才胜过重视产品、重视文化胜过重视利润的公司。许多伟大的公司领袖都相信,利润并不是公司追求的终极目标,而是努力工作所随之而来的客观回报;公司存在的目的,不是为了成为股东或者员工赚钱的机器——尽管它可能是一部闪闪发亮、运转良好的机器,而是为了尊重和实现每一个人的价值,这种价值将会为客户、投资者、合作伙伴、社区和其他利益相关者带来更多的益处。

　　资料来源:仇勇:《叩开宝洁之门》,中国方正出版社 2004 年版。

随着人类进入全球化、知识化、网络化普及的知识经济时代,企业要想在竞争中占有一席之地,增强自身的竞争力是关键。而竞争力往往更多地依赖于创新能力,这样就不可能低估人的作用。从工业革命时期的人事管理到现代的人力资源管理,都把人当作企业的主体,确立人在企业中的主导地位,企业的一切管理活动主要围绕调动员工的积极性、主动性和创造性来进行和展开。传统企业的经济目标是追求利润最大化,而现代企业的目标是追求经济效益与社会效益。面对日益激烈的竞争,人力资源乃是塑造组织绩效的一项重要资源,人才是保存公司文化和核心竞争力的传递者。以上案例中,宝洁是一家重视人才胜过重视产品、重视文化胜过重视利润的公司,正是其对于人力资源的重视和充分发挥人力的作用,才能在商场中立于不败之地。然而,宝洁作为目前全球最大的日用品公司之一,全球员工近110 000人,如此庞大的人力资源如何才能被管理得井井有条呢? 所以,人力资源管理对组织目标实现的贡献程度越来越彰显其价值。本章将一一为大家呈现人力资源管理的独特魅力。

第一节　人力资源管理概述

企业的生存需要资本,企业的发展需要人力。当人力渐渐成为一种资本时,人力资源就成为企业生存与发展必不可少的组成部分和推动力量了。面对日益激烈的竞争,人力资源乃是塑造组织绩效的一项重要资源,其对于提高企业绩效的作用已经逐渐被人们所认可,其在战略层次上与企业绩效的正相关关系也为国内外企业的实践所证实。在人类所拥有的一切资源中,人力资源由于其诸多特点,成为持续性竞争优势的源泉,成为现代管理的核心。

一、人力资源管理的形成

人力资源管理是一门新兴的学科,问世于 20 世纪 70 年代末。人力资源管理分为人力资源管理的提出和人力资源管理的发展两个阶段。而"人力资源"这一概念早在 1954 年就由彼德·德鲁克(Peter F. Drucker)在其著作《管理的实践》中提出并加以明确界定。20 世纪 80 年代以来,人力资源管理理论不断成熟,并在实践中得到进一步发展,为企业所广泛接受,并逐渐取代了人事管理。进入 20 世纪 90 年代,人力资源管理理论不断发展,也不断成熟。

在百科名片中,人力资源管理被定义为:在经济学与人本思想指导下,通过招聘、甄选、培训、报酬等管理形式对组织内外相关人力资源进行有效运用,满足组织当前及未来发展的需要,保证组织目标实现与成员发展的最大化。就是预测组织人力资源需求并做出人力需求计划、招聘选择人员并进行有效组织、考核绩效支付报酬并进行有效激励、结合组织与个人需要进行有效开发以便实现最优组织绩效的全过程。① 同时对人的思想、心理和行为进行恰当的诱导、控制和协调,充分发挥人的主观能动性,使人尽其才、事得其人、人事相宜,以实现组织目标。这些活动主要包括企业人力资源战略的制定,员工的招募与选拔、培训与开发、绩效管理、薪酬管理、员工流动管理、员工关系管理、员工安全与健康管理等。而现代的人力资源管理的定义为:人力资源管理是指组织为了获取、开发、保持和有效利用在生产和经营过程中所必不可少的人力资源,通过运用管理学、心理学、社会学、人类学的技术和方法所进行的工作规划与分析、招聘录用、教育培训、绩效与薪酬设计、员工关系与情绪管理等活动,以实现组织既定目标的管理过程。

二、国内和国外人力资源管理发展现状的比较

市场经济条件下,我国中小企业的发展虽然具有资金经营灵活、市场反应灵敏、适应多样化需求等优势,但同时也存在着规模效益差、管理滞后等劣势,尤其是人力资源管理上存在的问题,一直是制约其发展壮大的"瓶颈"。目前,我国人力资源普遍存在三大缺陷:数量多,质量差,结构不合理。当然,这只是一种暂时现象,如果通过有目的、有计划的培训,挖掘员工的潜能,还是可以改变的。

国际人力资源管理,强调经济全球化情况下跨文化的人力资源管理。国外人力资源管理主要的管理理论有"抽屉式"管理、"一分钟"管理、"破格式"管理、"和拢式"管理和"走动式"管理等。

三、人力资源管理的机理

图 12—1 介绍了人力资源管理的机理。该机理反映的是员工与企业之间的相互依存关系。员工高效的生产为企业带来优质的产品与服务,企业因此获得绩效并可持续发展。企业的良好运转可以将更多的精力投入人力资源的管理上,培养更多优秀的员工。如此良性的循环,为企业带来无限的生机。

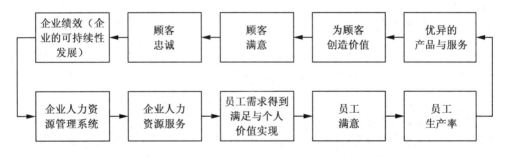

图 12—1 人力资源管理的机理

四、人力资源管理与人事管理的区别

(一)管理职能的区别

传统的人事管理主要是招募新人,填补空缺,控制员工工作;而人力资源管理是为实现组织的目标。传统人事管理的特点是以"事"为中心,管理的形式和目的是控制人;而现代人力资源管理以"人"为核心,管理的出发点是着眼于人,目的是使企业取得最佳经济和社会效益。

① http://baike.baidu.com/view/4692.html.

（二）对人的态度

人力资源管理将人看作组织的第一资源，以"人"为核心，更注重对其的开发，因而更具有主动性。而关于"事"和"物"，可以归结为相关的制度、奖惩措施等这些可以物化的东西，同时，这也是传统人事管理的管理手段。人事管理只通过这些物化的东西对人力进行机械化管理，而忽略对其能动性的开发。虽然现代社会提倡人力资源管理，但是仍然不能丢下一套严格的"事"和"物"的限制，所以重点就是要打破过去存在于企业中的各种关系网，形成一种公平、公正的激励和分配机制，做到真正的"以人为本"。

（三）对人的管理

人事管理属于"经济人"管理，它认为人的一切行为都是为了最大限度地满足自己的私利，工作目的只是为了获得经济报酬，所以它基于"复杂人"的假设，假设人在不同的情境下有不同的需求，并依据这些需求对其进行激励，以达到获取组织绩效的目的。

人力资源管理则是人本化管理，它是基于一种全新的"价值人"的假设，它突破了传统的马斯洛需求层次理论，认为人人都有自我发展、自我实现、求上进、求发展的欲望与追求，即使其生理、安全、社交和尊重的需要还没有得到完全的满足。这种假设使企业将人力资源作为企业的组成部分，管理的目标放在提高员工工作生活质量、满足他们成长和自我实现的需要上，同时实现组织目标。

表 12—1　　　　　　　　　　　人力资源管理和人事管理的区别

	人力资源管理	人事管理
职能	实现组织的目标	招募新人，填补空缺，控制员工工作
对人的态度	将人看作组织的第一资源，更注重对其开发，因而更具有主动性	只强调人力资源的管理，忽略能动性的开发
对人的管理	人本化管理	经济人管理

五、人力资源的性质

如果把人当成资源，那么这种与其他资源不一样的特殊资源，我们如何才能找出运用它的最佳方法呢？人力资源拥有其他资源所没有的特性，即具有整合、协调、想象、思考和判断的能力。但是，就体力、速度等方面，机器的力量都胜过人力，所以企业在运用这种特殊的资源时，应该先考虑人力资源的优势和劣势，并据此建立充分发挥人力优势的工作方案。

从古至今，国内到国外都在探讨人的本性问题（见表 12—2）。了解人性本质和动机对于提高人力资源管理很有借鉴意义，并为开发人力资源潜力指明了方向。

表 12—2　　　　　　　　　　　东、西方对人性的研究

东方	西方
孔孟：性善论	经济人
荀子：性恶论	社会人
告子：性无善恶论	自我实现人
梁启超：个性中心论	复杂人

关于人类的动机理论，比较著名的有马斯洛（Abraham H. Maslow）的"需要层次论"，他将人的需要分成五个逐级递升的层次，分别为：生理的需要，安全的需求，情感和归属的需要，

尊重的需要,自我实现的需要,其中生理的需要、安全的需要和感情的需要都属于低一级的需要,这些需要通过外部条件就可以满足;而尊重的需要和自我实现的需要是高级需要,它们是通过内部因素才能满足的,而且一个人对尊重和自我实现的需要是无止境的。同一时期,一个人可能有几种需要,但每一时期总有一种需要占支配地位,对行为起决定作用。任何一种需要都不会因为更高层次需要的发展而消失。各层次的需要相互依赖和重叠,高层次的需要发展后,低层次的需要仍然存在,只是对行为影响的程度大大减小。所以,对于不同的人,要根据他们不同的需要进行多样化的管理。

六、人力资源管理的功能

现代企业人力资源管理以企业人力资源为中心,研究如何实现企业资源的合理配置。人力资源管理的功能可以分为宏观功能和微观功能两个方面。宏观功能包括规划、配置、培育、引导。微观功能包括:选,吸纳人才;育,开发人才;用,激励人才;留,维持人才(见图12—2)。以下章节会详细讲解。

图12—2　人力资源管理的功能

七、人力资源管理的地位

在现代企业管理中,对人力资源管理的地位存在一些错误的认识和看法。一种是夸大它的地位,认为人力资源管理就是企业管理的全部,解决了人力资源管理的问题就意味着解决了企业管理的全部问题。另一种则贬低了它的地位,认为人力资源管理根本就不是企业管理的内容,在企业的管理过程中也发挥不了什么作用。实际上,人力资源管理是企业管理的组成部分,但人力资源管理代表不了企业管理,不能解决企业管理的全部问题。[①]

随着社会经济的发展,企业管理经历了几个不同的历史发展阶段。在科学技术迅速发展的今天,人们在研究企业管理发生、演变历史的过程中,越来越清楚地认识到,对人的管理是现代企业管理的核心。现代企业管理的重心已经由过去对物的管理转移到对人的管理上。这是现代企业管理发展的一个重要趋势。

传统管理理论强调对"物"的要素的管理,把劳动者当作机器的附属物。而现代管理理论认为,人是社会中的人,管理就是充分发挥人的积极性、主动性和创造性。有效的管理者,既把人看作管理的对象和客体,又把人看作管理的主体和动力。总之,企业要想在市场经济条件下得以生存和发展,就要重视人的因素,特别是要重视加强企业人力资源的开发与管理。

---

① 李长江:《人力资源管理:理论、实务与艺术》,北京大学出版社 2011 年版,第 13 页。

第二节　人力资源管理的内容

图 12—3 介绍的是人力资源管理的层次。该层次包含组织挑选合适员工并为企业带来高效率必不可少的过程。人力资源规划和职位分析是为了了解战略性人才规划的内容，明确人才规划与企业战略规划的关系；招聘录用是企业获得优秀人才的主要途径；教育培训使员工对企业和工作岗位更加了解，为将来的工作打下坚实基础，为企业创造更多利润和效益，能更好地为企业做贡献；再充分运用绩效、薪酬、员工关系管理等手段来推动企业战略目标的实现。

当然，整个人力资源管理必然受到外部环境和企业内部环境的影响，如企业发展阶段、企业规模、企业所处市场地位、政府法律法规、人口发展趋势等，在此不一一赘述。

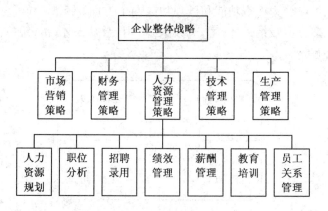

图 12—3　人力资源管理的层次

一、人才规划与职位分析

所谓人力资源规划，就是为实现组织目标，而对可得到的人力资源进行分析、识别的过程。[1] 一般来说，人力资源规划包括两个步骤：(1)评估目前的人力资源管理；(2)满足未来人力资源的需求。[2]

企业在进行人力资源规划时，首先必须要分析企业当前的人力资源管理状况，掌握工作分析方法，对具体工作进行分析，写出一份合格的职位说明书。工作分析就是了解组织中的职务及其具体工作内容和性质，如某公司的采购人员的职责是什么，是否具备工作的基本技能和知识。

工作分析方法，包括定性分析法和定量分析法。定性分析法包括：资料分析法，对员工的资料进行分析，得出其是否适合岗位；观察法，对员工的工作进行直接或间接观察；访谈法，管理人员与员工进行交谈；问卷调查法，制作调查问卷让员工填写等。定量分析法主要是：职位分析问卷法(PAQ)，是一种通过从不同的工作中概括出来的各种工作行为、工作条件及工作本身特点的问项进行标准化工作分析的问卷[3]；还有通用标准问卷(CMQ)、职能职位分析法

①　罗伯特·马希斯、约翰·杰克逊：《人力资源管理》，电子工业出版社 2007 年版，第 47 页。
②　斯蒂芬·P. 罗宾斯：《管理学》，中国人民大学出版社 2008 年版，第 308 页。
③　雷蒙德·A. 诺伊、约翰·霍伦拜克：《人力资源管理：赢得竞争优势》，中国人民大学出版社 2001 年版，第 150 页。

(FJA)、职位分析计划表法(JAS)等。

人力资源规划的具体业务规划包括职务编制计划、人员配置计划、接班人计划、教育培训计划、薪酬激励计划、劳动关系计划、投资预算计划等。

一旦管理人员了解了当前人力资源状况，并通过对组织职务的了解和工作分析得出的具体数据，就可以预测人力资源管理的未来趋势。

二、人才招录与培训开发

了解了人力资源的状况，就能有针对性地吸收组织所需要的人才。人才是人力资源的要素，招聘是企业获得优秀人才的主要途径。

CZR 的招聘

CZR 正处于不断发展的高峰期，销售量逐年上升。2005 年销售金额为 22 607 万元，2006 年销售金额为 32 000 万元，2007 年计划销售金额为 51 200 万元。目前，CZR 以成为现代化的世界一流的冷轧辊专业供应商为经营目标，希望建设一个规模适中、产品专业、技术领先、品质可靠、服务优良、信誉良好，管理科学、文化先进的新 CZR。

CZR 现有雇员 485 人，其中正式员工 301 人，占 62.06%，其余为劳务协力工、留用人员和外籍专家。485 人中，有 127 人为管理人员，中层助理以上的有 35 人，其他管理人员为 92 人。CZR 的人力资源结构如下表所示：

部门	正式工	劳务协力工	留用人员	外籍专家	小计	其中中层助理以上管理人员	其中其他管理人员
管理部	24	11	5	0	40	8	10
财务部	7	1	1	0	9	3	6
营销部	26	3	2	1	32	5	23
技术部	12	1	1	0	14	3	1
质量部	17	7	3	2	29	1	1
采购部	13	3	2	0	18		15
生产部	202	124	17	0	343	12	36
合　计	301	150	31	3	485	35	92

CZR 沿袭了许多国有企业的作风，除犯重大错误外，基本不辞退员工。近些年 CZR 效益好，一般工人的工资是当地平均水平的几倍，基本没有员工愿意离开 CZR。因此，CZR 的人员结构非常稳定，人员流动缓慢。虽然人力资源稳定有利于企业持续发展，但其中大多数员工是改制时从老厂转入的，在观念和思路上，与企业的飞速发展有脱节迹象。2008 年定下了要突破 10 亿元营业收入的飞跃性目标，可是人力资源是否能跟上新的需求，这已成为公司亟需解决的一大问题。

2007 年春，CZR 将内部员工竞聘外包给南京 YZ 管理咨询有限公司。YZ 是江苏省最大的咨询公司之一，在长三角地区具有良好的口碑，咨询团队由学院派、实战派及咨询派结合而成。CZR 将一批内部管理岗位公开，所有员工均可参加竞聘，YZ 设计了一套包括笔试、面试的考核方案,最后让一批年轻人走上了管理岗位,甚至其中一些重要的岗位是让从未做过管理工作的年轻人担任。能够如此放心大胆地让一个外来机构决定人员作用,负责此事的陈部长说出了最简单的理由:"他们之前从来没有接触过我们的员工,但他们最终给员工写下的评语与员工本人非常相符,就像他们认识这些员工一样。"2007年夏末,这些年轻人走上管理岗位,并顺利地完成了各项工作任务。在工作半年之后,通过这次竞聘被选聘上来的威书记感慨地说:"以前真的没有想到过自己有能力完成这些工作。"在后来的工作中,这些新上任的管理人员得到了CZR的最终认可。

在内部人员的选拔之后,CZR考虑吸收外部力量,增强实力,拓展新思。在第一次成功合作的基础上,2007年秋,CZR再次将重要管理岗位的外聘工作交给了YZ。这次招聘的岗位是管理部、营销部、生产部三个部门的副部长,是企业的高层管理人员,需要更加慎重地选拔。YZ首先分析这些岗位,梳理这些岗位的工作内容、职责、特点及要求,再确定需要的任职资格,最后确定甄选方案。每一个岗位都给出了清晰的岗位说明书。

为了扩大影响力,吸引更多优秀的求职者,YZ在网上公布了招聘信息。诱人的岗位、15万～30万元的丰厚年薪,吸引了众多求职者。通过电话筛选、简历筛选及初步面试后,确定了三十名候选人参加CZR的面试。

CZR的总经理姚总与YZ的首席咨询师钱总为主考官,他们用整整一天的时间面试这批候选人。面试结束,姚总露出了欣慰的笑容,因为这些候选人的综合素质超过了预期。但是,他们认为还可以找到更优秀的候选人,决定将此次外聘延期,再进行一轮网上招聘与公司面试,在2008年初确定最后人选。

资料来源:http://songlianke.jiangshi.org/。

(一)招聘

招聘可以分为内部招聘与外部招聘。以上案例中,CZR先是在内部进行岗位招聘,并将招聘工作交给了咨询公司,此为内部招聘。内部招聘是指在单位出现职务空缺后,从单位内部选择合适的人选来填补这个职务。内部招聘具体又分为工作轮换、提拔晋升和人员重聘三种方法。案例中,咨询公司先对公司内员工及岗位进行分析,了解职位空缺的情况,再根据公司员工情况设计一套笔试、面试的考核方案,最终为CZR录用到合格的内部员工。

内部人员选拔成功后,CZR又进行了外部招聘。咨询公司首先分析这些岗位,梳理这些岗位的工作内容、职责、特点及要求,再确定需要的任职资格,最后确定甄选方案。每一个岗位都给出了清晰的岗位说明书。然后,通过初步网络招聘筛选、电话筛选、简历筛选,再进行面试,最后CZR获得了预期之外的优秀员工。

除了上述介绍的外部招聘方法之外,还有学校招聘、职业招聘机构招聘、工会招聘、利用媒体招聘等。

越来越多的组织选择计算机网络作为招聘新员工的工具,因为用人单位已经发现了网上招聘的优点。例如,网上招聘的成本要远远小于利用媒体、招聘公司或其他方法的成本。不仅如此,网上招聘可以不受时间空间限制,扩大应聘者的数量,大量的申请人可以通过网络的开放资源看到招聘信息。而且,网上招聘还可以节省时间。申请人可以通过发送电子邮件对工作岗位进行回应,快速方便,节省人力、物力。

然而,不得不引起注意的是网上招聘的缺陷。大量求职者通过网络可以随意投送简历,造成用人单位工作量增大,而且由于求职者的素质参差不齐,很容易招到不合格的申请者。此外,网上招聘也限制了一些特殊的无法使用网络的求职者的访问。即使有这些缺点,网络招聘还是会继续使用并成为用人单位招聘和求职者应聘的主要方式。

（二）选拔

图12—4是选拔录用流程,前四步是选拔过程,后三步是录用过程。每个人的才能虽然高低不同,但一定是各有长短。因此,在选拔人才时,应看重的是他的优点而不是缺点,了解个人特有的才能再委以相应责任,各安其职,这样才会使诸方矛盾趋于平衡。否则,职位与才能不能适应,使应有的能力发挥不出,彼此之间互不信服,势必造成冲突的加剧。

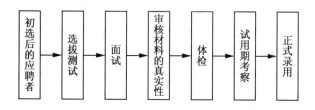

图12—4　选拔录用流程

对于招聘录用方法,必须要了解其效度与信度。效度即招聘录用方法有效果。检验效度的方法有内容检验、预测效度和同时效度。信度就是招聘录用方法测出的结果是令人可信的、准确的。检验信度的方法有再测信度、复本信度、分半信度、评分者一致性等。

（三）面试技巧

经过一系列的简历筛选、电话筛选、笔试等初选环节后,就到了决定是否录用的关键环节——面试。面试能更加直观地考核求职者的各方面素质,但是如果掌握不好面试技巧,很有可能没有办法选中真正所需的人才。所以,掌握面试技巧对于用人单位来说至关重要。用人单位在面试前应充分了解被试者的相关材料,设计各类问题,同时参考本单位的职务要求,综合考虑求职者是否适合此职务。

在面试中还应注意提问题的方式,问题一般可分为开放式问题和封闭式问题。例如,某公司老总在面试时提问一位求职者:你认为自己的领导能力如何？你在团队工作方面表现如何？你觉得自己能适应这种高压工作状态吗？听到这些问题,很容易就知道他想听到的答案是什么,回答当然是肯定自己的能力。实际上,这是面试中最大的忌讳,而且肯定无法得到正确的答案。以上提到的问题都属于封闭式问题,答案只有肯定和否定,不能真正地了解求职者的真实想法。所以,在面试中应当尽量使用开放性问题,如你是怎么处理下属成员间的矛盾纠纷的？能否举个例子？作为高级人力资源经理,你曾经在哪些方面做过努力以改善公司内部的沟通状况？等等,将问题抛给求职者,让他们阐述观点,用人单位才能考察到求职者的综合素质。

（四）员工培训开发

即使招聘到了非常合格的人,也不能保证所有的工作都将被分配给完全胜任的人。因为几乎所有的员工,即使是那些在受聘时高度合格的人,也需要一些额外的培训使他们更好地适应工作情况和出色地完成工作。

一个企业的培训与开发活动能保证员工们得到必要的指导。培训着眼于现在的工作,而开发则是训练员工们对未来的工作做好准备。在企业招聘到优秀的员工后,可通过以下方式对员工进行培训。首先,要了解培训是为了什么,即培训需求分析,其次,制订培训计划,进行系统的理论学习、企业文化的学习等。再次,完成学习以后,受训员工将培训所学知识、技能有效地、持续地运用于工作中,即培训迁移。最后,在一系列的培训后,还要对培训进行评估和反馈,即对培训项目、培训过程和效果进行评价,并收集培训员工对此次培训的意见,然后反馈给培训单位。经过培训与开发的员工对企业和工作岗位更加了解,为将来的工作打下坚实基础,为企业创造更多利润和效益,更好地贡献于企业(见图12—5)。

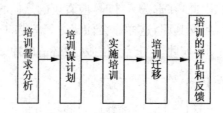

图 12—5　员工培训开发的过程

三、绩效管理与薪酬福利管理

(一)绩效管理

绩效管理作为一种管理活动,是人力资源管理活动中的重要组成部分,同时也是一个过程,它是管理者与被管理者之间根据组织目标对被管理者的工作活动、工作技能和工作产出进行持续的沟通与评价,从而保证组织目标顺利实现的管理方法与过程。在日趋激烈的市场竞争中,企业要想保持竞争优势,必须不断提高其效能和绩效。绩效管理做得好对员工和企业双方都有好处。绩效管理对员工个人的好处最多:员工对单位和工作有了认同感、价值感、公平感;员工的技能及行为能得到反馈;员工能感受到激励;员工行为有了导向;员工有了参与目标设定的机会;员工有了阐述观点和抱怨的机会;员工有了讨论自身发展及职业规划的机会;员工得以理解其工作的重要性及其被衡量的指标。绩效管理也提高了组织绩效,绩效管理能实现对绩效目标的监控,反映组织的管理活动,及时地发现问题、纠正问题,进而达到组织绩效的提升和目标的实现。

1. 绩效管理流程

绩效管理流程基本包括绩效计划、绩效实施、绩效考核、绩效反馈应用。这是一个不断循环的过程,在每一个循环中,企业和员工应该保持一致的工作目标。绩效计划是整个绩效管理流程的起点,目标的实现必须先制订计划,这个过程要求管理者和员工一起完成,讨论做什么、谁来做、怎么做、何时做完等问题。

制订了绩效计划之后,员工就可以按计划开始工作。但在实施过程中,管理者应当对员工进行指导和监督,及时发现问题,纠正差错。当然,绩效计划也不是一成不变的,要适时地根据具体工作进行调整。实施是影响绩效目标能否实现的重要环节。所以,在此过程中,管理者与员工要保持不断的沟通,共同努力完成目标。

绩效实施之后,管理者和员工要对绩效进行评价和考核。为了评价员工的绩效,管理者在平时就要收集记录员工的绩效事实,以作为日后考核员工绩效的依据。绩效考核的方法:按考核依据,分为生产记录法、工作标准法、目标管理法、关键事件法;按评价方式,分为排队法、序列评定法(先按各绩效指标排序,然后加总后排序)、因素评分法(各绩效指标都赋予一个权重,然后计算权重和进行排序)、增减考核法(先制定考核的判断基准即加分和减分的标准,然后根据员工的具体表现进行加分或减分);按考核主体,分为自我考核、相互考核、立体考核(360度考核)。以下将具体介绍几种评估方法。

2. 绩效评估方法

目标管理法,是对管理人员和专门职业人员进行绩效评估的首选方法。在目标管理法下,目标是由员工及其管理者共同设立的,组织可以根据员工完成目标的具体情况对他们进行评价。[①]

关键事件法,是以记录直接影响工作绩效优劣的关键性行为为基础的考评方法。管理者要观察并记录员工特别好和特别差的工作行为,再根据这些事件来评价员工的工作绩效。使用此方法要求管理者将员工日常工作中非同寻常的事件及时记录下来,等到考核时,回顾员工所作所为,根据记录做出判断和评定。

排队法,是将每个员工与其他员工进行一一比较,排出名次,再综合排名。此法得到的评价较为细化准确,但比较繁琐耗时。

立体考核,又称360度考核法,是通过主管、同事、下属、客户、自我等渠道获得绩效信息,进行多方面的考核。这样能从不同方面,多角度地评价员工业绩。同时,员工能通过这些信息了解各方意见,改进自己的不足,也能帮助管理者认清员工的长处和不足。

MLK 公司的绩效考核

MLK 公司是一家机械加工企业,现有员工千余人,成立于 20 世纪 60 年代,注册资本为 2 亿元人民币,现公司已转制成为股份制企业。

由于公司前身是国企,虽然经过改制,但只是投资方发生转换,公司自身的管理理念滞后,管理体制不正规,现代企业制度也没有真正建立起来。特别是体现在人力资源管理问题上,公司并没有一套行之有效的人力资源管理体系,缺少现代的激励、考核措施。

公司意识到这些问题,相应制定了公司的中长期发展战略。在人力资源管理方面,下大力气转变以往的"人才上不去,庸才下不去"的状况,在公司内部以岗位责任制为基础,采取记分制绩效考核手段,基于以绩效考核为核心的集团内部人员流动机制,建立了一套人力资源考核与管理体系。

公司年度绩效考核主要分为两大类型:表现考评和目标考评。

1. 年度表现评估

每年的 12 月初开始启动,对每个员工本年度的工作态度、工作质量、工作能力等方面进行综合考评。由上级经理按照规定的表格内容结合员工的表现进行客观的考评。考评者和被考评人需要进行面对面的沟通,最终打出合理的分值。考评结果分为 5 个不同的等级。此结果会成为次年调薪方案的重要因素。

2. 年度目标考核

每年年初,公司最高领导会给部门经理设置部门年度目标,部门经理根据部门目标设置个人目标。次年 1 月对设置的目标达成情况进行考核。考核的结果分为三等:没有达成目标低限,赋值 0;达成目标,赋值 1;达成或超过目标最高值,赋值 1.5。这三等考核结果直接与年底奖金挂钩,从某种程度上刺激了员工的工作积极性。

虽然公司建立了这套绩效考评体系,但在具体实践过程中,公司负责人力资源的老总却遇到许多困扰,大致可以归纳为以下几个方面:(1)绩效考核工作在实施过程中难以落

---

① 罗伯特·马希斯、约翰·杰克逊:《人力资源管理》,电子工业出版社 2007 年版,第 268 页。

到实处，"雷声大，雨点小"，各部门的考核者乐于充当好好先生，应付了事；(2)在考核过程中，公司员工缺少参与的积极性，抵触情绪很强，不少员工甚至质疑绩效考核是否就是通过反复地填表、交表来挑员工的毛病；(3)考核的过程繁琐，耽误正常的工作时间，推行过程中往往又因为得不到高层的足够支持而阻力重重；(4)另外，考核过程和结果的公正性难以保证，大多数员工对于考核的结果都心怀不满，怨声四起，同事的关系也往往因考核而变得紧张，不利于公司的日常工作开展。

　　资料来源：宋可联、杨东涛：《高效人力资源管理案例——MBA 提升捷径》，中国经济出版社 2009 年版。

　　问题：

　　(1)MLK 从国有企业转制成股份制企业，这类企业在绩效考核变革中最可能遇到哪些问题？

　　(2)表现考评与目标考评的主要差异是什么？在使用中，两种方式应如何有效配置？

　　(3)针对 MLK 现在面临的问题，你有什么好的建议？

(二)薪酬福利管理

在人力资源管理中，薪酬福利管理是一项重要内容。薪酬制度是否科学合理、给予员工的福利是否让员工满意，不仅关系到员工的切身利益，还直接影响企业人力资源的效率和员工的劳动生产率，从而进一步影响企业目标的实现。

1. 薪酬的组成

薪酬，简言之就是企业为获得员工的劳动而提供的回报的总和。下面通过几个等式来了解薪酬：报酬＝货币报酬＋非货币报酬；薪酬＝货币报酬＝基本工资＋绩效工资＋福利；福利＝公共福利＋个人福利＋有偿假期＋生活福利。其中，福利又分为：公共福利，如医疗保险、失业保险、养老保险、伤残保险；个人福利，如养老金(退休金)、储蓄、住房补贴、交通费、工作午餐、海外津贴、人寿保险；有偿假期，如脱产培训、病假、事假、公休、节日假、工作间休息、旅游；生活福利，如法律顾问、心理咨询、贷款担保、托儿所、托老所、内部优惠商品、搬迁津贴、子女教育费等。

2. 影响薪酬的因素

外部因素：法律法规是企业薪酬管理的标准规范和准绳，我国有最低薪酬水平的法律规定。产品市场和劳动力市场的形势也影响薪酬，当市场形势好的时候，市场对产品和劳务的需求增加，企业需要员工，员工能获得比较高的报酬；反之，经济危机条件下，经济呈负增长趋势，企业降低员工需求，降低员工的工资。同时，企业所在地区的工资水平和企业所处的行业也影响员工的薪酬水平。

内部因素：企业的经营状况与支付能力对薪酬影响较大。企业资本雄厚、赢利能力强，对员工的报酬就比较丰厚；反之，效益不好的企业就无力为员工提供高报酬。员工本身的工作能力也是影响薪酬的重要因素，由于员工个体知识、技术水平和能力的不同，工作绩效有差异，所以薪酬也有所不同。还有，员工工龄的长短在一定程度上也反映了员工对企业的贡献，薪酬水平相应不同。

3. 薪酬的设计原则

为了完善公司薪酬分配体系，规范员工工资的确定与调整，发挥薪酬的保健和激励功能，制定薪酬要遵循一定的原则。薪酬设计的原则有公平性、认可性、竞争性、激励性和双赢性等。

4. 薪酬设计步骤

薪酬设计基本有两个步骤:职位评价和薪酬调查。职位评价是按岗位工作性质,将企事业单位的全部岗位分类,收集有关岗位的信息,对岗位进行评价,撰写企业各个层级岗位的评价报告书,提供给各有关部门。职位评价为进行薪资调查建立统一的职位评估标准,消除不同公司间由于职位名称不同,或即使职位名称相同但实际工作要求和工作内容不同所导致的职位难度差异,使不同职位之间具有可比性,为确保工资的公平性奠定基础。薪酬调查是调查同地区同行业的不同企业的薪酬水平,获取职位价值与市场薪酬的关系,以调整薪酬水平和结构,了解薪酬管理的最新发展趋势,有助于企业实行薪酬管理。

5. 薪酬设计方法

薪酬设计方法有很多种,在此仅介绍绩效薪酬。绩效薪酬分为短期绩效薪酬和长期绩效薪酬。短期绩效薪酬,如计件工资、奖金、利润分享等;长期绩效薪酬,如现股计划、期股计划、期权计划等。

适当合理的薪酬可以将员工的利益与企业的目标有机地结合起来。薪酬设计受到很多因素的影响,在设计薪酬时,要实事求是、具体情况具体分析。但不论哪种方案,都要保证公正和达到激励员工的目的。

第三节 人力资源管理的艺术

一、人性化管理

现在许多人力资源经理都有所抱怨:员工并不会因为每年增加奖金、福利或者晋升而更好地工作。这是为什么呢? 其实,员工除了薪水、福利等物质追求外,还有受到重视、个人成就感、好的工作环境等精神方面的需要。这种需求的隐蔽性往往使管理者忽略了它们,从而导致了员工的怠工。所以,人力资源管理应该区别对待不同发展阶段的员工,根据不同员工的不同需要,对症下药,通过人性化的管理让员工得到满足。

人性化的人力资源管理认为,人性是可以优化的,而且是可以由企业和在企业中的人共同努力,用企业文化去改造人性。只要我们对员工"示之以其利,告之以其害,晓之以其理,动之以其情,寻之以其行",则"无人不为其所动矣"。企业的高层领导和管理阶层首先自己要学会做人,要有成熟的人格,有健康的生理和心理。认识到人性化的管理是企业发展的必然趋势,才能在本企业彻底地贯彻和完成人性化的人力资源管理,造就一种人性化的企业文化。在这种企业中将会有做人的准则和价值观,并会将这些准则和价值观以各种方法来教育企业的员工,使大多数员工认同这些准则和价值观。企业若不能善待自己的员工,也就无法教导员工如何做人。而企业是否真正地善待自己的员工,将体现在薪酬、福利、制度和企业文化之中。当企业真正将招聘来的人才当人来看待而不是当一种资源来考虑时,它就会考虑去培育他,促进他成长,它就会先教会他做人,然后再对他进行各种知识技能的培训,会关心他的发展。正是企业对人才这种"只问耕耘,不问收获"的真诚的培育,最后才会使企业获得最大的回报和收获。因为这样的人才会对企业有依恋、融为一体的感觉。许多没有实现人性化管理的企业抱怨为什么留不住人才,这就是关键所在。

人性化的育才并不是迁就员工的不良习惯,必要时也得应用一些非人性化的手段去强迫员工改掉损害企业和他人的不良个性。一个只会在薪酬、福利上对员工照顾,而不去教导员工怎样做人,不用强制的手段教育员工怎样去适应高度竞争的社会的企业,不是真正的人性化管理的企业。这样的企业将在竞争中被淘汰。而那些受到企业所谓"良好"照顾的员工流落到社会上后也会因为找不到新的工作而被淘汰。

人性化管理是企业组织化与人才个性化的配合:既要充分发挥组织中每个人的个性特点,又要在工作的一些基本方面建立起共同的行为模式。用才和尽才都必须充分考虑人才的个性特点,给他合适的工作环境,在不损害企业组织和企业中其他人才的前提下给他可以灵活运用其个性特点和自由发挥的空间。这样用才能使人才的个性所受的压抑和差异化减到最小,这样才能使他的才能尽情地发挥。企业在制定各种组织化的行为规范时,应尽可能多地考虑一些个性的因素,同时也应教育员工:一个生活在组织中的人,必然要放弃一些不正确的个性,否则会由于不正确的个性而损害他人和组织,最后还会损害到自己。企业的激励机制是能否用才和尽才的关键。

企业人性管理的措施有:企业管理者要修身,提高素质;企业文化要体现以人为本,管理者要抓住员工的心。

"南风"原理

法国作家拉封丹写了一则寓言:北风和南风比威力,看谁能把行人身上的大衣脱掉。北风猛烈吹起,寒风凛冽刺骨,结果行人都把大衣裹得紧紧的;南风则徐徐吹拂,带来风和日丽之感,于是人们纷纷解开纽扣,脱掉大衣,因而南风获得了胜利。

管理启示:

这则寓言形象地说明了一个道理:温暖胜于严寒。企业领导者在管理中要学会运用"南风"原理,真正去尊重和关爱下属,以人为本,推行严格中不失人情味的管理方式,使下属随时感受到公司传递的温暖,从而去掉包袱,激发工作的最大积极性。管理者应多注意解决下属日常生活中的实际困难,使下属真正感受到管理者给予的温暖。这样,下属出于感激就会更加努力积极地为企业工作,维护企业利益。

二、人心管理

(一)人心管理的含义

所谓人心管理(mind management,MM),是指以开发人力资源为切入点,以各种有效的心灵梳理式管理方式为手段,以组织成员的心态平和正道、心境愉悦阳光、心灵纯净高尚为宗旨,以提升组织内外的精神生产力为目标,各种社会交往中主客双方彼此达到和谐互动、协调共赢的一种管理艺术、管理模式。[1]

在我国古代经济管理学的百科全书《管子》中,"心的管理"是其管理思想的核心。从《管子》"人心管理"的思想出发,探讨其蕴涵的关于人和人才的深刻认识,这对现代企业科学管理仍然具有积极的现实意义。在充满智慧、精蕴的《管子》思想体系中,最为精要的是调和自利与利人的矛盾、辩证自利与利人的统一。在《管子》中,阐释"人心管理"最精辟的是《心术·上》、《心术·下》和《白心》、《内业》诸篇,这四篇后世通称为"管子四篇"。对于如何提高、培养人的德性修养,《管子》中提出了"静因之道":"是故有道之君,其处也若无知,其应物也若偶之,静因

---

① 李长江:《人力资源管理:理论、实务与艺术》,北京大学出版社 2011 年版,第 293 页。

之道也。""静"即保持内心的虚静无干扰状态,"因"即因循。"静因之道"即主张排除主观成见、情感杂念的干扰,完全客观地反映事物的本来面貌。"静因之道"也就是"人心的管理之道"。

（二）人心管理的内容

人本管理专家兰晓华认为,领导力的核心是对人的关心。这种关系是私人的,同时也是人与人之间的。简单地说,人心管理主要有以下三个方面:

1. 管理者识人心

人心管理要有识人心的能力。战场上驰骋纵横、无往不胜的岳飞,面对纷繁复杂的人际交往,同我们一样困惑、迷茫。他期盼如君子般坦荡荡的理想人际交往,可在现实中,一个能吐露心事的人也很难找到。他明白人心隔肚皮的道理,却没有掌握看穿人心的技巧。如果他懂得一些看穿人心的技巧,说不定还可以避免因"莫须有"的罪名而获死的命运。

俗话说:"画龙画虎难画骨,知人知面不知心。"想要读懂人心,就要掌握科学的心理技巧和方法。掌握读懂员工心理的方法,可以使管理者更容易管理员工,更好地与员工相处;使员工更全心全意地为组织服务,提升组织绩效。

怎样才能在现代企业中达到人心管理的目的呢? 首先,心术要正。管理者都希望员工做到"不贪、不拿、不占"的"三不要"。其次,要有必胜的决心。企业领导者为得到最好的结果,都希望员工可以不畏困难,拥有必胜的决心,这样的气势保证了最佳结果的出现。最后,要有持之以恒的恒心。无论是处于哪个岗位的员工,都要有不断进取的精神,对待工作能持之以恒,不要半途而废。

2. 管理者笼络人心

曾经有人问日本麦当劳的社长藤田田这样一个问题:世界上什么投资回报率最高? 他的答案是:在所有投资中,感情投资花费最少,回报率最高。在藤田田的畅销书《我是最会赚钱的人物》中提到,日本麦当劳每年支付巨资给医院,作为保留病床的基金。当职工或其家属生病、发生意外,可立刻住院接受治疗。即使在星期天有了急病,也能马上送到指定医院,避免多次转院带来的麻烦。

有人曾问藤田田,如果员工几年不生病,那这笔钱岂不是白花了? 藤田田回答:"只要能让职工安心工作,对麦当劳来说就不吃亏。"藤田田的信条是:为职工多花一点钱进行感情投资,如果可以收拢人心,绝对值得。感情投资、收拢人心能换来员工的积极性,由此所产生的巨大创造力,是其他任何投资都无法比拟的。

3. 管理者激励人心

"激励"（encouragement）一词由拉丁文的词根"cor"和"勇气"（courage）组成。"cor"的字面含义就是"心"。有勇气就意味着有心。激励就是提供或给予勇气,字面意义就是给别人心。[1]

在企业创造资本的同时,领导者激励人心,使得人们团结在一起并彼此帮助。当领导者要实现组织目标或者组织价值的时候,他们就需要激励、鼓舞员工依靠自己的能力为组织效力。

每一个人都需要鼓励。鼓励会提高绩效,巩固我们的决心。观众的掌声激励舞台上的演员更加努力地表演,父母的奖励激励孩子在下次的考试中名次更靠前,老板的夸奖激励员工更加投入工作。所以,我们需要从别人那里得到鼓励和力量。

---

[1]　http://baike.baidu.com/view/3789902.htm.

第四节　个人激励和团队精神

一、个人激励

激励管理对于企业管理也是至关重要的。对企业来讲,激励表示的是一个企业对于员工的重视程度,也是一个企业整体竞争力的重要因素。对企业内部员工来讲,激励不仅仅是员工劳动应得的奖励,它在一定程度上也代表着员工自身的价值、能力,代表企业对员工工作的认同。现代的激励不仅仅只是物质上的奖励,还包括员工对自身工作前景的期待,包括薪酬、福利、晋升、度假等方式。

激励的方式有很多,主要有感情激励、事业激励、待遇激励(见表12—3)。感情激励就是通过强化感情交流沟通,协调老板与员工、管理者与员工、员工与员工之间的感情,让员工获得感情上的满足,激发员工工作积极性的一种激励方式。在具体的操作过程中,因企业而异,但运用感情激励时必须要做到尊重、信任、关心和支持员工。事业激励是指为员工提供专业对口的工作,给员工适当的职称或职位升迁,让员工能够在自身工作和地位满足的情况下,为企业创造效益。待遇激励则是从基本工资、绩效工资、福利等激励方式去满足员工物质方面的需求。

表 12—3　　　　　　　　　　　　　　激励方式

激励类型	激励内容
感情激励	老板与员工、管理者与员工、员工与员工之间的感情
事业激励	专业对口、职称或职位升迁
待遇激励	基本工资激励:职务、职称、资格、年龄、工龄;绩效工资:绩效考核奖金、个人提成激励、员工持股激励;福利激励:福利种类、福利水平

当员工感到满意时,就会有更多的精力投入工作,拿出更多的时间为企业效力。合理有效的激励方式不仅能激发员工的积极性与主动性,促使员工努力实现企业目标,提高企业效益,而且能在人才竞争日益激烈的知识经济时代吸引和保留住一支素质良好且具有竞争力的员工队伍。不仅如此,现代的管理观点还将加强员工的责任感作为实现绩效的重要手段。正如管理大师彼得·德鲁克所说:"企业需要看到绩效,既然企业不能再利用恐吓来鞭策员工,只有靠鼓励、诱导,甚至必要时要推动和促使员工负起责任来。"[1]

懦弱的蛇

一条大蛇为害人间,伤了不少人畜,以致农夫不敢下田耕地,商贾无法外出做买卖,大人无法放心让孩子上学,到最后,每个人都不敢外出了。大家无奈之余,便到寺庙的住持那儿求教,大伙儿听说这位住持是位高僧,讲道时连顽石都会被点化,无论多凶残的野兽都会被驯服。不久之后,大师就以自己的修为驯服并教化了这条蛇,不但教它不可随意伤人,还点化了许多做人处世的道理,而蛇也在那天仿佛有了灵性一般。人们慢慢发现这条蛇完全变了,甚至还有些畏怯与懦弱,于是纷纷欺侮它。有人拿竹棍打它,有人拿石头砸它,连一些顽皮的小孩,都敢去逗弄它。某日,蛇遍体鳞伤,气喘吁吁地爬到住持那儿。

---

[1] 彼得·德鲁克:《管理学的实践》,机械工业出版社 2006 年版,第 226 页。

"你怎么啦?"住持见到蛇这副德性,不禁大吃一惊。"我……我……我……"大蛇一时间为之语塞。"别急,有话慢慢说!"住持的眼神满是关怀。"你不是一再教导我应该与世无争,与大家和睦相处,不要做出伤害人畜的行为吗?可是你看,人善被人欺,蛇善遭人戏,你的教导真的对吗?""唉!"住持叹了一口气后说道,"我只是要求你不要伤害人畜,并没有不让你吓吓他们啊!""我……"大蛇又为之语塞。

管理启示:

管理者激励员工,并不是要凡事以"爱"为手段进行管理,它所指的是内在的态度与意识。管理者应该以"诚心善意"为出发点对待部属,但是在方法上不见得都是用"胡萝卜",别忘了,"棒子"有时也很有用。

二、团队精神

团队(team)是近年来企业管理中一个比较火的词,管理学家罗宾斯认为:团队就是由两个或者两个以上相互作用、相互依赖的个体,为了特定目标而按照一定规则结合在一起的组织。① 简而言之,团队就是致力于共同的宗旨和绩效目标的成员所组成的群体。这个群体将个体利益与整体利益相统一,从而实现组织的高效运作。作为企业的管理者,如何打造一支能够高效地带动企业发展的团队是其要思考的重要课题。

任何组织的团队都具有几个重要的构成因素,包括目标、人员、定位、计划和权限,总结为5P要素。一个为企业导航的目标、组成团队必不可少的人员、指明团队在组织中地位、实现目标的具体工作程序的计划、团队在组织中拥有哪些权限,这些构成了一个团队。

了解了团队的构成,打造高效团队就相对容易很多。首先,高效团队必须要有一个清晰的目标,并对所要达到的目标有清楚的了解,并坚信这一目标包含着重大的意义和价值。而且,这种目标的重要性还激励着团队成员把个人目标升华到群体目标中去。其次是相关的技能。高效的团队是由一群有能力的成员组成的,他们必须具备实现目标所需的技能,要有相互之间能够良好合作的个性品质,后者尤其重要,但却常常被人们忽视。有精湛技术能力的人并不一定就有处理群体内关系的高超技巧,高效团队的成员则往往兼而有之;再者,成员之间的信任是打造高效团队的重要方面。为了能使群体获得成功,培养团队成员对团队的忠诚和承诺是必不可少的。承诺一致的特征表现为对群体目标的奉献精神,愿意为实现这一目标而调动和发挥自己的最大潜能。最后,适当的领导者能够带领团队共同度过最艰难的时期,因为他能为团队指明前途所在。领导者向成员阐明变革的可能性,鼓舞团队成员的自信心,帮助他们更充分地了解自己的潜力。高效团队的领导者往往担任的是教练和后盾的角色,他们对团队提供指导和支持,但并不试图去控制它。

毋庸置疑,团队具有巨大的潜力,无数实践表明,团队工作方式比单独个人取得的效果更好。团队工作提高了组织的效率和凝聚力,同时提高了员工之间的合作水平,激活了组织的机制,带来了活力。然而,维系一个团队血脉的,则是团队精神。换言之,团队精神属于企业文化的内容,它强调的是一种组织内部的合作态度和沟通配合。没有团队成员无私的奉献精神和良好的工作状态,团队精神是无从谈起的。因此,团队精神必须要有一个良好的载体,团队精神同样需要组织的制度和体系来维护。不仅如此,团队精神必须还要有一个统一的奋斗目标,

① 马敏:《团队的发展阶段及 HR 在其中的作用》,《经济师》2010 年第 11 期,第 233 页。

激励着团队成员在管理者的适度引导和协调下产生共鸣并实现组织目标。

信任才有团队精神。宗教的力量之所以强大,靠的就是教徒们对宗教的无比信任,因为信任才能感召他们。总之,团队精神就是一群相互信任的人怀着对同一个目标的追求并在一定规则的引导下努力完成目标的精神。

正如水桶原理体现的一样:一只水桶能装多少水,完全取决于它最短的那块木板。在管理中的应用就是说,任何一个组织都可能面临一个共同问题,即构成组织的各个部分往往决定了整个组织的水平。构成组织的各个部分往往是优劣不齐的,而劣质部分往往又决定整个组织的水平。在一个团队中,决定这个团队战斗力强弱的不是那个能力最强、表现最好的人,而恰恰是那个能力最弱、表现最差的落后者。因为,最短的"木板"在对最长的"木板"起着限制和制约作用,决定了这个团队的战斗力,影响了这个团队的综合实力。也就是说,要想方设法让短板子达到长板子的高度或者让所有的板子维持"足够高"的相等高度,才能完全发挥团队作用,充分体现团队精神。

对于一个高效的团队来说,有了团队精神是远远不够的。因为,在现实的组织中,会时时出现各种各样的突发事件。当团队出现冲突的时候,领导者该如何化解矛盾,实现组织的统一呢?所谓团队冲突,就是团队对于同一事物持有不同的态度与处理方法而产生的矛盾。冲突的起源有很多,通常有公事上的矛盾和私人恩怨。公事上的矛盾可能是目标不清晰、公司内部资源分配不均或者是公报私仇等,私人恩怨往往是由于各人性格不合、误会或与个人利益相关。这些冲突有的可能已经表现出来,有的可能还在潜伏,一旦浮现出来,一般情况下,都很难解决。所以,管理者应该平时多观察,做到防微杜渐。现代管理学认为,解决团队冲突最重要的是建立团队沟通。良好适当的沟通,是将矛盾摆到桌面上,开诚布公地进行讨论,并提出解决方案,然后大家经过商议,达成共识。团队沟通也是有技巧的,积极倾听,移情,或者在传递信息之前,先把自己置身于接收者的立场上(换位思考),促使团队成员相互理解、相互尊重。

在任何组织中,冲突是无法避免的。冲突又分为破坏性的和非破坏性的。非破坏性的冲突反而对组织的工作起到促进作用,团队成员可能因为冲突而擦出火花,开阔了视野,更有创意地解决问题,令组织目标得以实现。管理人员的任务就是要将这种不具破坏性的冲突维持在一定的水平上,增强公司的生产力。

对于具有破坏性的冲突,最佳方法是先了解冲突的原因,并初步判断这种冲突的趋势是加剧还是缓解的。化解冲突的方法有:(1)解决问题,指管理人员发现问题,判断这个问题是否会对团队工作产生阻碍,然后召开会议,提出问题,团队成员一起讨论,进行问题的分析,并最终达到解决问题的目的。(2)转移目标,即将矛盾焦点转移到其他事务上,待矛盾缓和后再解决。这只是暂时地缓解矛盾,风险性较大,非但未解决问题,可能还会爆发更多问题。(3)回避或抑制冲突,指处理冲突不合作也不武断,互相不理睬,回避矛盾。优点是不发生冲突,个人得益;缺点是公司受损,工作积压。(4)迁就,指牺牲一方的利益,满足另一方的要求。可以尽快处理事情,但是本身并没有解决问题,岗位职责没有得到保护。(5)折中,指双方各让半步,在一定程度上满足对方的一些要求。这样,双方的利益都照顾到了,能快速达成共识,但根源性问题没有得到解决。

第五节　我国企业人力资源管理中存在的问题及改进方法

一、存在的问题

(一)人力资源管理理念落后

长期以来,企业受国家宏观调控的影响,把注意力都放在解决企业内部的资金、技术、物资等问题上而忽视企业的人力资源,觉得需要时人力资源才发挥作用。人力资源管理理念落后,企业往往把人看作固有劳动力,只重使用,不重视开发,不懂得用一些管理方法更好地发挥人的作用,使得企业补充不了新鲜血液,人才既进不来,也流不出去,人才闲置、浪费、效率不高等现象严重。

(二)管理模式单一

有的企业机构庞大,各部门难以掌握各自工作的性质、难易程度等特点,难以有针对性地管理干部,导致责权分离,进而导致人与事的脱节。而且,部分企业权限过分集中,上级独裁制现象比较严重,忽视了制度建设。再次,计划经济时期强化个人对集体的服从,在很大程度上抑制了个人的独立性、自主性、灵活性,不利于人的发展。

(三)企业人力资源管理与企业发展战略严重脱节

在人力资源开发与管理活动中,人力资源管理部门往往没有从企业战略目标出发,没有结合企业战略实施对人力资源管理方面的要求,来进行人员需求计划、招聘计划、绩效测评与实施计划等相关业务的规划。而且由于中小企业一般都缺乏较为明确的企业长期发展战略,尤其在快速扩张阶段,企业经常是走一步,看一步,在人力资源管理各个环节方面没有成熟的经验可供借鉴,定岗定编工作不如传统业务那么成熟,在人力资源管理方面缺乏明确的规划。

(四)人力资本投资不足、机制不完善

所谓人力资本投资,是投资者通过对人进行一定的资本投入(货币资本或实物),增加或提高了人的智能和体能,这种劳动力的提高最终反映在劳动产出的增加上的一种投资。我国企业管理人员缺乏人力资本的投资意识,企业招聘员工,而不轻易培训员工,担心自己花心思培训的员工会流入别人的企业,"为别人做嫁衣"。对于人力资源的规划和开发这一领域,很多企业未付诸实施。一些员工得不到培训的机会,学习不到新技能、新知识。而且有些培训流于形式,考核脱离实际,并没有真正使员工获得提高。

二、改进方法

提高企业人力资源管理水平对于解决我国企业目前存在的问题是十分迫切的,主要可从以下几个方面加以改进:

(一)树立"以人为本"的科学管理理念

"以人为本"是现代企业管理经常会提到的话题,人本管理,重视个体的存在,强调个体本身的能力,相较于物本管理只重视物的作用、忽视人的因素有了很大的提高。人本管理思想是把员工作为企业最重要的资源,企业管理不再把人作为一种工具,而是一种资本、是财富的创造者,管理者的注意力更多地放到了员工个人能力和需求上,根据员工的能力、特长、兴趣、心理状况等综合性情况来科学地安排工作岗位,并在工作中充分地考虑到员工的成长和价值,使用科学的管理方法,充分地调动和发挥员工工作的积极性、主动性和创造性,从而提高工作效

率、增加工作业绩,为达成企业发展目标做出最大的贡献。

(二)采用科学管理手段

为了应对经济全球化和国际市场的激烈竞争,我国人力资源管理要采用计划、组织、领导、监督、协调、控制等有效措施和手段,不但要考虑目前人才需要和人才配备,而且要着眼于未来,重视人力资源的规划与开发。当前形势下,提高企业人力资源管理必须做好组织计划,对资源进行优化配置,领导下属员工,控制和监督工作的质量和进度,协调员工与企业、员工与员工之间的关系以及在这一系列的管理过程中实施控制,以达到组织的目标,提高组织绩效,为组织创造更多的效益,使组织朝更好的方向发展。

(三)建立灵活的竞争机制

企业要真正实现公开、公平、公正的用人自主权,使企业引进需要的人、淘汰富余的人,就要建立干部能上能下、员工能进能出的灵活竞争机制,搞活企业,提高生产效率,让优秀人才有用武之地,让他们能在适合自己的岗位上得到发展,从而为企业创造更多的利润。而且要充分制定实施纠偏措施,向各级管理层反馈预算执行的动态信息,指导经营决策,让企业在竞争中立于不败之地。

(四)注重人力资源投资的开发与人力资本投资

企业人才的开发、发展和完善,在于企业教育培训。加强企业培训,即企业要投入更多的资本,将人力资源当作一种持续资源来发展。多渠道地引进人才、储备人才、教育人才,制定可行策略,吸引、留住人才,还要为员工创造持续发展的空间和良好的工作环境。不仅如此,建设良好的企业文化也是吸引人才的有力手段,凭借企业优良的企业文化,不断感染和熏陶员工,让员工真正地为企业做出贡献。

任何成功的企业,其成功的根本原因在于拥有高素质的企业家和员工。所以说,人力资源及其创造力才是价值创造之源,其在企业成长中的贡献越来越突出,因而人力资源管理自然成了现代管理的焦点。拥有高素质的人才,才能保证企业在竞争中取得突出优势,立于不败之地。

人力资源管理是现代企业管理的核心。人力资源管理职能可以帮助企业实现其主要的战略目标。人力资源是企业的一种长期财富,其价值在于创造企业与众不同的竞争优势,建立核心竞争力。所以,企业必须加强人力资源管理,创造一个吸引人才、培养人才的良好环境,建立凭德才上岗、凭业绩取酬、按需要培训的人才资源开发机制,吸引人才,留住人才,满足企业经济发展和竞争对人才的需要,从而实现企业经济快速发展。

本章小结

1. 现代管理大师彼得·德鲁克(P. Drucker)曾经说过:"企业只有一项真正的资源——人。"人才是企业基业长青的关键因素。但是为什么有的企业拥有强大的人力资源,还是不能获得良好的发展呢?这体现出人力资源管理的重要性。对人力资源进行有效管理,挖掘出人力资源的价值并加以利用,才能实现企业的目标。

2. 正是因为人力资源管理的重要性,人们开始研究人力资源管理,从经济人管理的人事管理到人本化管理的人力资源管理。通过招聘、甄选、培训、报酬等管理形式对组织内外相关人力资源进行有效运用,满足组织当前及未来发展的需要,保证组织目标实现与成员发展利益的最大化。

3. 针对人力资源的不同性质采取多样化的管理,体现员工与企业之间的相互依存关系。员工高效的生产为企业带来优质的产品与服务,企业因此获得绩效并可持续发展。企业的良好运转可以将更多的精力投入人力资源的管理上,培养更多优秀的员工。如此良性地循环,为企业带来无限的生机。

4. 人力资源管理的内容包括人才规划与职位分析、人才招录与培训开发、选拔、员工培训开发、绩效管理与薪酬福利管理等。

5. 人力资源管理的艺术:管理者应该区别对待不同发展阶段的员工,根据不同员工的不同需求,对症下药,通过人性化的管理达到员工的满足;管理者识人心、笼络人心、激励人心,此为人心管理。

6. 激励是一个企业对于员工的重视程度,包括感情的激励、事业的激励、待遇的激励。

7. 管理学家罗宾斯认为:团队就是由两个或者两个以上相互作用、相互依赖的个体,为了特定目标而按照一定规则结合在一起的组织。打造一支高效的团队并赋予其团队精神,同时协调好随时可能出现的团队冲突,使成员朝着一个统一的目标奋斗。

练习题

一、简答题

1. 当今社会人力资源管理为什么越来越受到人们的重视?
2. 试讨论人力资源管理在企业管理中的作用。
3. 传统人事管理与现代人力资源管理的主要区别有哪些?
4. 美国人力资源管理模式与日本人力资源管理模式的区别有哪些?
5. 企业在进行人力资源规划时,应考虑哪些内部和外部的因素?
6. 试针对某一企业制定其职位说明书。
7. 职位分析的主要方法有哪些? 各有什么利弊?
8. 分析外部招聘渠道与内部招聘渠道的优缺点。
9. 在员工培训开发中如何提高员工积极性?
10. 我国企业目前在奖酬管理上存在的主要问题是什么?
11. 团队与群体的区别是什么? 球队是团队还是群体?
12. 解决现今企业员工激励问题的关键是什么? 应从哪里下手?

二、案例分析

HRD 的职责与职权

关于职责,有"屁股决定脑袋"的说法。HRD 的职责是什么呢? 是战略层面的决策者,还是管理层面的执行者?

都说新官上任三把火,但是万商集团新任 HRD 吴军到任已经一个多月了,天天在各地分公司做调研,不但一把"火"没放,甚至连"灯"都没点一个。

万商集团是国内领先的 B2B 企业,成立 10 年换了 5 任 HRD。前 4 任都是"吃过猪肉"的牛人,一上任就踌躇满志,先开动员会,然后做培训,接下来是搞调研、调结构、定流程、写方案、编制度,把人力资源部的同事们忙得昏天黑地,把公司弄得鸡飞狗跳。可惜好景不长,人力资源部忙了半年,其他部门涛声依旧,改革方案束之高阁,里里外外怨声载道,HRD 黯然离职。

同样的剧情上演了 4 次,所有人都有了经验,等着吴军开动员会、做培训。人力资源助理王燕计划明年生孩子。按她的经验,新 HRD 到位,肯定是先放三把火,头半年免不了一通瞎忙;接下来,HRD 就会发现忙了也是白忙,开始心灰意冷;等到了明年,HRD 终于想通了,忙还不如不忙,心如死灰的时候,人力资源部就开始"放羊"。那个时候正好去生孩子、休产假。等孩子差不多一岁了,自己也调养好了,养精蓄锐迎接新任 HRD 的又一轮折腾。

可是这个吴军没按牌理出牌,既不放"火",也不点"灯",不但王燕无所适从,CEO 赵刚都坐不住了。

1. 规模优势

吴军上任之前,赵刚说 HRD 主要有三项任务:一是文化建设,为万商集团注入"赢"的文化;二是结构调整,理顺集团总部、子公司、关联公司和分公司的关系;三是人才培养,为集团的进一步发展储备人才。三项任务都不简单,需要时间做调研,但一个多月过去了,总应该有点阶段性的成果吧。正当赵刚开始担心的时候,吴军找上门来汇报工作。

"老板,向您汇报一下调研的情况,"吴军先把一份报告递给赵刚,然后说,"我先说要点,详细情况报告里都有。"

"调研的第一个目的是搞清楚公司的战略优势和核心竞争力,搞清楚我们和竞争对手不一样的地方,目的是围绕核心竞争力调整组织结构和业务流程。调研发现公司没有核心竞争力、没有战略优势,只有竞争优势,目前的优势是规模和知名度。"

"核心竞争力和优势有什么区别? 规模和知名度不是核心竞争力?"赵刚反问道。

"核心竞争力是别人很难模仿的能力,是建立在独有资源之上的;优势是别人可以模仿但暂时不具备的能力,是建立在公共资源之上的。"吴军解释说,"规模和知名度的基础是资本,资本是公共资源,不是独有资源。如果没有战略优势,新的资本进入,利润就摊薄了。"

"调研的第二个目的是搞清楚集团运营的业务模式,搞清楚公司的经营优势。调查发现公司在经营上没有效率优势,只有规模优势。"

"规模和效率有什么区别?"赵刚再一次反问道。

"效率优势是利润率比对手高,规模优势是营业额比对手大。"吴军解释说,"目前集团总部、分公司和子公司的业务一样,只有区域划分,相互之间是竞争关系,不是合作关系。"

"调研的第三个目的是搞清楚业务层面的执行流程,搞清楚营销和销售职位的操作优势,结果发现在操作层面没有效率优势,只有规模优势。"没等赵刚问,吴军解释说:"操作层面的效率优势是人均营业额和人均利润高于竞争对手,规模优势是业务人员在数量上超过竞争对手。"

"你的意思是说,我们完全没有优势?"赵刚皱了皱眉头说。

吴军回答道:"也是也不是,我们进入的时间早,在规模上有优势,如果竞争对手加大投入,或者重量级的企业进来,有可能比我们的规模更大。"

2. 解决方案

赵刚说:"这也正是我担心的地方,我们的规模优势在短时间内不会有人超过,但时间长了真不好说。你有什么办法把规模优势变成效率优势呢?"

"办法有很多,在执行层面上的办法有两种:一是把客户需求细分,按客户需求设计产品线;二是把销售和营销职位细分,按客户需求,把目前的销售顾问一个职位细分成销售代表、产品专员、客户代表三个职位,具体的做法我在报告里写了。"

"问题的关键不是执行层面上,"吴军说,"战略决策更重要,我个人的想法是这样:

(1)把集团总部的功能升级,不做具体的业务,主要对分公司提供资金、技术、管理、人才和市场信息上的支持。让总部充分发挥大脑功能,具体的事情让分公司去做。

(2)分公司和子公司在业务上不要重叠,形成上下游关系上的专业协作和系统协作,这样既可以避免内部竞争,也可以提高专业水平和服务质量,类似阿里巴巴、阿里妈妈、支付宝、诚信通那样。

(3)终端下沉,三线城市采用加盟连锁,既可以迅速扩大规模,又避免了在三线城市开设分公司形成的管理成本高和市场容量小的矛盾。"

"后面的三点我没有写在报告里。"吴军说,"这些是董事会决策范围内的事,如果有必要,我可以另外写一个提案。"

赵刚听了这个思路觉得眼前一亮,他也早有类似的想法,只是天天忙于事务性工作,没有往下细想。

3. 素位而行

"那就赶快写个提案吧,我先看看,如果有必要,你再交给董事会。"赵刚说,"企业文化、结构调整、人才培养,这三件事你别忘了。"

吴军又拿出一份报告给赵刚说:"呵呵,没忘,这三件事的提案在这里。"

接着,两人又开始讨论调研报告,一一分析如何细分客户需求、如何细分营销职位的具体做法和可行性……不知不觉一天过去了。赵刚说:"就按报告里你提出来的思路,之后我们找几家分公司先试试。"

最后,赵刚说:"提案也要尽快写出来,如果有必要,我申请召开董事会特别会议,专门讨论战略调整的问题。不过你有没有仔细考虑过,要是董事会不同意你的这份提案而坚持现在的做法怎么办?"

吴军很平静地说:"这个可能性我也想了好多天,如果真那样,我可能会辞职。"

"为什么?"赵刚吓了一跳。

吴军说:"通过这一个月的调研,我觉得执行层面的调整对公司的意义不大,公司迫切需要战略调整。到目前为止,我还没找到更好的调整方向。作为 HRD,我的职责是成为战略与执行之间的桥梁。如果董事会认为现在的运营方式正确,不需要战略调整,那公司只需要一个人事经理来做执行层面的事情就够了,我没必要戴着 HRD 的空头衔,做人事经理的工作。"

吴军走了之后,赵刚陷入沉思。显然,这个 HRD 很专业,战略思维很清晰,也很有主见。但问题在于他太有主见了,不肯接受他的建议,他就选择辞职。

如果按照赵刚以往的用人原则,这样的人应该尽早让他离开,但是公司眼下真的需要战略调整,迫切需要一个像吴军这样的 HRD。眼看着 3 个月的试用期就要到了,赵刚到底要不要留住这样的人才呢? 在这个问题上他应该保持什么样的立场?

资料来源:刘向明,《职业经理人周刊》,中国总裁培训网,2010 年。

案例思考题:

1. 人才资源能不能构成企业的核心竞争力,为什么?

2. 为什么战略规划调整比执行层调整更重要?

3. HRD 的主要职责是什么? 拥有哪些职权?

第十三章

变革与创新管理

学习目标

学完本章后,你应该能够:

1. 解释组织变革的动因。

2. 定义组织变革。

3. 阐释组织变革的目标、内容和类型。

4. 描述组织变革的过程和程序。

5. 区分关于变革的"风平浪静"与"急流险滩"两种观点。

6. 解释人们为什么会抵制变革。

7. 列出消除变革阻力的对策。

8. 描述减轻员工压力的办法。

9. 区分创造与创新。

10. 解释组织如何能激发和培育创新。

要点概述

1. 为什么要进行组织变革

外部力量;内部力量;组织变革的征兆。

2. 什么是组织变革

组织变革的含义、目标;组织变革的内容;组织变革的方式。

3. 管理组织变革

组织变革的基本过程和程序;变革过程的两种不同观点;组织变革的阻力及消除对策;组织变革的压力及管理。

4. 激发创新

创新的含义和特征;创新职能的基本内容;创新的激发与培育。

华为管理变革的轨迹

在 2010 年 5 月 30 日英国《金融时报》发布的全球 500 强企业排名中,中石油以 3 293 亿美元市值排名第一,中国企业首次成为全球市值最大的企业,前 10 强中中国企业有 3 个。令人尴尬的是,这一标志性事件在国内受到了广泛质疑,企业组织效率也再次成为民众关注的焦点。

长期以来,组织效率低下不仅困扰着中石油,也是国内大部分企业要面对的问题。如何在做大的同时做强企业,建立起高效运作体系? 实践证明,只有伴随企业发展过程坚持不间断地进行管理变革,才能打造出有核心能力的运作体系,华为 22 年的持续管理变革就证实了这一点。

华为自 1988 年由十几个人举债 2 万元创业,至 2009 年全球销售收入达 1 491 亿元人民币(约合 218 亿美元),海外收入比例为 53.5%,净利润为 183 亿元人民币,成为国际排名仅次于爱立信的世界级移动设备企业。华为之所以能在高技术、高品质、高服务水平、高竞争环境的国际通信行业中胜出,成为行业标杆企业,是华为 22 年间进行的不间断管理变革的结果。回顾华为的管理变革,主要经过了自主优化、引进复制、创新发展三个阶段。

1. 自主优化阶段

本阶段的管理变革以解决具体问题为主,如研发管理变革,强调了战略机会点把握、注重研发速度与集中优势兵力,这在华为发展初期取得了良好效果,也为企业快速增长立下了汗马功劳。自主优化也是痛苦的,摸着石头过河,进展缓慢而且经常走弯路,以《华为基本法》为例,聘请了中国人民大学 6 位教授,耗时 3 年,八易其稿出炉,然而出炉不久便被打入冷宫,很少被任正非提及,实际上并未发挥"指导华为前进"的理论作用。

1988 年至 1998 年管理变革的主体是华为,虽然由于员工的局限性以及经常被事务性工作所困挠,无法在管理模式上取得突破性进展,但对于当时创业期的华为来说,这次管理变革满足了当时的管理需要,也为企业建立了良好的变革文化。

2. 引进复制阶段

引进复制西方管理体系阶段是从 1998 年开始至 2008 年。华为陆续与 IBM、Hay、Mercer、PwC、德勤、FhG、盖洛普、NFO-TNS、Oracle 等公司合作,进行了业务流程、组织、品质控制、人力资源、财务和客户满意度六个方面的变革。

在这一轮管理变革中,华为公司将自身定位为一个包括研发、销售和核心制造的高技术企业,并以建立流程化组织为目标。同样以研发工作为例,主要是成立由市场、开发、服务、制造、财务、采购、质量组成的团队(PDT),运用各种先进的管理理念及工具对产品整个开发过程进行管理和决策,确保产品研发全过程的信息透明与客户需求目标的一次性满足。

同时,本阶段也进行了信息化实施工作,将经过实践检验的流程固化在信息系统中,实现了流程管理电子化、业务信息数据化;建立了从客户端(需求)到客户端(供应)的简洁、规范的信息化控制体系,摆脱了对人的依赖,实现了企业的职业化与专业化改造。

复制阶段变革的主体是咨询公司,它们帮助华为建立起了各种体系化、标准化的管理体系,使管理的可控性与透明度得到了明显改善。然而,随着西方管理体系在华为建立,西方体系的缺陷也逐渐显现出来,体系中过多的流程控制点,不但降低了运行效率,而且易于滋生官像主义及教条主义,这使得管理变革又一次被提上了日程。

3.创新发展阶段

2008年全球金融危机是中西管理模式的分水岭,企业家开始客观评价西方管理模式,基于西方管理模式的管理创新成为中国企业管理变革的新特点。华为在本阶段的主要工作是进行了以一线作战需求为中心的组织与流程变革。

为有效执行各地区部、代表处、产品线、后方平台的一线作战模式,本阶段主要确定了以代表处系统部铁三角为基础的轻装及能力综合化的海军陆战队式的一线组织结构;借用了美军参谋长联席会议的组织模式,提出了片区的改革方案;并提出了"蜂群"式迅速集结与撤离的一窝蜂战术要求。

在这一阶段,任正非不再强调西方管理的先进性,而是强调创新与自我复制,提出"要善于总结我们为什么成功,以后怎样持续成功,再将这些管理哲学的理念,用西方的方法规范,使之标准化、基线化,有利于广为传播与掌握"。这不但是本次变革的指导思想,也为华为未来的管理变革指明了方向。

就华为22年的管理变革轨迹来看,企业管理变革是一个长期工作,需要根据企业不同阶段的需要进行持续变革,使企业始终处于高效运作状态,这样才能确保在竞争中获得优势。

资料来源:吕谋笃:《华为管理变革的轨迹》,《中国房地产报》2010年8月2日(根据该资料整理)。

第一节 为什么要进行组织变革

组织的发展离不开变革和创新。变革是组织的现实。在越来越激烈的市场竞争环境下,任何组织,要么死亡,要么变革和创新。只有在不断变革、创新、跨越、再生的过程中,组织才能永葆青春、增强活力和提高效益。

任何一个组织,无论过去如何成功,都必须随着客观环境和内部条件的变化而不断地进行调整和改革,做到与时俱进。推动组织变革的根本原因在于组织的外部力量和内部力量。

一、外部力量

(一)政治、经济环境的变化

政治、经济环境变化对所有组织都会产生影响,政治、经济政策的调整,经济体制的改变,都会引起组织内部深层次的调整和变革,对组织的规模、类型和结构提出不同的要求,对企业的组织形式带来深刻的变革要求。

(二)市场的变化

市场的变化迫使组织修正或制定新的发展战略,改变经营方式,变革组织结构和管理方式。例如,顾客的收入、价值观念、偏好的变化;竞争者推出了新的产品、改进服务、降低产品价格、加强广告宣传;基于全球化的越来越激烈的市场竞争等。

(三)科技进步

技术进步将推动组织的变革。当今世界科学技术的发展日新月异,层出不穷的新产品、新工艺、新技术、新方法对组织形成了强大的冲击,简单的、程序化的工作正在被复杂的、非程序化的工作所取代,出现了新的职业和部门,带来了管理模式、责权分工和人与人关系的变化,因此,要求组织加快变革的速度。组织如果不适时地进行变革,就会落后于时代的发展,被飞速发展的形势淘汰。

二、内部力量

（一）组织目标的选择和修正

组织目标的选择和修正决定着组织变革的方向和范围。组织机构的设置必须与阶段性战略目标相一致。一旦组织需要根据环境的变化调整机构，新的组织职能必须得到充分的保障和体现。

（二）组织规模与成长阶段的变化

林纳(Greiner)认为，一个组织的成长大致可分为创业、聚合、规范化、成熟、再发展或衰退五个阶段。组织在成长的每个阶段会遇到各种各样的矛盾，变革伴随着组织规模的变化和成长的各个时期，因此，管理者必须采取变革的措施，采用不同的组织模式，以保证组织的生存和发展。

（三）组织成员素质的提高

随着文化水平、受教育程度、专业技术知识的大幅度的提高，组织成员必然要求更多地参与组织中的管理事务和决策过程。然而，原有的组织结构设计缺乏参与管理和参与决策的结构内容，因此，组织变革成为组织成员的一种自然形成的期望。

原有领导人接受了新的管理思想、采用了新的管理方法或新的领导者上任，都可能引起组织的变革。

（四）组织基础条件的变化

组织实行技术改造，新设备的引进是一种变革力量，它需要对员工进行操作培训、重新设计员工的工作或形成新的相互协作方式、调整报酬和福利制度，以适应新的生产方式的需要。组织的价值观、组织制度、组织战略等的变化都会导致组织变革。

三、组织变革的征兆

管理者必须保持清醒的头脑，善于抓住组织变革的征兆，及时进行组织变革。组织结构需要变革的征兆有：

（1）组织机构显露病症。例如，决策形成过于缓慢、指挥不灵、信息交流不畅、机构臃肿、人事纠纷增多、管理效率下降等。

（2）组织的主要机能已无效率或不能真正发挥作用。例如，企业的经营成绩下降、市场占有率下降、产品质量下降、消耗和浪费严重、企业资金周转不灵等。

（4）企业的生产经营缺乏创新。例如，企业缺乏新的战略和适应性措施、缺少新的产品和技术更新、缺少新的管理办法或难以推行新的管理办法等。

（5）职工士气低落，不满情绪增加。例如，组织成员的离职率、旷工率、病事假率增加等。

当一个企业出现上述征兆时，必须及时进行组织诊断，从而判定企业组织是否有变革的必要。

第二节 什么是组织变革

随着组织环境和组织自身的发展变化，组织需要不断地进行改革。变革是任何组织生存和发展的必经之路。

一、组织变革的含义、目标和内容

(一)组织变革的含义

组织变革(organizational change)是指组织为了满足自身发展以及适应环境变化的需要,运用行为科学和相关管理方法,对组织进行调整、改革与再设计,以适应组织所处的内外环境的变化,提高组织效能。它属于组织工作过程中的反馈和修正。组织变革是组织发展过程中一项经常性的活动。

(二)组织变革的目标

1. 使组织更具环境适应性

能否适应环境变化是判定组织生存能力的重要标志。组织改革的首要目的是提高组织的环境适应能力。组织变革需要不断提高组织与外部环境信息沟通的能力,保持组织内外信息传播的流畅和准确,顺势调整、改变自己的任务目标、组织结构、决策程序、人员配备、管理制度等,从而保持和提高企业的运行效率。

2. 使员工更具环境适应性

组织变革的最直接感受者是组织的员工。组织变革的基本目的是要使员工充分认识到变革的重要性,改变员工的观念、态度、作风和行为方式,从而适应组织对环境变化做出的反应,认同、支持和贯彻执行变革措施。

3. 使管理者更具环境适应性

变革是组织长寿的秘诀。管理者必须善于捕捉内外环境的信息,抓住组织变革的征兆,清醒地认识到自己是否具备足够的决策、组织和领导能力来应对未来的挑战,及时有效地进行组织变革。因此,管理者需要调整过去的领导风格和决策程序,根据环境的变化要求来重构组织内的各种关系。

(三)组织变革的内容

由于组织环境状况各不相同,组织变革的内容和侧重点可能有所不同。综合而言,组织变革的具体内容如下:

1. 对人员的变革

人员的变革是指员工在态度、技能、期望、认知和行为上的改变。组织成员既可能是推动变革的力量,也可能是反对变革的力量。因此,组织必须注重员工的参与,提高沟通的质量,从而有利于实现权力和利益等资源的重新分配。

2. 对结构的变革

结构的变革包括权力关系、协调机制、集权程度、职务与工作再设计及其他结构参数的变化。管理者要对如何选择组织设计模式、如何制订工作计划、如何授权等一系列行动做出决策。

3. 对技术与任务的变革

技术与任务的变革包括对作业流程与方法的重新设计、修正和组合,更换机器设备,采用新工艺、新技术和新方法等。由于产业竞争的加剧和科技的不断创新,管理者应注重在流程再造中利用先进的计算机技术进行一系列的技术改造,重新组合各个部门或各个层级的工作任务。

二、组织变革的方式

(一)改良式的变革

这种变革方式主要是采取逐渐演变、过渡的办法,在原有的组织结构基础上修修补补,变动较小。它的优点是能够根据企业当前的实际需要,局部地进行改革,阻力较小,易于实施。其缺点主要是缺乏总体规划,头痛医头,脚痛医脚,带有权宜性。

(二)爆破式的变革

这种变革方式往往涉及组织重大的或根本性质的改变,采取革命性措施,一举打破原状,断然弃旧立新。爆破式的变革适用于比较极端的情况,在采取爆破式的变革方式时,应持谨慎的态度。因为,爆破式的变革会给组织带来非常大的冲击,容易使员工丧失安全感,造成士气低落,甚至引起对变革的强烈反对。

(三)计划式的变革

这种变革方式是通过采取对企业组织结构进行系统研究、统筹解决的方式,制订出理想的改革方案,然后结合各个时期的工作重点,有计划、有步骤地加以实施。计划式的变革的优点是:有战略眼光,适应公司组织长期发展的要求;组织结构的变革可以同人员培训、管理方法的改进同步进行;员工思想准备的时间较长,阻力较小。因此,它是一种较理想的变革方式。

第三节　管理组织变革

一、组织变革的基本过程和程序

(一)组织变革的基本过程

库尔特·卢因(Kurt Lewin,又译为勒温,1890~1947)把组织变革的过程具体划分为三个阶段:解冻、变革、再冻结。

1. 解冻(unfreezing)

解冻阶段是改革前的心理准备阶段。成功的变革必须对组织的现状进行解冻。解冻指的是在组织中广泛宣传变革的必要性,促使人们改变原有的态度和观念,让个人、群体和组织能够真正感受到变革的必要而接受变革。

2. 变革(changing)

变革阶段是变革过程中行为的转换阶段,组织要将激发出来的改革热情转化为改革的行为。变革指的是发现并提出新的观点、理念或采取新的行为。

3. 重新冻结(refreezing)

重新解冻阶段是变革后的行为强化阶段,目的在于通过对变革驱动力和约束力的平衡,使新的组织状态保持相对的稳定,不断巩固和强化员工的心理状态、行为规范和行为方式。重新冻结指的是通过加强和支持等手段,使新的行为方式锁定成为新的模式和规范。

(二)组织变革的程序

1. 发现问题征兆,认识变革的重要性

管理者要保持对未来的紧迫感和危机感,要善于从外部信息中发现对自己有利或不利的因素,从组织内部信息中发现问题。

2. 组织诊断

要对现有的组织进行全面的、具有针对性的诊断。要通过搜集资料等方式,对组织的职能系统、工作流程系统、决策系统和内在关系等进行全面的诊断。从各种内在征兆中找出导致组织绩效差的具体原因,并确立应当进行整改的具体部门和人员,制定出明确的具体化的变革目标。

3. 制订变革方案

组织诊断任务完成之后,要对组织变革的具体因素进行分析,例如,职能设置是否合理、流程中的业务衔接是否紧密、决策中的分权程度如何、员工参与改革的积极性怎样等,据此制订几个可供选择的可行改革方案。

4. 实施变革计划

组织变革通常会遇到阻碍者的抗拒和阻挠。制订改革方案的任务完成之后,要选择正确的实施方案,制订具体的改革计划并贯彻实施。组织在选择具体的改革方案时要做到有计划、有步骤、有控制地进行,要充分考虑到改革的深度和难度、影响程度、速度,以及员工的可接受和参与程度等。当改革出现某些偏差时,要有备用的纠偏措施,保证变革计划的顺利实施。

5. 评价变革效果,及时进行反馈

组织变革是一个包括众多复杂变量的转换过程,任何改革计划都不能保证完全取得理想的效果。因此,管理者在变革结束后必须对改革的结果进行总结和评价,建立起良好的信息反馈系统,针对影响变革的因素进行相关调整,从而切实地保证变革的效果。

二、变革过程的两种不同观点

(一)"风平浪静"观

"风平浪静"观认为变革是偶然的。库尔特·卢因的三步骤变革过程是"风平浪静"观的最好说明,其将变革看作是对组织平衡状态的一种打破。在风平浪静的状态下,偶尔的一次"风暴"意味着进行变革,一旦"风暴"被处理,事情就回归到正常的状态。但是,今天大多数管理者所面临的并非是风平浪静的环境。

(二)"急流险滩"观

"急流险滩"观将变革看作一种自然的状态。组织所处环境是不确定和动态的,因此,组织必须时刻保持足够的适应性和敏捷性,从而对面临的急流险滩迅速做出反应。例如,"永远战战兢兢,永远如履薄冰"是青岛海尔的生存理念,海尔始终不缺乏变化,正是"急流险滩"观的典型案例。

三、组织变革的阻力及消除对策

(一)组织变革的阻力

组织变革必然会打破组织内部现有的利益格局,因此,对于组织成员而言,可能成为一种威胁。任何变革都不可避免地会遇到来自各种变革对象的阻力和反抗。组织变革的阻力主要来源于个体和组织。

1. 个体阻力

人是组织变革中的关键因素,但人们通常会反对、抗拒变革,这与人类的基本特征有关。变革中的个体阻力主要来源于以下几个方面:

(1)利益上的影响。变革会改变利益格局,变革结果可能会威胁到某些人的利益,例如,机构的撤并、管理层级扁平化、要求调整落后的知识结构或更新过去的管理观念和工作方式等新要求,可能致使员工面临失去权力的威胁。

（2）心理上的影响。变革意味着原有的平衡系统被打破，意味着要承担一定的风险。对未来不确定性的担忧、对失败风险的惧怕、对绩效差距拉大的恐慌、对公平竞争环境的担忧、平均主义思想、厌恶风险的保守心理、因循守旧的习惯心理等心理因素，会进一步转化为阻碍或抵制变革的心理阻力。

2. 组织阻力

组织就其本质而言是保守的，它们往往积极地抵制变革。例如，政府机构想继续从事干了数年的工作，而不管它们的服务是否仍被需要；教育机构是为了开放思想和挑战已有学说而存在的，但大多数学校现在仍在使用与几十年前本质相同的教学技术；许多企业强烈地抵制变革。抵制变革的组织阻力主要来自以下几个方面：

（1）结构惯性。组织有其固有的机制保持其稳定性。例如，组织员工的甄选过程系统地选择一定的员工出入，组织的规范化提供了工作说明书、规章制度和员工须遵从的程序，组织通过某种方式塑造和引导员工的行为。当组织面临变革时，结构惯性则起到维持稳定的反作用。

（2）群体惯性。即使个体想改变他的行为，群体规范也会成为约束力。例如，员工可能乐于接受组织提出的薪资分配方案，但迫于群体的压力，他可能会抵制变革。

（3）对专业知识的威胁。组织变革可能会威胁到专业群体的专业技术知识，从而引发其对变革的抵制。例如，新的工艺技术的引入可能会使员工原有技术变得没有价值，不得不花费时间和精力学习新技术。

（4）对已有的权力关系的威胁。组织改革导致的决策权力的重新分配会威胁到组织长期以来已有的权力关系。例如，在组织中引入参与决策或自我管理的工作团队的变革，可能被基层主管和中层管理人员视作一种威胁。

（5）对已有资源的分配的威胁。组织中控制一定数量资源的群体往往把变革视作威胁，而倾向于维持现状。那些最能从现有资源分配中获利的部门常常会对可能影响未来资源分配的变革深感忧虑。

（二）消除组织变革阻力的管理对策

为了防止和消除来自个体和组织的变革阻力，争取员工的合作，组织在变革中可以采取以下措施加以应对：

（1）激励变革者。采取各种方法对变革者进行物质或精神奖励，不仅可以使变革者产生战胜困难的信心和勇气，而且可以对阻碍改革的保守和嫉妒心理造成一种冲击，逐步消除组织变革中的心理阻力。

（2）教育与沟通。员工反对变革的原因往往在于信息失真或对所要进行的变革不知情。通过与员工进行沟通和教育，帮助他们了解变革的理由、性质和逻辑，从而分享资源，带来共识，预防和消除误会。例如，逐个地讨论、面向小组的演示、报告和备忘。管理层与员工之间的良好沟通可以预防或消除误会。

（3）参与和融合。倾听受到组织变革方案影响的员工的心声是非常重要的。让员工参与计划的制订和实施，既可以吸收其智慧，又可以减少思想阻力、增强责任感，从而有利于变革的顺利进行。但是，这种方法比较费时，在变革计划不充分时存在一定风险。

（4）促进与支持。管理者通过提供一系列支持性措施来减少变革的阻力。当员工对变革感到恐惧和担忧时，为员工提供心理咨询和治疗、新技术培训和相关资源，从而有利于员工消除由于心理调整不良而产生的抵制情绪。

（5）谈判。当变革的阻力较大时，谈判可能是一种必要的策略。谈判就是以某些有价值的东西换取阻力的减小。例如,通过商定一个特定的报酬方案来满足员工的个人需要,给予切实的激励以换取合作。但是,谈判的潜在的高成本不容忽视,当管理者为了避免阻力而做出让步时,可能面临着其他权威个体的勒索。

(6)其他措施,包括操纵和强制。操纵是指隐含的影响力。例如,歪曲事实使事件显得更有吸引力;封锁不受欢迎的信息,制造谣言使员工接受变革。拉拢是操纵的一种表现形式,指的是为反对者在变革过程中安排一个对反对团体的领导者有吸引力的角色,从而换取他们支持变革的承诺。例如,管理层可能会邀请工会领袖作为某一执行委员会的成员。强制指的是对变革抵制者直接使用威胁或强制手段。例如,一个老板可能为了让下属对变革方案采取合作态度,而以关闭工厂、调职、丧失升职机会或分配不好的工作相威胁。

四、组织变革的压力及管理

变革的过程充斥着兼并、重组、流程再造、强制退休和大规模裁员等各种浪潮,必然对组织成员造成心理压力。面对压力引发的种种问题,压力管理浮出水面。

(一)压力的定义

所谓压力,指的是在动态的环境条件下,人们面对种种机遇、规定和追求的不确定性时所造成的一种心理负担。

压力可能带来正面激励效果或造成负面影响。压力通常与各种规定、对目标的追求相联系,例如,由于追求工作业绩、奖励和提升,面临工作调换,使组织成员感受到极大的工作压力;各项组织规定使得组织成员不能随心所欲,烦闷压抑。

(二)压力的起因

产生压力的因素多种多样,但组织变革中的压力因素主要包括两种:组织因素和个人因素。

1. 组织因素

不愉快的工作环境、过于严厉的管制和规章制度、分配的工作任务多寡和难易程度、工作时限长短、人际关系影响、模糊不清的沟通渠道、工作新岗位的变更等,可能成为组织成员压力的诱因。

组织变革中引发组织成员压力的组织因素主要是组织结构的变动和员工的工作变动。例如,当组织采取矩阵结构时,要求员工必须听从上级的指挥、具有更强的组织协调能力;工作变动后负担过于沉重或过于枯燥,会造成员工情绪低落、烦躁、恐惧。

2. 个人因素

引发组织成员压力的个人因素包括:家庭成员的去世、个人经济状况的困难、离异、伤病、配偶下岗、法律纠纷、子女教育、家庭生活是否和谐美满等。

(三)压力作用下的反应

1. 生理上的反应

变革使组织成员面临新的环境,承受过重的压力,从而造成个体一系列的生理反应,例如,新陈代谢的改变、心跳和呼吸频率的加快、失眠、血压升高、头疼、疲劳等。

2. 心理上的反应

压力会导致个体产生对工作的不满、不安、紧张、焦虑、易怒、枯燥、恐惧、拖延等心理现象。

3. 行为上的反应

压力会导致组织成员出现消极的行为反应,例如,降低工作效率、改变饮食习惯、吸毒、迟到早退、增加吸烟和酗酒、说话速度增快、睡眠不规律、易与人争执等。

（四）压力的释解

对于组织成员而言，如何正确对待因工作要求和组织结构的变革而产生的压力、如何减轻和消除不适的压力极为重要。如何帮助组织成员克服压力、适应环境是管理者和组织应当深入探讨的重要问题。

1. 组织方面

（1）量才适用。当员工能力不足时，往往会产生很大的压力。在招聘录用员工时，要确定员工能力的高低、潜力的大小，做到量才适用，使得员工能够人尽其才、才适其职，胜任工作的要求。

（2）改善组织沟通。沟通不畅是组织面临的一个基本问题，许多企业管理问题是由于沟通不畅引起的。改善组织沟通，有利于减小由于沟通不畅所产生的压力。例如，当员工的压力来自枯燥的工作或过重的工作负荷时，管理者应当与员工进行有效的沟通，考虑重新设计工作内容或降低工作量。

2. 个人因素

针对引发组织成员压力的个人因素，组织帮助员工减轻过重的压力的方法是多种多样的。

（1）员工咨询。组织可以通过多种渠道向员工提供压力管理的信息、知识，告知员工压力的严重后果、压力的早期预警信号、压力的自我调适方法，从而增强员工的心理"抗震"能力。例如，为员工订有关保持心理健康与卫生的期刊、杂志，让员工免费阅读；开设宣传专栏，普及心理健康知识；开设有关压力管理的课程或定期邀请专家做讲座、报告。

（2）举办各种锻炼活动。组织通过举办各种适宜的、能够有效减轻压力的锻炼活动来帮助员工舒缓压力、保护身心健康，例如，郊游、球类、登山、做形体操等活动。

第四节　激发创新

创新是组织面临的一个重要课题。管理本身就是创新的产物。伴随社会的发展和进步，管理的理论、方法、手段不断推陈出新，即不断地创新。

中国好声音，创新带来的好生意

在广电总局限娱令下，浙江卫视的《中国好声音》成了一朵逆势绽放的奇葩，即使远在美国，也能感受到这个节目的红火和魅力。根据央视—索福瑞媒介研究有限公司2012年7月20日的42城统计数据，《中国好声音》第二集首播收视率达到2.717，位列同时段第一。这个业绩，与这个节目在播出过程中带给人的全神投入和震撼体验高度一致。

《中国好声音》这台赚钱机器并非中国原创，而是源自荷兰在2010年推出的"The Voice of Holland"。《中国好声音》的成功，是其商业定位、商业模式和组织模式创新的结果。

一是商业定位创新。看厌了好为人师、说教式的选秀节目，对那些冗长、要宝式的名为选秀实为表演的真人秀节目也没了热情，观众需要场景、需要故事、需要真情实感，需要能够产生内心共鸣、感情共振的节目。《中国好声音》虽然是引进模仿，但环节设置紧紧抓住观众心理，严格把握各个细节，上台学员都经过精心初选，上台前说词和上台后表演都经过精心策划。于是，要么实力打动人，让观众把节目当成聆听一场音乐会，充分享受专业的歌唱水准，虽然选手可能来自草根；要么故事打动人，观众为学员奋发、执著、坚持不懈、努力实现心中梦想的拼搏过程而感动，同大多数人所推崇的通过个人努力追求成功的精神相共鸣，激发一种向上的情怀；要么为比赛本身屏气凝神，看到女友、家人、亲人对学员的期望,自己也禁不住参与其中,努力去试图评价表演的质量、去感受学员的心情、去争取导师的认同,因为每个人心中都有一种希望被人认同的需求。所以说,《中国好声音》抓住了时代的主旋律,其清晰的定位满足了当下人们的需要。

二是商业模式创新。这是指中国电视制播分离的 3.0 版。制播分离,一定要解决两个商业主体(节目制作方和节目播出方)的收入模式和盈利模式问题,并且要使得这个商业模式和分配方式能够让双方都尽一切可能达到最终的观众满意。因为观众不会关心两个商业主体之间是如何分配盈利的,就如在餐厅用餐,我们只会关注菜品的可口与否,后台厨师如何以及前面招待和厨师的分配与激励模式与我无关一样。3.0 版的制播分离,采用了节目制作方和电视台共同投入、共担风险并共享利润的模式。据报道,灿星制作和浙江电视台之间有"一道线"的约定,低于这道线,灿星赔偿;高于这道线,二者分红。对于灿星而言,这有些类似"对赌协议"。这一模式优势在于上不封顶,如果节目很成功,广告价格翻倍;节目收视率越高,节目整体获取的利润就越大,双方可以分成的利益就越多。与 2.0 版纯粹购买不同,3.0 版制作方投入越大,节目品质越高,请到的明星、制作人员越专业,就会有越高的收视率,就会有更高的利润,而这个利润制作方是可以分享的。利益上的一致,必定会使得双方各尽所能,共同努力去赢得更高的收视率。

三是组织模式创新。一个节目中,有很多利益相关者。《中国好声音》中,除制作公司和电视台外,学员和导师是直接的参与者,也是非常重要的利益相关者。如何激励他们?这些激励模式会引致什么结果?这个结果是否是这个节目希望看到的效果?对于这三个问题,节目组一定进行了深入的思考和策划。就导师而言,一般嘉宾对于节目来说是成本,做一场算一场劳务费,说穿了是节目组买了他们的时间来进行表演的,因此,除了职业道德和个人持续价值之外,节目本身并没有给他们直接的长远利益安排。《中国好声音》不同,节目和导师的合作模式是一种组织创新,节目组把导师团队和节目后期的市场开发捆绑在一起,没有单纯地支付劳务报酬,而是把导师在这档节目中的参与和投入作为他的投资,通过与中国移动的合作,把所有学员的现场演唱做成彩铃,提供给全国的手机用户下载,从而让导师和学员能够分享下载收费。因此,争取到一个学员,就意味着一笔现成的收入分配,因为这些学员都是如此优秀,而节目的影响力也会保证消费者进行彩铃下载。同时,对导师来说,争取到的学员能力强,通过后续专业培训和指点之后,其未来可供开发的潜力无限;对于学员来说,参与节目、分享收益、得到指点,本身就是足够的动力。因此,组织模式的创新,保证了所有参与方的真实努力、真情付出、专业鉴别和认真点评,这与那些表演类节目有很大的区别。

从收视率和影响力的角度看,《中国好声音》完成了对湖南卫视《超级女声》、东方卫视《中国达人秀》的超越。

资料来源:沈建山:《〈中国好声音〉的模式创新》,《管理学家》2012 年第 10 期(根据该资料整理)。

一、创新的含义和特征

(一)创新的含义

经济学家约瑟夫·熊彼特于 1912 年首次提出了"创新"的概念。他在代表作《经济发展理论》中提出:创新是建立一种新的生产函数,是一种从来没有过的关于生产要素和生产条件的新组合,包括引进新产品、引进新技术,开辟新市场,控制原材料的新供应来源,实现企业的新组织。熊彼特还认为,创新属于"经济范畴",不属于"技术范畴"。

创新是指组织把新的管理要素(新的管理方法、新的管理手段、新的管理模式等)或要素组合引入管理系统以更有效地实现组织目标的创新活动,即富有创造力的组织能够不断地将创造性思想转变为某种有用的结果。

创造是指以独特的方式综合各种思想或在各种思想之间建立起独特的联系这样一种能力。

（二）创新的特征

管理创新具有创造性、高收益性、高风险性、系统性、综合性、适用性和时机性。

(1)创造性。创新是创造性构思付诸实践的结果,其重点在于突破原有的思维定式和框架,创造具有新属性的、增值的东西。例如,工艺、产品、组织结构、管理方式、制度安排等方面的创新。

(2)高收益性。创新的目的在于增加组织的经济效益和社会效益。在经济活动中,高收益与高风险并存。虽然创新的成功率不高,但成功之后获得的利润丰厚。

(3)高风险性。创新作为一种具有创造性的过程,包含着许多可变因素、不可知因素和不可控因素,并不总能获得成功。不确定性使得创新必然存在着许多风险,但是,存在风险并不意味着要一味冒险地做无谓的牺牲,而是要理性地看待风险,尽可能地规避风险。

(4)系统性和综合性。创新涉及战略、市场调查、预测、决策、研究开发、设计安装、调试、生产、营销等一系列活动。任何一个环节的失误,都会影响创新效果。创新是许多人努力产生系统协同效应的结果。

(5)适用性。创新并非越奇越好,而应以适用为准则,从而真正促进组织的发展和进步。

(6)时机性。创新在不同方向具有不同时机。管理创新是一项长期的、持续的、动态的工作过程。

二、创新职能的基本内容

（一）目标创新

目标创新指的是组织提出有别于竞争者的、更能体现永续经营意义的、能使组织产生持续利益的长远目标体系。组织在各个时期的经营目标需要适时地根据市场环境、消费者的需求特点和变化趋势进行整合。每一次的调整都是一次创新。

（二）制度创新

制度创新指的是组织根据内外环境需求的变化和自身发展壮大的需要,对自身运行方式、原则规定的调整和变革。组织制度主要包括产权制度、经营制度和管理制度三个方面的内容。产权制度是决定组织其他制度的根本性制度。经营制度是有关经营权的归宿及其行使条件、范围、限制等方面的原则规定。经营制度的创新方向是不断地寻求企业生产资料的最有效利用的方式。管理制度是行使经营权、日常运作的各种规则的总称。

（三）组织结构创新

组织制度创新必然要求组织形式的变革和发展,不同时期经营活动的变化要求组织的机构和结构不断调整。结构创新是指设计和应用新的更有效率的组织结构。根据影响系统的范围,将结构创新分为技术结构的创新和经济与社会结构的创新两类:(1)技术结构的创新。例如,福特在 20 世纪 20 年代首创流水线生产方式,开创了大规模生产标准产品的工业经济时代。(2)经济与社会结构的创新。通过调整责、权、利关系来提高组织效能。例如,美国通用汽车公司在 20 世纪 20 年代采用的事业部制解决了统一领导与分散经营的矛盾。

(四)技术创新

技术创新指的是采用新的生产方法或新的原料生产产品,以达到保证质量、降低成本、保护环境或使生产过程更加安全和省力的目的。技术创新是管理创新的主要内容。技术创新主要表现在要素创新、要素组合方法的创新、产品创新三个方面。

技术创新可在四个层面上实现:(1)工艺路线的革新。例如,用精密铸造、精密锻造、粉末冶金代替金属切削生产复杂的机械零件。(2)材料替代和重组。例如,前几年,美国堪萨斯、卡罗来纳等农业州的农民,从环保角度,与大学合作,以农产品作原料生产工业产品。(3)工艺装备的革新。例如,用电脑绣花机代替手工绣花。(4)操作方法的革新。用更省力、更高效的操作方法代替过去的一些传统的、不适应现代技术进步的操作方法。

(五)环境创新

环境是企业经营的土壤,制约着企业的经营。环境创新指的是通过企业积极的创新活动去改造环境、引导环境向有利于企业经营的方向变化。例如,通过企业的公关活动以影响社区、政府政策的制定。对于企业而言,环境创新的主要内容是市场创新。市场创新主要是指通过企业的活动去引导消费、创造需求。例如,开发新产品、赋予产品一定的心理使用价值的营销活动。

三、创新的激发与培育

(一)激发组织创新的因素

从企业组织自身的角度讲,有三类影响因素对于激发组织创新起着重要的作用,即组织结构、组织文化和人力资源。

1. 组织结构

灵活的有机式组织结构、富足的组织资源、多向的组织沟通为创新提供重要保证,有利于克服创新的潜在障碍。

2. 组织文化

创新型组织通常具有独特的组织文化,如鼓励试验、赞赏失败、注重奖励等。研究表明,充满创新精神的组织文化通常具有如下特征:鼓励多种工作思路,容忍不切实际的想法和主张;外部控制少;鼓励承担风险;容忍群体冲突;注重结果导向。

3. 人力资源

人力资源是组织创新的基本保证。创新型组织积极地对其干部员工开展培训,提供高工作保障,鼓励员工成为革新能手,激发员工深化思考的热情和信心。

(二)创新的基本条件

为了促使管理创新有效地进行,组织必须创造一些基本条件:

1. 创新主体具有良好的心智模式

心智模式是指由于过去的经历、习惯、知识素养、价值观等形成的基本固定的思维认知方式和行为习惯。实现管理创新的关键在于创新主体(企业家、管理者和员工)具备良好的心智模式,如远见卓识、较好的文化素质和正确的价值观。

2. 创新主体具有合理的能力结构

创新主体必须具备一定的能力才可能从事创新活动。创新主体应具有的能力结构由三方面构成:核心能力(突出地表现为创新能力)、必要能力(包括将创新转化为实际操作方案的能力、从事日常管理工作的各项能力)和增效能力(控制协调加快进展的各项能力)。

3. 组织拥有一个良好的创新氛围

良好的创新氛围关系到创新主体能否具有创新意识、有效发挥其创新能力。在良好的工作氛围下,组织成员思想活跃,新点子产生得多而快。不好的氛围则可能导致组织成员思维僵化、思路堵塞。

4. 组织具备较好的基础管理条件

组织的基础管理主要指一般的最基本的管理工作,如基础数据、技术档案、统计记录、信息收集归档、工作规则、岗位职责标准等。创新的产生往往以良好的基础管理为基础,从而有助于管理创新的顺利进行。

5. 创新应有创新目标

虽然确定创新目标是一件困难的事情,因为创新活动和创新目标具有很大的不确定性,但是如果没有一个恰当的目标则会浪费企业的资源。

6. 创新应结合本企业的特点

创新的目的在于更有效地整合本组织的资源以完成本组织的目标和任务。因此,创新不能脱离本组织和本国的特点。

(三)创新的过程

企业管理创新过程包括发现及确认不满、寻找技术对策、分析权益关系、实施及评价四个阶段:[1]

1. 发现及确认不满

企业利益相关者的不满主要表现在以下六个方面:(1)消费者对企业产品和服务的不满。(2)企业普通员工对企业薪酬制度、绩效考评制度和用人制度的不满。(3)企业所在社区对企业行为的不满。(4)企业内部各部门之间出现的不满。(5)投资者对企业业绩的不满。(6)企业面临危机、挑战和运行上的问题时,会有许多利益相关者对现状感到不满。其中,前两种不满是最主要的。六种不满通常不难发现,但企业高层管理者可能漠视它们的存在,尤其是漠视"消费者的不满和企业普通员工的不满",从而在很大程度上限制了管理创新的开展。

2. 寻找技术对策

由于管理创新是技术创新的先导,因此,消除上述不满的根本措施是管理创新。管理创新在技术上有三种选择:一是改革企业管理制度,如改革薪酬制度、用人制度等;二是引入成熟的管理技术,如流程再造、平衡计分卡等;三是企业进行自主创新,提出新的管理模式和管理技术。通常企业管理创新在技术上以前两种为主。

3. 分析权益关系

先进的管理制度和管理技术不能得到快速应用的主要原因,在于受到组织内部权益关系的限制。组织内权益关系的调整是困难的,甚至是痛苦的,管理创新因此变得艰难。因此,管理创新者在选择先消除或减轻何种不满、相应地引入何种管理制度和技术时,必须充分考虑企业内部的权益关系。

4. 实施和评价

---

① 蔡厚清、王雷:《企业管理创新的特点、过程及机制》,《中国市场》2007年第5期(根据该资料整理)。

管理创新方案在实施过程中经常会遇到阻碍。在创新的成效没有充分显现出来之前,各个利益相关者的得失并不清晰,可能会有较多利益者以各种借口反对。因此,企业高层领导的支持、外部力量的肯定和支持显得非常重要。为了确保创新能够顺利地推行,可以先选择影响范围较小、容易取得成果的项目进行创新,以尽早取得成效而赢得企业内部的肯定与支持。对管理创新的评价应坚持利益相关者评价的原则,只有消除或减轻相关的不满,才能确认创新成功。评价应注意时滞问题,在创新的成效没有充分显示出来之前进行评价是不恰当的。

(四)创新的原则

为了有效地组织系统的创新活动,就必须研究和揭示创新的规律,灵活地运用创新原则。

1. 系统原则

经济发展是人类知识能力的综合。在知识经济时代,人的综合能力已走向系统综合智能型,因此,创新必然遵循系统原则。

2. 价值原则

创新必须着眼于社会实践的需要和科学技术自身逻辑发展的需要,以实现知识的价值为目的。

3. 理性原则

创新必须用辩证唯物主义的科学世界观和科学发展观的基本原理作指导。正确的哲学信念有助于指导创新者去发现事物发展的规律,使组织得到健康的发展。

4. 动态原则

管理的目的是为了使系统实现最佳效益。任何系统的运转都会受到系统内各个因素和相关外部系统的约束,随着内外环境和人的主观能动性的变化而发生变化。管理创新应随着对象系统的发展而不时修正控制方案,遵循动态性原则。

5. 发挥优势原则

在知识经济时代,创新要充分利用和发挥已有的优势条件,扬长避短,形成具有特色的、有竞争力的管理创新。

管理游戏:团队创意

团队创意是一个团队取得成功的根本前提,而个人创意是团队创意不可或缺的组成部分。作为一个团队的领导者,要明白他的小组的各个成员的特点并善加利用。

一、游戏规则和程序

1. 将学员分成 10 人一组,然后发给每组一套材料,要求他们在 30 分钟内,建造出一处优雅美丽的景观来,要求景色美观、创意第一。

2. 要求每一个小组选出一个人来解释他们的景观的建造过程,如创意、实施方法等。

3. 由大家选出最有创意的、最具美学价值的、最简单实用的景观,胜出组可以得到一份小礼物。

二、相关讨论

1. 你们组的创意是怎样来的?

2. 在建造的过程中,你们的合作过程如何? 大家的协调性怎么样? 各人扮演什么角色,这一角色是否与他的平时形象相符?

三、启示

1. 创意好不好关系到景观的成败。如果一开始思路就错了，或者根本没有明确的目标，就会在以后的工作中面临越来越多的问题，如时间管理、审核标准、资源分析等。

2. 当想出足够好的创意以后，每个人根据自己不同的特长选择不同的任务。例如，空间感好的人就可以来搭建模型，手巧的人可以进行实际操作，但是，最重要的是一定要有一个领导者，他要纵观全局，对创意进行可行性评估，以及最后进行总结。

3. 对于组员来说，如果你有了新的创意，一定要跟其他人交流，让他们明白你的意思，并让大家评定你的点子是否可行。

资料来源：经理人培训项目组：《培训游戏全案》，机械工业出版社 2010 年版，第 101 页（根据该资料整理）。

本章小结

1. 变革是组织的现实。推动组织变革的根本原因在于组织的外部力量和内部力量。外部力量包括：政治经济环境的变化、市场的变化、科技进步。内部力量包括：组织目标的选择和修正、组织规模与成长阶段的变化、组织成员素质的提高、组织基础条件的变化。

2. 组织结构需要变革的征兆有：组织机构显露病症、组织的主要机能已无效率或不能真正发挥作用、缺少创新、职工士气低落。

3. 组织变革是指组织为了满足自身发展以及适应环境变化的需要，运用行为科学和相关管理方法，对组织进行调整、改革与再设计，以适应组织所处的内外环境的变化，提高组织效能。

4. 组织变革的目标是：使组织更具环境适应性、使员工更具环境适应性、使管理者更具环境适应性。

5. 组织变革的具体内容包括：对人员的变革、对结构的变革、对技术与任务的变革。

6. 组织变革的方式一般包括三种：改良式的变革、爆破式的变革、计划式的变革。

7. 卢因把组织变革的过程具体划分为三个阶段：解冻、变革、再冻结。组织变革的程序包括：发现问题征兆，认识变革的重要性；组织诊断；制订变革方案；实施变革计划；评价变革效果，及时进行反馈。变革过程的两种不同观点是："风平浪静"观、"急流险滩"观。

8. 任何变革不可避免地会遇到来自各种变革对象的阻力和反抗。组织变革的阻力主要来源于个体和组织。个体阻力包括：利益上的影响和心理上的影响。组织阻力主要来自：结构惯性、群体惯性、对专业知识的威胁、对已有的权力关系的威胁、对已有资源的分配的威胁。消除组织变革阻力的管理对策包括：激励变革者、教育与沟通、参与和融合、促进与支持、谈判、操纵、强制。

9. 变革的过程充斥着兼并、重组、流程再造、强制退休和大规模裁员等各种浪潮，必然对组织成员造成心理压力。压力指的是在动态的环境条件下，人们面对种种机遇、规定和追求的不确定性时所造成的一种心理负担。组织变革中的压力因素主要包括两种：组织因素和个人因素。压力作用下会产生生理上的反应、心理上的反应、行为上的反应。释解压力的措施包括组织和个体两个方面。

10. 创新是组织面临的一个重要课题。创新是指组织把新的管理要素或要素组合引入管理系统以更有效地实现组织目标的创新活动。创造是指以独特的方式综合各种思想或在各种思想之间建立起独特的联系这样一种能力。管理创新具有创造性、高收益性、高风险性、系统性、综合性、适用性和时机性。

11. 创新的内容包括：目标创新、制度创新、组织结构创新、技术创新、环境创新。激发组织创新的因素包括：结构因素、文化因素、人力资源因素。

12. 创新的基本条件包括：创新主体具有良好的心智模式、创新主体具有合理的能力结构、组织拥有一个良好的创新氛围、组织具备较好的基础管理条件、创新应有创新目标、创新应结合本企业的特点。

13. 创新过程包括发现及确认不满、寻找技术对策、分析权益关系、实施及评价四个阶段。创新的原则包括：系统原则、价值原则、理性原则、动态原则、发挥优势原则。

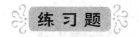

练习题

一、简答题

1. 简述组织变革的动因。
2. 管理者如何发现组织变革的征兆？
3. 组织变革的类型有哪些？
4. 简述组织变革的过程和程序。
5. 组织变革的阻力有哪些？消除变革阻力的对策有哪些？
6. 什么是创新？管理者怎样激发创新？

二、案例分析

案例1：春兰集团活力之源——创新型矩阵式管理

在"第八届中国机械和企业管理现代化创新成果奖"颁奖大会上，新中国成立以来首个全国企业管理成果特等奖颁给了"春兰创新型矩阵管理"模式。

春兰(集团)公司是集制造、科研、投资、贸易于一体的多元化、高科技、国际化的大型现代公司，是中国最大的企业集团之一。下辖42个独立子公司，其中制造公司18家，并设有春兰研究院、春兰学院、博士后工作站和国家级技术研发中心。

春兰在管理模式上有两个非常重要的阶段：一是在企业发展初期，公司采用的"扁平化"管理模式；另一个是企业发展壮大以后，到目前为止仍然在沿用的矩阵式管理模式。这两种模式在春兰发展的不同阶段应运而生，发挥着各自不可取代的作用。

早期春兰之所以选择"扁平化"模式，是出于"船小好掉头"的考虑。把决策层和管理层合二为一，决策中可以免除很多繁琐的程序，大大提高企业运作效率。但这个阶段持续到1996年，不足之处便显露出来。"扁平化"模式在管理上的粗放，适应不了企业精细化管理的要求。因为，市场竞争加剧到一定程度，会使一些原来看上去不是很重要的管理内容，同样变得很重要。于是，春兰采用了新的"矩阵式"模式。它的精髓就是把执行层、监管层和决策层分开，形成三个层面，以条块结合的方式实现精细化的管理。

经过数年的高速发展，春兰的家电、电动车、电子、投资和贸易等事业得到了长足的发展。

春兰现有电器、电动车、新能源三大支柱产业,主导产品包括空调、洗衣机、除湿机、中重型卡车、摩托车、电动自行车、高能动力镍氢电池、摩托车发动机、空调压缩机等。

春兰已从单一产品经济跨入了多元经济发展的阶段,下属企业的数量已从当初的几家逐渐增加到40多家,于是,此时春兰果断地告别了第一次"扁平化"管理体制创新,开始进入以多元化为主要特征的管理创新阶段:

一是建立以经济功能为特点的组织管理体系。1997年,春兰合并相关产业,进行组织管理体系创新,形成了三个层次的组织体系:春兰集团总部,是春兰的投资中心,下辖投资公司、研究院、学院等直属单位。春兰五个产业集团,是春兰的利润中心。产业集团在春兰总部总体产业规划和发展方向的指导下,负责本产业的科研、产品开发、制造、营销和管理工作等。各个制造工厂、业务公司,是成本中心,负责产品制造、成本控制、质量管理等项工作。

二是建立远、中、近期相结合的科技创新体系。春兰按照基础和应用研究并举的原则,合理调整科技创新结构,建立了三个层面的科技创新体系:春兰研究院,直属春兰集团总部,是春兰科技创新的赶超层面。春兰电器、动力和电子三个研究所,分属三个工业产业集团,是春兰科技创新的更新层面。各制造工厂的技术科、工艺科,是春兰科技创新的提升层面。

三是建立以市场为中心的"复合营销管理体系"。春兰以产销一体为基础,按照零售和批发并举、大力拓展海外市场的原则,建成新的复合营销管理体系:以驻外代表处为龙头的全国批发网络、以星威专卖店为骨干的全国零售网络、以海外集团为基础的国际销售网络。

这三个管理创新是春兰实行矩阵管理模式的基础。

"矩阵式"管理之所以适用于春兰,表现在三个方面:

一是由于有了立法和监管层面,对企业运作过程中的指导性和监管力度加大了。原来的"扁平化"管理是首长负责制,总经理、厂长拥有至高无上的权力,任何决策都由其做出。而现在,管理层必须按照基本法规行使职权,否则就会受到监管层提出的警示和质询。

二是由于建立了一些公共的平台,集团的整体性资源得到了共享。例如,集团的每一个企业都需要信息资源,但如果都去搞一套计算机系统,各自进行信息的收集和管理,所花费的代价就相当高,得不偿失。而由集团统一建立信息系统,不但运作成本会减小,而且管理的专一性、安全性和精细化都会更高。

三是对于管理中一些专业性很强的内容,建立了一整套专家班子,适应了企业精细化管理的要求。由集团的职能副总裁牵头的一些处室,在企业的成本管理、资金管理等方面就做得非常具体。例如,在市场管理上,原来非常粗放,只能要求商家卖出多少本公司的产品;而现在,产品的成交价是多少、展台是什么形象,这些详尽资料都能够即时获得。

在由传统工业向新型工业转变的过程中,春兰通过深入推进"创新型矩阵式管理",建立采购、资金、营销、研发和人力管理五大平台,企业综合实力不断增强,科技水平持续攀升。

资料来源:周三多:《管理学》(第3版),高等教育出版社2010年版(根据该资料改编)。

案例思考题:

1. 春兰集团的组织创新体现在什么地方?

2. 结合所学的知识,你认为春兰集团在推进"创新型矩阵式管理"的过程中,会出现什么问题?怎么解决?

案例2:温特图书公司的组织变革

温特图书公司原是美国一家地方性的图书公司。近10年来,这个公司从一个中部小镇的书店发展成为一个跨越 7 个地区、拥有 47 家分店的图书公司。多年来,公司的经营管理基本上是成功的。下属各分店,除 7 个处于市镇的闹区外,其余分店都位于僻静的地区。除了少数分店也兼营一些其他商品外,绝大多数的分店都专营图书。各分店的年销售量平均为 26 万美元,纯盈利达 2 万美元。但是近 3 年来,公司的利润开始下降。

2 个月前,公司新聘苏珊任该图书公司的总经理。经过一段时间对公司历史和现状的调查了解,苏珊与公司的 3 位副总经理和 6 个地区经理共同讨论公司的形势。

苏珊认为,她首先要做的是对公司的组织进行改革。就目前来说,公司的 6 个地区经理都全权负责各自地区内的所有分店,并且掌握有关资金的借贷、各分店经理的任免、广告宣传和投资等权力。在阐述了自己的观点以后,苏珊便提出了改组组织的问题。

一位副总经理说道:"我同意你改组的意见。但是,我认为我们需要的是分权而不是集权。就目前的情况来说,我们虽聘任了各分店的经理,但是我们却没有给他们进行控制指挥的权力,我们应该使他成为一个有职有权、名副其实的经理,而不是有名无实,只有经理的虚名,实际上却做销售员的工作。"

另一位副总经理抢着发言:"你们认为应该对组织结构进行改革,这是对的。但是,在如何改的问题上,我认为你们的看法是错误的。我认为,我们不需要设什么分店的业务经理。我们所需要的是更多的集权。我们公司的规模这么大,应该建立管理资讯系统。我们可以通过资讯系统在总部进行统一的控制指挥,广告工作也应由公司统一规划,而不是让各分店自行处理。如果统一集中的话,就用不着花这么多工夫去聘请这么多的分店经理了。"

"你们两位该不是忘记我们了吧?"一位地区经理插话说:"如果我们采用第一种计划,那么所有的工作都推到了分店经理的身上;如果采用第二种方案,那么总部就要包揽一切。我认为,如果不设立一些地区性的部门,要管理好这么多的分店是不可能的。""我们并不是要让你们失业。"苏珊插话说:"我们只是想把公司的工作做得更好。我要对组织进行改革,并不是要增加人手或是裁员。我只是认为,如果公司某些部门的组织能安排得更好,工作的效率就会提高。"

资料来源:胡宁、韦丽丽:《管理学》,武汉理工大学出版社 2009 年版(根据该资料改编)。

案例思考题:

1. 你认为有哪些因素促使该图书公司要进行组织改革?

2. 请评价该图书公司现有的组织形态和讨论会中两个副总经理所提出的改革计划。

3. 如果你是苏珊,你会怎么做?

第十四章

行为的基础、群体与团队

学习目标

学完本章后,你应该能够:

1. 理解组织行为学的研究对管理者管理员工行为的重要作用。

2. 了解年龄、性别、教育程度、工作时间和种族等个体背景特征对员工行为的影响。

3. 定义态度以及态度的三种成分;了解认知失调以及管理者管理员工的认知失调的重要性;描述与工作有关的态度;解释MBIT人格测验、大五人格模型和霍兰德的职业适合度理论;说明组织行为学着重考察的五种人格特质;描述情商理论。

4. 解释归因理论。

5. 说明管理者如何塑造员工行为。

6. 描述群体形成过程、群体决策的利弊以及影响群体有效性的因素。

7. 描述工作团队的类型及高效工作团队的特征。

要点概述

1. 为什么要了解组织中的个体行为

关注组织行为学的研究对管理者的重要性。

2. 个体背景特征

介绍年龄、性别、教育程度、工作时间和种族等背景特征对员工的生产率、缺勤率、离职率、工作满意度等产生的影响。

3. 态度、人格与情绪

什么是态度;态度的三种成分;态度与行为的关系;与工作相关的态度;态度的形成和转变;什么是人格以及人格的特征;与人格特质相关的理论;与组织行为相关的五种主要人格特

质;情商理论。

4.知觉

知觉的含义,影响知觉的因素;归因理论。

5.学习

学习的内涵;与学习相关的经典理论;组织中员工行为塑造的重要性及其方法。

6.群体与团队

群体的概念;群体规范和群体凝聚力;群体的冲突管理;群体决策;影响群体有效性的五个主要因素;工作团队的含义及类型;高效团队模型。

案例导读

平安:根据性格推荐合适岗位

"'以竞争的环境锻造人,以广阔的空间发展人',这是中国平安人力资源管理的重要策略之一。"中国平安人寿保险股份有限公司北京分公司人力资源部经理刘美妍告诉记者,平安在校园招聘时,除了要求应聘大学生在学习经历、知识结构等方面符合应聘岗位的要求外,还会从工作意愿、心态、学习能力和性格四个方面进行考量。

刘美妍说,应聘者的性格特质是否适合其应聘的岗位,是公司首要考虑的问题。例如,营销辅导专员这个岗位就要求应聘者性格开朗活泼,有很强的语言表达能力及沟通能力。由于应届毕业生可能对自身没有长远的职业规划,在毕业找工作时有一定的盲目性,平安在面试中会根据应聘者的性格特质,为其推荐适合其自身发展的岗位。

"求职者来平安工作的意愿是不是很强,可能会影响公司是否决定录用他。"刘美妍说,应届毕业生在面试时,如表现得犹豫不决,公司是不会考虑让其通过的。

此外,应聘者还应正确认识自己,有个端正的就业心态,自以为是、急于求成的应聘者,平安是不需要的。应聘的大学生是否有很强的自我学习能力、是否能很快地接受新事物、是否跟得上企业的发展脚步,也可能影响其录用。

进入平安的应届毕业生,只要有发展的潜质,就可以得到相应的发展机会。据介绍,中国平安专门建立了各层级的潜质人才库,并通过培训、轮岗、指导人等方式对潜质人员进行重点关注和培养。同时,还引入了惠悦的全球职级系统(GGS)。该职级系统是全球大部分公司普遍采用的职级评估系统。根据此系统,平安设定了每个岗位与国际接轨的薪酬架构,员工价值可以被公正、科学地评估和对待。

资料来源:《中国青年报》2006 年 5 月 25 日。

第一节　为什么要了解组织中的个体行为

晚上在自习课上,有两个学生趴在桌上睡觉,恰巧被巡视的班主任看到了。这两个学生中,有一个平时学习成绩好,是老师比较偏爱的;另一个比较调皮,是老师不怎么喜欢的。两人被叫醒后,老师指着那个他平时比较偏爱的学生对调皮学生说:"你看看人家连睡觉都在看书,可你呢,一看书就睡觉!"这位老师对两个学生的睡觉行为为什么会有这样的认定?

我们经常会感叹"酒逢知己千杯少,话不投机半句多"、"生命诚可贵,爱情价更高,若为自由故,两者皆可抛"等涉及个体态度和行为的词句,对这些话我们应该怎么理解呢?

高中阶段学习,一般以考上大学为目标,高考的压力使学生不敢有任何懈怠。进入大学后,学生的压力一下子没有了,"60分万岁",不愿投入更多的时间和精力。相反,也有不同的学生,这是为什么?

在一个组织中,管理者们琢磨着如何强化员工加班的行为的同时又如何让员工不觉得加班痛苦。

在生活中,我们经常要和性格迥异的人打交道;在企业中,我们的管理者更是要面对不同的上司或下属并处理与他们的关系。因此,有效的管理者需要理解行为、理解个体的行为规律。

趣味阅读

在一家动物园,有位饲养员特别爱干净,对动物也特别有爱心,每天都把小动物住的小屋打扫得干干净净。结果呢,有些小动物在干净舒适的环境中反而慢慢萎靡不振了,有的厌食消瘦,有的生病拒食,有的甚至死了。原因是什么?后来,通过观察才发现,那些动物都有自己的生活习性,有的喜欢闻到那混浊的骚气,有的看到自己的粪便反而感到安全,等等。这个故事就说明了一个道理,有效的管理必须针对组织内个体的需求,包容个体的差异性,并在此基础上灵活应对、多元管理。假如像故事中的饲养员那样,无视个体的差异,一味追求看似完美的统一,这样的组织最终一定会因抹杀了个体的个性而导致组织的解体或僵死。

资料来源:http://baike.baidu.com/view/167049.htm。

在这一章里,我们关注的主题是个体的行为,尤其是组织行为学中个体在组织中的活动。组织行为学的研究为管理者理解组织中员工的行为背后的原因具有重要启迪作用。

组织有什么样的行为取决于组织中的员工有什么样的行为,因此管理员工的行为是提升组织行为绩效的基础。作为管理者,为了管理员工行为,他需要能够解释、预测和影响员工行为,能够解释员工为什么表现出这样的行为而不是那样的行为,能够预测员工将会对他所采取的措施做出什么样的反应,并影响员工行为使之朝着有利于目标实现的方向发展。[1] 在组织中,对于哪些行为管理者要尤其关注呢?生产率、出勤率、工作投入、组织承诺等都是我们考察的内容。

通常,我们把组织的行为比喻成一座冰山,其中只有很少的一部分是清晰可见的,大部分

图14—1　组织的冰山模型

---

① 斯蒂芬·P.罗宾斯:《管理学》,中国人民大学出版社2004年版,第392页。

被隐藏在表面之下(见图14-1)。诸如战略、目标、政策与程序、结构、技术、正式职权、指挥链,它们只是看得见的冰山一角。隐藏在下面的则是员工的态度、知觉、人格、群体规范、学习等,这些要素对员工的行为产生巨大影响,需要管理者加以认识和了解。对组织中个体行为规律的学习将使我们能对个体行为的进一步发展做出预测。

第二节　个体背景特征

一个人进入组织从事工作时,并不是"一张白纸",而是带着自己的特定生活背景和人口统计特征的,如年龄、性别、婚姻状况、教育背景、家庭构成、任职年限等。这里有些是遗传因素,如相貌、性别、气质等,遗传因素为个性形成与发展提供了可能性。有些则是后天环境的影响,如成长的文化背景、社会群体规范、生活条件等,环境与教育在很大程度上决定着心理发展的方向、内容和范围,决定心理发展的水平、速度与差异。

这些个体传记特征都将对员工的生产率、缺勤率、离职率、组织公民行为、工作满意度等产生影响。在这一节里,我们主要了解年龄、性别、教育程度、工作时间和种族等个体传记特征。

一、年龄

一般来说,对于可避免的缺勤,青年人高于中老年人。而不可避免的缺勤(如生病),则中老年人高于青年人。年龄与流动率之间的关系:年龄越大,越不愿离开现有工作岗位。年龄与生产率之间的关系方面,一般的观点是生产率随年龄的增长而不断下降,但其实从另一个角度讲,随着年龄的增长,身体机能方面的衰退可以由工作经验得到弥补,而且也有研究表明年龄与工作绩效并不相关。年龄与工作满意度之间的关系随工作性质的不同而有所差异,如专业技术人员的工作满意度随年龄增长而提高,非专业技术人员在年龄中等时工作满意度出现下降情况,然后又开始回升。有关年龄与员工满意度之间关系的研究,目前学者们得到的结论并不统一,但较多的研究表明,年长的员工总体工作满意度水平高于年轻员工的满意度水平。

二、性别

如今,越来越多的女性走向职场,并在自己的领域做出了不同凡响的贡献。2012年3月,前程无忧在网上进行了"部门性别"的调查,结果显示,除了销售和技术研发部门外,在员工规模超过500人的企业中,女性的比例都超过了50%。其中,生产部门、财务部门和广告市场部门中的女性比例最高,七成以上的人表示,他(她)们所在的企业中,这三个部门中女性人数在75%以上,且女性比例超过了2011年。① 近30年来的研究表明,男女在工作生产率方面没有显著差异,也无证据表明会影响工作满意度。但据前程无忧最近一项调查显示,在经济形势不够好的情况下,女性员工更受到欢迎。该调查的主要结论是,由于离职率居高不下,雇主们更愿意招聘和保留女性员工。中层管理者中的女性数量甚至超过了男性,但是在企业高管中,女性的比例仍然处于弱势。

---

① http://www.sina.com.cn,2012年3月20日。

三、教育程度

现代有效的经济增长的主要因素是人力资本,人力资本主要是指凝结在劳动者本身的知识、技能及其所表现出来的劳动能力。人力资本的取得并不是没有代价的,它是投资的结果,这个投资则主要是对教育的投资。教育的投资包括智力的投资和情商的教育,受教育程度的高低决定了组织人力资本的质量。那么,这个质量对员工的组织行为产生的影响是怎么样的呢,它与员工满意度之间有什么样的关系? 目前的研究表明,教育程度与员工满意度的关系既可能是正相关的也可能是负相关的。员工学历在报酬、升迁、管理者和同事的满意度及总体工作满意度上有显著差异。部分学者的研究指出,教育程度对员工的整体工作满意度具有正面影响,大学教育水平的获得将会导致员工满意度的极大增长。本科及以上学历的员工满意度最高,其次是高中或中专学历的员工,大专学历的员工满意度最低。

四、工作时间

工作时间也叫任职时间,是指员工在一个组织中的服务年限。过去行为是未来行为最好的预测指标,任职时间越长,个体越不容易离开。一般认为,能够在一个组织工作较长时间的员工,他的各项工作表现都较符合该组织的要求,如缺勤率较低,与此同时,工作时间与职工的流动率也成负相关关系。有学者研究表明,工作时间与生产率之间正相关,是对员工生产率的一个良好的预测指标。但工作时间与员工满意度之间的相关性并不明确,有一种可能是,随着工作时间的增长,员工对组织的缺陷有一定的了解,对自身工作的成就感觉开始迟钝,员工满意度可能是降低的。

五、种族

在 21 世纪,管理者面临的一个重要挑战就是协调多元化的员工队伍以实现组织的目标。员工在种族方面的多样化是劳动力多元化的重要表现。美国一份关于工人和工作的报告——《劳动力 2020》指出,美国的劳动力队伍将持续呈现民族多元化的趋势,在 21 世纪前期,少数民族劳动力占美国新增劳动力的比例将超过 1/2,增长最快的将是来自亚洲和拉美的工人。种族背后影响员工行为的重要因素就是民族文化以及对自身民族文化圈子的认同。在工作场合,管理者经常会遇到这样的问题:当面临绩效评估、晋升决策和提薪等问题时,员工倾向于帮自己种族的同事;不同种族对待资助性行动的态度存在很大差异;雇用决策中,非裔美国人状况不如美国白人,在面试过程中获得的评价等级一般较低,工资较少,晋升机会也不如美国白人多。

第三节　态度、人格与情绪

经典态度试验

一、朗读者试验

试验过程:在加拿大蒙特利尔,让一些英裔大学生与法裔大学生听录音,然后凭声音来判断说话者的个性特征。告知录音是10个人朗读同一篇文章,其中5人用英语,5人用法语。但实际上是5个人分别用两种语言朗读。当时英裔加拿大人的社会背景优于法裔。

结果：(1)对同一个朗读者,当他以英语朗读时,比用法语朗读时能获得更好的评价。(2)法裔比英裔更高估计英语朗读者的特征。

结论：一个人容易根据现成的态度去判断他人。

二、购物单试验

购物单A：	购物单B：
1听发酵粉	1听发酵粉
2块面包	2块面包
1磅新鲜颗粒咖啡	1磅速溶咖啡
1.5磅碎牛肉	1.5磅碎牛肉
5磅土豆	5磅土豆
一串胡萝卜	一串胡萝卜

研究者要求被调查者猜测他们所看到的购物清单所代表的购物者类型,并对该购物者的个性特征进行描述。

结果：

被调查者对购物单A的妇女的描述：这个女人不是单身就是一个人住;我猜她在办公室工作;从她购买的商品来看,她似乎很懒惰;我觉得这个女人是那种没有长远目光的;这个女人可能是在办公室工作,属于那种过一天算一天、生活杂乱无章的人。

被调查者对购物单B的妇女的描述：我想说她是一个很实际、很节俭的女人;她一定很喜欢烹调和烤面包;她大概是一个生活很有规律的人;她很喜欢她所做的饭,能够令自己或她家人满意;她大概是一个节俭的、切合实际的家庭主妇。

资源来源：http://www.doc88.com/p-502543896734.html。

一、什么是态度

日常工作生活中,我们经常会说某个人态度如何如何,当人们作"父母养育我、供我接受教育,我要好好报答他们"、"我喜欢这份工作,因为它带给我成就感"等这样的陈述时,他们就在表明自己的态度。态度到底是什么呢? 我们能不能给出一个定义? 态度是社会心理学的一个术语,是指个体对某一客观事物、人、事件、团体、制度及代表具体事物所持有的评价和行为倾向,它反映了个体对某一对象的内心感受。

态度有三种构成成分：一是态度的认知成分,指对一类人或事物的性质和特征的认识或拥有的信息,它是形成态度的基础,如一个人所拥有的信念与价值观念。二是态度的情感成分,指对一类人或事物的具体好恶感受或评价,是对态度对象的情感体验,如喜欢、厌恶、爱、恨等,它是态度形成的核心,改变态度实质上就是改变他对态度对象的情感。三是态度的意向成分,指根据具体的认识与感受,对一类人或事物的行为意向,它是态度的重要外部表现,比如"这个人工作很不积极,而且经常散布流言,我要尽量避免和他往来"。

二、态度与行为的关系

一个人只要形成了某种态度,就很容易找到与之相符合的行为。例如,王某一贯认为假公济私是可耻的,那么我们也不难看到这样的行为：在工作时间,他不会占用公司资源上网聊天,也不会把公司的物品随便拿回家。

但是，态度也并不总是能够准确地预测行为，正如上述的社会心理学家拉皮儿的态度实验的结果所指的一样。也就是说，有时候，人的行为和态度会产生不一致。当行为和态度产生不一致时，就会出现诸如"口是心非"的状态。例如，李某几次都没有被提拔，心里很失落，但是他却说"职位高责任太大，我觉得还是做一般员工来得踏实啊"；又如，烟草公司的高管表态"吸烟是有害健康的"，但仍日复一日地经营烟草业务。

上面几个例子中行为与态度不一致、不协调的现象，我们称其为认知失调。认知失调理论是由费斯廷格于1957年提出的，用于解释行为与态度之间的关系。该理论认为，认知失调会使人感到不愉快甚至压力，此时，个体就会努力去清除失调、缓解紧张，以重新达到认知协调的平衡状态。费斯廷格认为，解决认知失调的途径有三种：改变行为，使对行为的认知符合态度的认知；改变态度，使其符合行为；引进新的认知元素，改变不协调的状况。出现认知失调时，人们减少失调的动力会因情境的不同而不同，主要受到三个因素的影响：一是造成失调的因素的重要程度，二是个体感到正在经历的失调是不可控制的程度（即我之所以这样做是因为我别无选择），三是个体采取这一行为的受益程度。如果导致失调的问题对个体来说并不重要，觉得并不是什么牵涉到原则的事情，如果个体感到这种失调是外界强加（如来自上司的强硬指令）而自身无法控制的，如果失调伴随着诱人的奖励，那么个体就不会有太强的愿望去减少这种失调。这在费斯廷格1959年的实验中有所体现。

费斯廷格实验

费斯廷格和卡尔·史密斯（1959年）让本科的男大学生受试者做一件极端烦人的工作：他们得把十几把汤匙装进一只盘子，再一把把拿出来，然后又放进去，一直重复半个小时。然后，他们得转动记分板上的48个木钉，每根都顺时针转动四分之一圈，再转动四分之一圈等，一直工作半个小时。每个受试者都做完以后，研究者之一会告诉他说，实验的目的，是要看看人对某件事情有多么有趣的想法，是否会影响到他完成这件事情的效率，还对他说，他是在"无期待组"里，而其他人会被告知说这工作很有兴趣。不幸的是，研究者继续说，本应该去把这个情况告诉下一个受试者的助手刚才却打来电话说他不干了。研究者说，他需要人来接替助手的工作，并要求受试者出来帮忙。有些受试者得到1美元来干这事，有些得20美元。

几乎所有的人都同意把明显是说谎的内容告诉下一个受试者（而实际上，这下一个受试者是串通好的）。他们这样做了之后，有人会问受试者说他们自己觉得这件事干得有没有意思。由于前面所提之事明显是一点意思都没有的，而对别人撒谎就形成了一种认知失调（"我对别人撒谎了，可我并不是这样一种人"）。关键问题是，他们所得的钱数是否引导他们减少认知失调，从而认为这些活是真正很有意思的。

从直觉上看，人们也许会想，那些得到20美元的人——在1959年这算得上是一笔钱——会不会比那些得到1美元的人更倾向于改变其观点。可是，费斯廷格和卡尔·史密斯所预测的却与事实正好相反。得到20美元的受试者会有一个非常坚实的理由来为自己撒谎找到理由，可是，那些得到1美元的人所能为自己找借口的机会是很小的，他们仍然会感到失调，他们减轻的办法就是，安慰自己这些活一直是有趣的，他们也就没有真正地撒谎。而这就是实验结果真正显示出来的。

资料来源：http://www.psychspace.com/psych/viewnews-505。

了解员工态度对管理者的重大意义,将有助于管理者认识并重视对员工认知失调的管理。在一个组织中,当要求员工去做显然与其态度相悖的事情时,管理者应该能够采取措施减少员工降低失调感的压力,如强调基于市场现状我们必须完成这个任务,指出一些外在力量的压力,或给予员工足够的奖励。

三、态度与工作绩效

毫无疑问,管理者并不关心员工的所有态度,他主要关心的是员工的工作态度。工作态度作为工作的内在心理动力,是人们对于工作各个方面的心理倾向,它影响对工作的知觉与判断、促进学习、提高工作的忍耐力等,这些都直接关系到工作绩效的大小。

与工作有关的态度包括工作满意度、工作投入、组织承诺和组织公民行为。工作满意度是指由于对工作进行评估而产生的对工作的积极感觉,是个人对他所从事的工作的一般态度。影响工作满意度的因素主要有具有挑战性的工作、个人与工作的匹配、公平的报酬、支持性的工作环境和对整个时代的满意度。

工作投入是指心理上对工作的认同,并将工作绩效视为个人价值体现的程度。这里有两个关键词——责任心和敬业度。大陆企业家刘永好曾在韩国考察了一家面粉厂,该厂不过66名员工却创造了国内工厂3 000人才能达到的产量。为什么同样的系统工艺和设备、同样的时间、产量,但是创造效益的人数却不一样?其实,许多企业巨人轰然崩塌与员工的责任心缺失有关,而员工的责任心缺失,又与企业经营员工责任心的能力不强有关。

组织承诺是指员工对特定组织及其目标的认同,并希望保持自己作为该组织成员的身份。用组织承诺作为指标来预测员工的离职行为比用工作满意度更为准确,因为不满意工作不等于不满意组织。员工对自己工作不满意可能是暂时的,但如果对组织不满,他则可能更多地会选择离开。

组织公民行为是指有益于组织的但不包括在员工的正式工作要求中的行为。这些行为一般都超出了员工工作说明中的内容,完全出于个人意愿。例如,主动走出去与其他同事交流,分享自己的知识;在组织面临困难时以积极的面貌去应对;主动帮助其他员工等。组织公民行为对塑造整个组织积极向上的文化起到重要作用。

四、态度的形成与改变

凯尔曼提出了态度形成的三阶段理论,即依从、认同、内化。依从是指个体为了获得奖励或逃避惩罚而采取的从众行为,是迫于外界的强制性压力采取的暂时性的行为。在个体早期生活中,态度的形成很大程度上依赖于依从。认同是个体自愿地让自己的态度和行为与心目中榜样的观念和态度相一致。实际上,我们很多时候都是依照社会中其他角色的态度来指导我们自己的思想和行为。内化是指个体真正从内心相信并接受他人观点,纳入自己的态度体系。

在日常生活中,细节是我们人生态度的重要体现,注重细节对态度的形成和改变有重要作用。看不到生活细节的重要性或根本不把它当作一回事的人,对待工作的认真态度与热情是有限的。

生活细节与个人发展息息相关。在当今异常激烈的职场竞争中,生活细节的作用与魅力有时更是惊人的,说不定在某个时刻,它会显示出奇特的力量,赢来意想不到的效果,无形中增加你的工作绩效指数,得到上司的青睐,甚至提升你的人格,让你获得更好的发展机会和取得更大的成就。我们再来看看下面两个实例:

张某与王某都是工作勤劳、业绩突出的优秀员工,但是半年后只有张某留下并被提升为部门主管,更得经理赏识,而王某则悄无声息地离开了。理由何在?经理最终透露了他半年来对两人的考察结果和决定:张某和王某在工作业绩方面确实平分秋色,而且人缘也不相伯仲,要在其中选拔一人实在很为难,但是到他们的宿舍走走时,却发现凡是没人的时候,王某房间里的灯总是亮着的,电脑也经常是随便地开着的,毫无保密意识;但张某的房间却是熄了灯、关闭好电脑并锁上门……所以,经过仔细的考虑,留下小张,淘汰了王某。①

小李是个非常有潜力的员工,然而在人才济济的公司里,他一直未得到公司的重用。有一次,上司带着他和另外几名职员与客人洽谈生意,客户面对满桌的美味佳肴和详尽计划书仍不为所动。眼见生意谈不成了,上司开始泄气,于是建议结账。就在这时,节俭的小李坚持提出将桌上的剩菜打包,不要浪费。其他职员见状十分不解,暗中埋怨他太"抠门",有损公司的形象。可是,僵局却在这个时候被打破了。那客户竟然立刻同意与小李的公司签约,原因是小李的节俭令客户大为赏识,让他感受到这个公司拥有这样的员工,应该是值得信任和肯定的,先前的疑虑可以消除了。这个意外的"胜利"让上司对小李赞不绝口,并在日后提拔了他,小李终于得到了进一步发展的良机。②

五、人格

人格是我们用以对个人进行分类的心理特质的综合,是一个人区别于他人的、稳定而统一的心理品质。例如,安静、老实、喧闹、被动、进取等。人格有四个特征:一是独特性。不同的遗传和社会环境形成了各自独特的心理,所谓"人心不同,各有其面",这就是人格的独特性。二是稳定性。俗话说"江山易改,秉性难移",这里的"秉性"就是指人格。当然,强调人格的稳定性并不意味着它在人的一生中是一成不变的,随着生理的成熟和环境的变化,人格也有可能产生或多或少的变化,这是人格可塑性的一面,正因为人格具有可塑性,才能培养和发展人格。三是统合性。人格统合性是心理健康的重要指标。当一个人的人格结构在各方面彼此和谐统一时,他的人格就是健康的;否则,可能会出现适应困难,甚至出现人格分裂。四是功能性。哲人说"一个人的性格就是他的命运"。人格决定一个人的生活方式,是人生成败的根源之一。当面对挫折与失败时,坚强者能发愤图强,懦弱者会一蹶不振,这就是人格功能的表现。③

在工作生活中,我们大致可以从哪些维度识别一个人的人格特质呢?目前得到较广泛认可的主要是 MBIT 人格测验、大五人格模型和霍兰德的职业适合度理论。

(一)MBIT 人格测验

MBIT(迈尔斯—布瑞格斯类型指标)是一个得到广泛使用的人格测验,它是 20 世纪 40 年代,Katharine Briggs 和 Isabel Briggs Myers 母女俩研究并发展起来的理论。该理论通过了解人们的社交倾向(外向型或内向型)、获取信息(领悟型或直觉型)、决策偏好(情感型或思维型)、决策风格(感知型或判断型)等方面的偏好总结出了四个维度的特征,通过组合得到 16 种人格类型。不同的人格类型所表现出来的社会交往和处理问题的方式会有所不同甚至相差很大。对于管理者来说,了解员工的人格类型对开展工作有重要意义。目前,MBIT 被广泛用于招聘测试、团队建设、冲突管理和理解管理风格等各个方面,表现出了较好的信度和效度,是目前国际上应用最广的用来描述及分类人格特质的工具之一。

---

①② 其内容根据 http://zhidao. baidu. com/question/311011371. html 修改而成。

③ 基于 http://baike. baidu. com/view/2352550. htm"人格与社会心理学"修改而成。

(二)大五人格模型

20世纪80年代以来,人格研究者们在人格描述模式上达成了比较一致的共识,提出了人格五因素模型。一是外倾性,指善于社交、善于言谈、比较自信,衡量人在人际交往中的自由度。二是随和性,指一个人随和、与人合作与信任方面的人格维度。三是责任心,指一个人富有责任感、可靠性、持久性、成就感是否强烈,是衡量个体可靠性的尺度。四是情绪稳定性,指一个人平和、热情、安全(积极方面)及紧张、焦虑、失望和不安全(消极方面)的人格维度。五是经验的开放性,指一个人幻想、聪慧及艺术的敏感性方面的人格维度。

(三)霍兰德的职业适合度理论

美国职业指导专家约翰·霍兰德(John Holland)经过研究和实验提出了系统的职业指导理论。该理论将职员人格特质和职业范围划分为六种类型,分别是社会型、企业型、研究型、现实型、传统型、艺术型。员工对于工作的满意度和流动意向取决于个体的人格特点与职业环境的匹配程度。《霍兰德职业倾向测验量表》共包含七个部分,能帮助被试者发现和确定自身的职业兴趣和能力专长,从而科学地做出求职择业的决策。

霍兰德职业倾向测验量表

姓名:_____　性别:_____　年龄:_____　学历:_____　日期:_____

本测验量表将帮助您发现并确定自己的职业兴趣和能力特长,从而更好地帮助您做出求职择业或专业选择的决策。

本测验共七个部分,每部分测验都没有时间限制,但请您尽快按要求完成。

第一部分　您心目中的理想职业(专业)

对于未来的职业(或升学进修的专业),您得早有考虑,它可能很抽象、很朦胧,也可能很具体、很清晰。不论是哪种情况,现在都请您把自己最想干的3种工作或想读的3种专业,按顺序写下来,并说明理由。请在所填职业/专业的右侧按其在您心目中的清晰程度或具体程度,按从很朦胧/抽象到很清晰/具体分别用1、2、3、4、5来表示,如5分表示它在您心中的印象非常清晰。

一、职业/专业:_____清晰/具体程度:_____

理由:_____

二、职业/专业:_____清晰/具体程度:_____

理由:_____

三、职业/专业:_____清晰/具体程度:_____

理由:_____

以下第二、三、四部分每个类别下的每个小项皆为是否选择题,请选出比较适合您的、与您的情况相符的项目,并按有一项适合的计1分的规则统计分值,将相应分值填写在第六部分的统计项目中。

第二部分　您所感兴趣的活动

下面列举了若干种活动,请就这些活动判断您的好恶。感兴趣的请划"√"。

R：实际型活动	A：艺术型活动
装配修理电器或玩具	素描/制图或绘画
修理自行车	参演话剧/戏剧
用木头做东西	设计家具/布置室内
开汽车或摩托车	练习乐器/参加乐队
用机器做东西	欣赏音乐或戏剧
参加木工技术学习班	看小说/读剧本
参加制图描图学习班	从事摄影创作
驾驶卡车或拖拉机	写诗或吟诗
参加机械和电气学习班	参加艺术(美术/音乐)培训班
装配修理机器	练习书法

I：调查型活动	S：社会型活动
读科技图书或杂志	参加单位组织的正式活动
在实验室工作	参加某个社会团体或俱乐部活动
改良水果品种,培育新的水果	帮助别人解决困难
调查了解土和金属等物质的成分	照顾儿童
研究自己选择的特殊问题	出席晚会、联欢会、茶话会
解算术或做数学游戏	和大家一起出去郊游
物理课	想获得关于心理方面的知识
化学课	参加讲座或辩论会
几何课	观看或参加体育比赛和运动会
生物课	结交新朋友

E：事业型活动	C：常规型(传统型)活动
鼓动他人	整理好桌面与房间
卖东西	抄写文件和信件
谈论政治	为领导写报告或公务信函
制订计划、参加会议	检查个人收支情况
以自己的意志影响别人的行为	参加打字培训班
在社会团体中担任职务	参加算盘、文秘等实务培训
检查与评价别人的工作	参加商业会计培训班
结交名流	参加情报处理培训班
指导有某种目标的团体	整理信件、报告、记录等
参与政治活动	写商业贸易信

第三部分　您所擅长获胜的活动

下面列举若干种活动,请选择您能做或大概能做的事。能做的请划"√"。

R：实际型能力	A：艺术型能力
能使用电锯、电钻和锉刀等木工工具	能演奏乐器
知道万用电表的使用方法	能参加二部或四部合唱
能够修理自行车或其他机械	能独唱或独奏
能够使用电钻订、磨床或缝纫机	扮演剧中角色

能给家具和木制品刷漆	能创作简单的乐曲
能看建筑设计图	会跳舞
能够修理简单的电器	能绘画、素描或书法
能修理家具	能雕刻、剪纸或泥塑
能修理收录机	能设计板报、服装或家具
能简单地修理水管	能写一手好文章
I：调研型能力	S：社会型能力
懂得真空管或晶体管的作用	有向各种人说明解释的能力
能够列举三种蛋白质多的食品	常参加社会福利活动
理解铀的裂变	能和大家一起友好相处地工作
能用计算尺、计算器、对数表	善于与年长者相处
会使用显微镜	会邀请人、招待人
能找到三个星座	能简单易懂地教育儿童
能独立进行调查研究	能安排会议等活动顺序
能解释简单的化学	善于体察人心和帮助他人
能理解人造卫星为什么不落地	帮助护理病人和伤员
经常参加学术会议	安排社团组织的各种事务
E：事业型能力	C：常规型能力
担任过学生干部并且干得不错	会熟练地打印中文
工作上能指导和监督他人	会用外文打字机或复印机
做事充满活力和热情	能快速记笔记和抄写文章
有效利用自身的做法调动他人	善于整理、保管文件和资料
销售能力强	善于从事事务性的工作
曾作为俱乐部或社团的负责人	会用算盘
向领导提出建议或反映意见	能在短时间内分类和处理大量文件
有开创事业的能力	能使用计算机
知道怎样做能成为一个优秀的领导者	能搜集数据
健谈善辩	善于为自己或集体做财务预算表

第四部分　您所喜欢的职业

下面列举了多种职业，请认真地看，选择您有兴趣的工作，喜欢的请划"√"。

R：实际型职业	S：社会型职业
飞机机械师	街道、工会或妇联干部
野生动物专家	小学、中学教师
汽车维修工	精神病医生
木匠	婚姻介绍所工作人员
测量工程师	体育教练
无线电报员	福利机构负责人
园艺师	心理咨询员
长途公共汽车司机	共青团干部

电工	导游
火车司机	国家机关工作人员
I:调研型职业	**E:事业型职业**
气象学或天文学者	销售员
生物学者	不动产推销员
医学实验室的技术人员	广告部部长
人类学者	体育活动主办者
动物学者	销售部部长
化学学者	个体工商业者
教学者	企业管理咨询人员
科学杂志的编辑或作家	厂长
地质学学者	电视片编制人
物理学学者	公司经理
A:艺术型职业	**C:常规型职业**
乐队指挥	会计师
演奏家	银行出纳员
作家	税收管理员
摄影家	计算机操作员
记者	簿记人员
画家、书法家	成本核算员
歌唱家	文书档案管理员
作曲家	打字员
电影、电视演员	法庭书记员
电视节目主持人	人口普查登记员

第五部分 您的能力类型简评

下面两张表是您在6个职业能力方面的自我评定表。您可先与同龄人比较出自己在每一方面的能力,斟酌后对自己的能力作评估。请在表中适当的数字上画圈,数值越大表明您的能力越强。

注意,请勿画同样的数字,因为人的每项能力是不会完全一样的。

表A

R型	I型	A型	S型	E型	C型
机械操作能力	科学研究能力	艺术创作能力	解释表达能力	商业洽谈能力	事务执行能力
7	7	7	7	7	7
6	6	6	6	6	6
5	5	5	5	5	5
4	4	4	4	4	4
3	3	3	3	3	3
2	2	2	2	2	2
1	1	1	1	1	1

表 B

R 型	I 型	A 型	S 型	E 型	C 型
体育技能	数学技能	音乐技能	交际技能	领导技能	办公技能
7	7	7	7	7	7
6	6	6	6	6	6
5	5	5	5	5	5
4	4	4	4	4	4
3	3	3	3	3	3
2	2	2	2	2	2
1	1	1	1	1	1

第六部分　统计

测试内容	R 型 实际型	I 型 调查型	A 型 艺术型	S 型 社会型	E 型 事业型	C 型 常规型
第二部分	兴趣					
第三部分	擅长					
第四部分	喜欢					
第五部分 A	能力					
第五部分 B	技能					
总分						

第七部分　您所看重的东西——职业价值观

这一部分测验列出了人们在选择工作时通常会考虑的 9 种因素(见所附工作价值标准)。现在请您在其中选出最重要的两项因素,并将其填在下面相应的空格上。

最重要:_____　次重要:_____　最不重要:_____　次不重要:_____

附:工作价值标准

1. 工资高、福利好　　2. 工作环境(物质方面)舒适　　3. 人际关系良好

4. 工作稳定有保障　　5. 能提供较好的受教育机会　　6. 有较高的社会地位

7. 工作不太紧张、外部压力少　　8. 能充分发挥自己的能力特长

9. 社会需要与社会贡献大

六、组织行为中的主要人格特质

人格特质有几十种之多,组织行为学关注的是那些与业绩有关的行为。人们通常通过测量个性的不同方面,来了解组织中人格特质与行为的关系,组织行为学着重考察五种人格特质:

一是控制点。一些人认为他们是自己命运的主宰者,对自己的成功或失败负有直接责任;另一些人认为自己受命运的摆布,生活中的一切事情都依靠运气和机遇,这些人对工作更容易产生不满,缺勤率也较高。我们把前者称为内控型人格,把后者称为外控型人格。内控型的人适合复杂的、创造性的和独立的工作活动,如管理者、专业人员等;外控型的人则适合从事按规矩办事、严格遵从指示的工作。

二是自尊。人们喜欢自己的程度存在差异，这种特质我们称之为自尊或自我肯定。有关自尊的研究证明，一个人的自尊与其成功预期正相关。高自尊的人相信自己能够胜任工作，他们在选择工作时倾向于选择高冒险和非传统性质的活动。低自尊者更容易受外界的影响，更加敏感，他们需要从别人那里获得认同，更倾向于取悦他人而放弃自己的观点。大量研究证明，高自尊者比低自尊者对工作有更高的满意度。

三是马基雅维利主义。高马基雅维利主义者注重实效，倾向于保持情感距离，相信结果能为手段辩护。[①] 高马基雅维利主义者较低马基雅维利主义者更愿意操纵别人、说服别人、赢得更多利益。在以结果为导向、工作的成功能够带来实际效益的活动中，高马基雅维利主义者的表现会很出色（如劳工谈判者、代理销售商）。

四是自我监控，指个体觉察外在情景，据此调整自己的行为的能力。高自我监控者对环境线索十分敏感，能根据不同情境采取不同行为，能使公开的角色与真实的自我之间表现出极大差异。低自我监控者则不能分离自己的行为，倾向于在各种情境下表现出真实的自我。高自我监控者比低自我监控者倾向于更关注他人的活动，他们能扮演多种甚至相互冲突的角色，因此，高自我监控者可能在管理岗位上更成功。

五是冒险倾向，指愿意冒风险的程度。高冒险倾向者比低冒险倾向者做出决策时需要的信息少，决策的速度快。但是，两者的决策准确性旗鼓相当。为了实现有效的管理，管理者应该努力把下属的冒险取向与具体的工作性质相结合。高冒险倾向者更适合担任股票经纪人之类的职务，而低冒险倾向者则适合从事审计类工作。

七、情绪智商

劳埃德在欧米茄公司做网络管理员 11 年了，但在工作的最后两年他的业绩很糟糕，于是愤怒的他密谋通过网络报复公司。在被解雇前，他将一个"软件炸弹"程序装入计算机并偷走了公司的备份盘。一周后，公司的网络因受到攻击而瘫痪，导致 1 200 万美元的损失，也动摇了欧米茄的行业地位。[②]

从上面的例子中我们可以看出，情绪是促成员工某种行为的重要因素。一个组织发展如何，与该组织个体和群体的情绪智商息息相关。"情绪智商"一词最先由美国哈佛大学心理学教授丹尼尔·戈尔曼（Daniel Goleman）在《情绪智商》（*Emotional Intelligence*）中提出，认为这是一种善于掌握自我，善于调节情绪，对生活中矛盾和事件引起的反应能适可而止的排解，能以乐观的态度、幽默的情趣及时地缓解紧张的心理状态，简单地讲，是一种情绪管理的能力。情商的含义包含了以下五个方面：了解把握控制自己情绪的能力，管理自我，自我激励，识别他人情绪，处理人际关系。研究表明，情绪智商与工作绩效存在正相关关系。

第四节　知　觉

一、世界是知觉的世界

知觉是指个体为自己所在环境赋予意义并解释感觉影响的过程。面对同一事物，人们产

---

①　R. G. Vleeming，Machiavellianism：A Preliminary Review，*Psychological Reports*，February 1979，pp. 295—310.

②　基于 http://www.docin.com/p—294962088.html 修改而成。

生的认知也许会相差很大,因为人们的行为是以他们的知觉而不是以客观现实本身为基础的。例如,小李的房间整理得非常整齐,每件物品都放在了固定的地方,面对这一现象,有些人认为小李有条不紊、注重生活品质,而有些人则可能觉得小李太拘束、太刻板了。所谓的事实是我们自己解释出来的。

知觉应尽可能地反映客观实际,而在我们的工作生活中,知觉并不总能够准确无误地反映客观现实。因此,组织中的管理者须关注员工对事实的知觉状况,对错误失真的知觉加以调整。

二、影响人们知觉的因素

影响人们知觉的因素主要有三个方面:一是知觉主体的态度、兴趣、动机、需求、过去的经验等。二是知觉对象的特征,如鲜艳的颜色、醒目的标记、响亮的声音,均容易被人清晰地知觉。三是情景,主要是事物所处的各种环境因素。这里有一个例子:老板到汽车维修店里去视察时看到三个工人,他们一个在修自行车,一个在睡觉,还有一个在打电话说:"宝贝儿,乖……"于是,老板很气愤地想开除这三个工人。而真实的情况是:修自行车的人今天休息,他来店里是为"为灾区儿童送玩具"活动加班;睡觉的人已经连续加班 24 小时没有休息;打电话的人是在哄生病无人照看的女儿吃药。

图 14-2 是一系列知觉图片,从中你们可以体会到知觉的差异性。

柱子是方的还是圆的?

谁最胖?

图 14-2　知觉的倾向

三、归因理论

我们对个体的不同判断取决于我们对特定行为归因于何种解释。在工作学习中,我们常常会对一个阶段的成果进行总结。在总结时,你是否也会不由自主地将成果归为内因或外因?这时不管你有没有意识到,你在做的就是所谓的归因分析。

归因分析是对自己或他人的行为原因的分析与推测。内在归因意味着观察者认为被观察者本身应该对他的某个行为负责。外在归因意味着将观察者的行为归因于其所不能控制的外部因素。

判断一个人的行为是内因还是外因,主要取决于三个因素:一是一贯性,即在相同的场合下是否一贯如此;二是一致性,即其他人在这种场合下是否也做出相同的反应;三是差异性,即在类似但不同的场合下是否行为不同。如果一个人的行为在这三方面都很强烈,其行为可能是外因所致。如果一贯性较强,而一致性和差异性较低,可能是内因所致。

归因理论在企业绩效管理中应用广泛,影响着观察者最后做出的判断。它可以帮助员工进行正确的自我定位,提高员工的自我效能感,使员工建立积极的心态。

第五节　学　习

一、如何理解学习

　　从出生开始,我们几乎所有的行为都是通过学习得来的。因此,管理者们要影响员工的行为就必须了解人们是怎么学习的。

　　学习不仅仅指在校期间的活动,它可以发生在任何场所、任何时刻。所谓"活到老,学到老",我们每个人的一生都是在不断的学习中度过的。学习的定义是:个体在特别情境下,由于练习或反复经验而产生的行为、能力或倾向上的比较持久的变化及其过程。我们通过学习获得知识和技能,通过学习积累经验,通过学习判断什么是高尚的行为、什么是受人鄙夷的行为。

二、有关学习的经典理论

(一)联想学习理论

　　该理论认为,学习是一种反应与一种刺激的联想,或有机体在所受到的刺激与所做出的反应之间建立联系。经典条件反射理论和操作性条件反射理论就属于联想学习理论。经典条件反射理论中最著名的莫过于巴普洛夫的唾液实验,条件反射行为是被动习得的行为。

　　在这里,我们将主要阐述操作性条件反射理论。操作性条件反射理论认为,人的行为是该行为所导致的结果的函数。在具体行为之后产生令其满意的结果,那么这种行为出现的频率就会增加。如果一种行为得不到积极强化,其重复的可能性就会下降。操作性条件反射的例子我们不难见到,例如,父母对他们的小孩说,如果想去迪士尼乐园玩,那么这段时间必须好好练钢琴;你要想得到晋升,那么你的KPI要达到什么样的水平。

(二)社会学习理论

　　在成长的过程中,我们不仅通过自身的亲身经历学习,还通过观察或听取发生在他人身上的事情来学习。我们经常会聆听榜样事迹,观察父母、老师、上司的言行举止以获取经验教训。这种认为人们可以通过观察或听取发生在他人身上的事情而学习的观点就是社会学习理论。

　　社会学习理论是由美国心理学家阿尔伯特·班杜拉(Albert Bandura)于1952年提出的,它着眼于观察学习和自我调节在引发人的行为中的作用,着重阐述人是怎样在社会环境中学习的,强调榜样影响的重要性。观察学习的过程由四个阶段构成。一是注意过程,是观察学习的起始环节,榜样本身的特征、观察者的认知特征以及观察者与榜样之间的相似性等诸多因素影响着学习的效果。二是保持阶段,榜样不可能时刻都出现在身边,因此我们对榜样的记忆程度就影响到我们的学习程度。三是行为复制过程,即再现以前所观察到的示范行为。四是强化过程,观察学习者是否能够经常表现出示范行为要受到行为结果因素的影响。示范行为之后得到了及时的鼓励或其他关注,那么将大大增加示范行为出现的频率。

三、学习理论的应用:行为塑造

　　在组织中,管理者的一个重要职责是让员工学会以最有利于组织的方式做事。这时,就需要管理者通过逐步指导个体学习的方式,使员工学会组织所期望的行为,这一过程称为行为塑造。总的来讲,行为塑造的方法有四种:一是积极强化,如管理者称赞员工工作积极,某一行为之后伴随着认可和奖励,那么这种行为重复的可能性就会得到提升;二是消极强化,即员工出现某种行为就能回避让其不愉快的结果,例如,如果达到业绩标准就不会被扣工资,这时使用的就是消极强化;三是惩罚,即处罚令人不满意的行为使其不再出现,如上班时间玩游戏而被点名批评;四是忽略,当行为不被重视、不被强化时,慢慢地它就会消失,例如,公司员工提意见,但每次都得不到积极的回应,那么慢慢地,他的热情就会消失。

在行为塑造方面,需要管理者做的还有很多。很多管理者经常会犯这样的错误:希望得到A行为,而奖励的却是B行为,导致员工的行为与组织所期望的相差甚远。例如:需要有更好的成果,但却去奖励那些看起来最忙、工作得最久的人;要求工作的品质,但却设下不合理的完工期限;希望对问题有治本的答案,但却奖励治标的方法;需要有创意的人,但却责罚那些敢于特立独行的人;需要创新,但却处罚未能成功的创意,而且奖励墨守成规的行为。因此,管理者应通过合理地分配奖励、设置榜样来有效地管理员工的行为。

第六节　群体与团队

一、什么是群体

社会中的个体总是存在于某个或某几个群体中,继而参与到社会活动中,群体是人类个体发挥聪明才智、实现理想抱负的舞台。个体、群体、组织是密不可分的整体,个体是群体的构成元素,群体又进而构成了组织。群体行为并不是群体中个体行为的简单加总,个人在群体中会受到其他成员的影响,从而表现出来的行为方式不同于个人单独活动时的表现。因此,研究群体和群体行为将有助于我们更全面地了解组织行为。

（一）什么是群体

群体是为了实现某个特定的目标,由两个或两个以上相互作用、相互依赖的个体组成的集合体。例如,一个职能部门、一个戏剧团、一群游玩的伙伴等。群体有四个主要特征:一是有共同的目标。群体的共同目标是构成群体、维持群体存在的基本条件,它只有在成员共同努力、相互作用下才能完成,并在此基础上产生一定的群体活动。二是有共同的行为准则。它是成员间共同活动的组织保证,不因个别成员的去留而变更。三是有共同行动的能力。群体中每一个成员扮演着特定的角色,都处于特定的地位系统中,以保持共同行动的能力来达到共同的目标。四是有一致的群体意识和归属感。成员间相互依存、彼此认同。群体可以是正式的,也可以是非正式的。正式群体是由组织建立的群体,它有明确的组织目标和正式的组织结构,成员有具体的角色规定,如单位的工会组织、大学的教研室、企业的项目小组等。而非正式群体是一种自发形成的,无正式组织结构、无正式章程的群体,它往往是在友谊、兴趣爱好或者地缘、业缘等的基础上形成的,是员工为了满足社会交往的需要而在工作环境中自然形成的,如朋友、游伴等,它满足了个人工作之外的一些心理需要。

（二）群体的形成过程

群体的发展是一个动态的过程,大多数参加过群体活动的人都会经历群体发展的各个阶段。我们可以用四个阶段来描述大多数群体的形成过程:第一阶段是构造阶段。在这一阶段,人们由于工作分配或者基于友谊、兴趣爱好等原因加入群体,群体的目的、结构、领导都不确定,成员们探索群体可以接受的行为规范。当群体成员开始将自己看作群体一员时,该阶段就基本结束了。第二阶段是内部冲突阶段。此时,尽管群体成员接受了群体的存在,但对于群体的约束会予以抵制。此外,对于谁是领导的问题也存在争执,伴随着领导层次相对明确,该阶段就告结束。第三阶段是规范阶段。在该阶段,群体内部成员之间开始形成亲密关系并表现出一定的凝聚力。当群体结构稳定下来,群体对于正确行为达成共识,该阶段就基本结束了。第四阶段是执行阶段。在这个阶段,群体成员的注意力已从试图相互认识和理解转移到相互协作去共同完成任务。群体的各个发展阶段之间的界限并非泾渭分明,有时几个阶段会同时存在。例如,群体一方面处于震荡冲突之中,一方面又在执行任务,甚至遇到成员调整时还有可能倒退到构造阶段。

二、群体动力

影响群体动力的因素主要有两个:一是群体规范和压力,二是群体凝聚力。

（一）群体规范和压力

每个群体都有一套自己的成文或不成文的规范,它是一种约定俗成的行为准则,是群体成员共同认可的标准或期望。群体规范被大多数成员接受认可,影响着群体成员的思想和行为。群体规范的基本作用是对成员具有比较和评价的作用。它可以提供认知标准和行为准则,使成员的思想和行为保持一致。但群体并不是对成员的一言一行都加以约束,而是规定了成员的思想行为的可接受与不可接受的范围。群体规范根据群体的利益,规定了许多内容,诸如员工的努力程度、业绩、服饰、忠诚度等。当成员的心理或行为偏离或破坏群体规范时,群体就会采用各种方法来纠正成员心理和行为,促使成员重新回到规范中。良好的群体规范是成员心理和行为的向导。

人们既然需要加入到群体中,并且希望被自己的群体接纳,那么他必然会受到某些限制,这些限制就是群体压力。群体压力产生的心理基础通常是个人对于归属感、社会交往、安全、地位和尊重等的需要,我们都希望自己成为群体的一员并努力避免与群体的明显不一致。群体压力有它特有的作用:一方面,它使群体成员采取一致的行为。在群体中,成员的意见和行为习惯于接受群体的监测,与多数人保持一致的时候,才会有安全感。群体的一致行为有助于实现群体目标,维护群体的存在和发展。另一方面,一个群体既需要善于服从的人,也需要独立思考、标新立异的人,因此,在群体压力下,有些人仍然坚持自己的观点,这样才能激励群体在各个方面进行检查和反省,从而有利于群体的发展。

（二）群体凝聚力

群体凝聚力是指群体对其成员的吸引力,包括群体成员之间的相互吸引力、群体成员对群体的满意程度以及共同参与群体目标的程度。高凝聚力群体有三个主要特征:一是关系和谐,成员之间相互尊重、相互理解、关系融洽、意见沟通快、信息交流频繁;二是归属感强,成员都能心向群体,愿意参加群体活动,出席率高;三是责任心强,成员都有较强欲望来维持群体利益和荣誉。群体凝聚力越高,越有利于实现群体的目标。但是,群体凝聚力与组织的生产率之间的关系则相当复杂,群体的凝聚力强并不一定有利于组织生产效率的提高,只有在群体目标与组织目标相一致的前提下,增强凝聚力才有利于提高组织生产效率;当群体的态度不支持组织目标时,群体的凝聚力强反而会使组织生产效率下降。

三、群体的冲突管理

群体成员在执行任务的过程中,不可避免地会出现意见分歧或者冲突。冲突指的是由于某种不一致而使人感知到的互相排斥的心理体验,它是社会互动的一种状态。

对于群体冲突的利弊,理论界主要有三种不同观点:一是,传统观点认为冲突有害无益,它是组织管理不善和功能失调的结果;二是,管理者逐渐改变了对冲突的看法,认为对组织来说,冲突是不可避免的,是一种自然而然出现的现象,他们开始接纳冲突,并使其合理化;三是,新近发展起来的观点,认为组织要鼓励冲突,认为一定水平的冲突可以使群体保持旺盛的生命力,成为群体的积极推动力。

冲突的水平有层次差别,从微妙的、高度克制的抵触状态一直到公开的对抗,如罢工、骚乱和战争等。正因为冲突是一个由潜在向现实发展的过程,有效的领导者应该在冲突尚处于潜在状态时就及时采取措施,以防止公开对抗的发生。当冲突水平过高时,管理者可以从五种冲突处理方案中选择一种,如图 14—3 所示。

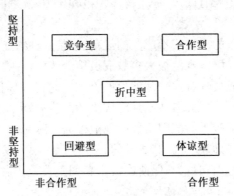

图 14—3　处理冲突的典型策略

在图 14—3 中,竞争型是指一个人在冲突中以牺牲他人为代价来寻求自身利益的满足。合作型旨在寻求对各方都有利的办法来解决冲突,此时,各方都将对方视为问题的共同解决者,寻找维护共同利益、综合双方见解的最终结论。回避型则通过逃避或屈服于对方来解决冲突。体谅型的处理策略则指为了维持相互关系,冲突一方愿意做出自我牺牲,例如,尽管自己不同意,但仍然支持他人的意见。折中型是指双方同幅让步以解决冲突,在折中型策略中双方没有明显的输赢。

四、群体决策

在组织中,许多决策都是由诸如委员会、任务小组或其他形式的群体做出的,相当多的决策者在群体会议上花费了大量的时间和精力来寻求具有高度不确定性的非程序化决策的解决办法。因此,我们有必要分析群体决策的利弊。与个体决策相比,群体决策的优点体现在以下两个方面:一是可以集思广益,博采众长,避免主观片面性,提高决策的质量;二是有利于调动更多人的积极性,有利于决策的贯彻执行。与此同时,群体决策可能存在的问题主要有:一是效率可能较低;二是出现少数人控制多数人的局面;三是产生从众压力,引发一种群体思维的现象,即在这个群体中,认为追求思想一致比现实地评价各种可能行动方案更重要,群体思维很有可能会伤害到决策的质量。管理者如何能够使群体决策更有效?目前较常用的技术主要有头脑风暴法、德尔菲法、电子会议法和提名小组技术等,四种群体决策技术各有优势与劣势,但在一定程度上能够降低传统的互动群体中存在的问题。

五、影响群体有效性的因素

回答什么样的群体更成功并不是一件简单的事,它涉及以下变量:群体的外部环境、群体成员资源、群体规模、群体结构、群体规范等。我们有必要对这些变量进行分析。

（一）群体外部环境

每个群体都是更大系统中的一个子集,必然受到外部条件的影响。例如,对于海尔公司设在浙江的一家生产厂的质量控制工作团队来说,它必然受到总部制定的各项规章制度的约束。这些外部条件包括组织战略、权力结构、人事录用标准、组织文化、组织资源以及组织的绩效管理体系等。

（二）群体成员资源

它包括成员的能力和人格特点,群体成员能为群体带来的资源的数量和质量在很大程度上决定了群体的绩效。虽然群体绩效并不是每个成员能力的简单加总,但成员能力还是衡量群体有效性的变量之一。成员的人格特点则主要通过影响个体如何与其他成员打交道而作用于群体绩效。

（三）群体规模

群体规模的大小也会影响整个群体的行为。就完成任务而言,小群体要比大群体速度更快;就解决复杂和困难的任务而言,大群体相对来说更有优势。但是,大群体往往面临沟通障碍及严重的"搭便车"问题,小群体则常常面临更小的信息域及信息传递不充分等问题。

（四）群体结构

群体成员的结构可根据年龄结构、能力结构、知识结构、专业结构、性格结构以及观点、信念结构来描述。一般来说,在工作不需要复杂的知识和技能或者一个工作群体成员从事连锁性的工作如流水线工作时,同质群体更容易达到最高效率;在需要完成复杂或有创造性的工作时,则异质结构更有利。

（五）群体规范

群体规范包括正式规范和非正式规范,它们具有维持和巩固群体的作用,是评价成员行为效果的标准尺度之一。同时,群体规范具有行为导向的作用,它根据群体的利益,规定了成员应该做什么、不应该做什么以及应该怎么做等问题。良好的群体规范是成员的心理和行为的向导。

六、理解工作团队

很多组织采用工作团队的形式来完成任务,大多数人对工作团队已经十分熟悉。那么到底什么是工作团队呢?本书将工作团队定义为:由一小群技能互补的成员组成的正式群体,团队的成员致力于共同的宗旨、绩效目标并且共同承担责任。例如,一个国家自然科学基金课题组、大学迎新晚会筹办委员会、特别行动小组等都属于工作团队。

许多管理者强调团队对生产的重要性。研究表明,工作团队的使用至少有三个好处:一是促进员工能力的互补。通常员工的能力都是有差异的,而一项复杂任务的完成往往需要多种能力的配合,比如说做一项咨询项目或者开发一个新产品,都需要能力互补的人进行合作。二是工作更为专业化。经济学鼻祖亚当·斯密在两百多年前就说明了专业化分工对提高生产效率的重要作用,在一个工作团队中,成员们根据自己的能力优势做其中一项工作,成员间彼此分工合作。三是有利于内部信息交流和知识传播。事实上,只要团队成员的知识和信息来源不是完全相同的,团队就有利于成员间的知识共享,提高人力资本,促进组织目标的实现。①

斯蒂芬·P.罗宾斯将工作团队分为四种常见的类型:一是职能型团队。这种团队由一名管理者和来自特定职能领域的若干成员组成,如一个电子商务有限公司中的策划团队、客服团队等。二是自我管理型团队。在这种团队中没有一个管理者负责整个或局部的工作流程,团队成员进行自我管理。三是虚拟工作团队。随着信息通讯技术的发展,虚拟工作团队也开始发挥越来越大的作用,其成员利用互联网、可视电话会议、传真、在线会议等计算机技术进行沟通和交流。四是跨职能团队。即由来自不同领域的成员组成一个工作团队,专业互补,共同完成复杂的或者具有创造性的任务。②

七、高效工作团队模型

我们经常会听到这样的消息:一支由水平一般的运动员组成的球队击败了另一支拥有众多明星的球队。这表明,工作团队并不自动带来良好的绩效,相反,它有可能会让管理者失望。因此,我们需要了解高效的工作团队应该具备什么特征。

(一)有明确的目标

高效团队的目标符合 SMART 原则,成员对要达到的目标有清晰的理解,并认同这个目标的实现具有重大价值。成员们能够朝着这个清晰的目标相互协作,共同努力。

(二)良好的沟通与合作

成员间有共同认可的信息传递方式,包括语言沟通和非语言沟通。高效的沟通还表现在上下级之间(如果有管理者的话)以及成员之间及时的信息反馈。高效团队中有着良好的工作场所规范,即成员间有一个心理契约,谁工作不努力、偷懒,那么谁就很可能被他的同事批评、疏远甚至孤立。良好的工作场所规范可以通过培养成员的忠诚来强化团队内部积极的合作态度。

(三)有效的领导者

有效的领导者的关键作用在于激励成员对团队目标的实现贡献力量,他们可以是施令者,可以是教练,也可以是后盾。此外,有效的领导者懂得有效授权,以发挥成员积极性。

(四)高素质的员工

高效的工作团队由一群能力强的个体组成,他们有积极的工作态度,有着良好的技术技能和人际技能,对团队表现出高度的忠诚感和奉献精神。

本章小结

1. 组织有什么样的行为取决于组织中的员工有什么样的行为,因此,管理员工的行为是提升组织行为绩效的基础。

2. 员工的特定生活背景和人口统计特征,如年龄、性别、婚姻状况、教育背景、家庭构成、任职年限等都将对员工的生产率、缺勤率、离职率、组织公民行为、工作满意度等产生影响。本书主要了解年龄、性别、教育程度、工作时间和种族等个体传记特征。

3. 态度是指个体对某一客观事物、人、事件、团体及制度所持有的评价和行为倾向,它反映了个

---

① 董志强:《人员管理的经济方法》,中国经济出版社 2004 年版,第 159~160 页。

② 斯蒂芬·P.罗宾斯:《管理学》,中国人民大学出版社 2004 年版,第 435 页。

体对某一对象的内心感受。态度有三种构成成分,即态度的认知成分、态度的情感成分和态度的意向成分。当行为和态度产生不一致时,我们就称其为认知失调。认知失调会使人感到不愉快甚至产生压力,此时,个体就会努力去清除失调、缓解紧张,以重新达到认知协调的平衡状态。

4．与工作有关的态度主要是工作满意度、工作投入、组织承诺和组织公民行为。

5．人格是我们用以对个人进行分类的心理特质的综合,是一个人区别于他人的、稳定而统一的心理品质。人格特质的理论主要是 MBIT 人格测验、大五人格模型和霍兰德的职业适合度理论。组织行为学着重考察五种人格特质:一是控制点,二是自尊,三是马基雅维利主义,四是自我监控,五是冒险倾向。

6．"情绪智商"是一种情绪管理的能力。情商的含义包含了以下五个方面:了解把握控制自己情绪的能力,管理自我,自我激励,识别他人情绪,处理人际关系。研究表明,情绪智商与工作绩效存在正相关关系。

7．我们对个体的不同判断取决于我们对特定行为归因于何种解释。归因分析是对自己或他人的行为原因的分析与推测。

8．管理者通过逐步指导个体学习的方式,使员工学会组织所期望的行为,这一过程称为行为塑造。行为塑造的四种方式包括积极强化、消极强化、惩罚和忽视。

9．群体是为了实现某个特定的目标,由两个或两个以上相互作用、相互依赖的个体组成的有机体。我们可以用四个标准的阶段来描述大多数群体的形成过程,即构造阶段、内部冲突阶段、规范阶段、执行阶段。影响群体动力的因素主要有两个:一是群体规范和压力,二是群体凝聚力。

10．与个体决策相比,群体决策的优点体现在以下两个方面:一是可以集思广益,博采众长,避免主观片面性,提高决策的质量;二是有利于调动更多人的积极性,有利于决策的贯彻执行。群体决策同样可能存在一些问题。

11．影响群体有效性的因素主要包括群体的外部环境、群体成员资源、群体规模、群体结构、群体规范等。

12．工作团队是由一小群技能互补的成员组成的正式群体,团队的成员致力于共同的宗旨、绩效目标并且共同承担责任。常见的团队类型有职能型团队、自我管理型团队、虚拟工作团队和跨职能团队。一个高效的工作团队应具备明确的目标、良好的沟通与合作、有效的领导者以及高素质的员工。

练习题

一、简答题

1．为什么学习组织行为学、了解个体行为规律对管理者很重要?

2．了解员工的传记特征对组织中的管理者有何意义?

3．如果你是一名管理者,当你的下属对你布置的任务产生认知失调时,你会怎么做?

4．如果一名员工是高马基雅维利主义者,那么你对他的行为有什么样的预测?

5．"印象统治着世界",你对这句话怎么理解?

6．请分别举一个采用积极强化、消极强化、惩罚和忽视的方法进行行为塑造的例子。

7．你认为群体的冲突水平与群体绩效间存在什么样的关系?

8. 尝试着从管理的四大职能入手分析如何管理一个团队。

二、案例分析

朗讯的价值观

朗讯公司非常重视一个数字：员工在朗讯的 GROWS 文化方面的感觉。这个值被朗讯人叫作 VIP,这不是贵宾席缩写,而是 Value in People。它是朗讯公司的员工意见晴雨表,这个数字非常形象地反映出人力资源部和各事业部对员工关注的成效,朗讯每年请专业公司来调查这个值。光凭领导层来感觉这个企业的脉搏未必全面科学,但是将所有员工的感觉加起来,就形成了真理。

自从 1996 年朗讯推出 GROWS 企业行为文化以来,朗讯中国公司就开始每年请国际调查公司做全体员工意见调查。这份调查总报告出来后,会发送到每个部门,让大家知道朗讯的整体情况。报告会问员工有关公司的近 100 个问题,最后会列出 10 个最好的方面,也会列出 10 个需要提高的方面,还有许多其他的指标。每个部门针对这份报告还要进行会议讨论,提出改进方案。每个员工都可以看到公司在整体员工心目中的分值。

国际调查公司可以提供许多不同的调查项目,朗讯注重在企业文化行为方面的调查。问卷是以第一人称开始的,在 GROWS 方面有许多详细的问卷。G 代表全球增长,可能会问员工:你对朗讯的未来很乐观吗? 1999 年这项打分是 85%。R 代表注重结果,这方面分成两类问题:一个是注重结果方面;一个是对领导层的看法。O 代表客户关系,朗讯的竞争位置,可能会问员工:你知道朗讯的目标和你所在组织的任务吗? 朗讯的这项得分是 84%。W 代表开放和支持的工作环境,这个问题被分成三个细节:一个是沟通方面;一个是工作关系方面;一个是工作满意度。例如,他们会问:你相信你在朗讯有个人成长和发展的机会吗? 有 71% 的人答"Yes";在朗讯的培训和经历会增加我未来在朗讯或公司外部受聘的机会吗? 答"Yes"的人是 75%。你的组织提供了一个安全和健康的工作环境吗? 回答"Yes"的有 83%。S 指速度,可能会问员工:在你的组织中问题能够快速有效解决吗? 你们能够快速利用新思想和新机会吗? 员工回答的近 100 个问题,最后形成了整个公司在 GROWS 方面的成绩,人力资源部通过和以前做过的 GROWS 调查问卷比较,知道在哪些方面公司做得不错、哪些方面分值在下降,从而指导人力资源部在公司员工方面的工作重点。GROWS 问卷虽然是关于公司文化和环境的问卷,但是却将公司所有的管理问题一网打尽。

员工情绪综合指数是一个非常重要的数据,它在某种程度上对人事部门的工作具有重要的参考作用,给来年的人事工作提供了数字依据,但是发牢骚的事总是有的。朗讯只是不允许大家在网络上或公用通道发牢骚,饭桌上的话就不在此列了。

朗讯希望每个人在朗讯有足够的空间将能力发挥出来,每一个人的能力都不断增强。人力资源部的管理思想就是人尽其才、让才增值。

跳槽会有几种情况:一种是找一个能够让未来增值的地方,另一种是高薪的吸引。许多人在工作中有许多怨言,有些是积极的,因为可能这个员工只是用不恰当的方式将有价值的建议提出来了。朗讯有让员工申述的途径,员工可以与老板直接沟通,与老板的老板沟通,还可以找人力资源部谈。通过这些途径,将彼此不能够理解和明白的地方讲出来。有时候管理者的水平非常重要,经理与员工的关系也是决定员工跳槽的重要因素,所以培养和提高管理者在沟通方面的技巧非常重要。

人力资源做得如何,从员工对你的信任度就可以看出来。做了 6 年人力资源工作的孙贺影深有体会:"如果员工很信任你,就会把你当作朋友或职业生涯的顾问,他会问到你这里来。有时候就有员工找到我,咨询他个人的发展。我会给他分析,看他是否对自己的背景有客观分析,帮他定位下一步发展方向与目标。对于好的员工,我们一定尽最大努力挽留。沟通虽有很多渠道,但是员工不信任你,你就会没办法。"

朗讯还会不定期召开员工大会,各部门负责人、员工和总裁都会参加。大家畅所欲言地谈问题。

在公司里面,许多经理办公室的门时刻开着,但是 Opendoor 是一种形式,主要是心里要Opendoor。老板有没有与员工交流的意识、有无培养员工的意识、有无定期不定期与员工交谈的意识,员工有无与老板交流的意识?隔阂的形成主要是员工认为是老板要做的事情,老板以为是员工应该知道的事情,彼此不沟通,矛盾就会激化。朗讯在经理培训中强调双方订下engagement(履行)内容。任何一项制度,员工和老板双方积极参与就会好,强扭的瓜不甜。

Spirit Team 是朗讯公司一个非业务目标的组织,成员由全公司员工自愿报名选出,第三届的 Spirit Team 由 17 个成员组成,他们来自各个业务部门。Spirit Team 类似于一个文体部门,主要组织员工参加娱乐和运动,现在正在组建朗讯的足球队和桥牌队。

Spirit Team 有自己的网页,活动预报在网上可以查知。许多员工的生日表也贴在上面。1999 年 Spirit Team 举行的重大活动有爬长城比赛、春季运动会、老总茶话会。Spirit Team有时还组织一些很生活化的讲座,例如,如何照顾自己的 Baby。Spirit Team 还有网络茶屋、网络图书馆。每年例行举办的 1 000 多人的员工家属春节晚会盛况空前。在朗讯公司的饮水间和公共通道上,有专门供员工交流生活信息的公告牌,经常有租房、换托儿所之类的信息。

朗讯的人才观是:一个人在他的岗位上能够实现公司的统一目标,这个人对公司来说就是一个人才。不同的工作岗位需要不同特质的人才,朗讯的 GROWS 文化已经非常全面地表达了朗讯的人才观。公司将许多外部条件抛开,大家讲平等、多元,而且人人这样去维护。在招人时也注重男女比例一定要上来,现在公司员工的性别比例是男女四六开。管理最重要的不是形式主义,而是管理人员的管理观念,各级管理人员的意识非常重要。多元化对朗讯来讲有很多深层的意义,朗讯一直是高科技的企业,科学创造和发明强的地方就需要个体差异,如果同是一类人,就很难碰撞出火花。

在朗讯公司可以感受到轻松的气氛,但这并不表明朗讯员工的工作不繁重、行为不规范,从某种程度上说,越是管理优良的地方,人越能获得真正的放松。朗讯非常重视职业道德的建设,认为这是一个企业在客户和供货商那里建立信誉的重要方面。关于朗讯的职业道德,有一本小册子——《职业道德准则——一个对个人之承诺》,里面规定了许多细致的问题和答案,在此列举一二,让我们管窥朗讯是如何重视自身形象的。

正直和坦率:我们坚持最高职业道德和个人道德水准。在同客户、股东、供货商、合作伙伴、我们工作和生活的社区以及我们彼此交往的过程中,我们都表现出真诚和坦率。我们支持符合我们的价值观念的行为,而对有悖于我们的价值观念和行为敢挺身而出。

产品推销:朗讯科技公司的员工积极参与竞争,但只是在公平基础上的竞争。即使会失去销售机会,我们也不会对产品的能力做不实介绍。

礼品、招待和恩惠:礼品馈赠的方法世界各地不一。馈赠礼品通常是为了表达善意。而在一些国家中,拒绝礼品可能会冒犯送礼者。但在另一方面,接受礼品可能引起利益冲突或者引起利益冲突的苗头。这使礼品收受者进退两难。在何种情况下接受礼品?一般而言,如果礼品非你主动索取,价格不昂贵,并且赠送者的目的不是为了影响你的判断,那么可以接受这种礼品。否则,应该加以拒绝,并且向送礼者解释朗讯科技公司的政策规定,绝不应以直接或间接的方式向客户或者供货商索取礼品。在任何情况下都不应直接或间接向任何人收取现金、回扣、特殊待遇、恩惠或者服务。

可以偶尔接受客户或供货商在正常业务过程中的礼貌性请客吃饭或者其他适度形式的招待但不是为了影响你的业务决定。

资料来源:汪向勇:《人在企业》,辽宁人民出版社 2001 年版。

案例思考题:

1. 如何评价朗讯的全体员工意见调查?
2. 你认为朗讯的员工情绪综合指数如何?
3. 朗讯是如何提高员工满意度的?

第十五章

激　励

学习目标

学完本章后,你应该能够:

1. 了解什么是激励,激励的类型有哪些。

2. 理解员工到底是什么样的人。

3. 了解并掌握员工为什么而工作。

4. 明白什么是内容型激励理论,它包含哪些分支理论。

5. 明白什么是过程型激励理论,它包含哪些分支理论。

要点概述

1. 激励概述

激励的概念、人性假设理论、需要、动机、行为与目标。

2. 内容型激励理论

需要层次理论、ERG 理论、成就需要理论,以及双因素理论。

3. 过程型激励理论

期望理论、公平理论,以及强化理论。

案例导读

英国有一家著名的长寿公司俱乐部,申请加入该俱乐部的企业寿命必须超过 300 年。经研究发现,该俱乐部成员具有一个共同点,即这些企业均能依据时代变化制定相应的激励机制,使其保持高度的敏感性,包括对外部市场变化的高度敏感性,对企业内部管理的高度敏感性,对企业发展技术的高度敏感性,对内部控制的高度敏感性,以及对人才吸引的高度敏感性等。正是企业的高度敏感性造就了这些百年老店。

那么,企业的敏感性来源于哪里? 世界著名经理人杰克·韦尔奇(Jack Welch)曾经说过:要想管好一家企业,关键是要给20%的优秀员工不断加薪,而不断淘汰企业中表现较差的10%的员工,只要企业的最高决策层能做到这一点,企业肯定就能办好。只有建立如此的激励机制,才能培养出企业的敏感性,激发企业的活力,成就企业的宏伟业绩。

那么,作为一家企业该如何采取适当的机制激励员工,发挥他们的优势呢? 本章将就此展开论述。

第一节　激励概述

每个人身上都蕴含着巨大的潜力和创造力,他们构成了一个社会的有待开发的巨大能源库。这些潜力和创造力的挖掘需要通过人的行为才能实现,而人的某种行为往往是其有意识地选择的结果。因此,在现实生活中,我们经常可以看到这样的情况:两个能力相当的人会做出不相等的业绩,而一个能力差的人可以比一个能力强的人干得更好。

我们知道,任何企业的运作都离不开人,无论是作为领导者的管理层,还是作为实践者的普通员工,他们构成了一个企业的核心。可以这样说,现代企业的管理实质上就是人的管理,就是如何最大限度地调动人的积极性,发挥人的聪明才智,使他们能够积极主动、自觉自愿、心情舒畅地工作。

因此,在实际管理工作过程中,激励是管理者工作的重要方面。激励能使人的潜力发挥到极致,但员工的积极性并不会因为管理者的一句话或者一个动作而自动激发出来,管理者必须首先了解自己的员工是什么样的人,他们为什么而工作,只有在全面了解以上两个方面的基础上,才可能有针对性地采取激励措施,并最终达到管理者所期望的效果。

一、员工是什么样的人

自古以来都有关于人性善与恶的讨论,不一样的人会有不一样的观点,而不一样的观点自然导致不一样的行为。例如,一个管理者认为"人性本恶",那么他将会给自己的员工贴上"懒惰的"、"不自觉的"、"不诚实的"等标签,从而在管理工作中强调对员工行为的规范与监督;相反,如果一个管理者认为"人性本善",那么他将采取完全不一样的管理模式。

那么,人性到底是善是恶? 作为管理者该如何定义人性? 如何把握我们在管理工作过程中的总基调呢?

(一)X-Y 理论

美国管理学家道格拉斯·麦格雷戈(Douglas McGregor)于1957年提出了X-Y理论,讨论了管理学中人的工作源动力的问题。麦格雷戈通过观察发现,管理者处理与下属之间关系的行为模式是建立在对人的某些假设基础之上的,而这些假设直接来源于管理者对人性的理解。

众所周知,传统的西方管理学是建立在人性本恶的假设基础之上的,浏览早期西方知名公司的规章制度我们会发现,大部分公司认为员工总是倾向于做出不利于公司或损害公司利益的行为,因此需要通过订立严格的规章制度予以规范和监督。这种思想奠定了整个传统西方管理学的基调,与当时工业规模化生产的时代背景密切相关。工业化时代遗留的经济特征,西方现代化过程中伴随出现的高效与忙碌,以及对自动化的追求(尽可能减少人为因素),使得管理者在管理过程中对人性的关注越来越少。这种管理理念在以美国为首的西方强国的经济输出过程中影响着全世界,也影响着改革开放后的中国。事实上,即使到今天,我们仍然有很多管理者每天"兢兢业业"地如"防贼"一般陷入与员工的博弈中。

与传统相反,麦格雷戈认为,员工在工作过程中的行为表现并非是由固有的天性所决定的,而是由企业管理者的管理行为诱导产生的。剥夺人的生理需要,会使人生病。同样,剥夺人的较高级的需要,如感情上的需要、地位的需要、自我实现的需要,也会使人产生病态的行为。人们之所以会产生那种消极的、敌对的或拒绝承担责任的态度,正是由于他们被剥夺了社会需要和自我实现的需要而产生的疾病状态。麦格雷戈强调指出,必须充分肯定作为企业生产主体的人。企业员工的积极性是处于主导地位的,他们乐于工作、勇于承担责任,并且多数人都具有解决问题的想象力和创造力,管理者应通过适当的途径激发出员工的这种潜能和积极性。"Y 理论"正是基于这样的思想而产生的。

麦格雷戈把传统的管理学说称为"X 理论",而把自己的管理学说称为"Y 理论"。

X 理论往往对员工作如下假设:

A. 大多数员工不喜欢工作,只要可能,他们就会逃避工作;

B. 大多数员工喜欢安逸,没有雄心壮志;

C. 大多数员工逃避责任,视个人安全高于一切;

D. 大多数员工没有解决问题的能力,需要管理者做出安排。

基于以上假设,X 理论认为,企业的目标与员工的目标并不是一致的,对大多数员工必须采取家长式的管理办法,由具备解决问题能力的管理者做出行为决策,并且通过命令的方式指示员工完成相关作业,同时通过监督惩罚的方式保证员工实现管理者的指示,以期顺利实现组织目标。在这种管理模式下,俯首帖耳、老老实实工作的员工便是管理者梦寐以求的好员工。

Y 理论的看法则正好相反,并且对员工作如下假设:

A. 大多数员工视工作如休息、娱乐一般自然;

B. 大多数员工只要做出承诺,就会通过恰当的方式进行自我指导和自我控制,以期完成任务;

C. 大多数员工不仅能够承担责任,而且会主动寻求承担责任;

D. 大多数员工都具备做出正确决策的能力。

基于以上假设,Y 理论认为,大多数员工都是善良的,他们并不厌恶工作,并且愿意也有能力对工作负责,因此完全可以通过满足员工爱的需要、尊重的需要和自我实现的需要等激励手段使其个人目标与组织目标保持一致,从而达到提高生产效率的目的。

(二)"复杂人"假设与超 Y 理论

无可否认,管理学的建立和发展深受经济学的影响,而古典经济学则是建立在"经济人"假设基础之上的。因此,在介绍"复杂人"假设之前我们有必要先介绍"经济人"假设。

1."经济人"假设

在所有的人性假设中,影响最为深远的可能就是西方理论经济学中的"经济人"假设了。所有经济学中的不同流派,不管是凯恩斯主义还是古典主义都没有否认"经济人"这一假设,直到现在,全世界任何版本的经济学教科书,都会把"经济人"假设的相关内容放在第一章里进行讨论。

"经济人"指的是人的"自利性",是指人总是以个人利益最大化为目标,并且认为人的自利行为有可能会带来负的外部性,从而对组织和社会造成不利影响。正因为如此,在企业管理实践过程中,作为企业的所有者,在考虑自身利益最大化的同时必然需要努力避免员工的自利行为对企业所造成的伤害。

那么作为企业管理者,如何才能有效避免员工的自利行为对企业所造成的伤害呢? 严厉的奖惩措施成了最佳选择! 由此演化出的管理方法和手段,必然是胡萝卜加大棒、金钱与皮鞭并重的管理方法,通过金钱激励来刺激员工生产的积极性,同时对消极怠工者采取严厉的惩罚措施。因此,管理工作变成了极少数人的事情,而与广大员工无关。

基于此种假设的管理方法重视物而轻视人,把人看成机器一般,以制度化、规范化和标准化的措施,辅以金钱的刺激来提高生产率,尽管在管理实践过程的早期产生了明显的效果,但他们忽视了人在社会生活中对群体交往的需要、对精神和情感的追求,即作为"社会人"的需要,其最终结果必然是引起工人的不满与反抗,并最终造成了严重的社会问题。20世纪30年代,人际关系理论的崛起及其影响力的迅速扩张正好说明了这一点。

2."社会人"假设

1924~1932年间,以哈佛大学教授梅奥(Mayo)为首的实验小组,进驻西部电器公司的霍桑工厂进行科学实验,这就是著名的霍桑实验。

在实验过程中,梅奥等人发现,员工工作的动机不单纯只是为了获取经济报酬,还有更复杂的社会的、心理的需要。因此,影响员工工作积极性的因素除了经济因素外,还包括员工的人际关系、所处的"非正式群体"等社会因素。

霍桑实验的结果导致了人际关系理论的产生,这实际上是对古典管理理论关于人性"恶"的否定,开创了管理活动中"人本主义"倾向的先河,人性"善"的"社会人"假设也从此广泛兴起。

"社会人"假设认为员工不单纯追求经济收入,还有社会方面和心理方面的需求。任何个体都不是独立存在的,他们不仅存在于企业这个正式群体中,而且还存在于由共同劳动而形成的各种"非正式群体"中,如工厂中随处可见的各种"小集团"、"小圈子"等,这些"非正式群体"有自己的规范、情感和倾向,并且左右着群体中每一个成员的行为。因此,管理者要想实施有效的管理,就必须在非正式群体的感情逻辑与正式群体的效率逻辑之间保持平衡。

由此产生的新的管理模式开始关注员工的满意度,以期通过提高员工的满意度来提高员工的工作积极性,从而带来生产效率的大幅度提升。在这种新的管理模式下,管理者必须一方面通过物质资料的生产和分配来满足员工在物质方面的需要,即发挥技术性职能;另一方面,通过实现员工的自发性合作来满足员工作为"社会人"的需要,即发挥社会性职能。在领导模式上,由集权式向分权式转化,强调"民主参与式"管理,通过实施自律性管理来实现企业目标。

3."复杂人"假设

"经济人"和"社会人"假设的相继提出与古典管理理论和新古典管理理论的兴衰紧密相关。之后的管理学家们又认为,"经济人"与"社会人"并不能包括人性的全部,从而开始提出"自我实现人"、"复杂人"、"决策人"等假设,其中最具代表性的是"复杂人"假设,它与"经济人"和"社会人"假设共同构成了当代管理学的逻辑起点。

"复杂人"假设认为,人既不是单纯的"经济人",也不是完全的"社会人"和纯粹的"自我实现人",而是因时、因地、因各种情况不同而采取不同反应的"复杂人"。因为,一方面,人的价值取向是多种多样的,没有统一的追求;另一方面,同一个人也会因环境和条件的变化而变化,今天是"经济人",明天可能是追求良好人际关系的"社会人"。因此,并不存在一套适用于任何时代、任何组织和个人的普遍有效的管理方式。

与"复杂人"假设相对应的管理理论就是超Y理论。在管理实践过程中,人们开始逐步意识到X理论与Y理论并非截然对立,而是各有其优缺点,各有其适用的领域和对象,在管理活动中到底采用什么样的管理理论与管理方法,取决于管理环境、工作性质和管理对象,即对不同的人、不同的组织、不同的管理环境等采取不同的管理理论和管理方法。把 X 理论与 Y 理论有机结合起来就形成了超 Y 理论。事实上,超 Y 理论已经蕴含着权变管理的思想,为权变理论的形成与发展奠定了思想基础。

我们到底是不是"经济人"?

在经济学界,有一个名为"最后通牒"的游戏。游戏主持人 A 给两位参与者 B 和 C 一笔钱,假设是 100 美元,并由 B 决定钱的分配方案(最小分配单位为 1 美分)。如果 C 接受该方案,则按该方案进行分配;但如果 C 拒绝接受,那么 A 将把钱收回,B 和 C 将什么都得不到。此过程不许讨价还价,并且所有参与者都明确知道游戏规则。

那么,结果会是什么呢?

按照"经济人"假设,任何个体都是理性的,他们以个人利益最大化为准则决定自己的行为。因此,在这个游戏中,B 和 C 都会努力实现自身利益最大化。

我们先来考虑 C,在任何时候他都有两个方案可供选择:一个是接受,另一个是拒绝。接受意味着获得分配方案中的指定数额,拒绝意味着什么都得不到。因此,只要 B 在分配方案中给 C 一定的利益,哪怕只有一分钱,C 都会接受,因为拒绝意味着连一分钱都没有。

我们再来考虑 B,他知道如果 C 拒绝,自己将一无所有。因此,他必须选择一个能够让 C 接受的方案,很明显,C 不可能接受一无所有。但是,B 又不可能将所有的钱都给 C,因为他要实现自身利益最大化。

那么,最终的结果必然是:B 决定给 C 1 美分,而自己获得剩下的 99.9 美元,C 在权衡之后选择接受,最终大家按这个方案进行分配。

这是依据"经济人"假设进行推理的必然结果,但现实情况真的如此吗?

有经济学家就此做了实验,并且实验证明现实并非如此。实验中,2/3 的人提议分给对方的比例在 40%～50% 之间,超过半数的人拒绝接受低于 20% 的价码。而且参与者的行为并不会因为性别、年龄、教育程度或计算能力的不同而有明显的差异,并且,奖金多寡对结果也没有太大的影响。

例如,在印尼所做的试验中,参与者可以分享的金额是他们平均月收入的 3 倍,但当他们觉得提议给的钱实在太少时,也断然拒绝了。学者还进行了跨文化研究,结果显示:尽管有文化差异,试验结果仍然与理性分析所预测的结果相去甚远。世界各地的人,大多都很看重公平待遇,而不只是一味地追求最大利益。

那么,我们如何解释以上的现象呢?

有人认为,当两个人在约定的条件下共同分享一定数额的金钱时,如果决定方案的那个人 B 仅仅给对方 1 美分,而自己占有 99.9 美元时,他往往会感到一种耻辱,因为他感觉自己正在向别人展示自己的贪婪和无耻,或者说,他会觉得自己不是一个好人。而对于接受的一方,也就是 C,他会觉得不公平,会觉得自己受到了蔑视。"给你 5 分钱怎样?"这句话的社会含义是看不起,而如果回答是:"好啊!"其社会含义是愿意接受侮辱。

当然我们还会有很多其他不一样的解释。但不管怎样,我们应该明白,人并不仅仅是经济学家假设的理性经济人,他同时也是一个情感人、道德人,是这种种的混合。他有理性的算计,但也有道德良心以及尊严情感的考量,也有对社会公平合理的天然感知能力。

二、员工为什么而工作

在了解了员工是什么样的人之后，我们还需要进一步了解员工为什么而工作，即员工采取某种行为，如加班的动机来源是什么？

当然，在我们了解员工的行为动机来源是什么之前，有必要先从心理学的角度了解个体为什么会产生某种行为，是否具有一定的规律性。

从心理学角度来说，人类的任何行为都带有一定的目的性，而行为的产生来源于动机，动机的根源是需要，它们四者之间的关系如图15－1所示。

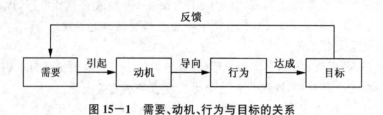

图15－1　需要、动机、行为与目标的关系

(一)需要

需要是人类积极性的基础与根源。一个人渴了就需要喝水，这是人类的基本生理需要；一个人难过了就需要寻求安慰，这是人类的社会心理需要。而这些需要都会引发某种动机，如前者引发寻找水的动机，而后者引发寻找朋友聊天的动机，并最终导致买水和与朋友聊天的行为。当然这些行为均带有绝对的指向性，即目标，都是为了满足某种需要而产生的，但当某种行为最终没能满足既定的需要的时候，人就会引发新的动机，从而产生新的行为，直到需要得到满足为止。

通过以上的分析我们可以断定，需要是人类行为的最终来源，但我们有必要强调一点，即不是所有的需要都能转化为动机，并带来某种行为，需要转化为动机必须满足两个条件：

第一，需要必须具备一定的强度，即某种需要必须成为个体的强烈愿望，迫切需要得到满足，否则不足以激发人类采取某种行动来满足需要。

第二，只有具备实现可能性的需要才能转化为动机，并最终引发行为，即必须具备实现需要的客观条件。例如，一个人处在荒岛上，很想与人交往，但荒岛上只有他自己一个人，那么这种需要就无法转化为动机，并引发与人交往的行为。

(二)动机

1. 动机的含义

动机是推动人类各种指向性行为的直接原因。它来源于需要，人类有多少需要，就会相应产生多少动机，但由于人类精力的有限性，在某一具体时刻，只有其中最为强烈的动机才能引发人类的行为，而当这一行为最终导致了目标的实现，并使得需要得到了满足，那么这一动机的强度就会减弱甚至消失，其他动机得以强烈起来，继续驱使人类采取其他行为，实现其他目标，满足其他需要。当然，并不是所有由动机驱动的行为都能实现既定目标，如找人安慰的动机产生找人诉苦的行为，但最终发现没有人能够理解自己，那么这种受阻的动机，也有可能减弱其强度，甚至被放弃：这个人最终很有可能选择一个人默默地躲在角落里舔舐自己的伤口。

2. 动机的功能

动机对人类的行为活动具有如下三种功能：

(1)激活的功能。动机能激发一个人产生某种行为，对行为起着始动作用。例如，一个学生想要掌握电脑的操作技术,那么他就会在这种动机的驱动下,产生相应的学习电脑知识的行为。

(2)指向的功能。动机不仅能唤起人类的行为,而且能使行为具有稳定和完整的内容,它是指引行为的指示器,使个体行为具有明显的选择性。例如,一个学生产生了学习管理学知识的动机,那么在其头脑中的这种表象就会使他对管理学知识而不是英语知识的相关内容特别关注。

(3)维持和调整的功能。动机能使个体的行为维持一定的时间,对行为起着续动作用。当个体行为指向于个体所追求的目标时,相应的动机便会得到强化,这种行为就会持续下去;相反,如果行为背离个体所追求的目标,那么个体行为的积极性就会降低,甚至消失。因此,动机的维持和调整功能是在对行为的结果与个体原定的目标进行对照的基础上实现的,如果一致,则维持;反之,则调整。

(三)行为

1. 行为的含义

行为是人类有意识的活动,它既是有机体对外界刺激做出的反应,同时也是人类通过一连串动作实现既定目标的过程。

因此,行为是动机的外在表现形式,我们可以通过观察人类的行为来了解其动机,并找到其行为的最终根源,即他想要满足的需要;我们也可以通过观察人类的行为结果来判断该行为是有利行为还是有害行为,从而通过一定的手段加以强化或抑制。

2. 行为的特征

虽然人类的行为多种多样,千变万化,但心理学研究依然揭示了人类行为的一些共同特征,这些共同特征成为人们对人类行为进行进一步研究的基础:

(1)主动性。人类行为的主动性指人类的行为是受其意识控制的,外力只能通过影响人类的意识从而间接地影响人类的行为。

(2)非自发性。人类的任何行为都有其特殊的起因。决定某个人在某一特定的时刻采取某种行为的因素是多方面的,包括生理的、心理的、环境的等各种因素,我们只有全面了解各种因素之间的相互作用关系,才能真正理解人类的行为,并最终通过改变或控制某些因素来改变或引导人的行为。

(3)目的性。人类的行为不可能是盲目的,它不但有起因,而且还有明确的目标,即满足某种需要。

(4)持久性。人的行为总是指向一定的目标,在目标实现之前,行为不会停止。

(5)可变性。不同的人会采取不同的行为方式来实现相同的目标,满足相同的需要,而且同一个人也会在不同的环境下采取不一样的行为,并在适当的时候对行为进行调整以实现既定的目标,因此,行为是可以通过学习和训练加以改变的。

(四)目标

1. 目标的含义

目标是人类行为最终指向的目的,目标的实现与需要的满足可能是直接相关的,也有可能是间接相连的。例如,一个人口渴想要喝水,就会产生买水的行为,行为目标实现时人的需要也得到了满足;当然,也有的时候,一个人想要足够的金钱来买房子,他所表现出来的行为却是努力工作,目标是帮助企业实现既定的销售量,因为,只有实现了既定的销售量,企业才会给予足够的现金奖励,此时,建立起工作目标与员工需要之间的联系成为激励的重要内容。

综上所述,人类的行为总是指向一定的目标,而目标的实现是为了某种需要的满足,正是需要未满足的这种非平衡状态导致了行为的动机,并最终带来人类的行为活动。

2. 目标的实现

如何激励员工努力地工作,并为实现组织目标而努力呢?我们可以从以下几个方面入手:

(1)了解员工的需要。未满足的需要是调动员工积极性的源动力,管理者可以通过一定的制度安排引导员工通过努力工作,积极实现组织目标来满足自身的某种需要。这便是内容型激励理论研究的主要内容。

(2)了解员工的行为特点。员工的行为是如何产生、发展、改变和结束的?为什么在相同的制度安排下,员工的行为却如此的不同?同一员工从进入某一企业到最终离开,他的工作积极性为什么总是会发生各种各样的变化?这正是过程型激励理论研究的主要内容。

以下内容我们将对以上两种激励理论作重点分析。

第二节　内容型激励理论

内容型激励理论,是对激发动机的诱因进行研究的理论。这种理论着眼于满足员工的需要,即人们需要什么就满足什么,从而激发员工的工作动机,引导员工的行为,并最终在实现员工行为目标的同时,实现组织目标,主要包括需要层次理论、ERG 理论、成就需要理论,以及双因素理论。

一、需要层次理论

需要层次理论,是行为科学的理论之一,由美国心理学家马斯洛(Maslow)于 1943 年在《人类激励理论》一书中提出。该理论将人类需要按层次由低到高划分为五种,分别为生理需要、安全需要、情感和归属需要、尊重需要、自我实现需要(见图 15－2),并在此基础上讨论了需要层次理论的价值和应用。

图 15－2　马斯洛的需要层次理论

(一)生理需要

生理需要是人类最原始、最基本的需要,如空气、水、吃饭、穿衣、性欲、住宅、医疗等,若不满足则有生命危险。因此,它是最强烈的、不可避免的最底层需要,同时也是推动人类行动的强大动力。

(二)安全需要

安全需要是人类对劳动安全、职业安全、生活稳定等方面的渴望。因此,它是较生理需要高一级的需要类型,当生理需要得到满足以后就开始产生对安全的需要。

（三）情感和归属需要

情感和归属需要又叫社交需要，是指个体渴望得到家庭、团体、朋友、同事的关怀、爱护、理解，是对友情、信任、温暖、爱情的需要。情感和归属需要比生理和安全需要更细微、更难捉摸，它与个体性格、经历、生活区域、民族、生活习惯、宗教信仰等都有关系，这种需要是难以察觉、无法度量的。

（四）尊重需要

任何个体都希望拥有稳定的社会地位，希望得到社会的认可，这就是对尊重的需要。尊重又可分为内部尊重和外部尊重：内部尊重即自尊，是指个体希望在各种情境中表现出有实力、能胜任、充满信心、能独立自主，得到自我的认可；外部尊重是指个体希望有地位、有威信，受到别人的尊重、信赖和高度评价。马斯洛认为，尊重需要如果得到满足，能使人对自己充满信心，对社会满腔热情，从而体验到自己活着的用处和价值，但尊重需要很少能够得到完全的满足，不过只要能够实现基本上的满足就可产生强大的推动力。

（五）自我实现需要

自我实现需要是最高层次的需要，是指个体能够最大限度地发挥自身的潜能，实现自身的理想、抱负，达到自我实现的境界。这是一种创造的需要。当这种需要得到满足时，个体会表现为充分、活跃、忘我、集中全力、全神贯注地体验工作与生活，使自己趋于完美，成为自己所期望的人，从而获得最大的快乐和满足。

根据需要层次理论，我们可以把以上五种需要划分为两级，其中生理需要、安全需要与情感和归属需要属于低一级需要，只要通过外部条件就可以得到满足；而尊重需要和自我实现需要属于高级需要，只有通过内部因素才能得到满足。五种需要像阶梯一样由低到高，按层次逐级递升，低层需要获得满足后，就会向高一层次需要发展，追求更高层次的需要就会成为驱使行为的主动力，相应地，已获得基本满足的低层需要就不再具备激励能力。当然，这并不代表着某种低层需要会随着更高层次需要的发展而消失：各层次的需要是相互依赖的，高层次的需要发展后，低层次的需要仍然存在，只是对行为的影响程度大大降低了。

综上所述，了解员工的需要是应用需要层次论对员工进行激励的重要前提。在不同组织中，不同时期的员工以及组织中不同的员工的需要充满差异性，而且经常变化。因此，管理者应该经常性地应用各种方式进行调研，弄清员工未得到满足的需要是什么，然后采取具有针对性的激励措施。

二、ERG 理论

美国心理学家克雷顿·奥尔德弗（Clayton Alderfer）在马斯洛需要层次理论的基础上，进行了进一步的研究之后认为，人类的核心需要可以分为三种，即生存的需要（existence）、相互关系的需要（relatedness）和成长发展的需要（growth），因此这一理论又被称为 ERG 理论。

（一）生存的需要

生存的需要与人类基本的物质生存需要有关，对应于马斯洛需要层次理论中的生理和安全需要（如衣、食、性等），关系到人类生命的延续。

（二）相互关系的需要

相互关系的需要是指人类对于保持重要的人际关系的渴望。这种需要的满足是在与其他需要相互作用的过程中实现的，对应于马斯洛需要层次理论中的情感和归属需要，以及尊重的需要中的外在部分，即获得他人的尊重。

(三)成长发展的需要

成长发展的需要是指个体谋求自身发展的内在愿望,这种需要可以通过创造性地发挥个体潜能、完成挑战性的工作而得以满足,对应于马斯洛需要层次理论中尊重需要的内在部分,即获得自我的认可,以及自我实现的需要。

从上文的论述中我们发现,奥尔德弗在需要的分类上并没有实质性的突破,而只是用自己的三种需要替代了马斯洛的五种需要,但与马斯洛的需要层次理论不同的是,ERG 理论认为:(1)个体在同一时间可能存在两种以上的需要,而且各类需要层次之间不具有刚性结构。例如,即使某个个体的生存和相互关系需要尚未得到完全满足,他仍然可能为成长发展的需要而工作,而且这三种需要可以同时起作用。(2)如果较高层次的需要得不到满足,那么个体有可能增强其对较低层次需要的渴望,即"受挫—回归"思想。例如,某个个体的社会交往需要得不到满足,反而可能会增强其对金钱的欲望。因此,管理者需要根据个体需要结构的变化来制定相应的管理策略,实施具有针对性的管理措施。

三、成就需要理论

成就需要理论,是由美国哈佛大学戴维·麦克利兰(David C. McClelland)教授于 20 世纪 50 年代提出的。麦克利兰经过研究认为:个体在生存需要基本得到满足的前提下,开始追求成就需要、亲和需要,以及权力需要的满足,这三种需要在个体需要结构中具有主次之分,而且因人而异,当个体的主需要得到满足之后,往往会表现出更为强烈的需要欲望,也就是说拥有权力者更追求权力、拥有亲情者更追求亲情,而拥有成就者更追求成就。虽然麦克利兰认为在基本生存需要之外的这三种需要会因人而产生主次之分,但他特别强调成就需要的高低对个体的成长与发展起到至关重要的作用,这也正是该理论被称为成就需要理论的原因。

(一)成就需要

成就需要是指个体追求成功、追求优越感,希望做得最好的需要。麦克利兰进行相关研究分析后发现,具有较强成就需要的个体常常考虑如何把事情干得更好,他们对自己认为重要或有价值的工作,不但愿意去做,而且急于获得成功,力求达到完美的地步,他们竭力追求的是获得成功所带来的心理满足。

麦克利兰进一步指出,成就需要并非来源于先天的遗传,而是源于后天的培养,即个体通过与他人的社会交往而习得。因此,不同个体之间、不同团体之间的成就动机就会存在一定的差别。这种差别的形成从个体来说,与个体的年龄、性别、能力、性格、经验等主观因素,以及工作性质等客观因素有关;从群体来说,与社会文化、社会经济发展水平等因素有关。

(二)亲和需要

亲和需要是指个体寻求建立友好亲密的人际关系,希望得到他人的喜爱和认可的需要。它是个体维持社会交往和人际关系和谐的重要条件,与马斯洛的情感和归属需要、奥尔德弗的相互关系的需要相对应。

麦克利兰认为,高亲和需要的人更倾向于与他人进行交往。他们渴望社交,喜欢合作而不是竞争的工作环境;他们有强烈的被人喜欢的需求,希望彼此之间沟通与理解,对环境中的人际关系更为敏感,因此,他们往往因为讲究交情和义气而违背或不重视管理工作原则,从而导致组织效率下降。

(三)权力需要

权力需要是指个体期望影响或控制他人且不受他人控制的需要。不同个体对权力的渴望程度也不尽相同,权力需要较高者喜欢对他人"发号施令",对影响和控制他人表现出极大的兴趣,常常表现出喜欢争辩、健谈、直率和头脑冷静等行为特点,在工作中注重争取地位和影响力,期望获得自己理想中的地位和权力。权力需要是管理成功的基本要素之一。

麦克利兰将组织中管理者的权力分为两类:一类是个人权力,另一类是职位性权力。追求个人权力的管理者表现出来的行为特征是个人主义,他们喜欢围绕自身需要行使权力,倾向于对局势的亲自掌控,并要求在工作中得到及时的反馈。该类管理者亲力亲为,亲自掌控所有事情,当出现离职等特殊情况时,很难实现工作的顺利交接,不利于他人继位。职位性权力与其不同,它要求管理者与组织共同发展,并自觉地接受组织制度的约束,任何相关权力的行使都必须在组织制度框架下完成,因此,该类型的权力有利于他人的继位。

四、双因素理论

20世纪50年代末期,美国行为科学家弗雷德里克·赫茨伯格(Frederick Herzberg)和他的助手们在美国匹兹堡地区十一家工商企业机构中对两百名工程师、会计师进行了调查访问,访问内容主要涉及两个方面:(1)在工作中,哪些事项让他们感到满意,并估计这种积极情绪持续的时间;(2)在工作中,哪些事项让他们感到不满意,并估计这种消极情绪持续的时间。赫茨伯格在对调查结果进行深入的分析之后认为,引发员工工作动机的因素主要有两个:一个是激励因素,另一个是保健因素,并且认为只有前者能够提高员工的工作满意度,而后者只能消除员工的不满,却不会提高满意度。因此,该理论又被称为激励保健理论。

(一)保健因素

保健因素是指如果不加以满足就会导致员工工作不满意的因素,主要包括公司政策、行政管理、监督、工作条件、薪水、安全以及各种人事关系等,这些因素得不到满足,极易引发员工的不满情绪,导致员工消极怠工,甚至引发罢工等对抗活动。但当保健因素得到一定程度的满足之后,无论再如何加以改善也无法有效提高员工的工作满意度,因此也就无法以此提升员工的工作积极性,从而带来工作效率的提高。

因此,就保健因素而言,"不满意"的对立面不是"满意",而应是"没有不满意"。企业虽不能通过保健因素的有效改善来提高员工工作满意度,激发其工作积极性,但却可以解除员工的不满,从而保障企业目标的顺利实现。

(二)激励因素

激励因素是指能给员工带来满意度提升的因素,主要包括成就感、挑战性、社会认可、发展前景等,这些因素的改善能给员工带来满意度的极大提升,从而激发员工的工作热情,提高劳动生产效率。但与保健因素不同的是,即使激励因素得不到满足,往往也不会带来员工不满意的结果。

因此,就激励因素而言,"满意"的对立面不是"不满意",而应是"没有满意"。这些因素的缺失虽不会引起员工的不满,无关企业的整体布局,但却能严重影响企业员工的工作积极性,导致工作效率的下降。

赫茨伯格的双因素理论从一个完全不同的角度对员工的需要进行了归纳,具有一定的科学性。我们在企业的管理实践过程中,需要充分保障保健因素的满足,以避免员工的不良情绪对企业整体发展的影响;同时,我们还应强调激励因素的满足,以此激发员工的工作积极性,从而带来企业整体绩效的提高。

第三节　过程型激励理论

在我们的工作实践过程中,往往会出现这样的情况:你期望通过自己的努力在年终获得一笔不错的奖金,比如 5 000 元,最终企业给予了 6 000 元的奖励,那么在这样的情况下,你是否一定会感到非常的满意,从而继续努力工作呢?

依据内容型激励理论的逻辑,答案显然是肯定的,因为你有获得 5 000 元现金奖励的需要,而企业超额满足了你的需要,所以这种满足定会激发你的工作动机,从而提高你的工作积极性。

但显然现实情况往往会更复杂! 试想一下,如果此时你的助手也获得了 5 000 元的现金奖励,而你却认为 5 000 元与 6 000 元的差距并不能体现出自己与助手的贡献差别,那么此时,你的感想会是如何? 这超额满足的 6 000 元是否真的能激起你未来的工作积极性,还是反而让你有了想要放弃工作、一走了之的冲动?

很显然,内容型激励理论只是简单地从满足需要的角度来分析员工的行为,并没有能够建立起需要与行为之间完善的逻辑关系。过程型激励理论正是从这一角度出发,通过对个体从动机产生到采取行动的整个心理过程的研究,来确定对个体行为起到决定性作用的关键因素,以期通过对这些因素的把握来预测和控制个体的行为。

一、期望理论

期望理论,又称作"效价—手段—期望理论",是由北美心理学家和行为科学家维克托·弗鲁姆(Victor H. Vroom)于 1964 年在《工作与激励》一书中提出的。弗鲁姆认为,人们是否采取某种行为取决于对行动结果的评价,以及对目标实现可能性的估计,且均成正比例关系,用公式可以表示为:

$$M = \sum V \times E$$

式中,M 表示激励强度,是指调动个体积极性,激发个体内部潜力的强度。V 表示效价,是指达到目标对于满足个人需要的价值,当然同一行为可能满足多种需要,所以我们需要对所有价值进行加总。E 表示期望值,是个体根据过去经验判断实现某种目标或满足某种需要的可能性大小,即实现目标的主观概率。

该理论指出:效价的大小受个人价值取向、主观态度、优势需要以及个性特征等多种因素的影响,因此,同一目标对不同的人可能存在三种不同的效价:正、零、负。如果个体喜欢其结果,则为正效价,否则为负效价,如果漠视其结果,则为零值。效价越高,激励力量就越大。

与效价不同,期望值反映的是个体对目标实现的自信程度,即对自己能否依据现有条件实现目标的判断。很明显,期望值是一种主观判断,它不同于现实可能性,如果期望值小于现实可能性,则有可能表现为盲目悲观,反之则有可能表现为盲目自信,无论何种,都将不利于激励目标的最终实现。

因此,期望理论特别强调目标设置的重要性,认为恰当的目标能引导员工做出合理的期望,从而激发其工作热情并产生积极行为。为此,在设置目标时,必须考虑以下两个原则:(1)目标必须与员工的物质需要和精神需要相联系,使他们能从组织的目标中看到自己的利益,当然,利益越大,效价越高;(2)充分考虑目标设置的科学性,既要有一定的挑战性,也要具有实现的可能性,只有如此,才能在保证目标实现的同时,最大限度地发挥员工的主观能动性。

二、公平理论

公平理论又称社会比较理论，是由美国心理学家约翰·斯塔希·亚当斯(John Stacey Adams)于 1965 年提出的。该理论认为，员工的工作积极性不仅与其获得的实际报酬，即绝对报酬相关，而且与员工对报酬分配是否公平的主观判断，即相对报酬有关，并且可能与后者表现出更为紧密的关联性。

回顾我们自己过往的经验，我们会发现自己总在自觉或不自觉地将付出的劳动和获得的报酬与他人进行比较，并做出公平或不公平的判断。这种公平或不公平的判断直接影响我们对工作的态度，激起或削弱我们工作的积极性，并最终影响我们的行为选择和工作绩效。

由上可知，公平理论所提出的基本观点是客观存在的。然而，什么是公平？有的时候我们会觉得获得相同的收入是公平，但有的时候我们却认为获得相同的收入是不公平。为什么同样一个问题我们会得到两个完全不一样的答案？

公平不是一个绝对的值，我们不能对其进行测量，它是一个相对的概念，受到评价者主观意志的影响。"公平与否"的判断往往与以下几个方面有关：

(1)它与个体的主观判断有关。个体总是习惯于站在自己的角度来衡量自己与他人的付出与回报，而且往往会高估自己的付出、低估自己的回报，对别人则正好相反。因此，在信息不对称的情况下极易导致不公平的判断结果。

(2)它与个体所持的公平标准有关。不同的个体所持的公平标准往往会不一样，甚至同一个体在不同情况下所持的标准也会不一样。有的人从结果入手考虑公平，认为只有结果的平等才是公平；而有的人则从过程入手考虑公平，认为只要起点平等、过程公正，哪怕出现不平等的结果，那也是公平。正因为如此，我们才会发现任何有关"公平与否"的问题往往都会引来无数的争议。

(3)它与绩效的评定有关。一般情况下，我们均主张"按劳分配"原则，即按绩效付报酬，并且各人之间保持相对均衡。但问题是如何评定绩效？是按工作成果，还是按工作的努力程度？如何区分不同复杂程度的工作？如何衡量工作能力、技能，以及学历等对绩效的影响？所有这些都意味着我们不可能拥有一套绝对客观、有效的评价体系。

因此，公平理论认为，管理者应通过多种方式努力避免职工产生不公平的感觉：一方面，通过奖惩措施的公开透明化，为员工创造公平合理的竞争环境；另一方面，在激励过程中注意对被激励者公平心理的引导，使其树立正确的公平观，避免员工之间盲目攀比。

三、强化理论

强化理论又称操作条件反射理论或行为修正理论，由美国心理学家和行为科学家斯金纳(Skinner)等人提出。斯金纳在心理学领域属于极端的行为主义者，他认为人的内部心理活动是复杂多变并且不可观察的，而行为表现却是显而易见可以通过观察得知的，因此，与其花费大量的精力去探讨不可知的心理活动，还不如通过观察分析来预测和控制人的行为。

斯金纳在巴甫洛夫经典条件反射的基础上提出了操作性条件反射。他自制了一个装有特殊装置的"斯金纳箱"，里边设置一杠杆并连接食物，同时放入一只饥饿的老鼠，让其在箱中自由活动。老鼠的自由活动必然会不经意地触碰杠杆，从而触发机关获得食物。如此往复，我们会发现老鼠触碰杠杆的行为逐步由不经意触碰发展成为主动触碰，并且其频率也会逐步增加，即老鼠学会了通过主动触碰杠杆来获得食物的方法。

由上面的例子我们可以知道,动物的行为是可以通过学习获得的,人类当然也不例外。斯金纳认为,环境决定了一个人的行为模式,无论是正常的行为还是病态的行为都是通过学习获得的,当然也可以通过学习而更改、增加或消除,因此,只要我们能够掌握环境刺激与行为反应之间的规律性联系,就能根据刺激预知反应,或根据反应推断刺激,达到预测并控制动物和人的行为的目的。

依据强化理论,个体的行为是主动的,他们有选择地采取行动来获得更多的奖励或者避免惩罚。因此,作为企业组织的管理者应根据不同的情况选择合适的强化模式。

强化模式主要由"前因"、"行为"和"后果"三个部分组成。

"前因"是为员工行为确定一个客观目标,如规定车间运营全年零事故。

"行为"是指员工为了达到目标而实施的具体工作行为,如安全排查、安全监管等行为。

"后果"是指行为达到目标时,给予肯定和奖励,否则不给予肯定和奖励,甚至给予否定或惩罚,以此鼓励员工的安全运营行为。

依据以上的分析,我们可以将强化模式分为以下几种类型:

(1)正强化,又称积极强化,是指用某种具有吸引力的结果对某一行为进行奖励和肯定,以期在类似条件下重复出现这一行为。例如,企业用某种具有吸引力的结果(如奖金、休假、晋级、认可、表扬等),以表示对职工努力进行安全生产的行为的肯定,从而增强职工进一步遵守安全规程进行安全生产的行为。

(2)负强化,又称消极强化,是一种利用强化物抑制不良行为重复出现的管理手段,包括批评、惩罚、处分、降职、降薪等。通过负强化可以使个体感受到物质利益的损失和精神上的痛苦,从而主动放弃不良行为,改邪归正。例如,当企业员工在安全操作过程中失职时,给予降薪、批评等处罚,这种处罚不仅使员工遭受物质利益上的损失,还感受到精神上的痛苦,因此,该员工为避免此种不良结果的再次发生,会改变自己的行为,以确保操作过程中的安全作业。

(3)自然消退,又称衰减,是一种通过撤销正强化物的方式来减少甚至消除目标行为的方法。如果某一行为一直与某一强化物相联系,那么在某段时间内不予强化时,此行为就会自然减少并逐渐消退。例如,企业曾对职工加班加点完成生产的行为给予奖酬,后经研究认为,这样不利于职工的身体健康和企业的长远利益,因此不再发放奖酬,那么此后职工加班加点的行为必然逐渐减少,并最终消失。

综上所述,在管理实践中,我们可以利用正强化来增加员工的有利行为,利用负强化或自然消退来减少或消除他们的不良行为,并在此基础上,将三种强化模式有机结合,通过制度化建设构建一个完整的强化体系,为企业管理者预测并控制员工行为创造一个良好的环境。

罚款对杜绝迟到有效吗?

依据强化理论,当员工重复出现某些不良行为如迟到时,我们可以通过罚款等负强化手段减少甚至消除该不良行为。但事实真的如此吗?或许现实情况要比我们想象的复杂得多。

加州大学尤里·格尼齐教授和明尼苏达大学奥尔多·吕斯提切尼教授曾在以色列的一家日托中心进行实验,以检测罚款措施能否有效减少某些家长接孩子迟到的现象。

实验的结果与我们预计的正好相反,罚款的效果并不好,并且从长期来看,还会带来深层次的负面效应。那么,我们该如何解释这种现象呢?

我们知道,在实施罚款之前,老师与家长之间是一种社会关系,家长需要靠自觉来约束自己的迟到行为,此时,如果家长迟到了,他们会对此感到内疚,这种内疚迫使他们以后准时来接孩子。因此,我们把这种规范方式称为社会规范,即通过道德情感等方式约束个体行为。

但是,一旦实施了罚款,家长就会认为自己已经为迟到付了钱,那么他就会完全从市场规范的角度来看待迟到问题:既然我已经为自己的迟到付了钱,那么我就可以自己决定到底是早到还是迟到了。此时,市场规范取代了社会规范。显然,这不是日托中心的初衷。

不过,最有意思的是几星期以后,日托中心取消了罚款,也就是说日托中心期望再次通过社会规范来约束家长的迟到行为。那么,家长们也会回到社会规范吗?他们的内疚之心会回来吗?事实上根本没有! 自从取消了罚款,家长们依然故我,甚至更糟糕:家长迟到的情况更多了。最终,社会规范和市场规范都取消掉了。

这一实验揭示了一个不幸的事实:一旦社会规范与市场规范发生碰撞,社会规范就会退出。换言之,社会规范很难重建。一旦这朵盛开的玫瑰从枝头落下——一旦社会规范被市场规范打败——它将很难再次发挥效力。

本章小结

现代企业的管理实质上就是人的管理,就是如何最大限度地调动人的积极性,发挥人的聪明才智,使他们能够积极主动、自觉自愿、心情舒畅地工作。因此,在企业管理过程中,激励是管理者工作的重要方面。本章正是本着这样的观点,对激励理论进行了详细的分析和介绍,具体内容总结如下:

1. 激励概述:主要介绍分析了员工是什么样的人,以及员工为什么而工作。

(1)员工是什么样的人:对于这个问题,管理学各界有不一样的观点,有些人认为人性本恶,需要对员工进行严加看管;有些人则正好相反,认为人性本善,我们可以通过更多的人文关怀引导员工积极主动地工作。基于以上的不同观点,管理学界出现了各种不一样的人性假设理论,主要包括:X-Y理论、"经济人"假设理论、"社会人"假设理论,以及"复杂人"假设理论。

(2)员工为什么而工作:主要从心理学的角度分析介绍了个体需要、动机、行为与目标之间的关系,并在此基础上得出结论:个体行为的动机来源是需要。

2. 内容型激励理论:主要研究激发动机的诱因,期望通过满足员工的需要,来激发员工的工作动机,引导员工的行为,并最终实现组织目标,主要包括需要层次理论、ERG理论、成就需要理论,以及双因素理论。

3. 过程型激励理论:通过对个体从动机产生到采取行动的整个心理过程的研究,来确定对个体行为起到决定性作用的关键因素,以期通过对这些因素的把握来预测和控制个体的行为,主要包括期望理论、公平理论,以及强化理论。

练习题

一、简答题

1. 什么是激励,激励在现代企业管理中的意义?
2. 人性假设理论有哪些? 你觉得哪个更有道理?
3. 简述内容型激励理论的理论基础。
4. 过程型激励理论有哪些? 它们之间的区别是什么? 结合自身的经验谈谈自己的感想。

二、案例分析

A 公司专门生产弧焊设备及辅助材料,在与同行其他企业的竞争过程中,形成了一套独特的激励员工的方法,并以此领先于其他同行企业。

一方面,A 公司的员工按件计酬,没有最低小时工资,所有员工的工资一律依据其劳动成果进行核算。

同时,A 公司还有一套严格的质量监督机制,一旦员工生产出不合格产品,那么除非这个产品被修改至符合标准,否则该产品将不能计入该员工的工资中;当不合格产品达到一定数量时,则要给予一定的处罚。

另一方面,公司实施职业保障政策,保证不辞退一名员工,但作为回报,员工必须在经济萧条时接受减少工作时间或调换工作岗位的决定,以保证公司能够平稳渡过萧条期。

严格的计件工资制度,以及高度竞争性的绩效评估体系,在公司内部形成了一种压力氛围,有些工人甚至由此产生了一定的焦虑感,但无可否认,这种压力有利于生产效率的提高,从而使得该企业成为同行业中的佼佼者。

案例思考题:

1. A 公司采取的激励政策是基于怎样的人性假设? 运用了哪些激励理论?
2. A 公司的职业保障政策在激励过程中将会起到什么样的作用?
3. 这种激励政策将会给企业带来什么问题?

第十六章

领　导

学习目标

学完本章后,你应该能够:

1. 区分管理者和领导者。
2. 理解领导的含义和作用。
3. 了解领导理论的发展阶段。
4. 掌握领导特质主要代表理论的要点。
5. 掌握领导行为主要代表理论的要点。
6. 掌握领导权变主要代表理论的要点。
7. 了解领导理论的新发展。

要点概述

1. 谁是领导者,什么是领导

定义领导者和领导;解释为什么管理者应当成为领导者。

2. 早期的领导理论

详述研究发现的领导者特质;比较四种领导行为理论的发现;解释领导者行为的两面性。

3. 权变的领导理论

解释菲德勒的领导模型为何是一个权变模型;比较情境领导理论和领导者参与模型;详述路径—目标理论如何解释领导。

4. 有关领导的新观点

魅力型领导理论;交易型领导理论;变革型领导理论。

案例导读

由《阿凡达》学习到的领导能力

在影片《阿凡达》中,杰克身上有很多值得职场领导人员学习的优点。

一是快速完成角色转变。在不同的环境中,人们会因为不熟悉而产生紧张感和压迫感。杰克从纳美族人的角度来看待新环境,这使他迅速适应新环境并喜欢上潘多拉星球,最终成功融入新生活。因此,想要克服心理上造成的障碍,首先要把自己当成新团队中的一分子,迅速融入新环境中。

二是谦卑的心态。无论在什么环境下,都面临着或多或少的质疑,受到各方面的压力,很多从未接触过的事物同样会让人产生恐惧感,而作为纳美族新人的杰克,面临这个问题先是虚心学习,努力去适应,融入纳美族的生活中,学习他们的文化,请教生存技能,了解生存环境,最终如愿地成为了他们中的一员。

三是战胜困难的勇气。杰克多次遭遇困难,而每次都是在不同身份、地位的情况下,最终都依靠勇气取得了胜利。在职场中,随着工作条件、职位的转变,承担的责任也会不同,人的能力越大,承担的责任就会越重,此时战胜困难的决心和信心将决定是否能成功。

四是用实力去领导大家。首先要展现你的实力让下属信服。杰克为了帮助纳美族人渡过难关,选择了通过降服蝠龙来证明自己的实力。因此,想要领导一个团队,要以公认的标准去向外界证明自己的能力。

五是沟通的艺术。很多有能力的人,因为沟通技巧的问题而无法展现自己最强的实力。杰克展现自己的能力后,用真诚的态度与纳美族未来的领袖苏泰沟通时,杰克称赞他为"最伟大的战士,没人可以超越",使得苏泰与他并肩作战。自信地称赞他人,会让你赢得机会。

资料来源:改编自《世界经理人》2010年第2期。

出色的管理人员知道,即使是恰当的组织系统和员工全部到位,如果没有正确的领导,它们也无法发挥很好的实际效用,甚至形同虚设。领导者设定目标和发展方向,然后对员工施加影响,使员工朝着这些目标努力。没有领导的组织就如同没有船长的船、没有指挥的乐队。有效的领导能够激发组织的潜能,将其转变成为绩效一流的组织;软弱无力的领导或无效的领导只能慢慢耗尽组织的潜能,使其丧失竞争优势。

领导是管理的重要职能,领导的根本任务就是将独立的人组织起来,实现组织的预定目标。领导会对其他人产生影响,这就要求在不同的情况下采用不同风格的领导和采取不同的行为。本章将阐述的是,管理人员在执行领导职能时,为了成功执行公司战略并实现公司目标,必须要关注的工作。

第一节 谁是领导者,什么是领导

一、管理者与领导者

首先,我们来区别管理者与领导者的不同之处。尽管两者并不一致,但不少人常常将它们混为一谈。从理论上来说,所有的管理者都应当是领导者,因为领导是四大管理职能之一。但实际上,并不是所有的管理者都是领导者。从管理的角度去考察领导者,则会发现很多群体中常常会出现非正式任命的领导者,但他们却非管理者。

南加州大学商学教授沃纳·贝尼斯(Warren Bennis)认为,领导者和管理者最主要的差别在于领导者考虑做正确的事,管理者考虑正确地把事做好。[①] 换言之,领导者聚焦于愿景、任务、目标和宗旨,而管理者则关注生产率和效率。管理者视其自身为现状的保护人,而领导者则视其自身为变革的促进者和现状的挑战者,领导者往往鼓励创新和冒险。

领导者应该成为乔布斯式的精神领袖

乔布斯通过产品改变了世界,将濒临倒闭的公司变成最成功的企业,被认为是世界上最伟大的CEO。苹果公司的新产品发布会这一商业行为,竟然成为全美新闻追逐的热点,乔布斯一出场,数千人自发起立鼓掌数分钟,没有人可以否认他是个明星和英雄。乔布斯为了工作从不取悦他人,但其员工无不以在他身边工作的经历为荣。

优秀的领导者一定是企业活动的发起者和推动者,同时他通过自己的率先垂范,而使其成为企业使命和企业形象的代言人。只有这样,企业在员工和公众心目中不再是一个生硬的符号,而是一个鲜活的个体,员工与企业的关系也不仅仅依赖于生硬的制度,而是丰富的个人情感。

优秀的领导者应该成为企业文化、企业制度和企业战略制定的参与者。很多企业没有属于自身的文化,战略也模糊不清,整个组织依靠习惯和本能摇摆。领导者应该站在全局和战略高度,组织企业文化、战略制定工作。领导者未必精通文化和战略的制定,但他必须全程参与这项工作,使文化和战略符合企业发展和现状,并深深地将其融入自身的思想意识。作为制造企业,产品就是企业的生命。乔布斯在产品开发过程中,始终与工程师们并肩作战,将美学和客户体验精神提高到无以复加的地位,这是苹果产品能够征服世界的原因所在。

优秀的领导者应该成为企业文化、企业制度和企业目标的推动者。乔布斯不仅是个伟大的发明家,而且是个天才的营销大师。每当有新产品上市,他都会向媒体和同行亲自演示产品,并将产品的卖点阐述得淋漓尽致。企业领导是企业中最有影响力的人,无论是任务或者是制度,如果领导者亲自推动并持续跟进,会使整个组织迅速行动,产生良性效果。如果领导者只是局限于发发文件,或者喊喊口号,那么工作势必流于形式,半途而废。

资料来源:樽粮:《博锐管理》,2012年5月24日。

管理者与领导者的另外的不同在于:管理者有相对短期的视角,而领导者需要有长期的展望;管理者关注做事的方法,而领导者关注事情最后的结果;管理者关注控制和限制别人的选择范围,而领导者更关注扩大别人的选择范围和自由;管理者解决问题以便别人能够从事自身的工作,领导者则鼓舞和激励别人选择自身的解决方案。

鉴于管理者在组织中的地位,管理者拥有奖励和惩罚的正式权力,从而可以保证员工的行动在组织规章制度的要求范围之内。领导者可以在不运用奖励或惩罚手段的前提下对他人的行为产生影响。[②] 领导者可以帮助员工确定应该实现的目标以及实现目标的路径或方法,能够帮助他们更好地理解自身在实现公司目标方面发挥的具体作用。

尽管领导者不同于管理者,但是组织都需要他们。管理者对于完成日常工作是重要的,领导者则对激励员工和设置组织长期目标是重要的。任何一个组织的关键在于确定恰当领导和

① 查克·威廉姆斯:《管理学》(第二版),机械工业出版社2011年版,第233页。
② 加里·德斯勒:《现代管理学》,清华大学出版社2010年版,第419页。

恰当管理的范畴。而一个拥有领导力的管理者可以使其工作更加高效,这也是管理学中强调领导职能的一个重要原因。

二、领导的含义和作用

(一)领导的含义

管理学学者们对领导有不同的定义。美国前任总统哈里·杜鲁门(Harry Truman)曾经说过,领导就是让人们做他们不愿意做的事情,并使他们愿意做的能力。海因茨·韦里克(Heinz Weihrich)在其《管理学》一书中将领导定义为影响力,即影响人们心甘情愿和满怀热情地为实现群体的目标而努力的艺术或过程。[1] 加里·德斯勒则认为领导是指定发展方向,鼓励并影响其他人,使他们乐于工作,为了实现公司目标而努力工作。[2]

综合以上几种说法,本书将领导(leadership)定义为:影响组织或群体成员,使其为确立和实现组织或群体目标而做出努力和贡献的过程。[3] 从以上定义中可以看出,领导也是一个系统,这个系统主要由以下几个要素组成:

(1)领导行为的主体,即领导者,可以是一个人或者一个集团,是实施领导的人或集体。领导主体在领导行为中往往起着关键的作用。

(2)领导对象,即领导者的部下、追随者或者受到领导行为的影响者,也是人或由人组成的群体。

(3)领导目的以及实现目的的手段,目的就是领导目标的预期,其手段主要是指挥、激励、沟通和领导艺术。

(4)领导力量,是指领导者拥有影响下属或追随者的能力,主要包括正式权力和非正式权力。

(二)领导的作用

在带领和指导组织成员为实现共同目标而努力的过程中,领导者要发挥其指挥、协调和激励的作用。

1. 指挥作用

要使组织有效运行起来,往往离不开指挥的作用。领导者就如同一名乐队指挥,他的任务就是要通过乐师们共同一致地努力演奏,奏出和谐之音和正确的节拍,一支管弦乐队的好坏往往取决于其指挥的作用。在组织活动中,需要领导者对环境进行分析,认清形势,指明活动的目标和达到目标的途径。因此,领导者有责任指导组织各项活动的开展,其中包括明确大方向并指导下属制定具体的目标、计划及明确职能、规章、政策,开展调查研究,了解组织和环境正在发生和可能将要发生的变化,并引导组织成员认识和适应这种文化。

2. 协调作用

协调是管理活动中不可缺少的部分,其目的在于让组织成员团结一致,使组织的活动和努力得到统一与和谐。在组织活动中,虽然有了明确的目标,但是由于每位成员的能力、态度、性格、价值观等不同(在国际化组织中更明显),加上各种外部因素的干扰,成员间在思想上发生各种分歧、行动上出现偏离目标的情况也是不可避免的,因此,需要领导者来协调人们之间的

① 海因茨·韦里克:《管理学》(第13版),经济科学出版社2011年版,第369页。
② 加里·德斯勒:《现代管理学》,清华大学出版社2010年版,第419页。
③ 罗哲:《管理学》,电子工业出版社2011年版,第321页。

关系,一般可以通过组织内部有效的信息沟通来实现。

3. 激励作用

组织成员众多,他们不仅对组织目标感兴趣,而且有着各自的目标和需要,这就要求领导者做好激励工作,充分调动组织成员的积极性和创造性,激发被领导者的工作热情,从而自觉而有效率地工作,使人力资源的潜力得到最大限度的发挥。领导者只有了解被领导者的合理需要,并通过一系列激励手段尽可能满足他们的需要,激发其动机,才能使他们把个人目标与组织目标紧密联结在一起,从而保持高昂的士气。因此,领导工作的作用也表现为调动员工的积极性,使其自觉为组织做贡献。

联想集团的三件事与激励机制

联想集团前董事局主席柳传志出席"2002 年美国管理学年会"时,谈到联想集团的管理情况,指出联想集团学会了做"三件事"。

第一件事是学会了制定战略。通过向西方企业学习,学会了一套制定战略的方法,而且知道怎样把它们分解为一个个的具体步骤并推进下去。

第二件事就是学会带队伍。在中国有句古话叫做"知易行难",能制定战略为什么做不到呢? 主要的原因是"带队伍"没做好。怎样让你的兵爱打仗;怎样让你的兵会打仗;怎样让你的兵组织有序,也就是有最好的队型,作战最有效率——是带好队伍的三个要点。

第三件事是建班子。建班子的核心理念就是要让联想的最高层领导人建立起事业心。这就是把联想的事业真正当作他自己的事业。通过规则和文化,使高层领导人能团结、有效地工作。

做好这三件事的基础在于有效地建立激励机制。联想集团对员工,尤其是对骨干员工有很好的激励方式。联想集团花了 8 年时间实现了股份制改造,成立了员工持股会,使得创业者和骨干员工有了 35% 的股份。虽然这在美国是件再普通不过的事情了,然而在中国却是件非常了不起的事。这对联想集团创业者和公司的骨干员工有极大的激励作用。在中国,没经过改造的国企是很难办好的,股份制改造对创业者、骨干员工是最重要的物质激励。联想集团的精神激励是多方面的。联想集团为有能力的骨干员工提供舞台,给他们充分表现的机会,保证他们在工作时责、权、利的一致。他们明白自己所管辖的这部分工作与全局的工作是什么关系,他们的责任是什么,他们有什么权利。联想的很多方法都是在第一线工作的人提出的建议,立刻被采纳。而一些跨国公司在中国办的企业,它们的一些规定、条文都是在总部制定好的,在中国的分公司要照章执行,当本地工作人员发现不合乎实际情况时要一层层地上报,直到国外的总部批准。这不但使效率降低了很多,而且员工的积极性受到了很大的打击。联想集团要求各层的骨干员工能成为发动机,而不是齿轮。CEO 是一个大发动机,各部门的经理是同步的小发动机,他们不是被动地运转,而是充分地发挥聪明才智。

第二节　传统领导理论

古往今来,中国的皇帝、埃及的法老和印第安的酋长一定都发出过这样的感叹:"为什么有些人能成为更有能力的领导人,而有些人就不能呢?"事实上,当人们开始以群体方式组合起来共同实现目标时,领导就成为被关注的一个研究领域。但直到 20 世纪初,研究者们才开始对领导进行实证研究。

所谓的领导理论,就是关于领导的有效的理论。西方管理学家和管理心理学家在对传统领导问题的长期研究中,通过归纳概括形成了科学领导理论。按照理论的时间和逻辑顺序,传统的领导理论可以分为三大类:领导特质理论、领导行为理论和领导权变理论(情境理论)。三种领导理论的比较见表 16—1。

表 16—1 三种领导理论的比较

领导理论	基本观点	研究目的	研究结果
领导特质理论	领导的有效性取决于领导者个人特征	好的领导者应当具备怎样的素质	各种优秀领导者的描述
领导行为理论	领导的有效性取决于领导行为和风格	怎样的领导行为和风格是最好的	各种最佳的领导行为和风格描述
领导权变理论	领导的有效性取决于领导者、被领导者和环境的影响	在不同的情况下,哪一种领导方式是最好的	各种领导行为权变模式描述

资料来源:罗哲:《管理学》,电子工业出版社 2011 年版,第 323 页。

一、领导特质理论

百事可乐的 CEO 因德拉·努伊说话很直,有很强的幽默感并常在走廊上唱歌,是个性格外向的人。相反,彭尼公司的 CEO 迈克·乌尔曼说话温和,平易近人,是性格内向的人。谁作为 CEO 更可能成功?根据对 1 542 位资深管理者的调查,答案是外向的人。这些资深管理者中,45% 的人感觉外向的人能将 CEO 做得更好,65% 的人认为个性内向会破坏成为成功 CEO 的机会。因此高层管理者相信外向的 CEO 是更好的领导者。是这样的吗?不全是。事实上,相当高比例的 CEO(约 40%)性格内向。莎莉集团的 CEO 布林达·巴尔尼斯说:"我经常害羞,人们不会认为我是性格内向者,但我是。"实际上巴尔尼斯拒绝了所有的演讲要求,很少参加会晤。

资料来源:查克·威廉姆斯:《管理学》,2011 年,第 234 页。

如果你问一问走在大街上的普通人,在他们心目中领导是什么样的,你可能会得到一系列的品质特征,如智慧、领袖魅力、决策力、热情、实力、勇气、正直和自信等。这些回答反映出领导的特质理论(trait theories)的本质。领导特质理论是描述谁是领导者的一种方式。特质理论认为有效的领导者拥有相似的特征或性格。特质是相对稳定的特性,如能力、心理动机和稳定的行为模式。①

20 世纪 20～30 年代,有关领导的研究主要关注于领导者的特质,也就是那些能够把领导者与非领导者区分开来的个性特点。这一理论首先是心理学家开始研究的,他们的出发点是根据领导效果的好坏,找出好的领导者与差的领导者在个人品质或特性方面有哪些差异,由此就可确定优秀的领导者应具备哪些特征。研究者认为,只要找出成功领导者应具备的特点,再考察某个组织中的领导者是否具备这些特点,就能断定他是不是一个优秀的领导者。这种归

---

① 查克·威廉姆斯:《管理学》(第二版),机械工业出版社 2011 年版,第 234 页。

纳分析法成了研究领导特质理论的基本方法。

根据品质和特性的来源的不同解释,可分为传统领导品质理论和现代领导品质理论。传统领导品质理论也被理解为"伟人理论",因为早期的观点认为领导者是天生的,而不是后天培养的。换言之,你或者具有成为领导者的优秀素质,或者没有;如果你没有,你也无法获取。

拉尔夫·斯托格蒂尔(Ralph Stogdill)考察了 124 项研究,查阅了 5 000 多种有关领导素质的书籍和文章后,将领导者应具备的素质归为六大类:

身体特征,包括身高、体重、外貌等。

智力特征,包括判断力、知识、口才等。

社会背景特征,包括社会经济地位、学历等。

个性特征,包括自信、机灵、正直、情绪均衡稳定、独立性、进取性、民主作风等。

与工作有关的特征,如高成就需要、愿承担责任、工作主动、创新能力等。

社交方面的特征,如合作精神、正直、诚实、善交际等。

斯蒂芬·P.罗宾斯(Stephen P. Robbins)发现领导者有六项特质不同于非领导者,即进取心、领导愿望、正直与诚实、自信、智慧和与工作相关的知识。

区分领导者与非领导者的六项特质

1. 进取心。领导者表现出高努力水平,拥有较高的成就,渴望他们进取心强,精力充沛,对自己所从事的活动坚持不懈,并有高度的主动精神。

2. 领导愿望。领导者有强烈的愿望去影响和领导别人,他们表现为乐于承担责任。

3. 诚实与正直。领导者通过真诚与无欺以及言行高度一致而在他们与下属之间建立相互信赖的关系。

4. 自信。下属觉得领导者从没缺乏过自信。领导者为了使下属相信他的目标和决策的正确性,必须表现出高度的自信。

5. 智慧。领导者需要具备足够的智慧来收集、整理和解释大量信息,并能够确立目标、解决问题和作出正确的决策。

6. 与工作相关的知识。有效的领导者对于公司、行业和技术事项拥有较高的知识水平。广博的知识能够使他们作出富有远见的决策,并能理解这种决策的意义。

资料来源:罗宾斯:《管理学》,2004 年,第 325 页。

现代领导品质则认为,领导者的品质和特性是在实践中形成的,是可以通过教育训练培养的。不同的国情特点、不同的社会条件,对一个合格的领导者的个性特征要求是不一样的。各国的心理学家根据本国的具体情况,研究了领导者应该具备的个人特性。例如,日本企业界认为,一个领导者要有十项品德、十项能力。十项品德是:使命感、责任感、信赖感、忍耐感、积极性、进取心、忠诚老实、公平、热情、勇敢。十项能力是:思维决策能力、规划能力、判断能力、创造能力、洞察能力、劝说能力、理解人的能力、解决问题的能力、培养下级的能力、激发积极性的能力。

由于领导特质理论对领导及其有效性的解释是不完整的,而受到了许多学者的质疑和批评。尽管研究者付出了相当多的努力,但结果表明,不可能有一套特质把领导者与非领导者区分开来。研究中找出的特质对一些人有效,对另一些人可能就无效;在某一情境下有效,在另一种情境下就无效。因此,从 20 世纪 40 年代开始,领导特质理论研究就不再处于主导地位了,人们把研究的重点逐渐转移到了领导者的工作外在行为上来,试图通过领导者行为的研究找出领导者行为与领导效果之间的关系,由此产生了领导行为理论。

二、领导行为理论

由于特质理论的局限性,研究者希望行为理论(behavior theory)观点能提供更为明确的有关领导实质的答案。一旦这项理论成功的话,它所带来的实际意义将与特质论完全不同。如果特质论成功,则会提供一个为组织中的正式领导岗位选拔"正确"人员的基础;如果行为研究找到了有关领导方面的关键决定因素,便可以通过训练而使人们成为领导者。这种研究确定了几种不同的领导行为和领导风格。

(一)俄亥俄州立大学的研究——两横面理论

在 20 世纪 50 年代,拉尔夫·斯托格蒂尔(Ralph Stogdill)在和他所在的俄亥俄州立大学的同事一起进行的研究中,收集了大量的下属对领导行为的描述,开始时列出了 1 000 多个因素,最后归纳出两种行为横面,分别为"定规结构"和"关怀结构"。

(1)定规结构(initiating structure)强调了组织任务的完成,指的是为了达到组织目标,领导者界定和构造自己与下属的角色的倾向程度。它包括试图设立工作、工作关系和目标的行为。具有高定规特点的领导者会向小组成员分配具体工作,要求员工保持一定的绩效标准,并强调工作的最后期限。

(2)关怀结构(consideration)强调个人和人际关系,指的是一个人具有信任和尊重下属的看法与情感的这种工作关系的程度。高关怀的领导者帮助下属解决个人问题,他友善而平易近人,公平对待每一个下属,并对下属的生活、健康、地位和满意度等问题十分关心。

俄亥俄州立大学团队发明了领导者行为描述问卷,并以此衡量这两种行为横面。他们主要的研究发现之一是,卓有成效的领导者既能明确提出需要员工完成的任务,又能考虑到组织中人的因素。尽管在细心周到的领导者领导下,员工更容易产生一种工作满足感,但是他们的任务绩效并不理想。此外,尽管善于定规结构的领导者一般拥有高绩效团队,但是,情况并非总是如此。实际上,以人物为中心的领导者的下级员工可能士气低落,除非他同时也是细心周到的领导者。

(二)密歇根大学的研究

与俄亥俄州立大学的研究同期,密歇根大学调查研究中心也进行着相似性质的研究,即确定领导者的行为特点,以及它们与工作绩效的关系。

密歇根大学的研究小组也将领导行为划分为两个维度,即员工导向和生产导向。员工导向的领导者被描述为重视人际关系,他们总会考虑到下属的需要,并承认人与人之间的不同。相反,生产导向的领导者倾向于强调工作的技术或任务事项,主要关心的是群体任务的完成情况,并把群体成员视为达到目标的工具。

密歇根大学研究者的结论对员工导向的领导者十分有利,他们与高群体生产率和高工作满意度成正相关,而生产导向的领导者则与低群体生产率和低工作满意度联系在一起。

杰出的管理者

1968 年,詹姆斯·凯瑟(James G. Kaiser)从 UCLA 大学毕业不久,就进入科宁公司做销售代表。今天,凯瑟已经成为科宁公司的高级副总裁,并且是技术产品部和拉丁美洲、亚太地区出口部的总经理。他直接负责价值 20 亿美元的企业资产,从事着改进、生产和销售 4 万件产品与技术(从高质量的太阳墨镜到太空宇航船船窗)的工作。

助手们将凯瑟形容为"一只凶猛的猎狗",但又是个"公正无私和细致入微的管理者"。有人说:"他是个坚韧、大胆的冒险家,同时又十分关怀他的手下。"凯瑟十分信任地把决策权授予下属:"我是个十分员工取向的管理者,我相信一个人不可能足以聪明地知道所有问题的答案(尤其是处在我的位置上),因此我们实行参与和授权做法,实际上是我的员工们在经营这个企业。"

凯瑟在科宁公司取得的成就令人瞩目。例如,他在科宁公司的文化多元化革新和全面质量管理项目中扮演着指导性的角色。他的部门在公司中率先将他的企业战略与公司的质量策略结合起来。凯瑟不仅是企业中的领导,同时还是社团领袖。近两年来他一直担任经营管理领导委员会的主席,这是一家位于华盛顿特区的政府机构,其拥有 60 名黑人高级经理来帮助上百名黑人经营管理人员进行沟通与获得信息,从而提高他们的工作水平。他说:"作为一名美国黑人,我有责任在社会中使黑人走到一起,并指导他们和他们的工作。"

资料来源:罗宾斯:《管理学》,2004 年,第 340 页。

(三)管理方格论

罗伯特·布莱克(Robert Blake)和简·莫顿(Jane Mouton)两人发展了领导风格的二维观点,在"关心人"和"关心生产"的基础上提出了管理方格论(managerial grid),这种理论是描述领导行为和领导风格的经典方法,充分概括了俄亥俄州立大学的关怀与定规维度以及密歇根大学的员工取向和生产取向维度。

管理方格图是一张纵轴和横轴各 9 等分的方格图,纵轴表示企业领导者对人的关心程度(包含了员工对自尊的维护、基于信任而非基于服从来授予职责、提供良好的工作条件和保持良好的人际关系等),横轴表示企业领导者对业绩的关心程度(包括政策决议的质量,程序与过程,研究工作的创造性,职能人员的服务质量、工作效率和产量),其中,第 1 格表示关心程度最小,第 9 格表示关心程度最大(见图 16—1)。值得注意的是,管理方格理论主要强调的并不是产生结果,而是领导者为了达到这些结果应考虑的主要因素。①

在管理方格的 81 种类型之中,布莱克和莫顿主要阐述了五种最具代表性的类型,分别是:

1.1 贫乏型:领导者付出最小的努力完成工作。

9.1 任务型:领导者只重视任务效果而不重视下属的发展和下属的士气。

1.9 乡村俱乐部型:领导者只注重支持和关怀下属而不关心任务效率。

5.5 中庸之道型:领导者维持足够的任务效率和令人满意的士气。

9.9 团队型:领导者通过协调和综合工作相关活动而提高任务效率与工作士气。

从这些发现中,布莱克和莫顿得出结论:9.9 风格的管理者工作最佳。但遗憾的是,管理方格论并未对如何培养管理者提供答案,只是为领导风格的概念化提供了框架。并且,也没有实质性的证据支持在所有情境下,9.9 风格都是最有效的方式。

① 斯蒂芬·P.罗宾斯:《管理学》(第七版),中国人民大学出版社 2004 年版,第 342 页。

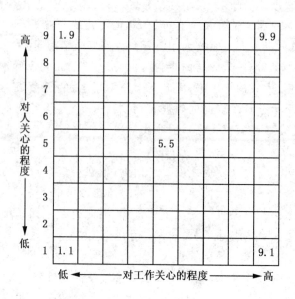

资料来源:斯蒂芬·P. 罗宾斯:《管理学》(第七版),中国人民大学出版社 2004 年版,第 342 页。

图 16－1　管理方格

(四)艾奥瓦大学的领导风格理论

美国社会心理学家库尔特·卢因(Kurt Lewin)和他艾奥瓦大学的同事提出了三种领导风格理论,分别为独裁型领导(autocratic)、民主型领导(democratic)和放任型领导(laissez-faire)。

(1)独裁型领导:领导者独自掌握权力,独自制定决策,强制要求下级员工遵守他下达的命令指标。该领导方式的特点:专断独裁,把权力集中在自己手上,支配着群体的决策过程,领导发号施令要求下属服从,忽视下属的意见,凭借奖惩权力来领导。

(2)民主型领导:领导者的决策经群体成员共同讨论后决定,且领导者鼓励团体成员积极参与目标制定。该领导方式的特点:领导者倾向于分权管理,所有政策由组织成员集体讨论,注重对团体成员的工作加以鼓励和协助,关心并满足团体成员的需要,营造一种民主与平等的氛围。

(3)放任型领导:极端的不干预政策。该领导方式的特点:无政府主义的领导方式,对工作和团体成员的需要都不重视,无规章、无要求、无评估,工作效率低,人际关系淡薄。

卢因认为,在实际管理情境中,大量的领导者所采取的领导风格是一种混合型风格。为了分析不同领导风格对群体成员所产生的影响,他在 1939 年采用儿童模拟方法,进行了有关领导风格对群体影响的实验研究,并试图通过实验确定哪种领导风格是最有效的领导风格。

通过实验研究,提出不同的领导风格对群体行为产生的影响。通过比较三种不同领导风格发现,放任型领导风格下的工作效能最低;专制型领导风格下,虽然通过严格管理使群体达到了工作目标,但群体成员的消极态度和情绪显著增强;民主型领导风格的工作效率最高,所领导的群体不但达到了工作目标,而且取得了社会目标,即被试验者表现得更为成熟、主动,并显示出创造性。

此后,许多心理学家进行了相似的领导者决策风格研究。这类研究的总体结果是,多数群体愿意有民主型领导风格。在专制型领导风格下,群体成员或者极度服从,或者非常具有攻击性,并且很可能离职;当受到密切监管时,他们的工作效能最高,领导人不在场时,这些群体甚至会停止工作。

有关领导风格理论的研究中,虽然许多心理学家验证了民主型风格作为最佳领导风格的重要性,领导风格与下属行为之间的关系并不十分紧密。研究者开始注意其他领导行为分类和情境条件。从管理心理学理论角度看,领导是一个动态的过程,领导工作效能取决于领导者、被领导者和管理情境之间的相互作用;而领导风格理论的研究在很大程度上忽视了下属特征和管理情境特性。

第三节　领导权变理论

领导权变理论是继领导者行为研究之后发展起来的领导学理论。这一理论的出现,标志着现代西方领导学研究进入了一个新的发展阶段。

人们越来越清楚地认识到,领导是一个极为复杂的社会现象。一种领导现象的出现,不仅是领导者本人的行为结果,而且还有赖于周围的领导环境。早期的领导研究不同程度地忽略了与领导现象相关的领导环境的重要作用,也忽略了被领导者在领导过程中的作用。而领导权变理论研究把领导者个人特质、行为者行为及领导环境相互联系起来,从而创造了一套比较完善的领导理论体系。

本书主要介绍四种权变理论:菲德勒模型;赫塞和布兰查德的情境理论;路径—目标理论和领导参与模型。

一、菲德勒模型

弗莱德·菲德勒(Fred Fiedler)提出了有关领导的第一个综合的权变模型。菲德勒权变模型(Fiedler contingency model)指出,有效的群体绩效取决于与下属相互作用的领导者的风格和情境对领导者的控制和影响程度之间的合理匹配。①

菲德勒花费了很多时间,对 1 200 个团体进行了调查分析,最后概括出两种领导方式或领导风格。一种是"以任务为动因"的指令型领导方式,领导的注意力主要集中在完成任务方面;另一种是"以人为动因"的宽容型的领导方式,领导的主要注意力集中在得到别人的支持和尊重方面。他开发了最不喜欢同事调查问卷(least-preferred co-worker questionnaire,LPC),让每个群体的领导对他"最不能合作共事"的同事按照双极式的差别标准进行评分,用以测量个体是任务取向型还是关系取向型。

一般来说,以任务为动因的领导对其难以相处的下属进行描述时,往往使用非常消极、否定的字眼。因为在他看来,工作做不好的人,其个性是令人讨厌的。而以关系为动因的领导,仍能把一个工作不好的人看作是令人愉快的、友好的或有帮助的人。一般来说,凡是关心人际关系的、宽容的、民主式的领导,其在 LPC 表上的分值就高;凡是专制型的、以工作任务为中心的领导,其在 LPC 表上的得分就低。

菲德勒相信影响领导成功的关键因素之一是个体的基本领导风格,因此他首先试图发现这种基本风格是什么。为此目的,他设计了 LPC 问卷,如图 16—2 所示。问卷由 16 组对应形容词构成。菲德勒让作答者回想一下自己共过事的所有同事,并找出一个最难共事者,在 16

---

① 斯蒂芬·P. 罗宾斯:《管理学》(第七版),中国人民大学出版社 2004 年版,第 343 页。

组形容词中按 1~8 等级对他进行评估（8 代表积极一端，1 指向消极一端）。菲德勒相信，在 LPC 问卷的回答基础上，可以判断出人们最基本的领导风格。

```
快  乐——87654321——不快乐
友  善——87654321——不友善
拒  绝——12345678——接  纳
有  益——87654321——无  益
不热情——12345678——热  情
紧  张——12345678——轻  松
疏  远——12345678——亲  密
冷  漠——12345678——热  心
合  作——87654321——不合作
助  人——87654321——敌  意
无  聊——12345678——有  趣
好  争——12345678——融  洽
自  信——87654321——犹  豫
高  效——87654321——低  效
郁  闷——12345678——开  朗
开  放——87654321——防  备
```

资料来源：斯蒂芬·P. 罗宾斯：《管理学》（第七版），中国人民大学出版社 2004 年版，第 343 页。

图 16—2　菲德勒的的 LPC 问卷

如果以相对积极的词汇描述最难共事者（LPC 得分高于 78 分），则作答者很乐于与同事形成友好的人际关系。也就是说，如果你把最难共事的同事描述得比较有利，菲德勒称你为关系取向型；相反，如果你对最难共事的同事看法不很有利（LPC 得分低于 29 分），你可能主要感兴趣的是生产，因而被称为任务取向型。菲德勒运用 LPC 工具可以将绝大多数作答者划分为两种领导风格。当然，他也发现有一小部分人处于两者之间，菲德勒承认很难勾勒出这类人的个性特点。

值得注意的一点是，菲德勒认为一个人的领导风格是固定不变的，我们一会儿就会看到，这意味着如果情境要求任务取向的领导者，而在此领导岗位上的却是关系取向型领导者时，要想到达最佳效果，则要么改变情境，要么替换领导者。菲德勒认为，领导风格是与生俱来的——你不可能改变你的风格去适应变化的情境。

用 LPC 问卷对个体的基本领导风格进行评估之后，还需要再对情境进行评估，并将领导者与情境进行匹配。菲德勒列出了三项权变因素用以确定决定领导有效性的情境，它们是领导者—成员关系、任务结构和职位权力，其定义如下：

（1）领导者—成员关系（leader-member relations）：领导者对下属信任、信赖和尊重的程度。即下属对一位领导者的信任、爱戴和拥护程度，以及领导者对下属的关心和爱护程度。这一点对履行领导职能是很重要的，因为职位权力和任务结构可以由组织控制，而领导者与成员关系是组织无法控制的。

（2）任务结构（task structure）：工作任务的程序化程度（即结构化或非结构化）。即工作任务明确程度和有关人员对工作任务的职责明确程度。当工作任务本身十分明确,组织成员对工作任务的职责明确时,领导者更易于控制工作过程,整个组织完成工作任务的方向也更加明确。

(3)职位权力(position power):领导者拥有的权力变量(即雇用、解雇、训戒、晋升和加薪)的影响程度。即与领导者职位相关联的正式职权和从上级和整个组织各个方面所得到的支持程度,这一职位权力由领导者对下属所拥有的实有权力所决定。领导者拥有这种明确的职位权力时,则组织成员将会更顺从他的领导,并且有利于提高工作效率。

菲德勒模型的下一步是根据这三项权变变量来评估情境。领导者—成员关系或好或差,任务结构或高或低,职位权力或强或弱,三项权变变量总和起来,便得到八种不同的情境或类型,而每个领导者都可以从中找到自己的位置。

菲德勒模型指出,当个体的LPC分数与三项权变因素的评估分数相匹配时,则会达到最佳的领导效果。他研究了1 200个工作群体,对八种情境类型的每一种,均对比了关系取向和任务取向两种领导风格,他得出结论:任务取向的领导者在非常有利的情境和非常不利的情境下工作得更好(见图16—3)。

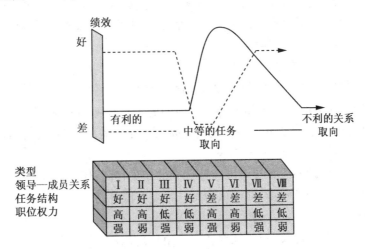

资料来源:斯蒂芬·P.罗宾斯:《管理学》(第七版),中国人民大学出版社2004年版,第345页。

图16—3 菲德勒模型的发现

按照菲德勒的观点,个体的领导风格往往是稳定不变的,因此提高领导者的有效性实际上只有两条途径:

第一,替换领导者以适应情境。例如,如果群体所处的情境被评估为十分不利,而且又是一个关系取向的管理者进行领导,那么替换一个任务取向的管理者则有利于提高群体绩效。

第二,改变情境以适应领导者。这可以通过重新建构任务或提高或降低领导者可控制的权力(如加薪、晋职和训导活动)来实现。

总之,有大量的研究对菲德勒模型的总体效率进行了考查,并得到了十分积极的结果,也就是说,有相当多的证据支持这一模型。但也有不少研究人员批判该模型,因为它没有解释为什么有些人在不同的环境中领导效能会更高。此外,在LPC量表的实际评估标准也并不是完全确定的。例如,一些人可能与他们最不受欢迎同事有摩擦,而这些情况会影响他们的评估。另外,这些权变变量对于实践者来说也过于复杂和困难,在实践中很难确定领导者—成员关系有多好,任务的结构化有多高,以及领导者拥有的职权有多大。

二、赫塞—布兰查德的情境理论

保罗·赫塞(Paul Hersey)和肯尼思·布兰查德(Kenneth Blanchard)开发的情境领导理论(situational leadership theory)也受到极大的推崇,这是一个重视下属的权变理论。赫塞和布兰查德认为,成功的领导是通过选择恰当的领导方式而实现的,选择的过程依据下属的成熟度水平而定。[①]

> 多年来,微软一直是一个极具吸引力的工作场所,对那些才华横溢的人才来说尤其如此,因为任何层次的人才都希望得到适合自己的工作氛围,寻找到适合自己的发展方向。例如,微软的员工只有工作满 5 年以上才有资格享受"情境领导"培训。"情境领导"课程是微软高级经理人升迁的四大必选课程之一,言外之意,没有体验过"情境领导"的人,是无法进入微软高层的。微软运用"情境领导"进行员工管理,坚持"员工好,公司就好"的理念,与员工保持了良性循环的关系。

在领导效果方面对下属的重视反映了这样一个事实:是下属们接纳或拒绝领导者,无论领导者做什么,其效果都取决于下属的活动。然而,这一重要维度却被众多的领导理论所忽视或低估。

赫塞和布兰查德将成熟度(maturity)定义为:个体能够并愿意完成某项具体任务的程度。[②]它包括两项要素:工作成熟度与心理成熟度。前者包括一个人的知识和技能。工作成熟度高的个体拥有足够的知识、能力和经验完成他们的工作任务而不需要他人的指导。后者指的是一个人做某事的意愿和动机。心理成熟度高的个体不需要太多的外部鼓励,他们靠内部动机激励。

情境领导模式使用的两个领导维度与菲德勒的划分相同:任务行为和关系行为。但是,赫塞和布兰查德更向前迈进了一步,他们认为每一维度有低有高,从而组合成以下四种具体的领导风格(见图16—4):

S1. 告知式(高任务—低关系)。领导者定义角色,告诉下属应该干什么、怎么干以及何时何地去干。

S2. 推销式(高任务—高关系)。领导者同时提供指导性的行为与支持性的行为。

S3. 参与式(低任务—高关系)。领导与下属共同决策,领导者的主要角色是提供便利条件与沟通。

S4. 授权式(低任务—低关系)。领导者提供极少的指导或支持。

赫塞—布兰查德理论的最后部分定义了下属成熟度的四个阶段是:

第一阶段为R1,这些人对于执行某任务既无能力又不情愿。他们既不胜任工作又不能被信任。

第二阶段为R2,这些人缺乏能力,但却愿意从事必要的工作任务。他们有积极性,但目前尚缺乏足够的技能。

第三阶段为R3,这些人有能力却不愿意干领导者希望他们做的工作。

第四阶段为R4,这些人既有能力又愿意干让他们做的工作。

---

①② 斯蒂芬·P.罗宾斯:《管理学》(第九版),中国人民大学出版社2010年版,第478页。

图 16-4 概括了情境领导模型的各项要素。当下属的成熟度水平不断提高时,领导者不但可以不断减少对活动的控制,还可以不断减少关系行为。在第一阶段中,下属需要得到明确而具体的指导。在第二阶段中,领导者需要采取高任务—高关系行为。高任务行为能够弥补下属能力的欠缺;高关系行为则试图使下属在心理上"领会"领导者的意图。在第三阶段中出现的激励问题可运用支持性、非指导性的参与风格而得到最佳解决。在第四阶段中,领导者不需要做太多事,因为下属既愿意又有能力担负责任。

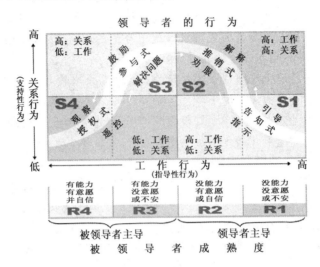

资料来源:斯蒂芬·P.罗宾斯:《管理学》(第九版),中国人民大学出版社 2010 年版,第 479 页。

图 16-4 情境领导模型

情境领导理论是对行为科学的具体运用。从理论角度看,赫塞和布兰查德的研究没有超出其他行为科学家,但在实践运用上,他们有自己独到的贡献。尤其是在对员工的重视程度上,他们超过了其他所有管理学家。布兰查德曾经对此很形象地指出,在他们眼里,领导人和管理者,应当是职业竞技场上的拉拉队长,而不是居高临下的裁判员。这一形容,说明了他们的特色所在。

赫塞曾经强调,情境领导并不是一种理论,而是一种模型。所以,管理学家斯蒂芬·P.罗宾斯(Stephen P. Robbins)曾指出,情境领导模型具有一种直觉上的感染力,它强调下属的重要性,主张领导人可以在一定程度上弥补下属能力和动机方面的缺陷,这是具有逻辑基础的。然而,这个模型有着内在的模糊性和不一致性,所以,尽管该模型在直觉上具有亲和力,而且能够流行于广大实际工作者中,但其效果却不见得可靠。

电脑维修公司

在一家电脑维修服务公司,王工是一位优秀的电脑维修服务工程师,他的电脑维修技术在公司是最好的,同时他服务的客户满意度最高,公司经理对他的工作非常放心,放手让他自己工作。公司经理根据他优秀的表现,提拔他到行政办公室负责管理一个电脑维修工程师团队,基本上也是放手让他自己工作。然而经过一段时间,发现该团队成员之间不是很融洽,并且客户对该团队维修服务满意度远不如王工原来的满意度,并且经常不能按时为客户提供服务。王工也开始抱怨团队成员没有他的技术好,经常自己亲自做维修,同时也开始抱怨公司。

为什么会出问题? 因为公司经理仍然采用原来的领导方式来领导角色发生改变的王工,没有负起有效地开发王工的责任,王工也没有成为一个合格的团队领导者。

在组织技能模型中,组织结构中不同阶层,都需要三种技能,即技术、人际和概念,但领导者没有对王工采用合适和改变的领导风格,仍采用以前的风格,当然会出问题。王工被提升为主管阶层,他需要的主要技能已由技术技能转变为人际技能,所以他的人际技能需要提升,而他责怪团队成员没有他技术好是不合适的,他应该帮助团队成员提高技术,并主要关注客户维修计划和管理的相关事宜。当然公司经理应负担主要责任,王工的角色发生变化后,公司经理也应根据王工在新的岗位的需求来领导和开发他,然而他没有做到,最终导致客户和员工的满意度下降。

如果王工和公司经理有机会参加情境领导培训,也许情况会大有改观,那么如何使用情境领导模式呢? 当领导者处于较低的成熟度水平时,领导者必须承担传统的管理责任,如计划、组织、激励和控制等,此时领导者角色是团队的监督者;然而当领导者开发出被领导者的潜能时,使他们处于较高的成熟度水平后,被领导者可以承担大部分日常传统的管理职责,此时领导者的角色就由监督者转变为组织中的上一阶层的代表人,将团队和公司发展壮大。

通过人员开发,培训员工自己发展,领导者可以将时间更多地用于“高成效”的管理职能,如长期战略规划、与其他团队或组织合作提高生产率和获取所需相关资源等,以提高整个团队的绩效。

王工作为电脑维修工程师,对于维修电脑和客户服务这件工作,他的成熟度应是R4,即有能力并有意愿,公司经理对他采取的领导方式是S4,即较低的工作行为和关系行为,授权并对王工的工作放手,王工的绩效也好,从而得到团队成员和公司经理的认可和赏识。王工被提升后,成为新的团队领导者,对于这项工作他的成熟度有变化,他当团队领导者应是没有经验的,但由于得到提升和奖赏,工作意愿是很强烈的,所以成熟度应是R2,即没有能力但有意愿。然而公司经理仍然采用S4的方法领导他,没有给他作为新的领导者所需要的帮助。因而,王工在管理团队时缺乏领导技能,事必躬亲,花在管理上的时间很少,客户满意度降低,他的团队成员也没有得到发展,团队绩效不好。根据情境领导模式,正确的方法是:公司经理应认识到王工成熟度的改变,相应的领导风格应调整到S2,采用高的工作行为和关系行为,给予作为团队领导者明确的解释和工作指导,加强双向沟通,了解王工在新岗位的发展情况,并对他的任何进步都给予肯定;根据情境领导模式曲线,王工作为团队领导者的能力得到提升后,但还有些不安(作为领导者感觉任务太重),他的成熟度由R2发展到R3,即有能力但不安,此时公司经理的领导风格要根据成熟度继续调整到S3,给予王工鼓励,肯定其工作表现,并参与工作,但由王工做决策;王工继续得到发展,不安情绪得到控制,其成熟度发展到R4,有能力和有意愿并自信,根据情境领导模式,公司经理继续调整领导风格到S4,观察王工的表现是否稳定在R4,如果稳定,公司经理便可采用授权的方式,自己有更多时间处理更有效的事情,如此进行则王工得到有效的开发,团队发展才有了更大的空间。

资料来源:刘平:《情景领导模式——一种有效和实用的员工开发工具》,《河北企业》2004年第1期,第74~75页。

三、路径—目标理论

路径—目标理论已经成为当今最受人们关注的领导观念之一,它是罗伯特·豪斯(Robert House)开发的一种领导权变模型,它从俄亥俄州立大学的领导研究和激励的期望理论中吸收了重要元素。

该理论认为,领导者的工作是帮助下属达到他们的目标,并提供必要的指导和支持以确保各自的目标与群体或组织的总体目标相一致。"路径—目标"的概念来自于这种信念,即有效领导者通过明确指明实现工作目标的途径来帮助下属,并为下属清理各项障碍和危险,从而使下属的这一"旅行"更为容易。

按照路径—目标理论,领导者的行为被下属接受的程度,取决于下属将这种行为视为获得满足的即时源泉,还是作为未来获得满足的手段。领导者行为的激励作用在于:(1)它使下属的需要—满足取决于有效的工作绩效;(2)它提供了有效绩效所必需的辅导、指导、支持和奖励。

为了考查这些陈述,豪斯确定了四种领导行为:

(1)指导型领导(directive leadership):领导者对下属需要完成的任务进行说明,包括对他们有什么希望、如何完成任务、完成任务的时间限制等。指导型领导者能为下属制定出明确的工作标准,并将规章制度向下属讲得清清楚楚,指导不厌其详,规定不厌其细。

(2)支持型领导(supportive leadership):领导者对下属的态度是友好的、可接近的,他们关注下属的福利和需要,平等地对待下属,尊重下属的地位,能够对下属表现出充分的关心和理解,在下属有需要时能够真诚帮助。

(3)参与型领导(participative leadership):领导者邀请下属一起参与决策。参与型领导者能同下属一道进行工作探讨,征求他们的想法和意见,将他们的建议融入团体或组织将要执行的那些决策中去。

(4)成就导向型领导(achievement-oriented leadership):领导者鼓励下属将工作做到尽量高的水平。这种领导者为下属制定的工作标准很高,寻求工作的不断改进。除了对下属期望很高外,成就导向型领导者还非常信任下属有能力制定并完成具有挑战性的目标。在现实中究竟采用哪种领导方式,要根据部下特性、环境变量、领导活动结果的不同因素,以权变观念求得同领导方式的恰当配合。

与菲德勒的领导行为相反,豪斯行为领导者是相当灵活的,同一领导者可以根据不同的情境表现出任何一种领导风格。

如图16-5所示,路径—目标理论指出了两类情境或权变变量作为领导行为—结果关系。

中间变量是下属控制范围之外的环境(任务结构、正式权力系统,以及工作群体)以及下属个性特点中的一部分(控制点、经验和知觉能力)。如果要使下属的产出最大,环境因素决定了作为补充所要求的领导行为类型,而下属的个人特点决定了个体对环境和领导者的行为特点如何解释。这一理论指出,当环境结构与领导者行为相比重复多余或领导者行为与下属特点不一致时,效果均不佳。

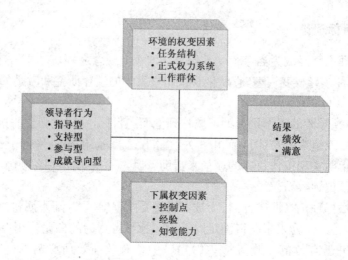

资料来源:斯蒂芬·P.罗宾斯:《管理学》(第九版),中国人民大学出版社 2010 年版,第 485 页。

图 16—5　路径—目标理论

实际上,为了实施有效领导,当员工缺乏自信或士气低落时,领导者必须组织任务结构,明确说明如何展开工作才可以出色完成工作,奖励。也就是说,如果员工不知道做什么,或者认为自己无法胜任,抑或不知道该如何工作才能得到奖励时,他们就无法积极主动地开展工作。表 16—2 说明了应该如何应用这一理论。

表 16—2　　　　　　　　　　　　　路径—目标理论应用

领导行为	适用的最佳环境	对动机的影响
指导型	模糊不清、缺乏条理的任务	降低了角色模糊性;增强下属员工的信念,即不断地努力能够实现出色的工作绩效,而出色的绩效能够带来诱人的奖励
支持型	令人感到压抑、灰心、不满意的常规性工作任务;员工缺乏信心	增强员工的信心,增强员工与努力工作有关的个人价值观
参与型	模糊不清、变化多样、具有挑战性的任务	降低了模糊性;明确说明对员工的期望,使员工坚持不懈地工作,完成组织目标,同时坚定员工完成组织目标的决心
成就导向型	模糊不清、变化多样、具有挑战性的任务	增强下属的自信心和坚定完成目标的个人价值观

资料来源:加里·德斯勒:《现代管理学》,清华大学出版社 2010 年版,第 444 页。

路径—目标理论具有一定的现实意义,但是有关这一理论的研究却得出了相互矛盾的结果。无论需要完成的任务是什么,实行支持型领导风格的领导者能够与员工建立良好的关系,但是实行指导型风格的领导者却没有得到预期的领导效果。情境因素会对参与型和成就导向型领导风格产生影响,但目前的研究还尚不足以对此做出总结。

四、领导者参与模型

1973 年,维克多·弗鲁姆(Victor Vroom)和菲利普·耶顿(Phillip Yetton)提出了领导者参与模型(leader participation model),该模型主要指出了领导行为与决策参与的关系。由于认识到常规活动和非常规活动对任务结构的要求各不相同,研究者认为领导者的行为必须加以调整以适应这些任务结构。弗鲁姆和耶顿的模型是规范化的,它提供了根据不同的情境类型而遵循的一系列的序列规则,以确定参与决策的类型和程度。这一决策对模型包括了七项权变因素(可通过"是"或"否"选项进行判定)和五种可供选择的领导风格。而后新出的修订版模型则增加至十二项权变因素。

该模型认为,对于某种情境而言,五种领导风格中的任何一种都是可行的,它们是:独裁Ⅰ(AⅠ);独裁Ⅱ(AⅡ);磋商Ⅰ(CⅠ);磋商Ⅱ(CⅡ)和群体决策Ⅱ(GⅡ)。具体描述如下:

AⅠ:你使用自己手头现有的资料独立解决问题或作出决策。

AⅡ:你从下属那里获得必要的信息,然后独自做出决策。在从下属那里获得信息时,你可以告诉或不告诉他们你的问题。在决策中,下属扮演的角色显然是向你提供必要信息的人,而不是提出或评估可行性解决方案的人。

CⅠ:你与有关的下属进行个别讨论,获得他们的意见和建议。你所做出的决策可能受到或不受到下属的影响。

CⅡ:你与下属们集体讨论有关问题,收集他们的意见和建议,然后你所做出的决策可能受到或不受到他们的影响。

GⅡ:你与下属们集体讨论问题,你们一起提出和评估可行性方案,并试图获得一致的解决办法。

弗鲁姆等人提出的十二项权变因素如下:

QR 质量要求:这一决策的技术质量有多重要?

CR 承诺要求:下属对这一决策的承诺有多重要?

LI 领导者的信息:你是否拥有充分的信息做出高质量的决策?

ST 问题结构:问题是否结构清晰?

CP 承诺的可能性:如果是你自己做决策,下属是否一定会对该决策做出承诺?

GC 目标一致性:解决问题所达成的目标是否一定会对该决策做出承诺?

CO 下属的冲突:下属之间对于优选的决策是否会发生冲突?

SI 下属的信息:下属是否拥有充分的信息进行高质量的决策?

TC 时间限制:是否有相当紧张的时间约束限制了下属的能力?

CP 下属的分布范围:把分散在各地的下属召集在一起的代价是否太高?

MT 动机——时间:在最短的时间内做出决策对你来说有多重要?

MD 动机——发展:为下属的发展提供最大的机会对你来说有多重要?

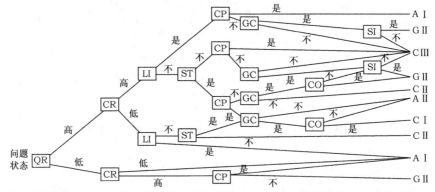

资料来源:斯蒂芬·P.罗宾斯:《管理学》(第九版),中国人民大学出版社2010年版,第489页。

图 16—6 修订的领导者参与型的权变变量

弗鲁姆建议管理者对上述十二项问题采用自问自答的方式,来帮助确定面对某个具体问题时采用的领导风格。例如,对"你是否拥有充分的信息做出高质量的决策",如果答案是否定的,那么自己独立决策的独裁Ⅰ领导方式就不可取。又如,"下属对这一决策的承诺有多重要"。如果回答是肯定的,下属参与程度最低的独裁Ⅰ和独裁Ⅱ领导方式可能不合适。弗鲁姆和其他人的研究表明,与这个模型一致的决策一般是成功的,与这个模型不一致的决策一般是失败的。下属好像更喜欢与这个模型一致的决策。

弗鲁姆和杰戈认为,领导的有效性是决策的有效性减去决策成本,再加上参与决策的人的能力开发而实现的价值函数。做出有效的决策是可能的,但如果这些决策对发展下属的能力没有作用或作用太小,或者决策过程很昂贵,那么这些决策会降低组织整体人力资本水平。因此,领导风格可能是时间驱动的,或者是发展驱动的。

对最初版本的领导者参与模型进行的考察得到的结果十分积极,由于修订的模型新近出现,其效度还有待评估。不过新模型是1973年版本的直接扩充,它与我们目前对该模型价值的认识应是一致的。所以,在此我们有充分理由相信修订后的模型对于帮助管理者在不同情境下选择最恰当的领导风格提供了非常有效的指导。

第四节　领导理论的新发展

一、魅力型领导理论

20世纪初,德国社会学大师马克斯·韦伯(Max Weber)提出"charisma",即"魅力"这一词汇,意指领导者对下属的一种天然的吸引力、感染力和影响力。魅力型领导(charismatic leadership)就是"基于对一个个人的超凡神圣、英雄主义或者模范性品质的热爱以及由他揭示或者颁布的规范性形态或者命令"的权威。在这种权威类型下,具有charisma的领袖的魅力超出了人们的日常生活,他将这种魅力定义为"存在于个体身上的一种品质,超出了普通人的品质标准,因而会被认为是超自然所赐的、超凡的力量,或者至少一种与众不同的力量与品质"。这些品质普通人难以企及,往往被视为超凡神圣和具有模范性质,或者至少他们会将具有这种魅力品质的人视为领袖。由于这种魅力超出了人们的正常生活,所以它难以用理性、美学或者别的观点加以解释。

> 亚马逊的杰夫·贝索斯是一个精力充沛、热情洋溢、动力十足的人。他喜欢开玩笑(人们把他标志性的笑容形容为吸入了笑气的加拿大鹅群),但是他一直都在努力实现亚马逊的愿景。在公司快速发展的过程中,贝索斯也不断地鼓励员工面对困难、战胜困难。贝索斯就是我们所说的领袖魅力型领导(charismatic leader)——一个热情而自信的领导者,他的人格魅力和活动能力影响着人们以某种特定方式活动。
>
> 资料来源:罗宾斯:《管理学》(第九版),2010年。

然而,从20世纪70年代后期开始,一些学者对这一概念作了重新解释和定义,进行了深入的研究,充实了新的内容。

罗伯特·豪斯(Robert House)于1977年指出,魅力型领导者有三种个人特征,即高度自信、支配他人的倾向和对自己的信念坚定不移。

随后,沃伦·本尼斯(Warren Bennis)在研究了90名美国最有成就的领导者之后,发现魅力型领导者有四种共同的能力:有远大目标和理想;明确地对下级讲清这种目标和理想,并使之认同;对理想的贯彻始终和执著追求;知道自己的力量并善于利用这种力量。

魅力型领导理论从20世纪80年代起日益受到研究者的重视。这是因为随着经济全球化的发展,市场竞争日趋激烈,各类组织,尤其是企业组织迫切需要魅力型领导者的改革和创新精神,以应对环境的挑战。

但一些学者的研究也指出,魅力型领导者也可能有消极方面。如果魅力型领导者过分强调自己个人需要高于一切,要求下级绝对服从,或利用其高超的说服能力误导或操纵下级,则可能产生不良结果。

目前,多数研究者还是采用面谈、传记、观察等描述性方法对魅力型领导者进行定性研究。不少研究者正在探索研究魅力型领导者的定量方法。

林肯被公认为魅力型领导

人们经常提到某某领导有人格魅力。什么是魅力型领导呢?"魅力"用来描述领导者所拥有的对下属产生深远影响的人格力量。马丁·路德·金、甘地、肯尼迪以及林肯等都被认为是魅力型领导的典范。德国社会学家马克斯·韦伯最早提出魅力型领导的说法,认为他们被下属接受的原因,在于领导者及其下属都认为领导者拥有某种天赋。心理学家从心理学角度提出,魅力型领导的明显特征,就是对自己的能力、正确性以及自己的观念充满自信。他们善于表达自己的思想,能熟练运用各种表达技巧。

林肯被认为是美国历史上最伟大的总统、具有魅力的领袖之一。研究者认为林肯是值得当今领导者学习的典范。林肯在树立榜样、共启愿景(满心渴望达到的目标)和善于交流这三方面,体现了魅力型领导的精髓。

魅力型领导是组织的灵魂。魅力型领导不是依赖于组织权力产生的,而是基于个人的特质和魅力。领导者想要得到认可,实现更高的目标,他们必须为其他人建立行为规范。林肯在担任总统的4年期间,大部分时间是与军队在一起度过的。对于林肯来说,与下属随便接触与正式会议一样的重要,有时甚至更为重要。在1865年战争接近尾声时,林肯频繁到战场看望战士,而且哪里重要他就会在哪里出现。

1.用真实的愿景鼓舞人心

魅力型领导强调愿景。真实的愿景能够鼓舞人心。愿景要明晰而富有挑战性,有意义,经得起时间的考验,既有稳定性又有灵活性。一个真实的愿景赋予人以力量,它基于对现实的不满,同时又为未来做好准备。

林肯在其整个4年任职期间都在宣讲他心目中的愿景。他的思想既简单又明确,反复强调平等和自由,并不断为他的愿景注入新鲜内容,以使目标的内涵不致减少。内战期间,林肯追溯了过去,然后利用过去和现在连接未来。葛底斯堡演说是林肯所构建愿景的代表,其作用是显著深远的。

2.林肯的交流手段是讲故事

领导动员下属最重要的办法就是交流。林肯的交流手段是讲故事。

林肯讲故事主要是为了达到某一目的,而不是为了娱乐。领导学领域新近的研究成果表明,林肯的方法确实有效,故事是强有力的鼓动手段,可以促使人们忠心耿耿、全心全意,而且热情洋溢。美国管理大师奥斯汀认为,"人们主要是通过故事来思考,而不是通过成堆的资料去推理。故事容易记住,会教育人……如果我们真的重视理想、价值、动力和献身精神,就应当发挥故事和神话的作用。"一个合适的故事往往可以减轻拒绝和批评对人造成的强烈刺激,这样既达到了目的,又避免伤害感情。林肯把讲故事的手法发挥到了极致,即使是在与内阁成员进行最严肃的谈话时,仍然抽出时间讲一段轶事,以表明他究竟是怎样想的。而用来讨论政策和国家方针大计的会议,也往往由总统的一段故事来圆满结束。

树立榜样、共启愿景和善于交流这三个方面,就是一个魅力型领导的基本功。他们也正是凭借这样的本领,使下属心悦诚服,使自己成为整个组织的灵魂人物。

资料来源:《环球时报 生命周刊》,2005年7月26日第9版。

二、交易型领导理论和变革型领导理论

(一)交易型领导理论

1985年,B. M. Bass正式提出了交易型领导理论和变革型领导理论,它比以往理论采取更为实际的观点,是以一个"走在大街上的"普通人的眼光来看待领导行为,具有实际的应用价值,并且在实践中得到了广泛应用。

所谓交易型领导,是指领导者以下属所需要的报酬来换取自己所期望的下属的努力与绩效。领导者与追随者之间的交换关系是不少领导理论(如路径—目标理论、LMX模型)研究的核心。在一些有关领导行为的研究中,领导行为常被理解为一种交易或成本—收益交换的过程。交易型领导行为理论的基本假设就是:领导与下属间的关系是以两者一系列的交换和隐含的契约为基础的。该领导行为以奖赏领导下属,当下属完成特定的任务后,便给予承诺的奖赏,整个过程就像一项交易。

交易型领导行为理论的主要特征为:

(1)领导者通过明确角色和任务要求,指导和激励下属向着既定的目标活动,领导者向员工阐述绩效的标准,意味着领导者希望从员工那里得到什么,如果满足了领导的要求,员工将得到相应的回报;

(2)以组织管理的权威性和合法性为基础,完全依赖组织的奖惩来影响员工的绩效;

(3)强调工作标准、任务的分派以及任务导向目标,倾向于重视任务的完成和员工的遵从。

(二)变革型领导理论

"变革型领导"作为一种重要的领导理论是从政治社会学家伯恩斯(Burns)的经典著作Leadership开始的。伯恩斯将领导者描述为能够激发追随者的积极性从而更好地实现领导者和追随者目标的个体,进而将变革型领导定义为:领导者通过让员工意识到所承担任务的重要意义和责任,激发下属的高层次需要或扩展下属的需要和愿望,使下属为团队、组织和更大的政治利益而超越个人利益。

变革型领导理论具有很大的包容性,它对领导力的作用过程进行了广泛的描述,包含了领导过程中多层次多角度的已有广泛基础的观点,是一门很有理论和实践意义的领导学理论。总的来说,变革型领导理论把领导者和下属的角色相互联系起来,并试图在领导者与下属之间创造出一种能提高双方动力和品德水平的过程。拥有变革型领导力的领导者通过自身的行为表率和对下属需求的关心来优化组织内的成员互动;同时,通过对组织愿景的共同创造和宣扬,在组织内营造起变革的氛围,在富有效率地完成组织目标的过程中推动组织的适应性变革。

Bass 和 Avolio(1994)将变革型领导行为的方式概括为四个方面：理想化影响力(idealized influence)、鼓舞性激励(inspirational motivation)、智力激发(intellectual stimulation)、个性化关怀(individualized consideration)。具备这些因素的领导者通常具有强烈的价值观和理想，他们能成功地激励员工超越个人利益，为了团队的伟大目标而相互合作、共同奋斗。

1. 理想化影响力

理想化影响力是指能使他人产生信任、崇拜和跟随的一些行为。它包括领导者成为下属行为的典范，得到下属的认同、尊重和信任。这些领导者一般具有公认的较高的伦理道德标准和很强的个人魅力，深受下属的爱戴和信任。大家认同和支持他所倡导的愿景规划，并对其成就一番事业寄予厚望。

2. 鼓舞性激励

领导者向下属表达对他们的高期望值，激励他们加入团队，并成为团队中共享梦想的一分子。在实践中，领导者往往运用团队精神和情感诉求来凝聚下属的努力以实现团队目标，从而使所获得的工作绩效远高于员工为自我利益奋斗时所产生的绩效。

3. 智力激发

智力激发是指鼓励下属创新、挑战自我，包括向下属灌输新观念，启发下属发表新见解和鼓励下属用新手段、新方法解决工作中遇到的问题。通过智力激发，领导者可以使下属在意识、信念以及价值观的形成上产生激发作用并使之发生变化。

4. 个性化关怀

个性化关怀是指关心每一个下属，重视个人需要、能力和愿望，耐心细致地倾听，以及根据每一个下属的不同情况和需要区别性地培养和指导每一个下属。这时，变革型领导者就像教练和顾问，帮助员工在应付挑战的过程中成长。

在国内外交易型领导理论和变革型领导理论的对比研究中，国外的学者一般认为，变革型领导是建立在交易型领导的基础上的，会对下属有额外的影响效果。例如，Hater 和 Bass(1988)的研究结果表明，不管是优秀的管理者，还是普通的管理者，变革型领导与下属的有效性及满意度之间的关系要比交易型领导与这些变量之间的关系要强，优秀管理者在变革型领导上的得分要高于普通管理者的得分。而在国内，也有观点认为交易型领导与变革型领导二者是共存的、互相补充的，交易型领导不一定过时，而变革型领导也并不是灵丹妙药，什么样的领导方式有效还必须要因人、因时、因地采用灵活的方式加以处理。一些研究表明，变革型领导与领导—员工关系的亲密程度有关，亲密时适宜，不亲密时则要用交易型领导风格；当群体凝聚力高时应用交易型领导，反之用变革型领导；变革型领导在家族企业更常见，在动荡的时期更易采用。

本章小结

1. 管理者是被任命的，他们拥有合法权力进行奖励和处罚，其影响力来自于他们所在的职位赋予的正式权力。而领导者则可以是任命的，也可以是从一个群体中产生出来的。领导者可以不运用正式权力来影响他人。

2. 人们发现领导者有六项特质不同于非领导者：进取心；领导意愿；诚实与正直；自信；智慧；与工作相关的知识。然而，拥有这些特质并不能保证成为领导，因为其中忽略了情境因素。

3. 菲德勒的权变模型确定了三项情境变量：领导者—成员关系、任务结构和职位权力。

在十分有利和十分不利的情境中,任务取向的领导者工作得更好;在中度有利或不利的情境中,关系取向的领导者工作得更好。

4. 赫赛与布兰查德的情境理论认为存在四种领导风格:告知、推销、参与、授权。领导者选择何种风格取决于下属的工作成熟度和心理成熟度。如果下属的成熟度水平较高,领导者的做法是减少控制和参与。

5. 路径—目标理论指出有两类权变变量:一类为环境变量;另一类为下属个性特点的一部分。领导者所选择的具体行为(指导型、支持型、参与型、成就导向型)应与环境要求和下属特点相匹配。

6. 在下列情况下领导者可能并不那么重要:当个体变量可以取代领导者的支持或能力而使工作结构化和降低任务的模糊性时;当工作明确、常规或本身能满足个体时;当组织的特点为目标明确、规则与程序严格时;当高内聚力的群体活动可以取代正式领导时。

7. 具有领袖魅力的领导者是自信的、有远见的,对目标有强烈的信念,反传统,并被认为是激进变革的代言人。

练习题

一、简答题

1. 区分领导者与管理者的不同。
2. 什么是管理方格论?将其领导观与俄亥俄和密歇根研究小组的领导观进行对比。
3. 对比赫塞—布兰查德的情境领导理论与管理方格理论。
4. 按照领导者参与模型,哪些权变因素决定了领导者实施参与的程度?
5. 领袖魅力在组织中总是合适的吗?

二、案例分析

康涅狄格互助保险公司的苏·雷诺兹

苏·雷诺兹(Sue Reynolds)今年 22 岁,即将获得哈佛大学人力资源管理的本科学位。在过去的两年中,她每年暑假都在康涅狄格互助保险公司打工,填补去度假的员工的工作空缺,因此她在这里做过许多不同类型的工作。目前,她已接受该公司的邀请,毕业之后将加入互助保险公司,成为保险单更换部的主管。

康涅狄格互助保险公司是一家大型保险公司,仅苏所在的总部就有 5 000 多名员工。公司奉行员工的个人开发,这已成为公司的经营哲学,公司自上而下都对所有员工十分信任。

苏将要承担的工作要求她直接负责 25 名职员。他们的工作不需要什么培训而且具有高度的程序化,但员工的责任感十分重要,因为更换通知要先送到原保障单位所在处,要列表显示保险费用与标准表格中的任何变化;如果某份保险单因无更换通知的答复而将被取消,还需要通知销售部。

苏工作的群体成员全部为女性,年龄跨度从 19 到 62 岁,平均年龄为 25 岁。其中,大部分人是高中学历,以前没有工作经验,她们的薪金水平为每月 1 420~2 070 美元。苏将接替梅贝尔·芬彻的职位。梅贝尔为互助保险公司工作了 37 年,并在保险单更换部做了 17 年的主管工作,现在她退休了。苏去年夏天曾在梅贝尔的群体中工作过几周,因此比较熟悉她的工作风格,并认识大多数群体成员。她预计除了丽莲·兰兹之外,其他将成为她下属的成员都不会有什么问题。丽莲今年50多岁,在保险单更换部工作了10多年。而且,作为一个"老太太",她在员工群体中很有分量。苏断定,如果她的工作得不到丽莲·兰兹的支持,将会十分困难。

苏决心以正确的步调开始她的职业生涯。因此,她一直在认真思考一名有效的领导者应具备什么样的素质。

案例思考题:

1. 影响苏成功地成为领导者的关键因素是什么? 如果以群体满意度而不是以群体生产率定义成功,影响因素是否依然相同?

2. 你认为苏能够选择领导风格吗? 如果可以,请为她描述一个你认为最有效的风格。如果不可以,请说明原因。

3. 为了帮助苏赢得或控制丽莲·兰兹,你有何建议?

第十七章

控 制

学习目标

学完本章后,你应该能够:

1. 掌握控制的定义。
2. 了解控制的重要性。
3. 理解控制的基本过程。
4. 了解控制组织的工具有哪些。
5. 运用本章所学的知识分析管理中的相关实际问题。

要点概述

1. 控制如何平衡企业运作中的各种力量

机会与注意力;实验与集中力量;战略平衡;无形资产与有形资产;目标客户与新客户开发;重强避弱原则与焦点原则;速度与质量;个人动机与奉献精神。

2. 作为管理者如何理解控制

什么是控制;控制的重要性。

3. 控制的过程

树立绩效标准;衡量实际绩效;纠正偏差和不足。

4. 控制的方法

预算控制;生产控制;财务控制;综合控制。

案例导读

扁鹊的医术

魏文王问名医扁鹊说:"你们家兄弟三人,都精于医术,到底哪一位医术最好呢?"

扁鹊答:"长兄最好,中兄次之,我最差。"

文王再问:"那么为什么你最出名呢?"

扁鹊答:"长兄治病,是治病于病情发作之前。由于一般人不知道他事先能铲除病因,所以他的名气无法传出去。中兄治病,是治病于病情初起时。一般人以为他只能治轻微的小病,所以他的名气只及本乡里。而我是治病于病情严重之时。一般人都看到我在经脉上穿针管放血、在皮肤上敷药等大手术,所以以为我的医术高明,名气因此响遍全国。"

你认为谁的医术最高呢?

站在管理学的角度,这个小故事恰恰告诉我们控制工作的重要性。在本章,我们详细描述:控制是如何协调企业中各种不同的力量,从而确保管理决策的有效实施;我们在控制过程中应注意的问题以及控制中普遍运用的手段和方法。

第一节　企业运作中的各种力量的控制

作为企业管理者,我们经常会碰到下面的问题:员工的工作积极性不高怎么办? 员工流动率过大怎么办? 如何留住骨干员工? 什么样的机制才能使员工最大限度地发挥其潜力? 最好的控制是通过激励人去控制人,让员工主动把事情做好,这也正是控制的目的所在。下面我们一起了解一下控制是如何平衡企业中的各种矛盾力量的。

一、机会与注意力的控制

企业家和管理者在控制管理过程中,首先应该做好机会与注意力的平衡。大部分企业尤其以中小企业为代表,做大做强首先就要洞察市场形势,找准发展的着力点,寻求适当的发展机会。然而,在市场的诱惑下发展机会泛滥,企业的注意力往往集中到了自身擅长的行业之外,一头跌进了自己构想的海市蜃楼。因此,企业要注重发现准确时机,集中精力,才能有效发挥控制力量。

企业资源有限,作为管理者要注重企业的管理回报率(return of management),也就是在公司的经营管理中,管理者应该注重将自己和员工的精力、时间集中于战略推进,以确保公司战略的顺利实施。①

罗伯特·西蒙(Robert Simons)和安多尼·戴维拉在《哈佛商业评论》上详细地分析了管理回报率及其相关的问题。文章指出:了解哪些因素构成组织的生产性能量,以及了解哪些工作可以使组织的生产性能量最大化,将有助于管理人员估计出管理回报率的高低。他们建议公司应该注意五个重要的因素,估计出管理回报率。一是,雇员是否知道有个机会将对公司的战略任务有直接贡献? 二是,管理人员是否知道什么因素将导致公司运作失败? 三是,管理者能否牢记那些相对简单的关键的诊断指标? 四是,公司的组织是否被各种各样的会议所充斥

---

① 罗逊刚、刘军、谢文静:《基于 ROM 的公司战略管理绩效评价》,《内蒙古科技与经济》2004 年第 20 期,第 72～73 页。

着？五是，是否所有的雇员都像他们的老板一样看到同样的绩效测评指标？如果管理者能够对上述所有问题给予肯定的回答，其管理回报率就相对较高；如果管理者只能对部分问题作肯定的回答，则说明管理回报率会较低。此时，管理者就需要加强与雇员的沟通与协调，使他们了解自己的经营重点和意图。

瑞星错失良机的反思

瑞星品牌诞生于1991年刚刚在经济改革中蹒跚起步的中关村，是中国最早的计算机反病毒公司。瑞星公司历史上几经重组，已形成一支中国最大的反病毒队伍。

然而瑞星开始投资保健品，开始在上海、北海、千岛湖做房地产，开始成立瑞星实业公司……但是，当瑞星离开反病毒领域向其他领域进军的时候，瑞星失去了往昔的神勇，伥伥失利。

思考：瑞星为什么失去了往昔的神勇？

二、实验与集中力量

《孙子·九地篇》指出："为兵之事，在于顺详敌之意，并敌一向，千里杀将，此谓巧能成事者也。"这就是说，指挥作战，要谨慎地审察敌人的意图，集中兵力指向敌人一点，即使长驱千里也可擒杀敌将，如此行动就是巧妙用兵而能成就大事。军事战略里的第一原则就是集中力量。

企业经营也应尽可能地集中自己全部的力量，致力于成为某一行业、某一领域的专家，专注于发挥自身的竞争力，而不要四面出击，分散资源。管理企业要集中主要资源去创造核心产品，才能争取大客户。

很多世界名牌企业都遵循着集中力量的法则，认准了一种主导产品，做到登峰造极：格兰仕1992年开始生产微波炉后，便下定决心将原来众多与微波炉无关的产业统统放弃，就连老本行羽绒服产业也不例外。虽然该产业年利润800万元、出口3 000万元，在旁人眼里绝对是块大大的肥肉，可格兰仕硬是忍痛割爱，只为集中精力做好微波炉。日本冈野工业公司也认准了一点，即只做手机、手提电脑锂电池上的密封套，不涉足其他产品领域，因此市场占有率高达100%，年产值高达5亿日元，而公司职员却只有五个人。

集中的战略原则，对于中小企业更有着特殊的意义。如果中小企业不能集中使用自身的资源，就不可能建立自身的竞争优势。中小企业，特别是小企业只应有一个经营领域，一个产品—市场，否则就会分散资源。在一个产品—市场中，也应把重要力量放在某一价位上，例如最高价位或最低价位上，避开与大企业在价格强点上的竞争。即便是在既定的产品—市场经营中，必要的各种竞争手段，也应只以一、二项为主，并要集中资源培植它们，使其作为区别竞争者的个性。不可面面俱到，因为面面俱到势必分散自身有限的资源，不利于中小企业竞争优势的充分利用和发挥。

然而，做好管理，做好企业，又需要我们不停地实验。市场在不断发展，客户的思维在变化，各种技术在革新，传统的营销模式在转变，老的管理方法受到了更有效率的新管理方法的挑战，墨守成规相当于作茧自缚。管理者如何准确定位自身企业的位置，做到适度的集中与实验的平衡，是管理者在控制管理过程中值得深思的问题。

三、战略平衡

企业管理者在控制过程中要做到的第三个平衡就是战略的平衡。第二次世界大战时，美国将军艾克说，"Plan is nothing, planning is everything"，计划乃浮云，实施计划才是王道；计

划是死的,计划的过程至关重要,计划要随机应变。一起看下面的故事:

瑞士境内有支军事小分队,他们在进入阿尔卑斯山执行任务时突遇暴风雪,两天了,山外的指挥官没有他们的消息,认为这支小分队肯定遇难了。可是,第三天,他们奇迹般地回来了。原来,这支小分队突遇暴风雪后全都以为迷路了,正准备留遗言、听天由命之时,一个队员突然发现了一张地图,于是小分队的队员们利用这张地图安全返回了山下基地。当基地的指挥官看到那张救命的地图时,惊奇地发现:这根本不是阿尔卑斯山的地图,而是法国比利牛斯山的地图。行重于知,管理者们只有始终把战略管理看成动态管理的过程,才是掌握了控制的核心,了解了控制的力量。

当然除了控制上述企业力量的平衡,作为企业管理者,我们在控制过程中还要注重以下几种力量的平衡关系:无形资产与有形资产的平衡关系;目标客户维持与新客户开发之间的协调;重强避弱原则与焦点原则的平衡;个人动机激发与奉献精神提倡的矛盾调和等。①

第二节　控制的内涵及其重要性

一、什么是控制

提起控制,我们常常会潜意识地联想到强制、操纵、抑制等词语,其实控制(control)可以看作是修正、影响、操纵和调节的同义词。《高级汉语大辞典》将控制定义为:"掌握住对象不使其任意活动或超出范围;或使其按控制者的意愿活动。"

控制作为管理的五项基本职能之一,是管理过程不可分割的一个重要部分。彼得·德鲁克(Peter F. Drucker)的"自我、理性的控制"理论提出:企业的目的和任务必须转化为目标;每个企业管理人员或工人的分目标就是企业的总目标对他的要求,企业管理人员必须通过该目标对下级进行领导并以此来保证企业总目标的实现;管理人员和工人是靠"目标管理",以所要达到的目标为依据,进行自我指挥、自我控制,而不是由其上级来指挥和控制。德鲁克的上述主张是目标管理的主要理论依据,也成为现代管理控制的理论依据。

小詹姆斯·H. 唐纳利(James H. Donnely, Jr.)为代表的"控制过程论"认为,控制一般包括三个环节:建立标准,揭示偏差,采取措施纠正偏差。由此控制可分为三种类型:(1)预先控制。预先控制的中心问题是防止组织中所使用的资源在质和量上产生偏差。(2)现场控制。现场控制的核心在于监督实际活动,保证按目标进行。(3)反馈控制。反馈控制的中心问题是控制最终结果,以此指导将来的行为。②

托马斯·贝特曼的"控制动力论"认为,在当今复杂的组织环境中,计划与控制两种功能对于各组织及组织部门变得越来越重要。对组织进行控制,按其控制力来源分为官僚控制(bureaucratic control)、市场控制(market control)和小集团控制(clan control)。只有综合并正确地使用官僚控制、市场控制、小集团控制,使之既互补又各自发挥积极作用,才能全面实现组织的目标。

可见,控制是指管理人员监视各项活动以保证它们按计划进行并纠正各种显著偏差的过程。控制的实质就是使工作按计划进行,或者只对计划作适当的调整,以确保组织的目标以及为此而拟定的计划能够得以实现。虽然快速有效地完成组织目标是每个组织所期望的,但组

---

① 根据宋新宇:《控制与激励的 5 个系统》,专业讲坛视频修改。
② ［美］小詹姆斯·H. 唐纳利:《管理学基础——职能·行为·模型》,中国人民出版社 1982 年版,第 143～155 页。

织在达成目标中所使用的控制系统不尽相同。表 17—1 归纳了三种不同的控制系统。

表 17—1   **三种不同的控制系统**

控制类型	特　征
市场控制	强调使用外在市场机制,如价格竞争和相对市场份额,在系统中市场控制建立使用标准来达到控制的方法。通常市场竞争激烈的公司或提供确定的产品和服务的公司适用
官僚控制	强调组织的权威;依靠组织的等级制度管理,如规章、制度、过程、政策、行为规范、良好的工作秒速和预算等来保证员工举止适当并且符合行为标准
小集团控制	通过共同的价值观、规范、传统、信念及其他组织文化来调节员工的行为;适用于团体合作频繁且技术变化剧烈的公司

市场控制强调外在市场机制的使用,如相对市场份额和价格的竞争,是在系统中建立衡量标准来达到控制的方法。在这种控制情况下,评定的标准常常指定为对公司利润贡献的百分比。北京的三元牛奶大本营失守,成本控制乏力,使得三元利润大幅下滑的失败案例不能不引发我们的关注和思考。官僚控制强调组织的权威,依靠管理规章、制度、过程及政策。小集团控制下,员工的行为靠共同的价值观、规范、传统、仪式、信念及其他的组织文化方面的内容来调节。

在实际管理应用中,大多数组织所运用的控制系统是综合三种控制系统来设计和实现的,而并非单独采取其中的一种控制系统。根据组织的自身特点和实际情况,建立适用的管理控制系统,才能最终有效地实现组织的期望目标。

二、控制的重要性

斯蒂芬·罗宾斯认为,"尽管计划可以制订出来,组织结构可以调整得非常有效,员工的积极性也可以调动起来,但是这仍然不能保证所有的行动按计划执行,不能保证管理者追求的目标一定能达到"。无论计划制订得如何周密,出于各种各样的原因,人们在执行计划活动中总会出现与计划不一致的现象。

首先,控制在执行组织计划中的保障作用。在管理活动中所制订的计划是针对未来的,由于各方面原因,制订计划时不可能完全准确、全面,计划在执行过程中也会出现变化,因此,为了实现目标,实行控制是非常必要的。

其次,在管理职能中的关键作用。有效的管理具备五种职能,它们构成一个相对封闭的循环。控制工作是管理职能循环中最后的一环,它与计划、组织、领导工作紧密结合在一起,使组织的整个管理过程有效运转,循环往复。

再次,控制在管理者向员工授权方面的作用。一个有效的控制系统可以提供信息并反馈员工的工作表现。

最后,控制在保护组织和资产方面的作用。例如,在材料采购控制系统中,采购部门只有凭领导审批后的采购单或合同(纵向牵制)进行采购,而采购的材料必须经过验收(横向牵制)后,才能办理有关手续。因而经过横向关系和纵向关系的核查和制约,可使发生的错误减少到较低程度,或者即使发生问题,也易尽早发现,便于及时纠正。

谈谈企业"志、道、法、术、议"五种控制系统

近年来,企业中流行五大控制系统,任何企业再设计自身的控制系统时,都会有意识或无意识地受到志、道、法、术、议五种力量的影响。

所谓"志",《说文》中提到:志,意也。从心之,之亦声。意为心愿所往。管理中我们将

志看成是个人自我控制系统，是控制中的内在动力。企业中每个成员树立主人翁精神，有强烈的责任感，把企业的事看成是自己的事业，从敬业自然升华为乐业、爱业，把企业发展与自身发展融为一体，这种心愿所往的意志是企业发展的本源。

所谓"道"，老子说"道可道，非常道"；孔子也说"朝闻道，夕死可矣"。道家讲道，儒家也讲道，《易经》也讲道，《黄帝内经》也讲道，企业的"道"是什么呢？我们简单理解为企业的核心价值观念、使命宣言，我们把它看作是企业的信念系统，为员工提供动力和指导，是企业重要的控制系统。"得道多助，失道寡助"不仅适用于封建统治者，是否也引发了我们对企业的思考呢？

所谓"法"，在管理控制中我们理解为边界系统，即正式制定的准则、对行为的限制和禁止及惩处措施。它主要规定员工在限定的范围内发挥创造力，对行为予以限制，设定最低限度。所谓"有法可依，执法必严"，难怪 VOGEL 公司在德国乃至世界润滑行业中，其润滑泵具有领先的技术优势，也是大工业国德国的名牌产品，因为其管理者坚信"在遵守商业行为准则方面，没有红萝卜，只有大棒"。

所谓"术"，通常指方法，我们在这里理解为自动控制系统。对组织取得的绩效进行监管，并在与预定绩效标准出现偏差时予以纠正的反馈系统。例如，战略规划系统，利润规划与预算。它以制定标准度量产出的形式表现出来。

所谓"议"，即讨论、交流、会诊，以便在企业信息不足的情况下做出最佳判断。开放式控制系统中管理人员定期亲自参与下属决策活动，使其关注组织不确定因素，促发组织新战略的产生。罗伯特·西蒙斯认为，高层管理者主动使用该系统并制定主观的、基于绩效的奖励，对职能部门起到重要的促进作用。

资料来源：根据宋新宇：《控制与激励的 5 个系统》，资坛 MBA 专业讲坛视频整理。

第三节　控制的过程

"好又多"的扩张

"好又多"是来自台湾的大型连锁量贩型企业，从 1997 年在广州开设第一家店进入内地后，几年内就迅速在华南地区立稳了脚跟。2003 年 3 月，为配合其全国战略布局，"好又多""迁都"上海，欲抢在零售业全面开放前夕，在华东和华北市场上站稳脚跟。

其后，在近两年的时间里，"好又多"以井喷式的速度进行扩张，现在其全国店面数量已有 90 多家，远远超过了沃尔玛和家乐福在中国店铺的数量，是内地第一家分店最多的中外合资商业连锁企业。然而就在"好又多""迁都"不到两年，其总部就迁回了广州。这一去一回之间，"好又多"的经营问题相继浮出水面。

事实上，就在"好又多"大张旗鼓地进行圈地运动时，已有不少业内人士认为这是一种盲目扩张，AC 尼尔森公司一位对零售业相当熟稔的咨询师说："你问问'好又多'，到底有几家店在赚钱？"

思考：盲目扩张导致信誉的缺失，这个失败的案例启发我们想到了什么？

控制根据计划的目标设立衡量组织绩效的标准,将实际绩效与预定标准相比较,明确组织活动中出现的偏差及其严重程度;在此基础上,针对性地采取实际管理活动及有效的纠正措施,确保组织期望目标的圆满实现。

控制过程(control process)可以划分为三个基本步骤:(1)确立标准;(2)衡量绩效;(3)纠正偏差(见图17—1)。

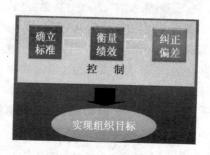

图 17—1 控制的过程

一、确立标准

(一)标准的含义

标准是评定成绩的尺度,从整个计划方案中选出对工作成果进行评判的关键点,并对此制定客观合理的标准是控制的基础。当然,组织无需对所有细枝末节进行控制,而应该选取若干影响组织经营成果的关键环节作为控制的重点。例如,通用电气公司选择对企业经营成败起关键作用的几个方面着重进行控制,包括获利能力、市场地位、生产率、产品领导地位、人员发展、公共责任等。

(二)标准制定的方法

标准的客观重要性要求我们根据组织的实际情况确立合理的标准,那么我们采用什么方法针对不同的控制对象来制定标准呢? 主要有以下三种方法:

1. 统计性标准

统计性标准也叫历史性标准,是以分析反映企业经营在历史各个时期状况的数据为基础来为未来活动建立的标准。这些数据通常利用企业的历史数据,简单易行。但是,这种做法的缺点在于制定的标准可能会低于同行业的优秀者确立的标准,也就是说,以这种标准来生产会造成劳动生产率的相对低下,造成企业竞争劣势。所以,通常企业在制定统计性标准时,会兼顾行业的平均水平。

2. 根据评估建立标准

根据管理人员的经验、判断和评估建立标准。对于新行业或历史统计资料相对缺乏的工作实施控制时,建立新的标准通常适用。需要我们注意的是,应注意利用管理人员的经验,综合大家的判断,给出一个相对先进合理的标准。

3. 工程标准

工程标准,如机器的产出标准、工人操作标准、劳动时间定额等。严格地讲,工程标准也是一种统计方法,通过对工作情况进行客观的、定量的分析来实现。

二、衡量工作绩效

(一)衡量绩效的信息

管理者应及时掌握能够反映偏差是否产生并能判定其严重程度的信息,用预定的标准对实际工作进行检查、衡量和比较。通常被管理者用来衡量实际绩效的信息有四种,即个人的观察、统计报告、口头汇报和书面报告。表17-2总结了这四类信息的特点。对于大多数管理者来说,大部分的衡量工作绩效的信息都是通过以上四种信息途径综合获取的。

表17-2 衡量工作绩效的信息来源及其特点

信息来源	优点	缺点
个人观察	获得第一手资料	受个人偏见的影响
	信息没有过滤	浪费时间
	工作活动的范围集中	贸然闯入的嫌疑
统计报告	易于直观化	提供信息有限
	有效地显示数据之间的关系	忽略了主观方面的因素
口头汇报	获得信息的快捷方式	信息被过滤了
	可以获得口头和非口头的反馈	信息不能存档
书面报告	全面正式	需要更多的准备时间
	易于查找和存档	

资料来源:斯蒂芬·P. 罗宾斯:《管理学》,中国人民大学出版社2004年版,第10页。

(二)衡量绩效的注意事项

为了能够及时、正确地提供能够反映偏差的信息,管理者在衡量实际绩效过程中要注意以下几点:

1. 通过衡量成绩,检验标准的客观性和有效性①

管理者通过对标准执行情况的测量来检验标准是否有效,前提是测量的信息要符合控制的需要。管理者有时可能只考虑了一些次要因素,重视表面问题,在检查工作时不能达到有效的控制目的。例如,通过调查职工的加班时间来评价员工对企业的贡献,类似的检验绩效的标准显然有失客观性和公平性。所以,在控制过程中衡量的标准一定要反映被控制对象的本质特征。例如,销售人员的业绩考核要根据其销售来考察等。

2. 确定适宜的衡量频度

控制过多或不足都会影响控制的有效性。如果对某项工作中的要素频繁检测,会造成控制成本的上升,同时引起相关人员的不满情绪,影响他们的工作积极性,造成损失;相反,衡量次数太少,则企业可能会在预定目标发生重大偏差时不能及时被发现,导致纰漏,造成重大损失。因此,在衡量绩效时要注意适度原则,合理地实施控制。

3. 建立信息反馈系统

信息反馈(information feedback)是指及时发现计划和决策执行中的偏差,并且对组织进

---

① 王俊柳、邓二林:《管理学教程》,清华大学出版社2004年版,第311～312页。

行有效的控制和调节。如果组织对执行中出现的偏差反应迟钝,造成较大失误之后才发现,则会给工作带来损失。建立科学的信息反馈系统是衡量绩效中值得注意的问题。

负有控制责任的管理人员只有及时掌握了反映实际工作与预期工作绩效之间偏差的信息,才能迅速采取有效的纠正措施。建立有效的信息反馈网络,使得信息实时地传递给恰当的管理人员和有关部门,能及时使之与预定标准比较,从而在早期发现问题,防患于未然。

与同事和老板反馈信息的6个方法

以下的6个方法可以确保你所做的反馈能够对你的事业发展起到促进作用。

1. 确保你知道你正在谈论什么内容。

据我推测,你具有一些你的管理者认为将会让公司受益的知识和技能。这是他起初为什么雇用你的原因。但是,在你告诉每个人他们该做出怎样的改变之前,你确实需要了解事情的进展情况。当然,当人们在你之前的公司做 X 的时候可能会有很好的效果,但是,在你建议你的新公司去做 X 之前,请明确它的可能性。比如说,新公司的电脑系统,可能并不具备处理这件事的性能和装置。

2. 相比给予消极的反馈信息,要给出更多的积极反馈。

很多时候,人们只是想要告诉其他人他们做错了什么。这不会为你赢得朋友和尊重。人们不会说:"嘿,斯蒂芬妮是这么的聪明! 她找到了所有的问题。"他们会说:"斯蒂芬妮可真是个牢骚大王。总是在抱怨各种事情。"你的那些想法可能是极好的,但是别人的想法也一样很棒。你要确保,每一次你提出一个改变的建议的同时,都至少指出了三个积极的方面。

3. 不要只是说:实施。

你关心的是你的好想法将会让其他人看上去更好,还是让你看上去更好? 嗯,这会发生在你纹丝不动地端坐着并口若悬河地说着你的想法而其他人去贯彻实施的时候。选取一些你的好想法并实施它们。如果它们太复杂而你无法靠自己独自实施的话,那就在你开始谈论它们之前,先写出你的商业计划。

4. 你的工作应该是让你的老板看上去更好。

如果公司给人一种好的积极向上的感觉,并且鼓励提出反馈信息,那么就停止担心吧。你的工作(即使是在令人恶心的公司里)是让你的老板看上去更好。聪明的老板想要聪明的人为他工作,因为这会让他们看上去成功。成功的老板们会得到晋升。晋升后的老板会留下职位空缺。而谁会占据那个职位空缺呢? 通常会是起初帮助老板看上去更好的那位雇员。

5. 和蔼地接受他人给予的反馈信息。

我推测,你并不是唯一一位被鼓励讲出自己的想法的人。其他人也将会给你提供反馈信息(不幸的是,大部分都是消极性的,因为许多人认为反馈=描述你做错了什么)。你需要接受并考虑他们的反馈信息(除非是来自于你的老板的,你不需要去实施。并且即使是这样,当你的老板做错了时,你也有可以做的事情)。当某个人告诉你一个改进你的项目的方法的时候,认真听并提出问题。你还需要学习一些东西。

6. 不要期望其他人总是会实施你所建议的内容。

你并不是老板,你只是一位员工和同事。当你的建议被忽略的时候,不要大发雷霆。记住,你同样也会忽略其他人的一些建议。

资料来源:根据世界经理人网站,http://www.ceconline.com,2011-01-20 整理而得。

三、纠正偏差

(一)纠偏的作用

控制过程的最后一个步骤是纠正偏差,采取管理行动。根据实际情况,我们可采取的实际行动方案有:改进实际行动;修订标准。通过这项工作使得控制过程得以完整,控制与管理其他各项职能得以衔接,并确保控制过程顺利地实施。

(二)纠偏的措施

1. 改进实际行动

一旦偏差产生,管理者应该选择恰当的纠偏措施。具体包括调整管理策略和组织结构;改进薪酬政策和培养计划,以及对人员的重新配置。在纠偏过程中,我们要注意以下几个问题:

管理者在采取纠正行动之前,首先要决定应该采取立即纠正行动(immediate corrective action),还是彻底纠正行动(basic corrective action)。所谓立即纠正行动,是指立即将出现问题的工作矫正到正确的轨道上;彻底纠正则首先要弄清工作中的偏差是如何产生的、为什么会产生,然后再从产生偏差的地方开始进行纠正的行动。

许多管理者常常以没有时间为借口而不采取彻底纠正行动,并因此而满足于不断的救火式的直接纠正行动。然而事实证明,作为一个有效的管理者,应对偏差进行认真的分析,并花费一些时间永久性地纠正实际工作绩效与标准之间的偏差。

2. 修订标准

当企业对客观环境的认识能力提高,或者企业外部环境发生重大改变时,会导致原计划与决策实施局部或者全局发生冲突矛盾,从而要求企业对其制订的目标计划进行重大调整。这种标准的修订有时被称为"决策追踪",即企业决策者在初始决策的基础上对已从事的活动的方向、目标、方针及方案的重新调整。

当然,我们修订标准时要分外小心,消除员工的疑虑和抵触情绪。例如,原先决策的制定者和支持者会担心改变决策而导致自己个人失败,或者改变决策会影响组织一部分人的利益,从而对新的决策怀有抵触情绪,而导致决策实行的人为障碍。因此,我们遇到问题时要进行全面的衡量和考虑,而不是一味地责备标准本身。当认定标准现实可行,则应该坚持,带领你的团队一起行动把愿望实现。

第四节 控制组织绩效的工具

一、组织绩效

(一)组织绩效的含义

我们学习控制工具之前,一起来讨论组织绩效(organizational performance)。绩效,从管理学的角度看,是组织期望的结果,是组织为实现其目标而展现在不同层面上的有效输出,它包括个人绩效和组织绩效两个方面。组织绩效是指组织在某一时期内任务完成的数量、质量、效率及盈利情况。组织绩效实现应在个人绩效实现的基础上,但是个人绩效的实现并不一定保证组织绩效的实现。如果组织绩效按一定的逻辑关系被层层分解到每一个工作岗位以及每一个人的时候,只要每个人达成了组织的要求,组织的绩效就实现了。

组织绩效的评价需要选用一定的指标,指标作为衡量组织绩效的标准,其本身必须体现对组织管理的综合要求。从组织的发展过程来看,一个完整的有序的评价反馈系统对组织的生存和发展起着至关重要的作用。然而,困难的是,从不同的角度评价组织绩效会产生不同的标准。

斯坦利·E.西肖尔(Stanley E. Seashore)认为,绝大多数组织的目标都不是单一的,而是多种多样的,并且有些目标是相互冲突的。如组织的最终目标本身就可能是多重的,至于组织的短期目标和子目标就更有可能是多重的,这些正是需要人们去研究的。他指出,如果各种目标都具有相同程度的重要性,并且以简单的方法就可以合并的话,问题就变得简单了;但是情况并非如此,这些目标具有不同层次的重要性,而且其成就又可能无法简单地加以测量。西肖尔认为,经理人员的决策要基于对企业经营业绩从各个角度进行多重变量的评估,它不可能同时使所有的目标都达到最大。[①]

（二）组织绩效的考核

目前,已经很少有企业照本宣科地使用一套绩效考核方法,很多企业开始设计符合自身管理文化与工作习惯的多套绩效考核规则,应用于不同类型的岗位。常用的绩效规则组成项有:关键绩效指标/KPI、管理举措落实情况、满意度调查/民主评议、综合素质评估等。

（1）关键绩效指标/KPI:按年度设置绩效目标(一般最多年中修订一次);对考核指标进行量化,从而取值更加方便。

（2）管理举措追踪:完全任务导向的考核方式,不受考核周期的影响,可以随时增、减任务;考核评估一般为直属经理(任务布置者)进行定性评估。

（3）员工调查:可以用于收集员工反馈信息,如360度调查、民主评议、员工满意度调查等。

（4）综合能力评估:一般由直属经理针对岗位关键能力进行定量评估(需预先设置评估标准)。

（5）其他考核规则:根据管理目标,由公司统一设定的要求指标,如培训任务完成情况,知识库贡献等。

二、组织绩效的控制方法

管理者在管理实践中需要适合的方法来控制和衡量组织绩效。本节中重点考察预算控制、财务控制及平衡计分卡。

（一）预算控制

管理控制中使用最广泛的一种控制方法就是预算控制。预算控制最清楚地表明了计划与控制的紧密联系。预算是计划的数量表现。预算的编制是作为计划过程的一部分开始的,而预算本身又是计划过程的终点,是转化为控制标准的计划。

1.预算的种类

预算是指用数字的形式来描述企业未来的活动计划,它预估了企业在未来时期的经营收入或现金流量,同时也规定各部门或各项活动在资金、劳动、材料、能源等方面的支出不能超过额度。而预算控制就是根据预算规定的收入与支出标准来检查和监督各个部门的生产经营活动,以确保各种组织活动或各个部门在充分达成既定目标、实现利润的过程中对经营资源的利用,从而使费用支出受到严格有效的控制。预算在形式上是一整套预计的财务报表和其他附表。按照不同的内容可以将预算分为经营预算、投资预算和财务预算三大类。

（1）经营预算(operational budget)。经营预算是指企业日常发生的各项成本活动的预算。它主要包括销售预算、生产预算、直接材料采购预算、直接人工预算、制造费用预算、单位生产

① Stanley E. Seashore, Criteria of Organizational Efectiveness, *Michigan Business Review*, 1965, pp. 28—30.

成本预算、推销及管理费用预算等。其中,最基本和最关键的是销售预算,它是销售预测正式的、详细的说明。企业主要是靠销售产品和劳务所提供的收入维持经营费用的支出和获利的,因而销售预算也就成为预算控制的基础。

生产预算是根据销售预算中的预计销售量,按产品品种、数量分别编制的。生产预算编好后,还应根据分季度预计销售量,经过对生产能力的平衡排出分季度的生产进度日程表,或称为生产计划大纲。在生产预算和生产进度日程表的基础上,可以编制直接材料采购预算、直接人工预算和制造费预算。这三项预算构成对企业生产成本的统计。而推销及管理费用预算,包括制造业务范围以外预计发生的各种费用明细项目,如销售费用、广告费、运输费等。对于实行标准成本控制的企业,还需要编制单位生产成本预算。①

(2)投资预算(investment budget)。投资预算是在企业固定资产的购置、扩建、改造、更新的可行性基础上编制的预算。它具体反映何时进行投资、投资多少、资金从何处取得、何时可获得收益、每年的现金流量为多少、需要多少时间回收全部投资等。由于投资的资金来源往往是企业的限定因素之一,而对固定资产的投资又往往需要很长时间才能收回,因此,投资预算应与企业的战略紧密相联。

(3)财务预算(financial budget)。财务预算是指企业在计划期内反映预计现金收支、经营成果和财务状况的预算。它主要包括现金预算、预计收益表和预计资产负债表。必须指出的是,前述的各种经营预算、投资预算中的资料,都可以折算成金额反映在财务预算内。这样,财务预算就成为各项经营业务和投资的整体计划,故亦称总预算。

现金预算主要反映计划期间预计的现金收支的详细情况。在完成了初步的现金预算后,就可以知道企业在计划期间需要多少资金,财务主管人就可以预先安排和筹措,以满足资金的需求。为了有计划地安排和筹措资金,现金预算的编制期应越短越好。西方国家有不少企业以周为单位,逐周编预算,甚至还有按天编制的。我国最常见的是按季和按月进行编制。

企业的预算实际上是由各种不同的个别预算所组成的预算体系。各种预算之间的主要关系如图 17—2 所示。

预计收益表(或称为预计利润表),是用来综合反映企业在计划期生产经营的财务情况,并作为预计企业经营活动最终成果的重要依据,是企业财务预算中最主要的预算表之一。

预计资产负债表主要用来反映企业在计划期末那一天预计的财务状况。它的编制需以计划期间开始日的资产负债表为基础,然后根据计划期各项预算的有关资料进行必要的调整。

2. 预算工作中的危险倾向

预算工作中存在着一些使预算控制失效的危险倾向。预算过繁是一种风险。由于对极细微的支出也作了琐细的规定,致使主管人员丧失了管理自己部门需要的自由。所以,预算究竟应当细微到什么程度,必须联系到授权的程度进行认真酌定。过细、过繁的预算等于使授权名存实亡。

预算工作中的另外一种危险倾向,是让预算目标取代了企业目标。在这种情况下,主管人员只是热衷于使自己部门的费用尽量不超过预算的规定,但却忘记了企业的首要职责是千方百计地实现企业的目标。例如,某个企业的销售部门为了不突破产品样本的印刷预算,在全国的订货会上只向部分参加单位提供了产品样本,因此丧失了大量的潜在用户,失去了可能的订单。

3. 编制可变预算

---

① http://baike.baidu.com/view/1252338.htm.

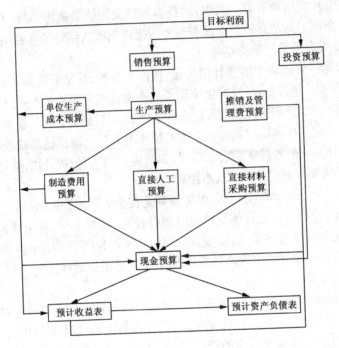

图 17-2　企业各预算间的主要关系

由于缺乏灵活性的预算会带来危险,所以企业越来越注意可变预算的应用。这种预算通常是随着销售量的变化而变化的,所以它主要限于在费用预算中应用。由于当单位可变费用(成本)不变时,可变费用总数是随着销售量的变化而变化的,因此,实际中可变预算主要是用来控制固定费用(成本)的。

事实上,固定费用并非绝对不变,而只是在一定的产量范围内基本保持不变。固定费用随产量(或销售量)的变化呈现出一种阶梯状的变化关系,如图 17-3 所示。所以,在大多数情况下,可变预算总是提出一个产量幅度,在这个幅度内,各种固定性的费用要素是不变的。如果产量低于该幅度的下限,则要考虑采用一个更适合于较低产量的固定费用,如压缩行政人员、处理闲置设备等。如果产量超过了该幅度的上限,那么为了按较大生产规模来考虑必需的固定费用,如增加设备、扩大厂房面积等,则应另外编制一个不同的可变预算。

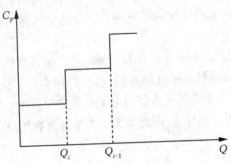

图 17-3　固定费用随销售量的变化关系

仪征化纤公司的预算控制

仪征化纤股份有限公司是我国最大的现代化化纤和化纤原料生产基地,主要从事生产及销售聚酯切片和涤纶纤维业务。为了提高财务管理水平,根据公司的财务管理基础与实际情况,仪征化纤提出了"企业管理以财务管理为中心、财务管理以资金管理为中心,牢牢牵住成本这个牛鼻子,开源节流,生财聚财"的理财观念。坚持以资金集中为前提,以现金流量为中心,对资金流入流出实行全过程的监控,收到了较好效果。

1. 成立内部结算中心,对资金实行全过程的监控。

公司于1987年起建立内部银行,在此基础上演变成目前的内部结算中心,负责内部转账和资金收付等业务。内部结算中心的主要职能是:统一对口专业银行,办理对外所有本外币结算业务;对公司的资金实行集中归口管理,统借统还,统一平衡调度,实行结算监督。

2. 财务人员集中管理对资金集中和全面监控起保证作用。

公司从1997年7月起实行二级单位财务委派制,从公司财务人员中选聘166名财务人员,派驻到18个二级单位,实现了财务人员的集中管理,在构筑新的理财机制方面迈出了一步。仪化理财机制如果用三句话来概括就是:你的钱,我看着你花;你的账,我替你记;你的财务,我帮你管。其核心就是财权上收,财务高度集中。财务人员的委派制,是从体制上对资金集中和全面监控起保证作用。

3. 推行全面预算制度,完善公司授权制度。

首先,加强资金的收支预算管理。财务部要求各二级单位在年度生产计划和成本费用预算的基础上,编制年底资金收支预算,在年度资金预算计划确定的基础上,编制季度、月度的资金使用计划,做到年计划、月平衡、周安排。其次,实行现金流量周报制度,及时反映企业的营运、投资和融资状况。再次,完善成本核算体制,强化目标成本管理。以目标利润倒推成本,对成本发生要做到心中有数,事前有预算、事中有控制、事后有考核。最后,在建立预算管理制度的同时,建立各项费用的授权管理制度。

4. 资金运作上采取一系列行之有效的措施。

资金运作的基本战略是:密切注视国内国外金融动态和政策导向,充分调动中外多家商业银行的积极性,最终实现资金成本最低化、服务质量最优化。

资料来源:世界经理人网站,http://www.ceconline.com。

(二)财务控制

企业为了达到获取利润的目标,管理者需要进行财务控制。财务控制是指对企业的资金投入及收益过程和结果进行衡量与校正,目的是确保企业目标以及为达到此目标所制订的财务计划得以实现。现代财务理论认为,企业理财的目标以及它所反映的企业目标是股东财富最大化。

企业的财务控制存在着宏观和微观两种不同模式。其中,财务的宏观控制主要借助于金融、证券或资本市场对被投资企业直接实施影响来完成,或者通过委托注册会计师对企业实施审计来进行,前者主要反映公司治理制度、资本结构以及市场竞争等对企业的影响。后者实际是外部审计控制。本节我们主要考察两种财务控制的方法:比率分析和审计控制。

1. 比率分析

比率分析(ratio analysis),包括资产负债表项目或损益表项目之间的比率,它们常常能对公司的风险水平、为股东创造利润的能力等方面提供独特的视角。管理者需要仔细分析季度财务报表,他们可能使用财务比率来控制监管。如果正在花费的资金是有效的,负债水平不是很高,则证明资金在被有效地利用。

由于进行财务分析的目的不同,因而,各种分析者包括债权人、管理当局,政府机构等所采取的侧重点也不同。目前,公司流行的四类比率为流动性比率、杠杆比率、活动性比率、收益率(见表17—3)。

财务比率

表17—3

目标	比率名称	计算公式	含义
流动性	流动比率	流动资产/流动负债	组织偿还短期债务的能力
	酸性测验	不包括存货的流动资产/流动负债	更精确的流动性测验
杠杆	资产负债率	总负债/总资产	比率越高,杠杆越强
	已获利息倍数	息税前收益/总利息负担	衡量的是组织能够偿还利息费用的倍数
活动性	存货周转率	销售额/存货	比率越高,存货资产应用效率越高
	总资产周转率	销售额/总资产	销售额越少,总资产利用率越高
收益率	销售利润率	税后净利润/总销售额	各种产品产生利润的确定
	投资回报率	税后净利润/总资产	资产产生利润的效率的衡量

资料来源:斯蒂芬·P. 罗宾斯:《管理学》,中国人民大学出版社2004年版,第10页。

2. 审计控制

审计控制是指根据预定的审计目标和既定的环境条件,按照一定的依据审查、监督被审计单位的经济运行状态,并调整偏差,排除干扰,使被审计单位的经济活动运行在预定范围内且朝着期望的方向发展,以达到提高经济效益的目的。

第一,审计控制的范围是业务活动,而业务活动的改进是产生效益的源泉。审计控制不局限于财务活动,还包括利用组织资金、资产、资源的业务活动。而提高效益、创造效益与业务流程改进、业务控制优化是紧密相关的。只有在对组织业务及其控制深入研究与把握的基础上,才有可能发现效益提高的源泉,为创造效益打好基础。

第二,审计控制的方式是过程式的,只有这样才能发挥预防控制的作用,切实提高效益。与结果式审计只是检查和评价不同,过程式审计在检查和评价之外,更好地体现了审计的预防控制职能,并通过控制职能的履行,促进了效益的提高或直接创造了效益。其道理在于,在过程审计中,把原来结果审计中的审计依据变成了审计对象。例如,在建设项目全过程审计中,作为工程结算审计(结果审计)依据的招标文件、工程合同等资料在工程全过程审计中变成了审计的对象,这就使得招标文件、施工合同中对于建设方的不利因素得以避免,使得工程造价在招投标阶段得到有效控制。

过程式审计可以在过程中发现业务活动中存在的潜在风险,做到规范管理、防患于未然;可以通过对管理过程的控制来实现效益。而结果式审计作为一种事后的检查,只能发现过去业务活动中已经存在的问题,虽然可以起到一定的警示作用,但是,如果采取这种方式来开展效益审计,那么,审计所能带来的效益就大打折扣甚至于事无补。所以,过程式审计能够解决结果式审计所不能解决的问题,过程式审计更有利于效益审计目标的实现。

第三,审计控制更加关心机制的解决,而机制解决才是提高效益的根本之策。审计控制要使得组织业务活动提高合规性和效益性水平,而这种提高往往是通过建立机制而不是个案解决的。而且这种机制往往不是通过组织部门内部控制机制所能够解决的。一般而言,如果通过部门内部控制机制就能够达到组织合规性和效益性目标,就无须通过审计控制这一方式。审计控制的实施,从机制上解决了提高效益的根本之策,能够更好地实现效益审计目标。

根据审查主题和内容的不同,可将审计划分为三种主要类型:

(1)由外部审查机构的审查人员进行外部审查。外部审计是指独立于政府机关和企事业单位以外的国家审计机构所进行的审计,以及独立执行业务的会计师事务所接受委托进行的审计。[①] 外部审计的优点是审计人员与管理当局不存在行政上的依附关系,不需看企业的眼色行事,只需对国家、社会和法律负责,因而可能保证审计的独立性和公正性。但是,由于外来的审计人员不了解内部的组织结构、生产流程和经营特点,在对具体业务的审计过程中可能产生困难。此外,处于被审计地位的内部组织成员可能产生抵触情绪,不愿积极配合,这也可能增加审计的难度。[②]

(2)由内部专职人员对企业内部财务控制系统进行全面评估,即内部审查。基于大多数人对内部控制管理体系认知的模糊,所以在对内部控制进行测试评价时,不仅要关注其在保证财务报告真实准确完整以及不存在重大错报和舞弊方面的作用,更要关注其能否为实现经营目标、保证企业合法经营提供合理保证。

内部审计和外部审计总体目标是一致的,两者均是审计监督体系的有机组成部门。内部审计具有预防性、经常性和针对性,是外部审计的基础,对外部审计能起辅助和补充作用;而外部审计对内部审计又能起到支持和指导作用。由于内部审计机构和外部审计机构所处的地位不同,它们在独立性、强制性、权威性和公证作用方面又有较大的差别。

内部控制主要是指内部管理控制和内部会计控制,内部控制系统有助于企业达到自身规定的经营目标。随着社会主义市场经济体制的建立,内部控制的作用会不断扩展。

总之,良好的内部控制系统可以有效地防止各项资源的浪费和错弊的发生,提高生产、经营和管理效率,降低企业成本费用,提高企业经济效益。

(3)由外部或内部审计人员对管理政策及其绩效进行评估的管理审计。管理审计是一种对企业所有管理工作及其绩效进行全面系统的评价和鉴定的方法。管理审计的方法是利用公开记录的信息,从反映企业管理绩效及其影响因素的若干方面将企业与同行业其他企业或其他行业的著名企业进行比较,以判断企业经营与管理的健康程度。

财务管理,肉在锅里就行吗?

企业的财务管理,追求的是价值增值,有效地平衡企业在各个业务环节的资源占用。对民营企业来说,主要表现在以下两个方面:一方面是对资产负债表的管理;另一方面是对价值创造的管理。

"锅"里的东西并不都是货真价实的"肉",应收账款、存货、固定资产等资产均存在跌价损失的风险,计提跌价损失不仅是对外部股东的谨慎,更是要求企业自身严密监控资产质量与盈余质量的一项措施。

一个极端的案例是,某民营企业从成立之后五年时间里从未做过存货盘点与应收账款对账工作,结果可想而知,第六年的利润近一半被不良资产吃光! 从会计的角度来讲可

---

① 刘进宝:《审计学概论》,清华大学出版社 2002 年版。
② 王俊柳:《管理学教程》,清华大学出版社 2003 年版,第 315~320 页。

以这么说,"资产只可能变坏,不太可能变好",而"负债只可能变好,不太可能更坏"。所以,对资产负债表的管理,要求财务人员对资产的减值予以重视。

民营企业的老板一般都属于进攻性格,勇于尝试,常涉足多个行业。在企业规模大了之后,同一行业也会产生多个业务单元。如何在各个业务单元上最大价值地配置资金与资源(还包括如何配置董事长的精力),是一个重要问题。有些看上去挣钱的业务,实际上却是在降低企业的价值。例如,某外贸企业,按产品分有六个不同的业务部门,每个部门表面上看盈利均为正。但经过分析后却会发现,其中两个部门的盈利如果减去其资金占用的合理回报率后为负,也就是说,考虑到资金的机会成本后,这两个部门实际上处于亏损状态。要合理配置资源,就需要对各个业务单元的盈利状况进行核算,并且合理估算企业的资金使用成本。

资料来源:续芹:《财务管理,肉在锅里就行吗?》,《中外管理》2008年第11期,第84～85页(根据该资料整理)。

(三)平衡计分卡

平衡计分卡(balanced scored)是一种战略管理和业绩评估工具,它提供了一种全面评价系统,它主要通过测量企业的四个基本方面,向企业各层次的人员传达公司的战略以及每一步骤中各自的使命。这四个基本指标分别是财务业绩指标、客户方面业绩指标、内部经营过程业绩指标以及学习与成长业绩指标。

1. 平衡计分卡的基本含义

20世纪90年代,美国著名管理学家罗伯特·S.卡普兰和诺朗—诺顿研究所所长大卫·P.诺顿在总结12家大型企业业绩评价体系成功经验的基础上提出了"平衡计分卡"。作为一种企业绩效评价系统,平衡计分卡的特点是用财务指标与非财务指标相结合的方式评价企业绩效,主要通过测量企业的财务、客户、内部流程、学习与成长这四个维度,向企业各层次的人员传达公司的战略以及每一步骤中各自的使命,建立一个使企业战略有效执行的目标管理体系。平衡计分卡作为一种战略绩效管理及评价工具,主要从四个重要方面来衡量企业:

第一,财务角度,即企业经营的直接目的和结果是为股东创造价值。尽管由于企业战略的不同,在长期或短期对于利润的要求会有所差异,但毫无疑问,从长远角度来看,利润始终是企业所追求的最终目标。

第二,客户角度,即如何向客户提供所需的产品和服务,从而满足客户需要,提高企业竞争力。客户角度正是从质量、性能、服务等方面考验企业的表现。

第三,内部流程角度,企业是否建立起合适的组织、流程、管理机制,在这些方面存在哪些优势和不足?内部角度从以上方面着手,制定考核指标。

第四,学习与创新角度,企业的成长与员工能力素质的提高息息相关,企业唯有不断学习与创新,才能实现长远的发展。

2. 平衡计分卡在企业绩效管理中的作用

平衡计分卡是企业绩效管理中重要的战略工具。它将企业战略目标逐层分解转化为各种具体的、相互平衡的绩效考核指标体系,并对这些指标的实现状况进行不同时段的考核,从而为战略目标的完成建立具有可靠执行基础的绩效管理体系。同样,运用平衡计分卡的概念建立企业绩效管理体系,有助于企业建立战略方向,确定组织目标,通过一级绩效管理体系和二级绩效管理的建立,确保企业、部门绩效的统一,从而实现通过绩效管理引导企业各层面推动组织战略目标实现的目的。

近年来,平衡计分卡在很多世界500强企业运用并取得成效,后被广泛运用到各行各业,并在解决企业中存在的各种问题上起到了良好的推动和引导作用。同时,也有很多企业不根据自身情况盲目地崇拜推崇平衡计分卡,而企业并未建立在制度化的管理上,导致了平衡计分卡绩效管理的运用失败,甚至对平衡计分卡的作用产生质疑。例如,有的公司在领导和人力资源部全体员工,调研、协商、沟通,加班加点忙活了几个月后,终于达成共识,制定了较为完整的平衡计分卡指标。人力资源部还为此制作了大量表格下发到各单位,并对相关人员进行了培训。结果项目一开始实施,问题便不断接踵而来。比如,营销部门的客户指标,要求营销人员如实填报拜访客户情况,要求不仅让营销人员感到繁琐,人力资源部人员也感到困惑,因为指标的真伪虚实根本无从考证更无法监控。再比如,员工的学习与发展指标,如何制定又如何量化? 要求员工每月几本书、每月参加几次培训? 但结果如何呢? 结果是指标越调越乱,部门抵触情绪越来越大,员工怨声载道。

平衡计分卡被《哈佛商业评论》评为“过去80年来最具影响力的十大管理理念”中的第二位。继ERP、CRM之后,平衡积分卡在中国掀起新一轮管理工具的热潮。有数据表明,500强企业中有80%以上都在使用BSC,在中国也有越来越多的企业开始使用。

本章小结

1. 控制如何平衡企业运作中的各种力量,主要从机会与注意力,实验与集中力量,战略平衡,无形资产与有形资产,目标客户与新客户开发,重强避弱原则与焦点原则,速度与质量,个人动机与奉献精神八个方面理解。

2. 控制是指管理人员监视各项活动以保证它们按计划进行并纠正各种显著偏差的过程。控制的实质就是使工作按计划进行,或者只对计划作适当的调整,以确保组织的目标以及为此而拟定的计划能够得以实现。

3. 三种不同的控制系统的类型:市场控制(market control)强调外在市场机制的使用,例如相对市场份额和价格的竞争,在系统中建立衡量标准来达到控制的方法。官僚控制(bureaucratic control)强调组织的权威,依靠管理规章、制度、过程及政策。小集团控制(clan control)下,员工的行为靠共同的价值观、规范、传统、仪式、信念及其他的组织文化方面的东西来调节。

4. 控制过程(control process)可以划分为三个基本步骤:(1)确立标准;(2)衡量绩效;(3)纠正偏差。

5. 控制的方法包括:预算控制;生产控制;财务控制方法;综合控制。

6. 管理者在管理实践中需要适合的方法来控制和衡量组织绩效,具体方法有预算控制、财务控制、平衡计分卡、标杆比较以及当下公司管理中流行的控制方法。

练习题

一、简答题

1. 简述控制的重要性及控制的分类。
2. 什么是控制？作为管理的重要职能之一，控制如何平衡企业运作中的各种力量？
3. 简述审计过程中的保障环节。
4. 如何理解平衡计分卡？举例说明。
5. 简述控制的过程。
6. 如何理解审计管理的三维框架？

二、案例分析

汤姆担任一家工厂的厂长已经一年多了。他刚看了工厂有关今年实现目标情况的统计资料，厂里各方面工作的进展出乎意料，他为此气得说不出一句话来。他记得就任厂长后的第一件事就是亲自制定了工厂一系列计划目标。具体地说，他要解决工厂的浪费问题，要解决职工超时工作的问题，要减少废料的运输问题。他具体规定：在一年要把购买原材料的费用降低10%～15%；把用于支付工人超时工作的费用从原来的11万美元减少到6万美元，要把废料运输费用降低3%。他把这些具体目标告诉了下属有关方面的负责人。

然而，他刚看过的年终统计资料却大大出乎他的意料。原材料的浪费比去年更为严重，原材料的浪费竟占总额的16%；职工超时费用也只降低到9万美元，远没有达到原定的目标；运输费用也根本没有降低。

他把这些情况告诉了负责生产的副厂长，并严肃批评了这位副厂长。但副厂长争辩说："我曾对工人强调过要注意减少浪费的问题，我原以为工人也会按我的要求去做的。"人事部门的负责人也附和着说："我已经为削减超时的费用做了最大的努力，只对那些必须支付的款项才支付。"而负责运输方面的负责人则说："我对未能把运输费用减下来并不感到意外，我已经想尽了一切办法。我预测，明年的运输费用可能要上升3%～4%。"

在分别与有关方面的负责人交谈之后，汤姆又把他们召集起来布置新的要求，他说："生产部门一定要把原材料的费用降低10%，人事部门一定要把超时费用降到7万美元，即使是运输费用要提高，但也绝不能超过今年的标准，这就是我们明年的目标。我到明年底再看你们的结果。"

案例思考题：

1. 汤姆就任后所制订的计划属于什么计划？
2. 你认为导致汤姆控制失败的原因是什么？
3. 汤姆的控制标准属于什么标准？
4. 汤姆所制定的明年的目标能完成吗？为什么？

第十八章

运营与价值链管理

学习目标

学习本章后,你应该能够:

1. 掌握什么是运营管理。
2. 理解产品与服务的区别。
3. 掌握运营管理的内容。
4. 详述运营管理的作用。
5. 掌握什么是价值、价值链、价值链管理。
6. 掌握价值链管理的特点。
7. 理解价值链管理的要求与作用。
8. 了解当前新型的运营方式。

要点概述

1. 运营管理及其重要性

什么是运营管理;产品和服务的区别;运营管理的内容;运营管理的作用。

2. 价值链管理

什么是价值、价值链、价值链管理;价值链管理的特点;价值链管理的要求;价值链管理的作用。

3. 新型运营方式

了解 ERP 的发展过程及含义,什么是精益生产、敏捷制造、绿色制造。

案例导读

双汇集团的运营管理

双汇集团是以肉类加工为主的大型食品集团,总部位于河南省漯河市,目前总资产100多亿元,员工65 000人,肉类年总产量300万吨,是中国最大的肉类加工基地,在2010年的500强排序中列160位。营业收入由1984年前的不足1 000万元发展到2010年的500亿元,年均增长35%。双汇集团坚持用大工业的思路发展现代肉类加工业,先后投资40多亿元,从发达国家引进先进的设备4 000多台(套),高起点、上规模、高速度、高效益建设工业基地,形成以屠宰和肉制品加工业为主,养殖业、饲料业、屠宰业、肉制品加工业、化工包装、彩色印刷、物流配送、商业外贸等主业突出、行业配套的产业集群。双汇集团率先把冷鲜肉的"冷链生产、冷链销售、连锁经营"模式引入国内,大力推广冷鲜肉的品牌化经营,实现热鲜肉、冷冻肉向冷鲜肉转变,传统销售向连锁经营转变,改变了传统的"沿街串巷、设摊卖肉"旧模式,结束了中国肉类生产、销售没有品牌的历史,开创了中国肉类品牌。双汇产品做到头头检验、系统控制,确保食品安全。"十二五"期间,双汇集团发展目标是进一步做大、做强、做专、做精、做久双汇,使双汇成为中国最大、世界领先的肉类供应商,到"十二五"末,肉类总产量将达到600万吨,销售收入将突破1 000亿元,双汇集团将发展成为具有世界竞争力的国际化大型食品企业集团。

双汇的运营管理系统主要由养殖—加工—包装—物流供应等构成,各个环节相互协调、相互补充,实现生产过程的全部操作。特别指出的是,双汇对原材料的精细挑选、加工是其生产中最重要的环节。新的包装技术和物流系统大大缩短了生产周期,整个运营过程降低了生产成本,使得企业的利润大大增加。

双汇集团的运营管理因供应链管理系统的应用而产生了根本性的变革:集团总部实现了及时了解各地的实时库存,并能根据库存由系统自动生成订单,制订符合市场需求的生产计划;同时通过大宗采购、统一配送降低了采购和流通成本,从源头上控制了一些以前经常发生的财务问题,使集团的信息化投入得到了巨大的回报,从而为集团在供应链中获得最大利润、全面提升企业竞争优势提供了强有力的保障。

资料来源:潘春跃、杨晓宇:《运营管理》,清华大学出版社2012年版,第3页。

我们在每天的工作、生活中会接触到各种各样的商品和服务,这些商品和服务都是通过企业的生产运营所提供的,如案例中的双汇火腿肠需要通过养殖—加工—包装—物流等环节才能到达消费者的手中,这些中间环节就是运营管理,因此运营管理与我们的生活息息相关。在日常生活中,我们经常做的事情,如每天早上的刷牙、洗脸、穿衣这些程序,如何才能快速地完成,其实也是运营管理,只不过这些程序十分简单,不需要经过深思熟虑就可以完成。但是对于企业而言,运营管理的工作性质就更加复杂了,如何安排生产、购置摆放机器等都属于运营管理。通过出色的运营管理,企业才能在激烈的市场竞争中取得一定的优势。

第一节　什么是运营管理

一、运营管理的含义

运营管理(operation management,OM)就是对企业生产、交付产品或服务的系统进行的设计、运作及改进。人们往往将运营管理与运营研究、管理科学及工业工程混淆在一起,其实运营管理与企业营销或财务一样,都属于企业的职能,所以运营管理是属于管理领域的,而运营研究和管理科学是在所有领域决策中运用的量化方法,工业工程则是一门工程学科。①

任何企业都是将投入的劳动力、原材料、资金及其他资源,通过加工、生产、劳动等活动将其转变成满足人们需要的产品和服务。其中,资源转换的过程就是企业运营过程,是企业向社会提供产品和服务的产生过程,如图18—1所示。运营管理就是研究这些转换过程的管理,研究如何通过科学的运营管理,使企业能够通过这一转换过程高效率地向社会提供满足其需要的产品和服务。因此,运营管理涉及的是产品和服务。

图18—1 产品(服务)生产转换过程

二、产品与服务的区别

产品和服务都是企业生产转换过程的输出。但是,服务与产品的区别首先在于服务是一个无形的过程,即服务不能像有形商品那样具有被感觉和触摸的特性,但并不是说服务提供过程中不存在任何有形的物体或要素。其次,服务会因为人员、时间、地点的不同而产生差异性;而同一型号的产品都是一样的,即使有差异性那也是在极小的误差范围内。再次,服务是不可储存的,不能保留、转售及退还,因此不能将服务保存起来以供高峰时期的高需求。最后,服务的生产过程和消费过程大多是同时的,而产品的消费大多是在生产过程之后。因此,对于制造业来说,企业的运营和营销虽有联系,但在理论研究过程中可以将其分为两个方面,而服务的运营和营销是难以分开管理的。例如,餐饮企业,其向顾客提供的是食物,是有形的产品,但是仍然属于服务业,因为它需要与顾客接触才能完成服务生产过程。

> 2004年,在时髦的加州圣莫尼卡第三步行街,一家新概念音乐商店——知名的"赏月咖啡屋"开张了。这是一个美丽的空间,有温暖的灯光和木制镶板,人们可以在这里买到CD,可以喝着饮料、听着音乐在这里逗留。你可以从储存有数千首歌曲的数据库中筛选,并建立一个个性化的组合,拷制成一张CD。这个地方的与众不同之处就是它是一家星巴克。这就是星巴克首家集咖啡、音乐于一体的商店,赏月咖啡屋计划将这种新颖的顾客价值包推广到1 000多家商店。
>
> 大约在5年前,星巴克主席霍华德在加利福尼亚帕罗奥托偶然发现了赏月唱片行,并爱上了它的私密性、质量和顾客焦点上的价值(如果你告诉员工你已经有了什么样的音乐,他们几乎总会推荐给你可能喜欢的歌手)。"赏月"(Heart Music)是第一家引进试听点的商店,可以让购物者在购买之前先听。这也成为影响星巴克的wifi性能的长期

① 理查德·B. 蔡斯、F. 罗伯特·雅各布斯、尼古拉斯·J. 阿奎拉诺著,任建标译:《运营管理》,机械工业出版社2008年版,第5页。

全球战略的一部分,希望唱片商可以为星巴克网络开发专利材料,还可能在每一座拥有星巴克的城市创建出最大的音乐商店。正如舒尔茨指出的那样,"长久以来我们都知道,星巴克并不仅仅只是一杯好喝的咖啡,它的经验……我们发现赏月对音乐所做的事情正是我们以前对咖啡所做的"。

资料来源:戴维·A.科利尔、詹姆斯·R.埃文斯:《运营管理》,机械工业出版社2011年版,第68页。

三、运营管理的主要内容

运营管理的内容主要包括以下几个方面:

(一)生产与运营战略的制定

主要是从满足顾客需求的角度出发,根据企业营销系统对市场需求情况的分析,以及企业的目标、发展方向等,制定相应的产品战略、竞争战略,选择与设计生产组织方式,解决纵向集成度和供应链结构设计等问题。

(二)生产与运营系统的设计

在运营战略制定好后,就需要执行和实施生产,这就需要一个物质基础——运营系统。运营系统的设计主要包括产品或服务的选择、生产工艺的设计、厂房设施的建设、机器设备的选择和购置、生产能力与规模的规划等。运营系统的设计影响到系统之后的运行和发展,如果设计选择不当就会造成无法弥补的影响,给企业带来巨大的损失。

(三)生产与运营系统的运行与控制

生产运营系统的运营状况直接影响到企业生产的效率和效果,因此要注重生产运营过程和控制,从而输出合格的产品和服务来实现运营管理的目标,主要包括生产计划控制、作业计划控制、物流控制、库存管理、成本控制、人力资源管理、质量管理等。

(四)生产与运营系统的维护与改进

任何一个运营系统,不论其规划和设计多科学,运行和控制多精确,都会有一定的生命周期,如果不进行维护和改进,就会产生各种问题,导致企业无法正常运作。即使目前这个运营系统已经是最好的,但是科学技术的发展瞬息万变,也需要对其进行不断的改进和优化,使其保持领先水平。维护与改进主要包括系统的升级换代、组织方式的改进、生产流程的改进等。

四、运营管理的作用

随着社会经济的发展,传统模式的企业生产管理已难以满足企业对生产运作的高要求,20世纪90年代后,越来越多的企业开始采用科学的运营管理的思想和方法以获取竞争优势。

(一)运营管理是企业的三个主要职能之一

企业的主要职能包括营销、财务和生产,这三项基本职能相互独立又相互依赖。企业的经营活动是将这些基本职能有机地联系在一起、反复循环的过程。首先通过资本积累获得企业运营所需的各项资源投入,然后通过生产运营将资源投入转换成消费者所需要的产品或服务,最后通过营销将产品和服务出售给顾客,又转化为资金,资金又会被转换成企业所需要的各项资源投入,周而复始,使企业持续经营、不断发展(见图18—2)。

(二)运营管理是提高企业生产率的主要途径

生产率可以反映出一个企业资源有效利用的程度,可以用产出(产品或服务的产出)与生

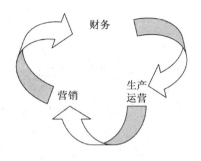

图18—2　企业基本职能的循环

产过程中的投入(劳动力、材料或其他资源)之比来表示,直接影响着企业的竞争力。要提高生产率就需要使产出与投入之间的比率提高,而运营管理的主要对象是企业的资源投入转变成产品或服务的转换过程,生产率的高低主要由转换的过程决定,可通过改变或优化转换过程来提高生产率,而这正是运营管理的任务。

(三)运营管理是企业竞争力的源泉

企业间的竞争归根到底是围绕产品或服务而展开的争取用户的竞争,主要集中于如何才能有效地满足消费者的需求,包括产品的质量、交货期、价格等因素。哪个企业在这些方面拥有优势,在市场竞争中就能获得一定的地位。而企业要获得这些优势主要是通过运营管理来实现的,很多企业的管理者都将竞争力集中于生产以外的其他竞争手段,而忽略企业竞争力的根源——产品或服务的生产运营。尤其是对于那些大型制造企业,更应该将企业的注意力放在企业的运营管理中,将生产系统作为企业的关键资源,发挥其效用,提高企业的竞争力。

讨　论

西式快餐已在中国遍地开花,由于其价格统一、口味地道、方便快捷等特点,深受中国广大年轻人的喜爱。对于大多数的快餐爱好者来说,汉堡、薯条并不陌生,但是大家在品尝美味食物的同时,是否察觉到以下问题:

1. 西式快餐店对"订单"是如何处理的?
2. 汉堡和薯条是事先准备好的,还是根据"订单"当场制作的?
3. 汉堡是如何制作的?
4. 其他食物是如何送到消费者手中的?

第二节　价值链管理

价值的创造依赖于一个统一有效的系统,在这个系统中各项活动有机地联系在一起,由组织中的所有人组成,包括组织的运营管理、营销、财务等部门,这个系统集中反映了"价值链"的概念。价值链管理就是通过改变运营管理策略将组织调整到具有有效性和高效率的战略位置,以利用产生的每一个竞争机会,提高企业在市场中的竞争优势。[①]

---

① 斯蒂芬·P. 罗宾斯、玛丽·库尔特著,孙健敏等译:《管理学》(第9版),中国人民大学出版社2008年版,第545页。

一、价值链管理的含义

价值是人们对获得某种收益的感知,这些收益与产品、服务以及一些产品或服务的组合相关。顾客对于可感知到的收益在价格方面的比较,一般用 V 表示。例如,花 10 元钱买了一个汉堡,那么可以给你带来的利益是使你免受饥饿之苦。当你认为感受到的利益大于 10 元钱的成本时,就会认为物有所值,就会产生购买的行为。消费者购买商品的决策大都以价值作为判断的依据,其公式为:

$$V = B/P$$

其中,V 表示价值,B 表示顾客感知到的总收益,P 表示价格。如果价值高,顾客就会欣然购买该产品或服务。

"价值链"这一术语首先是由美国著名管理学家迈克尔·波特教授提出来的。波特认为,企业的每项生产经营活动都是其创造价值的经济活动,企业所有的互不相同但又相互关联的生产经营活动构成了创造价值的一个动态过程,即价值链。价值链列示了总价值,并且包括价值活动和利润。价值活动是企业所从事的物质上和技术上的界限分明的各项活动,这些活动是企业创造对买方有价值的产品的基石。利润是总价值与从事各种价值活动的总成本之差。

波特将价值活动分为两大类:基本活动和支持性活动(见图 18—3)。基本活动是涉及产品的物质创造及其销售、转移买方和售后服务的各种活动。支持性活动是辅助基本活动,并通过提供采购投入、技术、人力资源以及各种公司范围的职能支持基本活动。通过价值链可以知道企业的哪些活动在竞争中占有优势,哪些处于劣势。

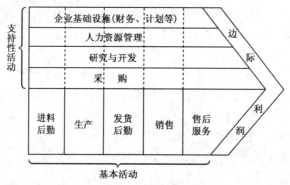

图 18—3　波特价值链模型

价值链管理是管理关于价值链上流动的产品的有序的相互关联的活动和信息的全部过程,就是从原材料加工到产成品到达最终顾客手中的过程中,所有增加价值的步骤所组成的有组织的一系列活动。因此,完整的价值链可能包括从供应者的供应者到顾客的顾客的所有部分。

价值链管理:细节决定成败

房地产企业要让自己的产品既能满足形而下的居住,也能满足形而上的愉悦,价值链的管理是必不可少的。

从音乐楼梯说起

某一座城市的繁华路段,两个毗邻的高档楼盘正在加紧施工。无论从位置、规模、小区规划、发展商品牌等各方面条件来看,两个楼盘可谓旗鼓相当。由于瞄准的都是同一批客户群,两家发展商在暗中进行角力与竞争。所有人都可以预料到这将会是一场激烈精彩的客户争夺战,但哪一家发展商最终能胜出仍是云遮雾障。

离正式公开发售只有3个月时间了,山雨欲来风满楼的气势令两家发展商寝食难安。甲发展商日夜苦思着在这种竞争高度同质化的情况下的破敌大计——在敌我力量均衡的前提下,谁也不敢妄自行动,以免招来对方报复性的还击。

有一天,当甲发展商走在小区的石阶上,他很偶然地发现用脚摩擦不同质地的石块会发出不同的声音,他灵机一动,立即召集工程及建筑专家,向他们仔细询问关于石块在摩擦之下产生不同声响的问题,专家们的肯定回答令他精神大振——不同质料的石块在摩擦之下会发出不一样的声音效果。甲发展商心想:如果将小区里几幢小洋房的楼梯全部铺上精心安置设计好的石块,那么人们踩着这样的石阶楼梯上楼,就能欣赏到自己"创造"的奇妙脚底音乐,这会令沉闷的爬楼梯动作变得趣味盎然——虽然对于整个楼盘而言,音乐楼梯只是一个很小的细节,但甲发展商相信这种细节会受到客户的欢迎,并且给楼盘带来竞争的优势。

果然不出所料,开盘那天,所有来参观的客户都被这种独特的音乐楼梯吸引住了——与其说是客户对音乐楼梯感到新鲜,更应该说被发展商这种充满人性化关怀的细节构想打动了。在两个楼盘整体素质都相差无几的前提下,甲楼盘的知名度与销售胜过了对方一筹,而取胜之道就是甲发展商在整体价值链条上找到了突破之道,从而令自己获得更好的竞争优势。

追求过程精品:价值链管理的关键所在

对于一个以市场为导向的房地产企业来说,消费者的忠诚度就是企业追求的目标,要赢得消费者的忠诚度,首先是提升消费者的满意度,这其中包含的要素则是一个过程精品的概念:从前期规划,到中期建设,再到后期销售与管理,每一个环节精益求精、质量上乘。

秉承过程精品的概念,房地产企业首先是将住宅作为耐用消费品进行生产开发,要站在顾客的立场上,不是站在企业的立场上去研究、设计、开发和改进产品,尽可能地预先把顾客的"不满意"因素在产品研制和生产阶段去除,并顺应顾客的需求趋势,预先在产品本身创造顾客的满意,从源头上保证过程精品的要求。

其次是较强地整合和优化专业资源的能力。专业分工的细化,已使各专业领域形成不可替代的精尖优势,精品的产生已不是倾发展商一人之力所能完成,必须整合和优化专业资源。而整合和优化专业资源的能力和水平,将是衡量发展商竞争力的坐标。

最后就是要完善产品的服务系统。最大限度地方便顾客,加强楼盘的售前、售中、售后服务,对顾客在购买及入住楼盘中出现的各种问题及时帮忙解决,使顾客感到极大的方便。高度重视顾客意见,让客户参与决策,把处理顾客的意见视为创造顾客满意的推动力。有的房地产企业还从社会聘请义务监督员,对企业的产品和服务进行监督。同时要求处于市场第一线的部门,注意市场信息的收集和反馈,及时更新与改进服务的内容和方式,满足客户越来越高的要求。

房地产行业的价值链管理是一个简单而又复杂的过程。说其简单,是因为只要发展商在项目开始时就牢牢树立"过程精品"的执著观念,步步为营地做好生产管理的每一个步骤,价值链所创造的价值表现必定令到企业有强大的竞争优势;说其复杂,是因为房地产行业的价值链牵涉面广、跨度大、时间长,任何一个环节的失误都可能导致后一环节的质量问题,最后影响项目的总体质量,造成销售结果的不理想。

当竞争高度白热化，竞争要素已经从"点"的角逐演变成"面"的对抗，房地产企业只有加强内部资源协同作用，优化价值链的管理，才能获得无往不胜的竞争优势。

由于房地产企业属性的特殊，内部价值链管理的重要性显得突出。从规划到设计、施工、销售、市场推广到物业管理，这其中的价值链长而复杂，其中任何一个环节都是构成整体价值的一部分，任何一个环节的失误都可能损害企业价值。注重细节，优化价值链管理，这往往成为房地产企业在市场上的竞争关键。

资料来源：http://finance.sina.com.cn/roll/20060105/1033480905.shtml，作者：林景新。

二、价值链管理的特点

（一）价值最大化

价值最大化既包括企业的价值最大化，也包括顾客的价值最大化。企业价值是企业经济价值和社会价值的结合，企业在进行价值链管理时，既要关注企业的自身利益，还应同时兼顾社会价值，在一定的管理和技术水平下以尽可能少的资源投入转换成尽可能多的经济价值和社会价值。

对于顾客而言，付出尽可能少的成本而获得尽可能多的利益就是顾客所追求的价值高的产品或服务。顾客价值不仅仅是企业的外部顾客价值，也包括企业内部每一次价值转移过程中产生的顾客的价值。顾客价值与企业价值有很大的相关性，相互影响，难以单独分析。因为，只有提高顾客价值，才能赢得顾客的信赖和认可，培养稳定的顾客群体，扩大销售从而实现企业经济价值；而企业的经济价值高，才能增强企业实力，从而谋求更高的顾客价值。

（二）系统性

价值链管理强调用系统论的整体性观点来看待企业的活动，从产品生命周期的角度，将影响企业价值活动的企业内部和外部因素以及与企业相关的内部和外部各利益主体的价值活动纳入企业管理的范畴，如产品的设计、生产、运输、配送、销售等，从而提出实现与企业相关的各方面价值最大化的管理模式。只有通过系统管理的思想，才能使产品生命周期的各个环节有机结合，相互协调，实现价值最大化。

（三）协调性

价值链管理解决的是产品生命周期各个阶段"竞争—合作—协调"的新型管理方法。在现在企业间的合作多于竞争的环境下，价值链管理不仅仅是企业内部各个部门间资源的协调，更多的是要在合作企业间进行利益和风险的考虑，协调各方的利益和工作，实现多方"多赢"的局面，从而保持企业间稳定的合作关系。

价值链的协调，从功能来说，分为供应—生产协调、生产—分销协调、库存—分销协调；从协调的手段来说，分为非信息协调与信息协调。价值链管理能否获得成功的关键就是如何建立价值链的协调机制和提高协调的效能，这就需要通过协调价值链中各个环节的活动，以减少时间与成本的消耗，更好地适应市场的需求，同时还需要考虑价值链的整体协调性，特别是战略性决策协调。

三、价值链管理的要求

一个好的价值链可以使链中的各成员像团队般工作，每个成员都为了全部过程增加相应的价值。实施价值链管理有优化采购流程、减少库存、改进产品的开发等作用。越来越多的企业开始在激烈的市场竞争中企图从价值链管理的角度寻找突破口,但并不是每一个企业都能成功地实施价值链管理。成功的价值链管理的六个主要条件是:协调与合作、技术投资、组织过程、领导、员工、组织文化和态度(见图18-4)。

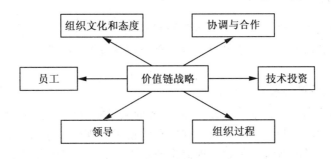

图18-4　成功的价值链管理的六个条件

(一)协调与合作

价值链管理强调价值链上各成员间的合作,通过合作关系能实现企业的优势互补,形成企业长期的竞争力量,而协调性是价值链管理的基本特征之一。价值链中的各部门、各成员企业间需要在利益与合作关系间进行权衡,协调合作成员间的利益,建立协调与合作机制,分享信息,增强自身的经营能力。

(二)技术投资

价值链管理需要大量的信息技术投资,技术投资包括研究开发投资、引进技术投资、培训技术力量投资等内容。通过技术投资可以改进企业信息化的水平、提高技术人员的专业水平、更新企业的各项设备、实现价值链的重新构造,从而更好地为最终客户服务。

(三)组织过程

组织过程是组织的运行方式,价值链管理从根本上改变了组织过程,企业一旦决定进行价值链管理,就需要对企业原有的组织过程进行改进。首先是对组织过程进行评估,包括组织的主要技术、能力和资源等核心能力,然后对不增加价值的活动进行剔除,并决定在哪里增加价值。

(四)领导

价值链管理的实行需要企业高层管理者的支持,管理人员在价值链管理的过程中应时刻关注企业的价值是什么,怎样才能提高这种价值,提高这种价值需要付出什么样的投入。同时,管理人员应明确企业中各个员工在价值链中扮演的角色及其重要性,并不断向员工强化价值链管理对员工个人的好处,使员工积极地参与到价值链管理中。

(五)员工

员工是企业最大的财富,实施价值链管理要求企业实施三个灵活的人力资源管理,包括灵活的职务设计、有效的招聘以及持续的员工培训。在价值链管理中,应使职务设计围绕企业的工作流程来进行,以为客户创造价值为目标,这要求企业有灵活的员工并灵活地设计职务。同时,价值链中客户的需求发生转变时,员工的工作内容也会随之变化,这就要求员工适应不断改变的工作和环境,所以企业在招聘时要招聘那些有更强适应能力和学习能力的员工。价值链管理就是一个不断创新的过程,要求企业是学习型的组织,需要企业投入大量的资金对员工进行培训,增强员工在企业生产经营过程中所需的各种能力。

(六)组织文化和态度

价值链管理的第一个要求就是价值链上的各个部门、成员企业要进行协调与合作,这就要求企业强调合作、开放、灵活、分享、沟通、互尊互信的组织文化和态度,充分发挥价值链中各个组成部分的作用。

四、实施价值链管理的作用

实施价值链管理可以提高企业生产运营的有效性和企业的核心能力,价值链包括企业的供应商、各级代理商等合作伙伴,通过价值链管理可以优化采购、减少库存、改进物流、产生规模效应等作用。

(一)优化采购,实现供求的良好结合

价值链将产品的供应商、生产商、分销商、零售商紧密结合在一起,并通过优化各个价值活动,使企业间形成良好的相互关系,通过各种信息化技术和现代化手段,将产品和信息迅速地传递到上下游的企业或消费者的手中。现代企业把消费者奉为上帝,而消费者要求提供消费品的前置时间越短越好,价值链通过优化管理,使企业之间产品、信息的流通达到最快,从而可以使消费者需求信息沿价值链逆向准确、迅速地反馈到生产厂商。改变传统采购中以生产制造部门的需要进行采购的方式,以用户的需求驱动制造订单,然后驱动采购订单再驱动供应商。这样的话,生产企业可以根据消费者的需求向供应商采购,从而保证供求的良好结合。

(二)减少库存,降低成本

传统的企业,尤其是消费品行业为了防止库存缺货,没有从价值链整体的角度考虑生产、销售,同时由于科学技术的发展,使得市场上的产品供大于求,造成库存积压十分严重,增加了企业在库存成本方面的支出并且占用了大量流动资金。通过实施价值链的有效管理,对组成价值链的各个环节加以优化,使企业中的各个部门、环节以及价值链中的各个企业间处于良好的协调关系,迅速传递信息,减少各个环节的信息延迟,消除信息扭曲现象,促进产品需求信息的快速流通,以减少盲目生产和社会库存量,避免库存浪费,减少资金占用,降低库存成本,提高物流的速度和库存周转率。

(三)产生规模效应

企业面临的对手可能不只是一个经营单位,而是一些企业集团或相互关联的竞争者群。价值链是一个整体,它把供应商、生产商、分销商、零售商等联系在一条链上,并对其进行优化,使相关企业形成了一个融会贯通的网络整体。该整体中的各个企业虽各自是一个实体,但为了整体利益的最大化,共同合作,协调相互关系,加快商品从生产到消费的过程,缩短了产销周期,减少了库存,使整个企业的价值链面对市场变化做出快速反应,大大提高了企业在市场中的竞争力。

第三节　新型运营方式

无论是多么先进的运营设备、系统,都需要对其进行维护和更新,不可能一劳永逸。随着信息技术以及各种理论的发展,产生了多种新型的运营方式,如企业资源计划(ERP)、精益生产、敏捷制造、绿色制造等。

一、企业资源计划

(一)企业资源计划的含义

企业资源计划(enterprise resource planning,ERP),是由美国 Gartner Group 公司于 20

世纪90年代初期提出的,是一种融最新的信息技术与先进的企业管理理念为一体的企业运作模式。它将企业外部客户的需求、企业内部资源以及供应商资源整合在一起,为企业提供多种解决方案,以实现信息流、物流、资金流、价值流和业务流的有机集成和提高客户满意度为目标,使企业在动态多变的市场竞争中取得竞争优势,成为企业在知识经济、信息时代生存与发展的基石。

(二)企业资源计划的四个阶段

回顾ERP的发展历程,一般可以划分为四个阶段:时段式MRP(material requirement planning,物料需求计划)、闭环MRP、MRPⅡ(manufacturing resource planning,制造资源计划)、ERP。

1. 时段式MRP

20世纪60年代中期,计算机技术的发展使得短时间内对大量数据的复杂运算成为可能,解决了物料库存控制问题。时段式MRP是在原订货点法的基础上提出的生产、库存管理理论与方法。该系统的主要目的就是控制库存水平,确定产品生产的优先等级以及计划生产系统的能力负荷,使合适的物料在合适的时间到达合适的地点,从而达到提高顾客服务水平、最小化库存投资及最大化生产运营效率的作用。

2. 闭环MRP

20世纪70年代中期,随着信息技术的发展,物料需求计划系统开始从其生成的模块中获得信息反馈,产生了闭环MRP。闭环MRP是一个基于物料需求建立的系统,该系统包含附加的销售与运营计划功能。闭环MRP在物料需求计划(MRP)的基础上,增加了对投入与产出的控制,也就是对企业的能力进行校检、执行和控制。在物料需求计划执行之前,要由能力需求计划核算企业工作中心的生产能力与需求负荷之间的平衡情况。

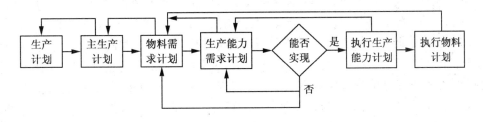

图18-5　闭环MRP系统

3. MRPⅡ

MRPⅡ产生于20世纪80年代初期,是闭环MRP的直接延伸和扩充,是在全面继承MRP和闭环MRP的基础上,将企业的物料信息和资金信息集成起来,使企业的经营计划与生产计划保持一致。MRPⅡ运行的逻辑起点是企业经营规划(见图18-6),企业经营规划是根据企业长期发展战略确定企业的产值和利润指标,是企业3~5年的长期发展的战略目标。MRPⅡ的功能和范围已远远超出了物料需求计划并覆盖了企业全部生产资源,解决了企业内部管理系统一体化的问题。MRPⅡ是把企业宏观决策的经营规划、销售/分销、采购、制造、财务、成本、模拟功能和适应国际化业务需要的多语言、多币制、多税务以及计算机辅助设计(CAD)技术接口等功能纳入,形成的一个全面生产管理集成化系统。

4. ERP

ERP产生于20世纪90年代初期,以计算机为核心的企业级的管理系统更趋成熟,系统

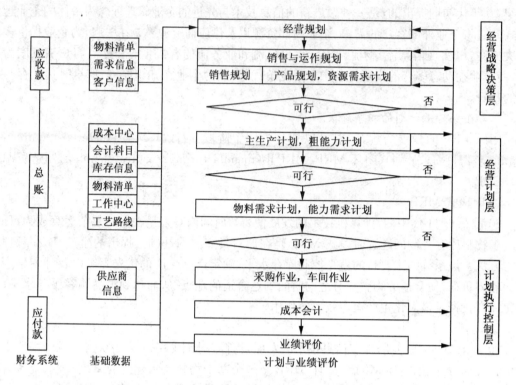

图 18—6 MRPⅡ逻辑流程

增加了包括财务预测、生产能力、调整资源调度等方面的功能,以配合企业实现 JIT 管理、质量管理和生产资源调度管理及辅助决策等功能,成为企业进行生产管理及决策的平台工具。[1]在 90 年代中后期,随着互联网技术的成熟,为企业信息管理系统增加与客户或供应商实现信息共享和直接的数据交换的能力,从而强化了企业间的联系,形成共同发展的生存链,使决策者及业务部门实现跨企业的联合作战。ERP 的核心思想就是实现对整个供应链有效的管理,它将制造业企业的制造流程看作是一个在全社会范围内紧密连接的供需链,支持精益生产、敏捷制造等思想的实现,同时通过与企业业务流程再造思想的结合,打破旧的管理结构,实现对企业组织结构、流程等方面的重组。

二、精益生产

(一)准时制生产方式(just in time,JIT)及精益生产方式(lean production,LP)的提出

第二次世界大战后,日本国内经济一片萧条,丰田汽车公司的丰田英二和大野耐一在仔细参观和调查了福特汽车公司的工厂后,发现大量生产运作的方式并不适合日本,丰田汽车公司根据自身的特点逐步提出了一套独特的多品种、小批量、高质量和低消耗的生产方式,并提出了一系列改进的方法,包括准时制生产、平准化生产、全面质量管理、并行工程等,在扩大生产规模和确立规模生产体制的过程中产生了 JIT 这种新型的生产方式。

1985 年,美国麻省理工学院国际汽车项目组在对日本汽车工业进行深入调查、对丰田汽车的生产方式进行详尽的研究后发现,与美国汽车公司相比,丰田生产方式(Toyota produc-

---

① 夏健明:《运营管理》,立信会计出版社 2002 年版,第 401 页。

tion system，TPS)采用一半的成本就能生产出更多高质量的汽车,于是用"精益"(lean)形容该生产方式。1990 年,詹姆斯·沃麦克(James P. Womack)对该生产方式进行了研究,并第一次提出了精益生产的概念。①

精益生产源于准时制生产,并在准时制生产的基础上发展,但是准时制生产并不等同于丰田生产方式或精益生产,准时制生产只是精益生产的一个组成部分。精益生产的核心是丰田生产方式,即在生产的各个层面上,采用能完成多种作业的工人和通用性强、自动化程度高的机器,以质量的持续改进为基础,通过实施准时化生产(JIT)和多品种混流生产,不断减少库存,消除浪费,降低成本。

(二)精益生产的体系

并行工程的产品开发、JIT 和稳定快捷的供应链是精益生产的三大支柱,多功能团队活动与持续改进是精益生产的基础,最终实现顾客满意的目标。精益生产的体系结构见图 18—7。

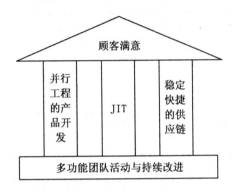

图 18—7 精益生产的体系构成

精益生产采用并行工程开发新产品,由设计人员、工艺人员、生产人员、市场销售人员和检测人员等组成跨部门、多学科的开发团队,集成地、系统地设计产品及其相关的制造过程和支持过程,以缩短开发周期,减少开发成本。

JIT 指的是企业生产系统的各个环节、工序在需要的时候按需要的量生产出所需要的产品。JIT 采用拉动式生产方式进行生产,各工序只生产后工序急需的物料,大大降低了非急需库存,通过减少库存—暴露问题—解决问题—减少库存的循环模式不断提高企业的运营管理水平。

稳定快捷的供应链是精益生产实现产销之间即时性的保证,可消除成品库存,在物料供应方面实施准时采购,消除物料库存。以质量管理小组、设备管理小组等团队为主体,以生产现场为核心的持续改进活动是实现精益生产的基础,通过改进小组解决在实施 JIT 的过程中暴露的问题,从而消除生产过程中的浪费,达到提高效率、降低成本的目的。

(三)精益生产方式与传统生产方式的比较

19 世纪以前企业大多采用的是传统手工生产方式,直到 20 世纪初,美国的亨利·福特推出了他的 T 型车,标志着大量生产运作方式的兴起。精益生产方式的出现改变了大量生产运作的方式,兼容了手工生产和大量生产的优点,使企业的生产方式朝着多品种、小批量的方向发展。这三种生产方式的特点比较见表 18—1。

---

① 刘晓冰:《运营管理》,清华大学出版社 2011 年版,第 410 页。

表 18—1 三种生产方式特点比较

	手工生产方式	大量生产方式	精益生产方式
产品特点	完全按照顾客要求	标准化品种单一	品种规格多样系列
库存水平	高	高	低
制造成本	高	低	更低
产品质量	低	高	更高
加工工艺	灵活、通用、便宜	专用、高效、昂贵	高柔性、高效率
工作内容	粗略、丰富多样	细致、简单、重复	细致、多技能、丰富
技能要求	高技能	低技能	多技能
权责分配	分散	集中	分散

资料来源:刘晓冰:《运营管理》,清华大学出版社 2011 年版,第 411 页。

三、敏捷制造

（一）敏捷制造的概念

敏捷制造（agile manufacturing，AM）的概念最早是由美国里海大学雅柯卡（Iacocca）研究所的专家在其撰写的"21 世纪制造业战略"报告中提出的。敏捷制造是美国国防部为了促进 21 世纪制造业发展而支持的一项研究计划,始于 1991 年,有通用汽车公司、波音公司、摩托罗拉等 100 多家公司参加,旨在通过建立一种市场竞争力强的制造组织,对用户需求的产品和服务做出快速响应,满足各种顾客的个性化要求,恢复在制造业中失去的优势。[1]

美国 Agility Forum（敏捷制造的研究组织）将敏捷制造（AM）定义为:能在不可预测的持续变化的竞争环境中使企业繁荣和成长,并具有面对由顾客需求的产品和服务驱动的市场做出迅速响应的能力。敏捷制造是一种哲理,蕴含着新的思想和方法,它将柔性生产技术、有技术和知识的劳动力及能够促进企业内部及企业之间合作的灵活管理集中在一起,以虚拟公司的组织形式出现,通过企业间优势互补的动态联盟参与竞争,在联盟内通过产品制造、信息处理和现代通信技术的集成,实现人、知识、资金和设备的集中管理和优化利用,从而对迅速变化的市场需求和市场进度做出比其他方式更灵敏、更快捷的反应,在快速变化的竞争环境中生存、发展并扩大竞争优势。

（二）敏捷制造的特征

敏捷制造以满足用户需求、获得利润为目标,以提高竞争能力和信誉为依据,选择组成动态公司的合作伙伴,通过相互信任、分工协作和共同努力来增强企业的整体实力,其最基本的特征是智能和快速。具体来说,其应具有如下特征:

1. 并行工作

敏捷制造企业内部各部门根据需要进行组合,并保持良好的通信联系,能够形成并行工作的网络。

2. 开放的体系结构

敏捷企业面对的是瞬息万变的市场,所以企业的体系结构应该是开放的,组织机构可以根

---

① 马风才:《运营管理》,机械工业出版社 2011 年版,第 270 页。

据企业的需要进行组合和增减,可以吸收新的技术发明或技术系统来完善企业产品,或在各种层次上与其他企业合作。

3. 节约成本

敏捷制造采用可重编程、可重配置和可变的信息密集型制造系统,这些具有高柔性、可重组的设备可用于多种产品,不需要像大批量生产那样要求在短期内回收专用设备及工本等费用,从而使生产与订单批量的大小无关,节约企业的生产成本。

4. 方便用户

敏捷制造按照进化原理设计产品,随着用户要求的变化以及产品的改进和完善,用户可以很容易重新配置或升级自己已经购置的东西,而不用彻底地更换它们。

5. 学习型团队

企业要在激烈的竞争中保持长久的活力和先进性,就必须使企业成为学习型的组织,将员工的知识和创造性看作企业的财富,全面提高员工的各种技能,要求员工在技术和思想方面进行不断的学习,提高企业的竞争力。

6. 产品终身质量保证

敏捷制造将卖出去的产品看作是一种面向质量的长期的服务平台,从而在产品的整个生命周期中保证顾客满意。

四、绿色制造

绿色制造(green manufacturing,GM)又称环境意识制造(environmentally conscious manufacturing,ECM)、面向环境的制造(manufacturing for environment,MFE)等,是综合考虑环境影响和资源消耗的现代制造模式,其目标是使产品设计、制造、包装、运输、使用到报废处理的整个生命周期中,资源利用率最高,对环境负面影响最小,并使企业经济效益和社会效益协调优化。[①] 绿色制造这种现代化制造模式,是人类可持续发展战略在现代制造业中的体现。

随着经济技术的发展,环境问题越来越突出,资源、人口、环境成为当今社会面临的三大问题,人与自然的和谐发展成为世界各国关注的热点。制造业是造成环境污染的一个主要根源,在生产过程中排放的废气、废渣、废水造成了环境污染及生态破坏。世界各地都掀起一股"绿色浪潮",一些发达国家在经历了几十年的末端治理后发现,应从制造业的源头着手进行环境保护,关心产品和生产过程对环境的影响,提出制造业应改变其传统的制造模式,通过改进生产工艺、发展绿色材料、使用绿色能源等措施推行绿色制造技术,生产出保护环境、提高资源效率的绿色产品。随着人们环保意识的增强,那些不推行绿色制造技术和不生产绿色产品的企业将会在市场竞争中被淘汰,发展绿色制造技术势在必行。

绿色制造模式是一个闭环系统,考虑的是产品的整个生命周期,即原料—工业生产—产品使用—报废—二次原料资源,从设计、制造、使用直到产品报废回收整个寿命周期对环境影响最小,资源效率最高;以系统集成的观点考虑产品环境属性,改变了原来末端处理的环境保护办法,对环境保护从源头抓起,并考虑产品的基本属性,使产品在满足环境目标要求的同时,保证产品应有的基本性能、使用寿命、质量等。绿色制造涉及三项内容和两个层面的全过程控制:三项内容是绿色资源、绿色生产的过程和绿色产品;两个层面的全过程控制:一是具体制造

---

① 李勇建、张建勇:《企业运作管理》,华东师范大学出版社 2010 年版,第 321 页。

过程,也就是物料转化过程控制,另一个是指产品从设计、生产、装配、包装、运输、使用到最终的回收这一产品生命周期全过程的控制,应将环境保护和资源节约贯穿整个过程。

本章小结

1. 运营管理就是对企业生产、交付产品或服务的系统进行的设计、运作以及改进。运营管理主要包括生产与运营战略的制定、生产与运营系统的设计、生产与运营系统的运行与控制、生产与运营系统的维护与改进。

2. 价值链管理是管理关于价值链上流动的产品的有序的相互关联的活动和信息的全部过程,就是从原材料加工到产成品到达最终顾客手中的过程中,所有增加价值的步骤所组成的有组织的一系列活动。价值链管理具有价值最大化、系统性、协调性的特征,实施价值链管理可以优化采购,实现供求的良好结合、减少库存、降低成本、产生规模效应等作用。

3. 随着信息技术的发展,为适应企业在运营管理方面的需要,产生了多种新型的运营方式及思想,如企业资源计划、精益生产、敏捷制造、绿色制造等。

练习题

一、简答题

1. 什么是运营管理?
2. 根据实际消费经验,解释服务和产品的区别。
3. 运营管理的内容有哪些?
4. 什么是价值、价值链、价值链管理? 以你的工作经验、暑期工作或顾客体验为依据,描述一种价值链,并指出供应商、投入、产出、顾客以及目标市场。
5. 简述价值链管理的特征。
6. 新型的运营方式有哪些? 分别解释其基本原理。

二、案例分析

根据 Dewey 订书机公司两位经理写给总裁的信件,可以发现该公司内部管理上出现了许多问题,包括部门之间权责不清、库存与销售之间的不协调、部门内部沟通不顺畅等。由于内部运营不顺,遂导致公司市场份额下滑、销售额下降、客户服务水平降低,最终使得公司内部成员士气不振、缺乏团队精神。为更精准发现 Dewey 公司所存在的种种管理问题,我们将两位经理信件内所提到的各种问题做出说明与归纳,以便能更好地为这家公司提出适宜的改革建议。问题分析如下:

1. 产品销售的淡旺季造成了需求不平稳与生产平稳性之间的矛盾。在旺季需求量大,但是工厂的生产能力不足,不能满足市场的需求,容易造成缺货以及订单不能及时满足的情况。淡季市场需求比较小,又会造成生产能力的过剩。

2. 内部缺少良好的工作流程;各个部门之间没有良好协作配合的精神,反而相互抱怨、推卸责任;各部门之间信息交流不畅。具体来说:分店没把对于市场需求所做的预测及时通知生产工厂,造成了工厂生产上一定的盲目性;分店为了降低其自身的库存周转率,在销售淡季不愿意准备库存来调节淡旺季之间的需求差异,造成了缺货以后又把责任全部推到总部;另外,工厂和分店不能了解彼此的当前库存量,为决策制造了障碍。

3. 公司设立分店的目的是为了更好地接近和服务顾客,但是仍然有40%的货物是从总部发出的货物。这样,总部对于分店和自身的订单不能一视同仁,在旺季生产能力不足、库存紧张的情况下会做出优先满足自己订单的决策,伤害到分店的积极性、服务水平和客户的满意度。这样,公司设立分店的初衷也没有实现。

4. 公司所做出的分店和总部都要保持一个月库存的决定不是建立在对需求进行科学预测后再进行测算的基础上的,因此不尽合理,也没有得到分店的充分理解。

5. 库存能力有限。仅凭借工厂有限的库存能力不能达到在淡季储备库存来满足旺季需求的目的,需要分店与总部之间的相互配合才能完成。

6. 考核体系的问题。分店除了要实现自己的销售目标外,还要关注其库存周转率指标,这也是造成分店不愿意增加库存的重要原因。

7. 以上问题的直接后果就是公司服务水平的下降、客户满意度的降低、市场占有率的下降。根据销售经理的说法,公司的市场份额下降了10%~15%。

案例思考题:
1. 该公司存在什么样的管理问题?
2. 分析案例,结合运营管理的相关知识,提出相应的解决方案与建议。

参考文献
REFERENCE

中文文献

［美］安索夫著，邵冲译：《战略管理》，机械工程出版社 2010 年版。

彼得·德鲁克，约瑟夫 A. 马恰列洛(Joseph A. Maciariello)著，宋强译：《卓有成效管理者的实践》(*The Effective Executive in Action*)，机械工业出版社 2006 年版。

查克·威廉姆斯：《管理学》，机械工业出版社 2011 年版。

陈静：《齿轮传动，让每个人自觉动起来》，《中国医药报》2005 年 08 月 9 日。

冯塈主编：《标杆管理》，中国纺织出版社 2004 年版。

郭咸纲：《西方管理思想史》，世界图书出版公司 2010 年版。

国际货币基金组织：《世界经济展望：1997 年 5 月》，中国金融出版社 1997 年版。

高尚：《非肯定型 PERT 网络》，《数据统计与管理》2006 年第 6 期。

［美］哈罗德·科兹纳，*Project Management Best Practices：Achieving Global Excellence*，电子工业出版社 2007 年版。

韩娜：《管理学基础》，中国经济出版社 2012 年版。

哈罗德·孔茨，海因茨·韦里克：《管理学》(第 10 版)，经济科学出版社 1998 年版。

蒋永忠：《管理学基础》，清华大学出版社 2012 年版。

金波：《职业经理目标管理能力训练》，高等教育出版社 2004 年版。

简兆权、毛蕴诗：《环境扫描在战略转换中的作用分析》，《科研管理》2003 年第 9 期。

柯清芳：《管理学基础》，清华大学出版社 2011 年版。

罗哲：《管理学》，电子工业出版社 2011 年版。

李庆臻主编：《科学技术方法大辞典》，科学出版社 1999 年版。

罗伯特·卡普兰、大卫·诺顿著，刘俊勇、孙薇译，王化成译校：《平衡积分卡——化战略为行动》，广东经济出版社。

刘进宝：《审计学概论》，清华大学出版社 2002 年版。

［美］迈克尔·波特：《竞争战略》，华夏出版社。

任甲林、赵池龙：《实用软件工程》，电子工业出版社 2006 年版。

斯蒂芬·P. 罗宾斯：《管理学》，中国人民大学出版社 2004 年版。

泰斯·滕亚、胡金有：《投入产出分析经济学》，经济管理出版社 2012 年版。

王昌贵：《线性规划在企业管理中的应用》，《大众科技》2004 年第 12 期。

王萍等：《考核与绩效管理》，湖南师范大学出版社 2007 年版。

王俊柳：《管理学教程》，清华大学出版社 2003 年版。

徐国良、王进：《企业管理案例精选精析》(第四版)，经济管理出版社 2009 年版。

杨雪冬、王列：《关于全球化与中国研究的对话》，《当代世界与社会主义》1998 年第 3 期。

杨传华：《职业经理人十万个怎么办：如何制定工作计划》，北京大学出版社 2005 年版。

余菲菲、张阳:《协同演化视角下公司战略与业务战略的互动研究》,《科学学与科学技术管理》2008 年第 10 期。

约翰·E.汉克、迪恩·W.威切恩:《商业预测》(第 8 版),清华大学出版社 2006 年版。

詹正茂、任声策:《美孚成功的"秘诀"——标杆管理》,《中国物流与采购》2003 年第 7 期。

周健临主编:《管理学教程》.上海财经大学出版社 2011 年版。

周三多、陈传明:《管理学》,高等教育出版社 2000 年版。

[美]杰伊·巴尼著,李新春译:《战略管理》,机械工业出版社 2010 年版。

英文文献

Anthony Giddens, *The Consequences of Modernity*, Stanford University Press, 1990, 64.

Adam W., C. Jorge and T. Richard, Using environmental scanning for business expansion into China and Eastern Europe: the case of transnational hotel companies. *International Journal of Contemporary Hospitality Management*, 1998, 10.

Barndt E. and D. W. Carvey, Smanagement. Essentials of Operations.

Brown D. Horizon scanning and the business environment—the implications for risk management. *BT Technology Journal*, 2007, 25(1).

M. W. McCall Jr. and R. E. Kalplan, Whatever it takes decision makers at work (Upper Saddle River, NJ: Prentice Hall, 1985).

Maree C., What it is and how to do, Environmental Scanning

Health and Safety Executive, The aim of horizon scanning and futures. [2010—08—10]

Katz R. L., Skills of an Effective Administrator, *Harvard Business Review*, September-October 1974.

Pounds W., The process of problem finding, *Industrial Management Review*, Fall 1969.

Roel I., M. Henriette, Towards a Future Oriented Policy and Knowledge Agenda. [2010—07—12].

Stanley E. Seashore, Criteria of Organizational Effectiveness, *Michigan Business Review*, 1965.

Rechard L. Daft, *Organiazation Theory and Design*, 5th ed. West Publishing Company, 1995.

Mintzberg H., *The Nature of Managerial Work*, New York: Harper&Row, 1973.

William R. Feistal: Managing a Global Enterprise: A Concise Guide to International Operations.

Michael G., M. Alexander and A. Campbell, *Corporate-Level Strategy*. New York: John Wiley, 1994.